Jörg Brenner

Lean Production

D1667857

Herausgeber der Reihe Qualitätswissen ab 2016 Kurt Matyas; vom Gründungsjahr 1991 bis 2015 Franz J. Brunner

In der Praxisreihe Qualitätswissen sind bereits erschienen:

Franz J. Brunner
Japanische Erfolgskonzepte
Kaizen, KVP, Lean Production Management, Total Productive Maintainance, Shopfloor Management, Toyota Production Management, GD³ – Lean Development
3., überarbeitete Auflage
ISBN 978-3-446-44010-4

Franz J. Brunner
Qualität im Service
Wege zur besseren Dienstleistung
ISBN 978-3-446-42241-4

Franz J. Brunner, Karl W. Wagner,
unter Mitarbeit von Peter H. Osanna, Kurt Matyas, Peter Kuhlang
Qualitätsmanagement
Leitfaden für Studium und Praxis
6., überarbeitete Auflage
ISBN 978-3-446-44712-7

René Kiem
Qualität 4.0
QM, MES und CAQ in digitalen Geschäftsprozessen der Industrie 4.0
ISBN 978-3-446-44736-3

Bernd Klein
Kostenoptimiertes Produkt- und Prozessdesign
ISBN 978-3-446-42131-8

Wilhelm Kleppmann
Versuchsplanung
Produkte und Prozesse optimieren
8., überarbeitete Auflage
ISBN 978-3-446-43752-4

Veit Kohnhauser, Markus Pollhamer
Entwicklungsqualität
ISBN 978-3-446-42796-9

Karl Koltze, Valeri Souchkov
Systematische Innovation
TRIZ-Anwendung in der Produkt- und Prozessentwicklung
ISBN 978-3-446-42132-5

Kurt Matyas
Instandhaltungslogistik
Qualität und Produktivität steigern
6., aktualisierte Auflage
ISBN 978-3-446-44614-4

Arno Meyna, Bernhard Pauli
Zuverlässigkeitstechnik
Quantitative Bewertungsverfahren
2., überarbeitete und erweiterte Auflage
ISBN 978-3-446-41966-7

Wilfried Sihn, Alexander Sunk, Tanja Nemeth, Peter Kuhlang, Kurt Matyas
Produktion und Qualität
Organisation, Management, Prozesse
ISBN 978-3-446-44735-6

Stephan Sommer
Taschenbuch automatisierte Montage- und Prüfsysteme
Qualitätstechniken zur fehlerfreien Produktion
ISBN 978-3-446-41466-2

Konrad Wälder, Olga Wälder
Statistische Methoden der Qualitätssicherung
Praktische Anwendung mit MINITAB und JMP
ISBN 978-3-446-43217-8

Johann Wappis, Berndt Jung
Null-Fehler-Management
Umsetzung von Six Sigma
5., überarbeitete Auflage
ISBN 978-3-446-44630-4

Jörg Brenner

Lean Production

Praktische Umsetzung zur Erhöhung der Wertschöpfung

2., überarbeitete und erweiterte Auflage

Praxisreihe Qualitätswissen
Herausgegeben von Kurt Matyas

HANSER

Der Autor:

Mag. Jörg Brenner, München, selbständiger Unternehmensberater mit Schwerpunkt Lean Management.

Bibliografische Information der Deutschen Nationalbibliothek:

Die Deutsche Nationalbibliothek verzeichnet diese Publikation in der Deutschen Nationalbibliografie; detaillierte bibliografische Daten sind im Internet über <http://dnb.ddb.de> abrufbar.

Print-ISBN 978-3-446-45028-8
E-Book-ISBN 978-3-446-45066-0

© 2016 Carl Hanser Verlag München
www.hanser-fachbuch.de
Lektorat: Dipl.-Ing. Volker Herzberg
Herstellung: Cornelia Rothenaicher
Satz: page create, Berit Herzberg, Freigericht/Bernbach
Coverconcept: Marc Müller-Bremer, Rebranding, München
Coverrealisierung: Stephan Rönigk
Druck und Bindung: Hubert & Co GmbH und Co KG, Göttingen
Printed in Germany

Geleitwort

Warum dieses Buch?

Oh, nein! Nicht schon wieder ein Buch über „Schlanke Produktion".

Dies war tatsächlich meine erste Reaktion zu diesem Buch. Denn es gibt unzählige Bücher zu diesem Thema. Sogar mit demselben Titel. Bücher, in denen die Geschichte der „Schlanken Produktion" aufgezeigt, die Philosophie erklärt und die damit erzielten Erfolge beschrieben werden. Da ich mich selbst seit über 20 Jahren, zusammen mit meinen Kunden und Berater-kollegen, intensiv diesem Thema verschrieben habe, konnte ich mir kaum vorstellen, dass ein weiteres Buch zu diesem Thema Neuigkeiten bringen würde. Doch Sie kennen die Situation: Sie kaufen eine neue Software für Ihren Rechner. Diese soll Ihren Rechner schneller und ange-nehmer bedienbar machen. Und da Sie schon seit vielen Jahren mit unterschiedlichen Rech-nern arbeiten, verstehen Sie natürliche eine Menge davon. Bei der Installation kommt es zu Schwierigkeiten, die Anwendung will einfach nicht funktionieren. Nun nehmen Sie doch die Installationsanleitung zur Hand, wollen es erneut versuchen und müssen feststellen, dass Sie mit der Beschreibung nicht zurecht kommen. Vieles ist unverständlich, die Fachsprache fremd. Die oft beschriebene Kuriosität von Anleitungen führt nicht selten dazu, dass man eine gute Sache verteufelt, sie zur Seite schiebt und die Lust daran verliert.

Dies kommt im Zusammenhang mit dem Thema Lean Production genauso vor. Ich kenne viele Situationen, bei denen Unternehmen bei dem Versuch der Einführung schlanker Strukturen verzweifelt sind. Nicht, weil der Veränderungsprozess selbst die allzu große Herausforderung darstellte, sondern lediglich weil das Verstehen gefehlt hat. Das Verstehen der Zusammen-hänge und Abhängigkeiten in der Vorgehensweise; das Verstehen der Werkzeuge und der methodischen Anwendung, vor allem aber das Verstehen analytischer Werkzeuge, welche die Verbesserungspotenziale erst zum Vorschein bringen. Genau dieses Gap wird von diesem Fachbuch geschlossen und genau deshalb ist dieses Anwenderbuch nicht wieder nur ein wei-teres Buch über „Schlanke Produktion".

Mit diesem vorliegenden Buch können nun endlich die Werkzeuge des Lean Managements zielgerichtet und erfolgreich angewendet werden, da es in einer Art und Weise verfasst wurde, dass Leser die Zusammenhänge und das Wesentliche schnell verstehen werden. Durch dieses Verstehen wird Sicherheit in der Anwendung erzeugt und die notwendigen, messbaren Erfolge, die von der Einführung einer schlanken Produktion erwartet werden, erst möglich.

Zum Aufbau dieses Buches

Hat man sich nun dazu entschieden, Lean-Management-Prinzipien in seiner Produktion einzuführen, tut man gut daran, sich eine inhaltliche und didaktische Struktur zurechtzulegen. Es sind die Fragen zu beantworten „Was" möchte ich verbessern und „Wie" möchte ich es erreichen. Das „Was" widmet sich eher den sogenannten harten Faktoren. Der Steigerung von Produktivität und Kapazität, der Reduzierung von Beständen, dem Kürzen von Durchlaufzeiten und dem Vermeiden von Ausschuss und Nacharbeit. Das „Wie" beschäftigt sich mit den weicheren Faktoren, ohne diese jedoch als „Softies" abzutun, die nett aber nicht unbedingt notwendig sind. Hierunter fallen das Verhalten der Mitarbeiter und deren Führungsverantwortliche, die geeignete Unternehmenskultur und Wege zur Nachhaltigkeit der erreichen Verbesserungen.

Der Aufbau dieses Buches folgt genau diesem Gedankengang und gibt ihm durch seine vier miteinander verknüpften Kapitel eine leicht leserliche, logische Struktur. In den ersten drei Kapitel des Buches werden nicht nur die wesentlichen Verschwendungsarten beschrieben, es werden auch praktische Hilfestellungen gegeben für Beobachtungen und Auswertungen – immer unterlegt mit plastischen, nachvollziehbaren Fallbeispielen. Dies vermittelt Sicherheit, welche Verschwendungen es überhaupt gibt und wie eine Potenzialanalyse bzw. ein Lean Assessment professionell durchgeführt werden muss. Die Grundlage also zur Hebung verborgener Schätze! Denn kein guter Schatzjäger würde ohne fundierte Vorbereitung mit seiner Schaufel orientierungslos den Boden durchpflügen, in der Hoffnung, dadurch reich zu werden. Da kann die verwendete Schaufel ein noch so gutes Werkzeug darstellen, ohne das Wissen wo gegraben werden muss, ist sie wertlos.

Doch jeder gefundene Schatz, also jede Wertschöpfung, wird erst dann „wert"-voll, wenn die Freude darüber nicht nur von kurzer Dauer ist. Der Autor beschäftigt sich in seinem vierten Kapitel folgerichtig mit dem Begriff der Nachhaltigkeit. Auch hier wird ein Begriff nicht theoretisch abgehandelt, sondern mit leicht anwendbaren Hilfestellungen in Beziehung gesetzt zu operativen Verschwendungsarten, die im vorangegangenen Teil des Buches den Schwerpunkt bilden. Es wird kein Zweifel daran gelassen, dass Nachhaltigkeit bei allen Prozess- und Organisationsverbesserungen ein ebenbürtiges Ziel zusammen mit der angestrebten messbaren Optimierung sein muss.

Wer dieses Buch lesen sollte

Im Zusammenhang mit der Anwendung verschlankender Methoden stellt sich natürlich die Frage, wer von diesem Buch am meisten profitieren wird. Ohne von der operativen Bedeutung dieses für die Praxis geschaffenen Werkes abzulenken, möchte ich an dieser Stelle darauf hinweisen, dass Lean grundsätzlich ein Führungsthema ist. Wer sollte also dieses Buch lesen und warum? Führungskräfte oder Lean-Koordinatoren bzw. Moderatoren? Ich denke nicht, dass sich hier die Entweder-oder-Frage stellt. Dieses Fachbuch sollte Grundlagenliteratur für jeden leitenden Mitarbeiter eines Unternehmens werden, welches sich den Prinzipien des Lean Managements verschrieben hat. Unabhängig davon, ob man einer Führungsrolle gerecht werden muss oder für die operative Verbesserungen einer schlanken Produktion Verantwortung trägt. Diejenige Führungsebene, welche Lean-Anwender zu führen hat, sollte sich selbst die Sicherheit verschaffen, zu wissen, was eine ziehende Fertigung, Kanban, One-piece-flow etc. grundsätzlich ist. Nur so wird eine Führungskraft in der Lage sein, ihrer coachenden Rolle gerecht zu werden und die Hilfestellungen zu geben, die notwendig sind, um Verbesserungs-Analysen und Umsetzungen nachhaltig erfolgreich zu machen. Hierdurch werden auch die Voraussetzungen geschaffen, dass Führungskraft und Anwender als Team zusammen agieren können. Fehlt wiederum dieses Grundlagenwissen auf Führungsebene, kommt es zu den typischen Verhaltensmustern, die einer Lean-Management-Kultur im Wege stehen. Zögerliches oder ablehnendes Verhalten aufgrund fehlendem Wissen und Angst vor dem Unbekannten. Dieses Verhalten ist bei schlechter Ausbildung dann auch bei Anwendern festzustellen. Der Autor dieses Buches kennt diese Situationen aus seiner langjährigen Beratungserfahrung nur allzu gut. Daher wurde auch speziell darauf geachtet, dass eine verständliche Ausdrucksweise verwendet und nie an Praxisbeispielen gespart wurde. Der Anwender findet hier die Informationen und Hinweise, die ihm die Sicherheit geben, sich auch mit komplizierten und komplexen Aufgabenstellungen auseinandersetzen zu wollen.

Hier schließt sich wieder der Kreis derer, für die dieses Buch geschrieben wurde: Führungskräfte und Anwender. Durch ein funktionierendes Miteinander, untermauert durch gleiches Wissen und Verständnis, bezogen auf „Schlanke Produktion", entsteht eine Unternehmenskultur, die den Spaß und die Motivation an der Optimierung operativer Prozesse fördert und festigt.

Schlanke Produktion – Eine wirksame Methodenanwendung nur für Serienhersteller?

Nein. Doch vor nicht allzu langer Zeit galten schlanke Produktionssysteme für Unternehmen der Kleinserien- und Einzelteilfertiger als nicht realisierbar. Noch heute ist immer wieder die Rede davon, dass im auftragsspezifischen Produktionsumfeld des Maschinen- und Anlagenbaus sich viele der Methoden nicht so einfach übertragen lassen. Richtig ist, dass nicht alle Methoden und Werkzeuge für die Kleinserienfertigung und das klassische Projektgeschäft geeignet sind. Doch warum verfallen wir immer wieder in den pessimistischen Ansatz darüber zu reden bzw. zu schreiben, was nicht geht? Joerg Brenner hat in seinem Buch „Schlanke Produktion" auch zu diesem Thema Stellung bezogen und anhand vieler Praxisbeispiele sehr anschaulich dargestellt, dass die Realisierung des Ansatzes der Schlanken Produktion für Unternehmen der Kleinserien- und Einzelteilfertiger vor allem in der Gestaltung der Produkte und Prozesse liegt. Die Kunst liegt in der Gestaltung von Standards, die einerseits komplexitätsreduzierend und andererseits flexibilitätssteigernd wirken.

Natürlich wird man hier immer wieder auf die Aussage treffen „Bei uns ist alles anders" und Lean ist daher für Kleinserien- und Einzelteilfertiger nicht anwendbar. Dieses Buch beweist das Gegenteil. Es zeigt dem Leser, wie durch Standardisierung, Visualisierung, Total Productive Maintenance (TPM) und weiteren Ansätzen, Methoden der Schlanken Produktion erfolgreich angewendet werden können. Auch bei der Produktion von kleinen Stückzahlen und sehr komplexen Wertströmen.

Ich wünsche den Leserinnen und Lesern dieses Buches bei der Anwendung des Gelernten viel Erfolg, Spaß und vor allen Dingen immer die Unterstützung ihres Managements.

Danksagung an Jörg Brenner.

Dipl.-Päd. Frank Tempel

Gründer und Geschäftsführender Gesellschafter

Growtth® Consulting Europe GmbH, Starnberg

Inhaltsverzeichnis

1 Kapazitätsengpässe und Produktivitätsverluste

■ 1.1 Arten von Kapazitätsengpässen und Produktivitätsverlusten

Grundsätzlich sind die Gründe für Verluste von Kapazität und Produktivität mehr oder weniger identisch, weshalb sie auch beide zusammen in diesem Kapitel behandelt werden. Um jedoch ein klareres Verständnis der Unterschiede zu erlangen, welches für die weiteren Abschnitte hilfreich sein wird, eine kurze Definition:

Produktivität

Für die Produktivität wird normalerweise folgende Formel verwendet:

Produktivität = Output/Input oder Ausbringungsmenge/Einsatzfaktoren

Der Output wird in Einheiten des Faktors, den wir produzieren wollen, wie Stückzahlen, Kg, Liter etc. gemessen; der Input dagegen wird in dem angegeben, was wir zur Produktion einsetzen, wie Mitarbeiter- oder Maschinenstunden. Wenn wir also von Produktivitätssteigerung sprechen, so wollen wir entweder mit dem gleichen Input mehr Output erreichen, gleich viel Output mit weniger Input, oder beides zusammen. Sprechen wir allerdings von Kapazität, so definieren wir, entweder wie viel Input uns zur Verfügung steht oder wie viel wir benötigen, um einen gewissen Output zu erreichen. Wenn wir demnach in der Produktivitätsformel den Output bei gleich bleibendem Input erhöhen, so steigern wir automatisch auch die Kapazität. Mit einem Produktivitätsprojekt will man normalerweise die Kosten reduzieren, mit einem Kapazitätsprojekt allerdings liegt der Fokus klar auf der Erhöhung des Outputs. Im Prinzip kommt es also nur auf die Betrachtungsweise an.

Welche Verschwendungsarten werden betrachtet?

Da das Thema der sieben Arten der Verschwendung in der Literatur mehr als ausreichend behandelt wurde, nur ein ganz kurzer Überblick zu den drei Arten, die in diesem Kapitel im Mittelpunkt stehen werden: Bewegung, Transport und Wartezeit.

Sieben Arten der Verschwendung

Von den sieben Arten der Verschwendung sind bis auf die Bestände alle Thema der Kapazität und Produktivität (Ohno 1988):

- Bewegungen
- Transport
- Wartezeiten
- Überbearbeitung
- Überproduktion
- Korrekturen und Fehler.

Grundsätzlich ist der Gedanke der Verschwendung (japanischer Begriff Muda), dass Tätigkeiten in wertschöpfende und nicht-wertschöpfende Komponenten unterteilt werden. Die nicht-wertschöpfenden sollen als Verschwendung so weit als möglich reduziert oder ganz eliminiert werden. Die klassischen Arten der Verschwendung, wie sie von Taiichi Ohno beschrieben worden waren, wurden über die Jahre durch weitere ergänzt, wie z. B. die Verschwendung von Talenten. Weitere wichtige Begriffe in diesem Zusammenhang sind Muri (Überlastung von Mensch oder Maschine) und Mura (Unregelmäßigkeiten im Prozess).

Es wird in den Fallbeispielen auch versucht, eine klare Trennung zwischen nicht-wertschöpfenden Tätigkeiten von Mitarbeitern und Anlagen einzuhalten. Im Kapitel zu den Beständen werden in fast allen Fallbeispielen gravierende Änderungen in den Abläufen notwendig, um Ergebnisse zu erzielen. Bei diesem Thema können allerdings bereits mit kleinen Veränderungen Produktivitäts- und Kapazitätssteigerungen erreicht werden. Daher werden auch zahlreichere, aber kürzere Fallbeispiele kommen, die Ihnen eine Vielzahl an unterschiedlichen Ansätzen aufzeigen sollen.

Bewegung und Transport werden einen ganz klaren Fokus auf Mitarbeiter haben. Bei der Verschwendungsart Bewegung dreht es sich um die Mitarbeiter, die daran gehindert werden, wertschöpfende Tätigkeiten auszuführen, weil sie geplant als Teil des Prozesses oder ungeplant als Abweichung von diesem sich bewegen müssen. Die Fallstudien dazu werden also darauf ausgerichtet sein, wie ein Arbeitsplatz oder das Layout verbessert werden kann, damit sich der Mitarbeiter weniger bewegen muss. Der ursprüngliche Gedanke beim Transport dreht sich um das Bewegen von Material, was mit oder ohne Beihilfe eines Mitarbeiters geschehen kann.

Für dieses Kapitel ist nur der Transport durch Mitarbeiter von Interesse. Die dritte Art – Wartezeiten – wird dann auf Mitarbeiter und Anlagen ausgeweitet, wobei auch alle Aspekte von Maschinenstillständen (Rüstzeiten, Instandhaltung usw.) erfasst werden. Für den Mitarbeiter kann Wartezeit, wie schon die Bewegung, entweder prozessbedingt (z. B. durch die Austaktung einer Montagelinie oder das Warten auf das Ende eines Prozesses in einer Anlag) oder störungsbedingt (z. B. Warten auf den nächsten Auftrag) sein. Auch hier werden unterschiedliche Fallbeispiele aufgezeigt.

Wo liegt der Fokus bei Kapazitätsprojekten?

Produktivitätssteigerungen und damit Kostenreduzierungen können so gut wie in allen Prozessschritten Sinn machen. Mit Kapazitätssteigerungen können jedoch nur an gewissen Arbeitsplätzen tatsächliche, ergebnisrelevante Verbesserungen erzielt werden, nämlich an den Engpässen. Der Engpass ist jener Punkt in einer Prozesskette, der letztendlich den gesamten Durchfluss bestimmt (Tab. 1.1). Daher ist es auch von besonderer Bedeutung zu wissen, wo im Prozessfluss genau der Engpass liegt. In Tabelle 1.1 würde man, wenn man nur nach den Zykluszeiten geht, Prozessschritt 3 mit der höchsten Zykluszeit als den Engpass nehmen. Wird jedoch der OEE (siehe Kapitel 1.3.1 Analyse der Daten) in die Betrachtung mit einbezogen, also wie gut wir unsere Zeit für die Produktion von guten Teilen nutzen, so stellt sich Prozessschritt 4 als der Fokus heraus (gewichtete Zykluszeit = Zykluszeit/OEE). Dieser hat zwar eine geringere Zykluszeit, doch haben wir so hohe Verluste an der Anlage, dass sie tatsächlich der bestimmende Faktor für den Gesamtdurchsatz ist. Würden wir nun versuchen, die Kapazität von Prozessschritt 3 zu erhöhen, so würden wir am Ende des Tages kein einziges Stück mehr produzieren. Es müssten also im ersten Schritt die Verluste im Schritt 4 verringert werden bis die gewichtete Zykluszeit unter die von 3 fällt.

Tabelle 1.1   Identifikation des Engpasses

	Zykluszeit (s)	OEE	Gewichtete Zykluszeit
Prozessschritt 1	21	95 %	22,1
Prozessschritt 2	28	85 %	32,9
Prozessschritt 3	35	80 %	43,8
Prozessschritt 4	26	55 %	47,3
Prozessschritt 5	14	65 %	21,5

Im Kapitel zu den Beständen wird genauer auf die Problematik des Engpasses und der Zykluszeiten eingegangen. In diesem Kontext wurden statt des OEEs nur die Rüstzeiten verwendet, da diese relevanter für die Bestände und die Flexibilität der Produktion waren. Die Aussage ist natürlich genau dieselbe.

◼ 1.2   Produktivitäts- und Kapazitätssteigerung bei Mitarbeitern

1.2.1   Analyse der Daten

Auch in diesem Kapitel sollen an Hand einiger praktischer Beispiele die einzelnen Schritte in der Analyse von Tätigkeiten von Mitarbeitern aufgezeigt werden. Eingangs soll ganz besonders die Sensibilität dieses Themas hervorgehoben werden. Bitte bedenken Sie immer, dass Sie Mitarbeiter, eventuell sogar Kollegen, beobachten und deren Abläufe analysieren.

Es muss allen Beteiligten klar sein, dass es um keinerlei Bewertung einzelner Mitarbeiter geht und dass die erhobenen Daten weder relevant für Entlohnungs- noch Beurteilungssysteme sind. Es geht einzig und alleine um das Feststellen von Verbesserungspotenzialen. Aus diesem Grund besteht auch keine Notwendigkeit, einer Auswertung wie bei entlohnungsrelevanten Zeitstudien, die auf mehrere Kommastellen genau sein muss. In den folgenden Abschnitten wird immer wieder darauf eingegangen welcher Detaillierungsgrad notwendig oder sinnvoll ist.

In den folgenden Seiten werden sehr detailliert die Aufnahmen von Zykluszeiten und Ablaufstudien erklärt. Da diese die Basis für die Definition von Verbesserungsprojekten darstellen, ist es besonders wichtig, dass Sie diese Werkzeuge auch verstehen. Falls Sie bereits ausreichend Erfahrung mit solchen Aufnahmen haben, können sie diese Ausführungen gerne überspringen.

Was ist die Taktzeit in der Produktion?

Die Taktzeit ist wohl eines der wichtigsten Konzepte der Schlanken Produktion (Ohno 1988). Obwohl der Grundgedanke der Taktzeit recht simpel ist, ist die Anwendung in der Praxis bei weitem nicht so einfach. Wir werden auch im Rahmen der unterschiedlichen Kapitel dieses Buches immer wieder auf diese stoßen. Daher erklären wir das Prinzip in diesem ersten Kapitel und gehen in die Details und die Relevanz zu jedem Thema im Speziellen ein.

Taktzeit

Die Taktzeit definiert sich wie folgt:

Taktzeit = Nettoarbeitszeit/Kundenbedarf

Mit dieser Zeit wird ausgedrückt, wie viel Sekunden oder Minuten pro Teil zur Verfügung stehen, damit der Kundenbedarf erfüllt werden kann.

Beispiel:

Die Produktion läuft in einer Schicht mit 8 h. Diese 8 h beinhalten eine Pause von 30 min, woraus sich eine Nettoarbeitszeit von 7,5 h (oder 27.000 s) ergibt. Der Kundenbedarf im Monat liegt bei 10.000 Stück (oder 500 Stück/Tag bei 20 Arbeitstagen).

Daraus errechnet sich folgende Taktzeit:

$$\text{TAKTZEIT} = 27.000\,\text{S}/500\,\text{STÜCK} = 54\,\text{S}/\text{STÜCK}$$

Der Produktion stehen also 54 s zur Verfügung, um ein Teil zu produzieren und den Kundenbedarf befriedigen zu können. Würden nun zwei Anlagen zur Verfügung stehen, die parallel die gleichen Produkte bearbeiten, würde sich entsprechend die Nettoarbeitszeit verdoppeln. In vielen Fällen wird noch ein Effizienzfaktor wie z. B. dem OEE bei der Berechnung der Taktzeit berücksichtigt. Würde die Anlage also nur zu 80 % gute Teile produzieren, also 20 % der Nettoarbeitszeit verloren gehen, so würde sich die Taktzeit auf 67,5 s erhöhen.

Wie lange sind die Zykluszeiten?

Zykluszeit

Die Zykluszeit ist jene Zeit, die tatsächlich benötigt wird, um ein Teil zu fertigen. Der gesamte Zyklus und damit die gesamte Zykluszeit beinhalten alle Tätigkeiten, die standardmäßig zur Erstellung notwendig sind. Bei einer Anlage kann dies das Be- und Entladen oder regelmäßige Qualitätskontrollen beinhalten. Für eine Montagelinie wäre es z. B. wichtig zwischen der Summe der einzelnen Zykluszeiten, also den Arbeitsinhalten jeder Station, zu unterscheiden, und dem Zeitabstand, in dem ein fertiges Teil aus der Montagelinie kommt. Erstes wird benötigt, um den gesamten Arbeitsinhalt und daraus die Anzahl der Mitarbeiter zu bestimmen. Zweites wird benötigt, um es der Taktzeit gegenüberzustellen.

In einem Prozessfluss könnten die Zykluszeiten folgendermaßen aussehen:

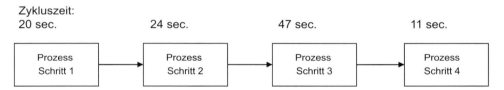

Bild 1.1   Die Zykluszeit im Prozessfluss

Diese Zykluszeiten, die ermittelt werden, zeigen, wie lange die eigentliche Bearbeitungszeit in den einzelnen Prozessschritten ist. In Kombination mit der Taktzeit sieht man, ob die vorhandenen Ressourcen ausreichend sind und wo eventuell Engpässe auftreten können (Bild 1.2).

Bild 1.2   Taktzeit-/Zykluszeitdiagramm

Zum Einstieg für die Aufnahme von Mitarbeiterzykluszeiten sehen wir uns den einfachsten Fall an, den Sie vorfinden können. Ein Mitarbeiter hat einen fest definierten Prozess und folgt immer denselben Prozessschritten. Typische Arbeitsplätze dafür sind z. B. Montagelinien oder eine Einmaschinenbedienung . Das Produktionsumfeld ist hauptsächlich durch höhere Stückzahlen gekennzeichnet. Die folgenden Schritte für eine Beobachtung mit einer Stoppuhr oder einem anderen Aufzeichnungsgerät (sei es Ihr Handy, ein Tablet oder ein sehr teures Zeitaufnahmegerät) haben sich bewährt:

- Die einzelnen Prozessschritte vom Mitarbeiter (oder unmittelbarem Vorgesetzten) erklären lassen. Da das Ziel der Aufnahme sein soll, die nicht-wertschöpfenden Tätigkeiten zu identifizieren, sollte dies bei der Bestimmung der einzelnen Prozessschritte bereits berücksichtigt werden. Einzelne Schritte sollten einerseits nicht zu kurz (unter 3 s) sein, da die Aufnahme sehr schwer wird. Andererseits sollten sie nicht zu lange sein, da ansonsten die Aussagekraft leiden kann.

- Mehrere Zyklen beobachten und einen Start- bzw. Endpunkt für jeden Schritt bestimmen. Damit ist ein Prozessschritt auch eindeutig definiert.

- Die Aufnahme der Zykluszeiten durchführen. Die Anzahl der Zyklen, die Sie benötigen, hängt von der Gleichmäßigkeit ab, in der diese verlaufen. Weist ein Zyklus wenige Abweichungen auf, so können fünf bis zehn Zyklen ausreichend sein. Ansonsten könnten 10 bis 15 notwendig sein. Die obere Spalte (Fortschrittszeit) ist gedacht für die fortlaufende Zeit auf Ihrer Stoppuhr, falls Sie eine verwenden sollten. Aus dieser werden dann die Einzelzeiten berechnet.

- Nachdem die Zeiten aufgenommen wurden, sollten Sie die Ergebnisse mit dem Mitarbeiter durchsprechen. Dabei sollen auch sonstige, regelmäßige Tätigkeiten zu den Zykluszeiten hinzugefügt werden, die Sie eventuell nicht beobachtet haben (z. B. Entsorgen von Verpackungsmaterial; Maßkontrollen alle 100 Teile).

#	Prozessschritt		Beobachtete Zyklen					Durchschnittliche Zykluszeit	Wertschöpfend	Nicht-Wertschöpfend	Anmerkungen
			1	2	3	4	5				
1	Teil Einlegen	Fortschrittszeit	18	24	46	52	60				Probleme beim Einlegen; Vorrichtung kontrollieren; Ausreißer herausrechnen
		Einzelzeit	7	6	22	6	8	5,4		5,4	
2	Verschrauben	Fortschrittszeit	29	61	95	126	157				Manuelles Verschrauben => Potential
		Einzelzeit	29	32	34	31	31	31,4	31,4		
3	Teil Entnehmen	Fortschrittszeit	5	12	18	24	31				
		Einzelzeit	5	7	6	6	7	6,2		6,2	
4	Zum nächsten Arbeitsschritt gehen und Teil ablegen	Fortschrittszeit	6	13	19	25	32				ca. 3 m Distanz zum nächsten Arbeitsplatz
		Einzelzeit	6	7	6	6	7	6,4		6,4	
5	Zum Behälter Rohteile Gehen und Teil Entnehmen und zur Vorrichtung gehen	Fortschrittszeit	5	11	16	22	29				Behälter mit Rohteilen am Fahrweg abgestellt von Logistik
		Einzelzeit	5	6	5	6	7	5,8		5,8	
		Fortschrittszeit									
		Einzelzeit									
6	Alle 20 Teile Qualitätskontrolle	Fortschrittszeit									
		Einzelzeit	120					6		6	
	Zykluszeit							61,2	51%	49%	
								Total	Anteil	Anteil	

Bild 1.3   Beispiel einer Zykluszeitaufnahme mit Durchschnittswerten

- Zum Abschluss müssen die Aufnahmen natürlich noch ausgewertet werden. Die zwei wichtigsten Erkenntnisse einer solchen Analyse sind, wo sich im Prozess Verschwendung befindet bzw. welches Verbesserungspotenzial existiert, und wie lange die gesamte Zykluszeit eines Arbeitsschrittes ist, aus dem die theoretische Zykluszeit ermittelt werden kann.

Bild 1.3 zeigt ein einfaches Beispiel einer Zykluszeitaufnahme mit einem klassischen Zeitaufnahmeformular. Folgende Punkte sind dabei besonders zu beachten:

- In Prozessschritt 1 gibt es einen sogenannten Ausreißer, also eine besonders hohe Zykluszeit, die durch einen besonderen Umstand hervorgerufen wurde; in diesem Beispiel ein Problem beim Einlegen in die Vorrichtung. Wenn Sie einen Durchschnitt über alle aufgenommen Zeiten dieses Schrittes bilden wollen, werden solche Ausreißer nicht berücksichtigt. Es soll ermittelt werden, wie der Arbeitsschritt unter normalen Umständen ablaufen soll. Verluste wie dieser würden später im OEE unter Effizienzverlusten auftauchen.

- Im Prozessschritt 2, der einzigen wertschöpfenden Tätigkeit an diesem Arbeitsplatz, wurde bei der Aufnahme sofort erkannt, dass hier auch Potenzial für eine Verbesserung liegt. Der Fokus liegt zwar auf den nicht-wertschöpfenden Tätigkeiten, doch sollte solch ein Potenzial sicher auch aufgenommen werden.

- Als Schritt 6 wurde die regelmäßige Kontrolle der Teile angeführt, die alle 20 Stück gemacht werden muss. Dieser Vorgang wurde einmal mit 120 s aufgenommen, was bei 20 Stück eine Zykluszeit pro Teil von 6 s ergibt.

- Wenn die einzelnen Zyklen nicht relativ gleichmäßig verlaufen wie in Bild 1.3, sondern eine höhere Varianz haben wie in Bild 1.4, dann werden keine Durchschnittswerte verwendet. Als Zykluszeit wird die sich am häufigsten wiederholbare Zeit verwendet. In Prozessschritt 1 wären dies sieben Sekunden, die sich dreimal wiederholen, also häufiger als 6 s. Die 7 s sollten als Zielwert für diesen Prozessschritt angesehen werden und durch die Effizienzrechnung sollte wieder ermittelt werden, was den Mitarbeiter davon abhält, diesen Zielwert regelmäßig zu erreichen.

#	Prozessschritt		Beobachtete Zyklen										Häufigste, wieder-holbare Zeit
			1	2	3	4	5	6	7	8	9	10	
1	Teil Einlegen	Fortschrittszeit	7	13	20	26	37	18	28	50	57	71	
		Einzelzeit	7	6	7	6	11	8	10	22	7	14	7
2	Verschrauben	Fortschrittszeit	29	81	115	151	193	34	66	100	141	190	
		Einzelzeit	29	52	34	36	42	34	32	34	41	49	34

Bild 1.4   Beispiel einer Zykluszeitaufnahme mit häufigsten, wiederholbaren Zeiten

Diese klar definierten, standardisierten Abläufe, wie wir sie in den Bildern 1.3 und 1.4 gesehen haben, werden wir leider aber nicht immer vorfinden. Mitarbeiter müssen z. B. mehrere Maschinen bedienen, variieren die Reihenfolge ihrer Arbeitsschritte oder erledigen die einzelnen Schritte in Losgrößen, also Schritt 1 für zehn Stück, dann Schritt 2 für dieselben zehn Stück etc. Voraussetzung hierbei ist jedoch immer, dass es gewisse Abläufe gibt, die zumindest theoretisch in sich abgeschlossen sind. Ein Mitarbeiter könnte dabei eigentlich einen kompletten Zyklus nach dem anderen bearbeiten. Solche Aufnahmen sind wesentlich aufwendiger und können eine größere Herausforderung für den Beobachter darstellen.

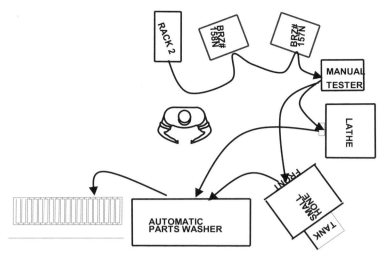

Bild 1.5   Zeitaufnahmen bei einer Mehrmaschinenbedienung

Sehen wir uns dazu ein Beispiel einer Mehrmaschinenbedienung wie in Bild 1.5 an. Im ersten Arbeitsschritt legt der Mitarbeiter zwei Teile in eine Lötvorrichtung ein, in der sie automatisch verlötet werden. Anschließend kommen sie in eine zweite Lötvorrichtung, wo eine dritte Komponente angelötet wird. Danach muss der Mitarbeiter das halbfertige Produkt vermessen und je nach dem Messergebnis kommt es zu einem weiteren Bearbeitungsschritt Drehen oder Honen. Abschließend muss der Mitarbeiter den Artikel in eine Waschanlage legen und dann auf ein Rollenband, das seine Zelle mit der nächsten verbindet. Während der Maschinenzyklen der diversen Anlagen erledigt der Mitarbeiter seine rein manuellen Tätigkeiten, wie das Messen. Da natürlich nicht ein Teil vom Mitarbeiter vom Anfang bis zum Ende komplettiert wird und erst dann das nächste begonnen wird, kommt es zu einem scheinbar chaotischen Ablauf.

Bei solch einem Prozess muss der Beobachter für jeden Schritt die einzelnen Komponenten definieren und diese dann nacheinander aufnehmen. Für den ersten Lötvorgang könnten diese im Zeitaufnahmebogen wie in Bild 1.6 aussehen.

			\multicolumn{5}{c}{Beobachtete Zyklen}	Durch- schnittliche Zykluszeit	Mitarbeiter- zykluszeit	Maschinen- zykluszeit	Maschinen- u. Mitarbeiter- zykluszeit
#	Prozessschritt 1. Löten		1	2	3	4	5				
1	Gehen vom vorhergehendem Arbeitsschritt zum Regal, Teil entnehmen und zum Löten tragen	Fortschrittszeit									
		Einzelzeit	12	14	11	16	12	10,8	10,8		
3	Maschinenzyklus	Fortschrittszeit									
		Einzelzeit	39	39	39	38	39	38,8		38,8	
4	Gelötetes Teil aus Anlage nehmen und neue Teile einlegen	Fortschrittszeit									
		Einzelzeit	8	11	9	9	10	9,4			9,4
4	Gelötete Teile beim 2. Löten ablegen	Fortschrittszeit									
		Einzelzeit	5	4	5	6	4	4,8	4,8		
		Zykluszeit						63,8	15,6	38,8	9,4

Bild 1.6   Beispiel einer Zykluszeitaufnahme bei Mehrmaschinenbedienung

Folgende Unterschiede im Vergleich zu Bild 1.3 sind besonders hervorzuheben:

- Die Fortschrittszeiten sind nicht mehr eingetragen. Da der Mitarbeiter diese einzelnen Schritte kombiniert mit anderen durchführt, wäre das Eintragen der Fortschrittszeit nicht sehr hilfreich. Die Einzelzeiten müssen also nach jedem einzelnen Schritt sofort bestimmt werden.

- In dieser Auswertung unterscheiden wir zwischen Mitarbeiter-, Maschinen- und gemeinsamen Zykluszeiten. Da die Lötanlage automatisch läuft, kann der Mitarbeiter während der Laufzeit, eine andere Tätigkeit ausführen.

Wenn Sie sich vorstellen, dass diese Aufnahmen nun für jeden einzelnen Arbeitsschritt gemacht werden müssen, können Sie den Aufwand abschätzen. Geübte Beobachter würden mehrere Arbeitsschritte parallel aufnehmen, bei fast jedem Schritt also von einem Blatt auf ein anderes wechseln. Für jemanden, der nicht sehr viel Übung mit Zykluszeitaufnahmen hat, ist es empfehlenswert, einen Schritt nach dem anderen zu beobachten, was selbstverständlich den Zeitaufwand wesentlich erhöht. Wenn Sie nun alle Schritte aufgenommen haben, muss zunächst wieder das Zykluszeitdiagramm erstellt werden.

Die nächste Steigerung der Komplexität der Analyse wird verursacht durch eine hohe Variantenvielfalt. Wenn nur eine überschaubare Anzahl von Varianten produziert wird, so kann jede einzelne aufgenommen werden. Die Zahl wird allerdings irgendwann zu groß, um noch alle Möglichkeiten beobachten zu können. Sehen wir uns im ersten Schritt an, wie mit unterschiedlichen Zykluszeiten prinzipiell umgegangen wird und betrachten dazu ein einfaches Beispiel (Tab. 1.2).

Tabelle 1.2 Zusammenfassung der Zeitaufnahmen

Produkte	Zykluszeit (s)	Produzierte Menge (Stk.)	Gesamte Fertigungszeit (s)
Produkt 1	28	10.488	293.664
Produkt 2	45	5.778	260.010
Produkt 3	12	8.976	107.712
Produkt 4	29	3.289	95.381
Produkt 5	39	1.278	49.842
Produkt 6	188	589	110.732
Produkt 7	52	12.859	668.668
Summe		43.257	1.586.009

Im Betrachtungszeitraum wurden sieben verschiedene Artikel produziert, die alle eine unterschiedliche Zykluszeit hatten. Werden die Zykluszeiten mit den jeweiligen Volumina multipliziert, so ergibt dies die gesamte, reine Fertigungszeit, immer unter der Annahme, dass es keine Störungen gegeben hat. Die Zeit über alle Produkte wird nun durch die Menge aller Produkte dividiert, was eine durchschnittliche Zykluszeit von 36,7 s für alle Artikel ergibt. Bei der Verwendung dieser Zahl muss beachtet werden, dass es sich ausschließlich um einen Durchschnittswert handelt, der z. B. für die Bestimmung des langfristigen Kapazitätsbedarfes verwendet werden kann. Für eine Tagesplanung muss allerdings immer auf die Einzelwerte der jeweils zu fertigenden Teile zurückgegriffen werden.

Wie sieht es allerdings aus, wenn hunderte oder tausende verschiedene Varianten produziert werden? In solch einem Fall hat sich der Variantenbaum als praktikabelster Ansatz erwiesen, wie er auch im Kapitel zu den Beständen verwendet wird. Im Zusammenhang mit Zykluszeiten kann ein Variantenbaum eine ähnliche Ausprägung haben (Bild 1.7)

Variantenbaum

Ein Variantenbaum soll eine grafische Übersicht geben, wie sich eine Gesamtmenge nach verschiedenen Kriterien unterteilt. So kann, wie in Bild 1.7, das gesamte Volumen der Produkte, nach unterschiedlichen Ausprägungen unterteilt werden. Bei Rüstvorgängen könnte die gesamte Anzahl der durchgeführten Rüstungen nach den bestimmenden Faktoren des Schwierigkeitsgrades aufgeteilt werden (z. B. ein kompletter Umbau vs. dem Wechsel einer Komponente). Im Zusammenhang mit den Analysen in den Fallbeispielen in diesem Buch dient der Variantenbaum dazu, aus einer großen Menge gewisse Gemeinsamkeiten zu definieren, aus denen ein Fokus für detaillierte Aufnahmen bestimmt werden soll.

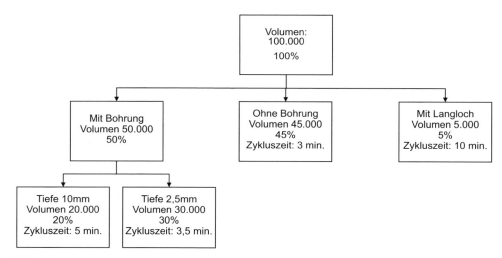

Bild 1.7 Variantenbaum für Zykluszeitaufnahmen

Die Produkte wurden nach den Faktoren unterteilt, die die Länge der Zykluszeit am stärksten beeinflussen. Auf der ersten Ebene wurde unterschieden, ob der Artikel mit oder ohne Bohrung oder mit einem Langloch gefertigt werden muss. Mit 50 % war die Variante mit Loch die wichtigste, die daher in eine weitere Ebene unterteilt wurde: der Tiefe der Bohrung. Es ist nicht immer möglich, den einzelnen Varianten genau berechnete Volumina zuzuordnen. In solch einem Fall muss auf die Schätzungen der Experten zurückgegriffen werden, die aus der Erfahrung heraus die Prozente am Gesamtvolumen verteilen. Nachdem nun dieser Variantenbaum erstellt wurde, kann für jede einzelne Kategorie eine Zykluszeit ermittelt werden. Ratsam dabei ist es, für die wichtigsten Varianten, in diesem Fall z. B. mit 2,5 mm-Bohrung und ohne Bohrung, mehrere verschiedene Produkte zu beobachten, um einen guten Durchschnitt der Zykluszeit zu bekommen.

Es kann sich bei den Aufnahmen auch ergeben, dass beide Varianten unterschiedliche nicht-wertschöpfende Tätigkeiten beinhalten. Die Auswertung erfolgt wieder wie in Tabelle 1.2, anstatt der einzelnen Produkte stehen nun die Varianten in der ersten Spalte.

Erstellen einer Multimomentaufnahme

 Multimomentaufnahme

Es wurde bereits erwähnt, dass für die Durchführbarkeit einer Zykluszeitaufnahme die Tätigkeit des Mitarbeiters eine gewisse, sich wiederholende Struktur haben muss, also einen Zyklus. Irgendwann wird jedoch der Punkt erreicht, dass sich die Abläufe eines Mitarbeiters nur mehr sehr schwer in einem Zyklus wiederfinden oder es zu viele Störungen im Ablauf gibt. In beiden Fällen kann auf das Werkzeug der Multimomentaufnahme zurückgegriffen werden (Haller-Wedel 1985). Bei diesem Verfahren wird in vorab bestimmten Zeitabschnitten (z. B. alle 5 min) beobachtet, welche Tätigkeit ein Mitarbeiter gerade ausführt. In einem Aufnahmebogen (Bild 1.8) werden die wichtigsten Tätigkeiten im Vorfeld definiert, um auch die Vergleichbarkeit zwischen verschiedenen Beobachtern zu erleichtern.

	Produktion	Bewegen	Suchen	Warten	Rüsten	Kommunikation	Dokumentation	Nicht anwesend	Sonstiges
07:30	x								
07:35	x								
07:40	x								
07:45		x							
07:50							x		
07:55					x				
08:00					x				
08:05						x			
08:50					x				
09:00	x								
09:10	x								

Bild 1.8 Beispiel einer Multimomentaufnahme

Wenn diese Aufnahmen über einen Zeitraum von zwei bis drei Tagen durchgeführt werden, so kann damit ein relativ gutes Bild gewonnen werden, was die wichtigsten Tätigkeiten eines Mitarbeiters sind. Je geringer die Zeitintervalle sind, umso präziser wird dieses Bild. Es muss allerdings auch berücksichtigt werden, dass in den meisten Fällen mehrere Mitarbeiter aufgenommen werden, da ein Kompromiss zwischen der Anzahl der zu Beobachtenden und der

Kürze der Intervalle gefunden werden muss. Als Richtlinie kann dabei dienen, je kürzer die Intervalle jeder einzelnen Tätigkeit eines Mitarbeiters, desto geringer sollten auch die Aufnahmezyklen sein. Sind Unterbrechungen der wertschöpfenden Tätigkeit eines Mitarbeiters sehr kurz (z. B. unter einer Minute), so wäre es nicht sinnvoll, nur alle zehn Minuten eine Beobachtung durchzuführen. Eventuell wäre es sogar notwendig, jede oder jede zweite Minute ein Kreuz im Aufnahmebogen zu machen.

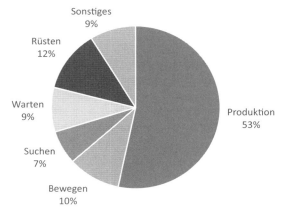

Bild 1.9   Auswertung der Multimomentaufnahme

Die Auswertung in Bild 1.9 nimmt nur sehr wenig Zeit in Anspruch, indem einfach die Anzahl der beobachteten Vorfälle einer Tätigkeit addiert werden. Der beobachtete Mitarbeiter wäre z. B. zu 53 % mit der Produktion beschäftigt. Die drei nicht-wertschöpfenden Tätigkeiten Bewegen, Suchen und Warten würden zusammen auf einen Anteil von 26 % kommen und wären das Hauptpotenzial für das Reduzieren von Verschwendung.

Der Beobachter sollte jedoch bei einer Multimomentaufnahme nicht nur blind seine Kreuze alle paar Minuten machen. Es bietet sich gleichzeitig die Möglichkeit, intensiv das Umfeld des Arbeitsplatzes zu beobachten und ein Verständnis dafür zu entwickeln, wie es zu diesen 26 %-Verschwendung kommt. Die Zahlen sollen nur quantifizieren und bestätigen, was während der Multimomentaufnahme an Verbesserungspotenzial beobachtet wurde.

Erstellen eines Spaghetti-Diagramms

 Spaghetti-Diagramm

Ein weiteres, sehr simples Werkzeug für die Aufnahme von Mitarbeitertätigkeiten ist das Spaghetti-Diagramm (siehe Bild 1.10). Es wird hauptsächlich in Kombination mit einer Zykluszeitaufnahme oder einer Multimomentaufnahme erstellt, um die Laufwege des Mitarbeiters visuell darzustellen. Dadurch sollen Aussagen getroffen werden, wie weit ein Mitarbeiter innerhalb eines bestimmten Zeitraumes laufen muss bzw. welche Punkte er am häufigsten ansteuert. Der besondere Vorteil liegt jedoch in der aussagekräftigen, visuellen Darstellung.

Das Beispiel in Bild 1.10 zeigt die Laufwege, die ein Mitarbeiter eines Lagers zurücklegen muss, um das Material für einen Fertigungsauftrag zusammenzustellen. Es sollte damit die Aussage unterstützt werden, dass es keine klare Struktur im Lager gab und selbst häufig verwendete Komponenten über alle Regale verteilt waren. Dazu wurden für mehrere Standardaufträge einzelne Spaghetti-Diagramme erstellt. Genauso hätte man auch alle Aufträge z. B. mit unterschiedlichen Farben auf ein Blatt eintragen können.

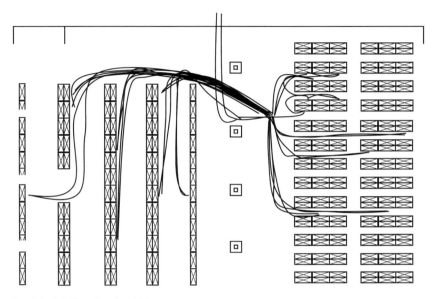

Bild 1.10   Beispiel eines Spaghetti-Diagrammes

1.2.2   Maßnahmen zur Steigerung der Produktivität und Kapazität von Mitarbeitern

Fallbeispiel 1.1   Bewegung und Transport in einer Serienfertigung – Produktivitäts-steigerung durch Layoutoptimierung und Materialflussoptimierung

Ausgangssituation:

Vier Vormontagen (VM) belieferten eine Montagelinie mit Komponenten (Bild 1.11). VM 1 produzierte für 100 % aller Produkte und VM 2 für 60 %. VM 3 lieferte zu 35 % direkt und zu 65 % über VM 4 an die Linie. Da jedoch die Zykluszeiten der VM wesentlich geringer waren als die der Endmontage, wurde nur in zwei Schichten und in einen Puffer (Bild 1.12) produziert. Für die Mitarbeiter der VM, die auch für den Transport von ihrem Arbeitsplatz zum Puffer verantwortlich waren, erhöhten sich dadurch die Zykluszeiten. Aus Gewichtsgründen wurde jeder Behälter, der nur 20 bis 35 Teile je nach VM fassen konnte, einzeln zum Puffer getragen. Der Anteil der Materialbewegung an der gesamten Zykluszeit betrug zwischen sieben und zehn Sekunden.

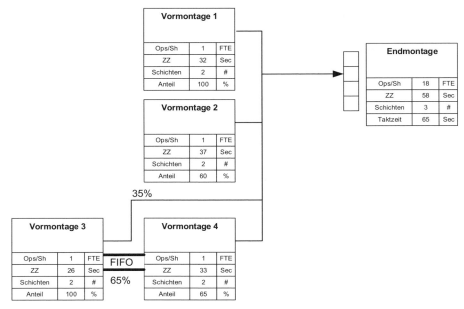

Bild 1.11   Wertstrom für die Vormontagen zur Endmontage

An den VM 1 und 2 montierten jeweils 1 Mitarbeiter/Schicht. VM 3 und 4 waren unterschiedlich besetzt; je nachdem welches Produkt an der Montagelinie gefertigt wurde, fertigten ein oder zwei Personen an diesen Arbeitsplätzen. Insgesamt waren also entweder drei oder vier Mitarbeiter in der Vormontage tätig.

Bild 1.12   Puffer zwischen Vormontage und Endmontage

Die Zykluszeitaufnahmen in Bild 1.13 mussten demnach auch berücksichtigen, dass VM 4 nur zu 65 % produziert. Die Balken in den jeweiligen Zykluszeiten reflektieren, dass es einen Unterschied gibt zwischen den beobachteten Zeiten für ein einziges Teil und den gewichteten nach dem Prozentsatz vom gesamten Volumen. In VM 1 entspricht die aufgenommene Zeit der gewichteten mit 32 s. VM produziert nur für 60 % und die Zykluszeit von 37 s muss mit diesem Prozentsatz bewertet werden. VM 3 wurde auf die Menge aufgeteilt, die direkt an die Endmontage gehen (35 %) und die noch an VM 4 bearbeitet werden. Die aufgenommene Zeit je Teil beträgt 26 s, auf die 35 % umgerechnet ergibt dies 9,1 s. Dasselbe gilt für die 65 %, die an VM 4 weiterverarbeitet werden. Zusammen ergeben die zwei Werte natürlich wieder 26 s, da VM 3 letztendlich 100 % der Produktion beliefert. Wo wir tatsächlich eine Auswirkung sehen, ist VM 4, welches nur zu 65 % produziert. Die erhobene Zykluszeit beträgt 33 s, auf die 65 % umgerechnet sind dies nur 21,5 s. Diese Betrachtung ist notwendig, da wir im nächsten Schritt die gesamte Zykluszeit wieder der Taktzeit gegenüberstellen.

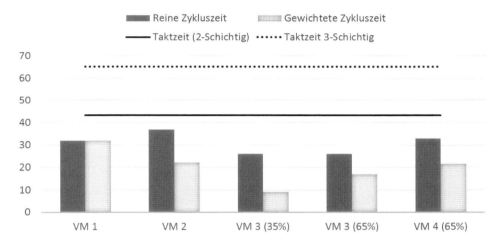

Bild 1.13   Ergebnis der Zykluszeitaufnahmen

Arbeitet der Vormontagebereich in zwei Schichten, so ergibt sich eine Taktzeit von 43 s. Wenn wir die Summe der gewichteten Zykluszeiten (32 s + 22 s + 9 s + 17 s + 21,5 s) von 101,5 s durch die Taktzeit von 43 s dividieren, so sehen wir, dass wir 2,4 Mitarbeiter je Schicht benötigen. Bei einem 3-Schichtbetrieb wären es entsprechend 1,6 Mitarbeiter/Schicht. Dabei ist allerdings noch nicht berücksichtigt, dass die Verschwendung durch Bewegung eliminiert werden muss.

Verbesserungsansatz:

Schon mehrmals hatte man mit dem Gedanken gespielt, die Vormontagen direkt an die Linie zu hängen. Die allzu unterschiedlichen Zykluszeiten hatten eine Umsetzung allerdings jedes Mal verhindert. Erst als ein Kaizen-Team mit Mitarbeitern sich dieses Themas annahm, konnte eine praktikable Lösung ausgearbeitet werden (Bild 1.14). Die vier VM wurden zwar direkt an die Linien gestellt, jedoch über einen kleinen Puffer mit dieser verbunden. Ein Mitarbeiter arbeitete nun abwechselnd an VM 1 und VM 2 in jeweils einen Puffer. War dieser voll, so wurde der Arbeitsplatz gewechselt. Dasselbe Prinzip gilt für die beiden anderen VM. Eine weitere Überlegung musste angestellt werden und zwar auf welcher Seite der Montagelinie die VM angebracht werden sollten. Da die prinzipielle Strategie in die Richtung ging, auf einer Seite die Arbeitsplätze zu platzieren und von vorne die Materialversorgung zu gewährleisten, musste die Montagelinie entsprechend vom Fahrweg entfernt werden. Die Rollregale, die als Puffer für die Vormontagen dienten, konnten so auch für die Versorgung der Kleinteile genutzt werden.

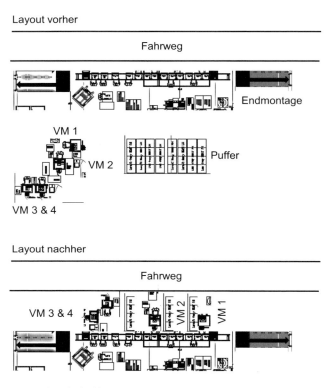

Bild 1.14   Layout vor und nach der Umsetzung

Aus der ursprünglichen Aufnahme der Zykluszeiten konnte durch diese Verbesserung der Anteil an Bewegung komplett eliminiert werden. Es wurden im Rahmen der Umsetzung noch weitere kleinere Maßnahmen implementiert, wobei für die Gegenüberstellung der Zeiten vorher und nachher nur das Potenzial der Bewegung berücksichtigt wurde. Im Taktzeit/Zykluszeitdiagramm lässt sich das Ergebnis recht einfach erkennen (Bild 1.15). Die Anzahl der Mitarbeiter wurde von insgesamt sieben bis acht auf sechs in drei Schichten reduziert, wodurch auch ein gleichmäßigerer Materialfluss erreicht wurde. Da die Mitarbeiter immer noch genügend Spielraum bis zur Taktzeit hatten (rechnerisch ergab sich eine benötigte Anzahl an Personen von 1,4 pro Schicht), konnten Tätigkeiten wie Entsorgen von Verpackungsmaterial etc. auf sie übertragen werden. Durch den stark reduzierten Puffer waren sie erheblich eingeschränkt, Bestände aufzubauen. Leerläufe der Mitarbeiter wurden dadurch wesentlich transparenter und es wurde sehr schnell klar, dass sie die Flexibilität für zusätzliche Aufgaben hatten.

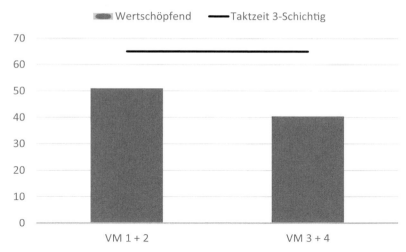

Bild 1.15   Neue Mitarbeiterzykluszeiten

Fallbeispiel 1.2   Bewegung und Wartezeiten in einer Manufaktur – Produktivitätssteigerung Erhöhung der Anzahl der Arbeitsplätze

Ausgangssituation:

In diesem manufakturähnlichen (reine Handarbeit, Mitarbeiter mit sehr speziellen Kenntnissen) Bereich wurden Gummileisten und -profile, die aus einem vorgelagerten Arbeitsschritt kamen, weiterverarbeitet. Die wichtigsten Bearbeitungsschritte beinhalteten das Zuschneiden der Profile oder das Einziehen von Kabeln durch diese. Die Mitarbeiter benötigten sehr viel Fingerspitzengefühl und Erfahrung für diese Tätigkeiten. Die Daten, die für dieses Projekt als Grundlage analysiert wurden, konzentrierten sich darauf, die Produktvielfalt mit den jeweils benötigten Arbeitsschritten und die notwendigen Bearbeitungszeiten zu verstehen. 236 verschiedene Produkte wurden in insgesamt 427 Aufträgen bearbeitet und in zwei Monaten abgeschlossen. Das zeigte die hohe Variantenvielfalt in diesem Bereich. Für jedes einzelne Produkt waren im System Zykluszeiten hinterlegt, die nach ihren gesamten Stückzahlen analysiert wurden (siehe Tab. 1.3).

Tabelle 1.3   Verteilung der Zykluszeiten nach Stückzahlen

Zykluszeit (min)	Stückzahl	Anteil an gesamter Stückzahl (%)
0–10	627	10,2
11–15	2.456	40,0
16–20	1.679	27,3
21–25	722	11,8
26–30	567	9,2
31 +	89	1,4

Artikel mit einer maximalen Zykluszeit von zehn Minuten wurden z. B. mit einer Stückzahl von 627 produziert. Die wichtigste Erkenntnis aus dieser Auswertung war, dass ca. 70 % der gesamten Stückzahlen eine Bearbeitungszeit zwischen 11 und 20 min hatten, deren Arbeitsumfänge demnach relativ ähnlich waren. Diese Unterteilung entsprach auch mehr oder weniger der Definition der einzelnen Produktgruppen, die in diesem Bereich gefertigt wurden und sich an den Anwendungsbereichen beim Kunden orientierten. Die weiteren Beobachtungen vor Ort konzentrierten sich demnach auf die größte Gruppe an Produkten.

Die acht Mitarbeiter des Bereiches waren auf insgesamt sechs Arbeitstische aufgeteilt, wobei jeder einzelne Tisch bestimmten Produktgruppen zugeordnet war, da einzelne Vorrichtungen und Werkzeuge nicht für alle Artikel benötigt wurden. Die Mitarbeiter wechselten je nach Auftragslage zwischen den einzelnen Arbeitsplätzen. Jeder Auftrag wurde jedoch nur von einem Mitarbeiter komplett bearbeitet und zwar vom Vorbereiten des Arbeitsplatzes bis zum Verpacken der Produkte.

Da jeder Mitarbeiter mehrere Aufträge zur gleichen Zeit bearbeitete und es auch zahlreiche Unterbrechungen im Ablauf gab, wurden keine Zykluszeitaufnahmen durchgeführt sondern Multimomentaufnahmen (Bild 1.16). Diese Aufnahmen sollten ein klareres Bild ergeben, welche Tätigkeiten ein Mitarbeiter insgesamt durchzuführen hat. Die ersten Beobachtungen führten zu folgenden Kategorien für die Multimomentaufnahmen:

- Wertschöpfend
- Bewegen
- Warten
- Rüsten (Auftrag Vorbereiten und Abschließen)
- Materialhandhabung (Handling)
- Sonstige.

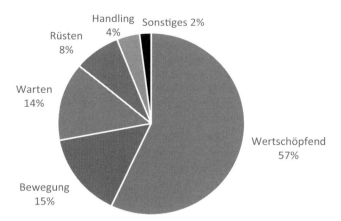

Bild 1.16   Ergebnis der Multimomentaufnahme

Das Ergebnis der zweitägigen Multimomentaufnahme zeigte, dass sich die beobachteten acht Mitarbeiter nur zu 57 % ihrer Zeit mit wertschöpfenden Tätigkeiten befassten, 29 % waren Bewegen und Warten und sollten als Potenzial und Fokus für die Verbesserungen dienen. Um die Verschwendungsart Bewegen noch deutlicher darzustellen, wurden begleitend einige Spaghetti-Diagramm erstellt, wobei jedes einzelne immer einen Fertigungsauftrag darstellte (Bild 1.17). Die wichtigsten Erkenntnisse, die sich aus diesen Beobachtungen schließen ließen, waren:

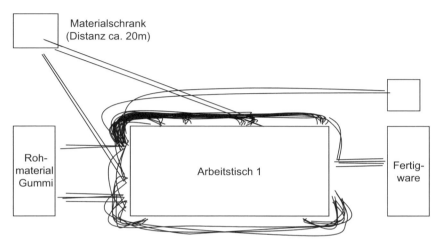

Materialschrank
(Distanz ca. 20m)

Roh-
material
Gummi

Arbeitstisch 1

Fertig-
ware

Bild 1.17 Spaghetti-Diagramm für einen Auftrag

- Die Arbeitstische in Bild 1.18 hatten eine Breite von ca. zwei und eine Länge von ca. drei Metern und alle Teile mussten von allen Seiten bearbeitet werden. Der Mitarbeiter musste demnach häufig von einer Seite des Tisches zur anderen gehen.

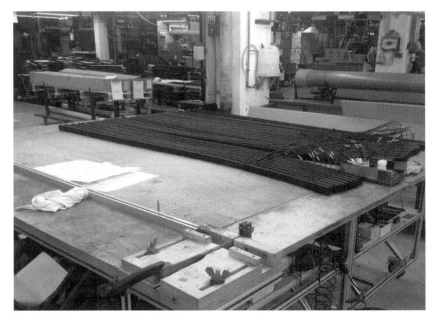

Bild 1.18 Arbeitstisch im Projektbereich

- An einem Arbeitstisch konnten zwei Mitarbeiter unterschiedliche Aufträge bearbeiten. Da es von einzelnen Vorrichtungen und Werkzeuge nur jeweils ein Stück gab, bzw. diese von mehreren Tischen geteilt wurden, kam es zu Wartezeiten, wenn diese gerade von einem anderen Mitarbeiter benötigt wurden.

- Häufig verwendete Verbrauchsmaterialien waren in einem für die gesamte Abteilung zentralen Schrank gelagert, der ca. 20 m vom nächsten Arbeitstisch entfernt war. Speziell beim Rüsten von Aufträgen kam es zum mehrmaligen Laufen zu diesem Schrank.

- Die Bearbeitung der Aufträge erfolgte im typischen Losgrößenprinzip. Bei einer Anzahl von 20 wird Arbeitsschritt 1 zuerst für alle 20 Stück durchgeführt, dann Arbeitsschritt 2 für 20 usw. Der Mitarbeiter hatte dadurch einen hohen Handhabungsbedarf, da er sich alle 20 Teile für jeden einzelnen Arbeitsschritt erneut zurecht legte.

- Zahlreiche Aufträge werden angefangen, um dann festzustellen, dass Komponenten, die montiert werden mussten, nicht vorhanden waren. Diese Aufträge blieben am Arbeitsplatz liegen und ein neuer wurde angefangen. Dies führte einerseits zu weiterem Handling und auch einer Erhöhung der Bestände in der Produktion.

Vom Grundsätzlichen Ansatz war es allen Beteiligten nach den Aufnahmen klar, dass es nicht sinnvoll war, dass ein Mitarbeiter einen gesamten Auftrag alleine bearbeiten sollte. Die Herausforderung war jedoch zu bestimmen, was die optimalste Aufteilung war. Wie könnten also die Bearbeitungsschritte eines Auftrages auf zwei oder mehrere Arbeitsplätze aufgeteilt werden? Die Aufteilung musste so flexibel sein, dass auch unterschiedliche Arbeitsinhalte (selbst innerhalb einer Produktgruppe) ohne großen Koordinations- und Umrüstaufwand an einem Arbeitstisch erledigt werden könnten.

Verbesserungsansatz:

Verschiedene Möglichkeiten einer Aufteilung zwischen zwei, drei und vier Mitarbeitern wurden anhand von einigen Aufträgen simuliert. Ein weiterer Diskussionspunkt war, ob auf einen reinen One-piece-flow oder einer anderen Losgröße umgestellt werden sollte. Auch diese wurde in den Simulationen berücksichtigt. Die Mitarbeiter, die alle an dem Projekt beteiligt waren, entschieden sich letztendlich für folgende Variante (Bild 1.19):

- Es wurden an den Hauptarbeitstischen, an denen die wichtigsten Produktgruppen gefertigt wurden, zwei voll ausgestattete Arbeitsbereiche eingerichtet, die die beiden größten Gruppen und einige Untergruppen abdeckten. Dazu mussten einige Vorrichtung und Werkzeuge dupliziert werden, die ein geringes Investment bedeuteten. Zusätzlich wurde die Länge der Tische auf das Maß für ein Fertigungslos reduziert.

- Jeder Arbeitsbereich ist für zwei Mitarbeiter eingerichtet. Zwei Personen wurden gewählt, da der größte Teil der Bewegung und des Wartens eliminiert werden konnte, der Koordinierungsaufwand zwischen den Arbeitsplätzen allerdings noch sehr gering blieb. Es konnte nicht für alle Aufträge vorab genau geklärt werden, welcher Arbeitsschritt welcher Position zugeteilt werden sollte. Für diese Entscheidung wurde die Verantwortung den Mitarbeitern selbst übertragen.

- Die Losgröße wurde auf zehn Stück festgelegt. Teil einiger Arbeitsschritte war das Auftragen von Klebstoffen, die trocknen mussten, bevor das Produkt weiterverarbeitet werden konnte. Nach zehn Stück war sichergestellt, dass der Klebstoff trocken war.

- Für alle Arbeitsplätze wurde definiert, welche Verbrauchsmaterialien regelmäßig benutzt wurden. Sie wurden danach mit einem Zwei-Behälter-Kanban ausgestattet, um die Versorgung zu sichern und das Gehen zum Schrank zu verhindern.
- Eine Verfügbarkeitsprüfung wurde eingeführt und damit auch die Regel, dass ein Auftrag erst dann begonnen werden durfte, wenn der vorherige abgeschlossen worden war. Es musste demnach vorab geklärt werden, ob alles Material für einen Auftrag vorhanden ist. Damit sollte verhindert werden, dass mehrere Aufträge zur gleichen Zeit in Bearbeitung waren.

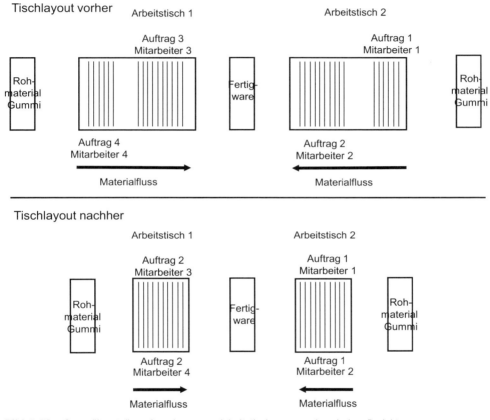

Bild 1.19   Gegenüberstellung Anordnung von Arbeitstischen vor und nach dem Projekt

Die zwei größten Einsparungen in Bezug auf die Produktivität der Mitarbeiter waren, dass jede Person nur noch an zwei Seiten eines verkürzten Tisches arbeiten musste im Gegensatz zu allen vier Seiten des Sechs-Meter-Tisches und, dass das Warten auf Werkzeuge oder Vorrichtungen eliminiert wurde. Messungen ergaben, dass sich die Laufwege alleine im Schnitt von 380 m/Auftrag auf 70 m reduzierten. Alle Maßnahmen zusammen resultierten in einer durchschnittlichen Reduzierung des Zeitaufwands pro Auftrag von ca. 20 %, was über die rückgemeldeten Zeiten/Auftrag bestätigt wurde. Als zusätzliche Verbesserung wurde eine Platzeinsparung sowie eine Durchlaufzeit- und Bestandsreduzierung erreicht.

Fallbeispiel 1.3   Bewegung und Wartezeiten in einer Montagezelle – Produktivitätssteigerung durch Reduzierung der Anzahl der Arbeitsplätze

Ausgangssituation:

Nachdem im vorherigen Beispiel die Anzahl der Arbeitsplätze erhöht wurde, wurde in diesem
Fall der umgekehrte Ansatz verwendet. Der Produktionsbereich (Bild 1.20) bestand aus vier
Arbeitsplätzen, an denen aufeinander aufbauend das Innenleben eines Antriebs montiert
wurde. Der fünfte und letzte Arbeitsplatz setzte das Innenleben in das Gehäuse ein und führte
einige Tests durch. Was während der ersten Beobachtungen der einzelnen Arbeitsplätze auffiel
war, dass sie kaum ausgetaktet waren und sehr hohe Zwischenbestände aufgebaut wurden.
Speziell diese Zwischenbestände führten zu einem hohen Aufwand an zusätzlicher Handhabung, da der „Berg" an Teilen ständig wieder umsortiert wurde, um Platz für mehr Bestände
zu schaffen.

Die Zykluszeitaufnahme zeigte sehr schnell, dass die Mitarbeiter einen sehr hohen Anteil ihrer
Zeit mit dem „Auf- und Umbauen" ihrer Berge an Material verbrachten, was als Materialhandhabung bezeichnet wurde. Diese und andere nicht-wertschöpfende Tätigkeit füllten die Lücken
der Unterschiede der Zykluszeiten, sodass die Mitarbeiter auch ständig voll ausgelastet wirkten.

Alle Versuche, diese Situation zu verändern und einen besseren Fluss in diesen Ablauf zu
bekommen, scheiterten daran, dass die einzelnen Arbeitsinhalte nicht anders mit einfachen
Mitteln auf die fünf Mitarbeiter aufgeteilt werden konnten. Da die Mitarbeiter auf den ersten
Blick auch immer beschäftigt waren, wurde nicht weiter darüber nachgedacht, ob die Produktivität gesteigert werden könnte.

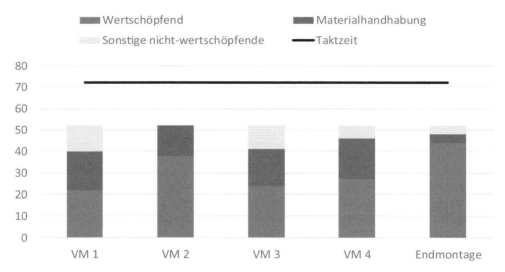

Bild 1.20   Zykluszeitaufnahme

Die Summe aller wertschöpfenden Zykluszeiten ergab für diese fünf Arbeitsplätze 155 s, was
bei einer Taktzeit von 72 s rechnerisch wieder 2,2 Mitarbeiter ergab. Wie könnten also die
Arbeitsplätze und Abläufe umgestaltet werden, sodass eine Reduzierung von fünf auf drei
Mitarbeiter möglich wäre?

Verbesserungsansatz:

Die zwei wichtigsten Punkte, die verbessert werden mussten, waren die ungleich verteilten Zykluszeiten und das Handling der Bestände zwischen den Arbeitsplätzen. Der erste Gedanke dazu sollte zwar die heftigsten Diskussionen hervorrufen, erwies sich letztendlich als die optimalste Lösung. Statt der vier Vormontageschritte sollten zwei Arbeitsplätze eingerichtet werden, an denen ein Teil komplett gebaut werden könnte. Das Hauptargument der Mitarbeiter gegen diese Lösung war, dass sie die verwendeten Werkzeuge für jedes Teil aufnehmen und ablegen müssten, was in der Zeitaufnahme Teil der Wertschöpfung war. In der Ausgangssituation wurde z. B: ein Elektroschrauber einmal in die Hand genommen und dann 20 Stück hintereinander verschraubt. Dann wurde ein anderes Werkzeug genommen und der Arbeitsgang mit diesem Werkzeug wieder 20-mal durchgeführt. Dies wurde als die effizienteste Vorgehensweise betrachtet. Letztendlich stimmten alle Beteiligten einer Simulation zu, in der ein Arbeitsplatz so eingerichtet wurde, dass alle Inhalte der vier Vormontagen durchgeführt werden konnten. Das Ergebnis überzeugte selbst die kritischsten Mitarbeiter. Aus einer Gesamtzykluszeit von 208 s mit 111 s wertschöpfendem Anteil wurden 96 s Zykluszeit. Bild 1.21 zeigt, wie das Layout nach dieser Simulation umgestellt wurde. Aus den vier Vormontagearbeitsplätzen, die in einer Linie aufgestellt waren, wurden zwei Arbeitsplätze, die durch ein Rollenband mit der Endmontage verbunden waren. Jeder einzelne Arbeitsplatz musste natürlich mit allen Werkzeugen, Vorrichtungen und Materialien ausgestattet werden, was ein geringes Investment benötigte. Neben der Produktivitätssteigerung wurden zusätzlich noch die Durchlaufzeiten und der Platzbedarf reduziert.

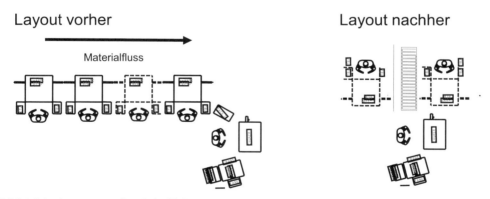

Bild 1.21   Layout vor und nach der Verbesserung

Fallbeispiel 1.4   Wartezeiten in einer Serienfertigung – Produktivitätssteigerung durch Reduzierung der Anlagengeschwindigkeit

Ausgangssituation:

Der Produktionsbereich (Bild 1.22) bestand aus drei Anlagen, zwei Nietanlagen führten dieselben Arbeitsschritte durch und einem Schweißroboter, wobei alle drei über ein Förderband mit Teilen versorgt wurden. An den Nietanlagen legten zwei Mitarbeiter die Teile in die Vorrichtungen am Förderband, am Schweißroboter waren es drei. Am Ausgang jeder Maschine stand jeweils ein weiterer Mitarbeiter, um die Teile auf ein Gestell, welches zum nächsten Arbeitsgang Lackierung gebracht wurde, zu hängen.

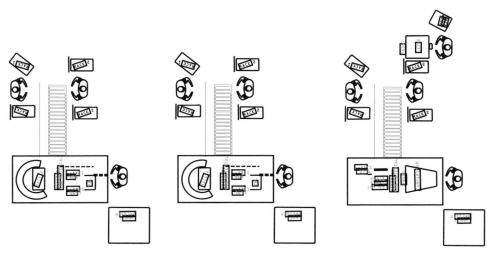

Bild 1.22   Layout Ausgangsituation

Die Berechnung der Taktzeit in Bild 1.23 bezieht sich auf die zwei Nietanlagen, die gemeinsam einen Jahresbedarf von 5.860.000 Einheiten produzieren müssen. Da im 3-Schichtbetrieb gearbeitet wurde und das gesamte Volumen auf beide Anlagen verteilt war, standen demnach insgesamt sechs Schichten zur Berechnung für die gesamte Nettoarbeitszeit zur Verfügung. Dieselbe Berechnung bei drei Schichten und ebenfalls einem OEE von 82 % für den Schweißroboter ergab eine Taktzeit von 6,14 s.

Nettoarbeitszeit/ Schicht			Anzahl Schichten				Nettoarbeitszeit/ Tag (Sek.)	
440	Min./ Schicht	X	**6**	X	**60** Sek.	=	**158.400**	Sek./ Tag

Jährlicher Bedarf			Anzahl Arbeitstage			Täglicher Bedarf	
5.860.000	Stück	/	**220**	Tage	=	**26.636**	Stk./ Tag

					Taktzeit	
Tägliche Nettoarbeitszeit		=	**158.400**	=	**5,95**	Sek./ Stück
Täglicher Bedarf			**26.636**		**0,10**	Min./ Stück

			Gewichtete Takteit	
OEE		**82%**	**4,88**	Sek./ Stück

Bild 1.23   Berechnung der Taktzeit

Der Taktzeit musste nun die Zykluszeit gegenübergestellt werden (Bild 1.24). Nachdem die Zykluszeiten für alle manuellen Arbeitsplätze und die Anlagen aufgenommen worden waren, konnte das Zykluszeitdiagramm erstellt werden. Sofort fiel auf, dass Mitarbeiter 2 und 5 an den Nietanlagen und Mitarbeiter 7 und 8 am Schweißroboter wesentlich geringere Zykluszeiten hatten als ihre Kollegen, die Arbeitsplätze also nicht ausreichend ausgetaktet waren.

Die aufgenommen Zykluszeiten und die berechnete Taktzeit konnten auch benutzt werden, um eine theoretische Anzahl an Mitarbeitern zu ermitteln. Die Summe der drei Arbeitsplätze an einer Nietanlage ergab zum Beispiel knapp 8 s. Dieser Wert wurde durch die Taktzeit von 4,88 s dividiert, was 1,64 Mitarbeiter – also zwei Mitarbeiter – ergibt, um das geforderte Volumen zu produzieren. Die Mitarbeiterzykluszeiten wurden dann der Anlagenzykluszeit gegenübergestellt, was in einer anderen Aussage resultierte. In dieser Betrachtungsweise würden 2,1 Mitarbeiter benötigt (8 s gesamte Mitarbeiterzykluszeit dividiert durch 3,8 s Anlagenzykluszeit). Da die Denkweise war, dass die Anlage nicht durch die Mitarbeiter zum Stopp gebracht werden durfte, kam es zu dieser zusätzlichen Person, die lange Wartezeiten hatte.

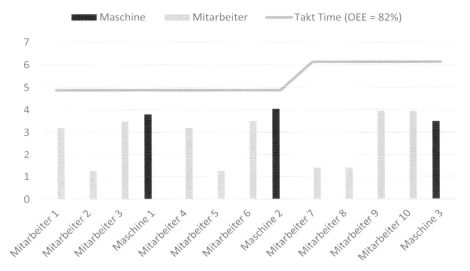

Bild 1.24   Ergebnis der Zykluszeitaufnahmen

Die Situation war vergleichbar am Schweißroboter. Die Summe der Zykluszeiten lag bei 10,7 s, was bei einer Taktzeit von 6,14 s sogar nur 1,75 Mitarbeiter ergab. Tatsächlich waren jedoch vier Personen an der Anlage.

Verbesserungsansatz:

Es mag auf den ersten Blick ein etwas seltsamer Ansatz sein, wenn man die Produktivität erhöht, indem die Zykluszeit einer Anlage reduziert wird. Genau dies wurde im vorliegenden Fallbeispiel gemacht. Nach einigen Gesprächen mit den Verantwortlichen des Bereiches kam relativ schnell die Einsicht, dass eine Reduzierung der Geschwindigkeit der Anlagen durchaus sinnvoll wäre. Die Anzahl der Mitarbeiter an den Nietanlagen konnte um jeweils eine Person (Bild 1.25) und am Schweißroboter sogar um zwei verringert werden. Das Hauptargument, welches als Einwurf eingebracht wurde, war, dass es stärkere Fluktuationen im täglichen Bedarf gab, und es bei Spitzen durchaus notwendig war, mit der ursprünglichen Geschwindigkeit zu produzieren. Die Anzahl der Mitarbeiter und die Anlagenzykluszeiten waren demnach auf die Spitzen ausgelegt. Aus dieser Diskussion heraus wurden Grenzen für die Volumina festgelegt, ab denen mit der höheren Geschwindigkeit und der zusätzlichen Person gearbeitet werden sollte. Es lag nun an den Vorgesetzten in der Produktion, zu entscheiden, wann mit wie vielen Mitarbeitern gearbeitet wurde und wie ein flexibler Einsatz gestaltet werden konnte. Dies hatte ganz konkrete Auswirkungen auf die gesamte Struktur von Springern in der Produktion.

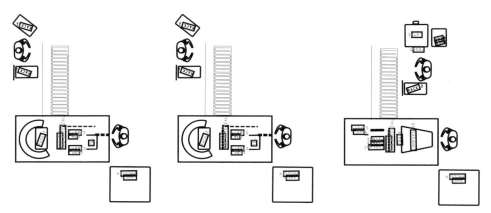

Bild 1.25 Layout mit neuer Anzahl Mitarbeiter

Eine ähnliche Situation wurde in einem anderen Bereich vorgefunden. Dort war die Anpassung jedoch nicht ganz so einfach, da die Maschinenzykluszeit nur knapp unter der Taktzeit lag. Da die Einsparungen auch an diesen Anlagen realisiert werden sollten, wurde das Schichtsystem angepasst. Mit allen Beteiligten wurde die Vereinbarung getroffen, dass von 15 Schichten/ Woche auf 16 erhöht wurde.

Fallbeispiel 1.5 Bewegung und Transport in einer Sonderfertigung – Produktivitätssteigerung durch Einführung eines internen Logistikers

Ausgangssituation:

Dieses Unternehmen produziert Industrieschläuche, die besonders hohen Anforderungen bzgl. Druck oder Temperatur standhalten müssen. Die Schläuche selber waren zum größten Teil ein Standardprodukt, das spezielle waren allerdings die anmontierten Armaturen, Flansche etc. Für diese Montage gab es eine eigene Abteilung, die als „Finishing" bezeichnet wurde. An insgesamt acht Montagearbeitsplätzen wurden die verschiedensten Anbauten an die Schläuche montiert, wobei die Losgrößen in den meisten Fällen zwischen einem und 20 Stück lagen. Jeder Mitarbeiter hatte dabei auch die Aufgabe, sich das benötigt Material für jeden Auftrag selbst zusammenzustellen. Die Auswirkungen auf die Produktivität der Mitarbeiter zeigen als Beispiel ein Spaghetti-Diagramm für einen Auftrag (Bild 1.26) und eine Multimomentaufnahme (Bild 1.27).

Für das Vorbereiten eines Auftrages musste in diesem Beispiel der Mitarbeiter vom Montagetisch drei insgesamt 470 m laufen, was für die Laufwege alleine ca. 10 min ergab. Nachdem er die Arbeitspapiere aus dem Büro geholt hatte, ging er in den Bereich der Schlauchfertigung, um die vorbereiteten Schläuche zu holen. Nachdem er diese an seinen Arbeitsplatz gebracht hatte, musste er sich aus einem Schrank die notwendigen Werkzeuge holen. Da manche Werkzeuge sehr speziell waren, gab es von diesen nur jeweils ein Stück, das in einem zentralen Werkzeugschrank aufbewahrt wurde. Als Nächstes sammelte er sich alle notwendigen Komponenten aus dem Lager zusammen. Dafür hatte er einen eigenen Komponentenwagen, um seinen Auftrag zusammenzustellen zu können. Und dieser Ablauf wiederholte sich natürlich für jeden neuen Auftrag wieder von vorne. Zum Abschluss der Arbeit kamen noch einmal 40 m dazu, um die Ware zum Abstellplatz „Fertigware" zu bringen.

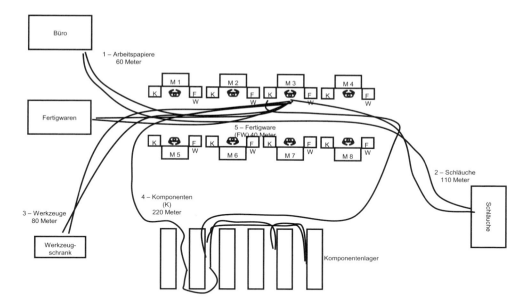

Bild 1.26   Spaghetti-Diagramm für einen Auftrag

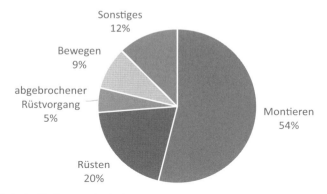

Bild 1.27   Ergebnis der Multimomentaufnahme

Die Multimomentaufnahme ergab noch eine weitere wichtige Information zum Vorbereiten eines Auftrages. Es kam immer wieder vor, dass entweder die Schläuche noch nicht vorbereitet waren oder dass ein benötigtes Werkzeug für einen anderen Auftrag benötigt wurde. Der Mitarbeiter musste daher seinen „Rüstvorgang" abbrechen und mit einem neuen Auftrag beginnen. Dies wurde in der Multimomentaufnahme als abgebrochener Rüstvorgang bezeichnet, das Vorbereiten wie im Spaghetti-Diagramm dargestellt, als Rüsten. Es kamen nämlich noch weitere Gründe zum Thema Bewegen hinzu, die separat ausgewiesen wurde. Beispiel dafür ist das Gehen zum Büro, um einen offenen Punkt eines Auftrages mit dem Vorgesetzten zu klären. Die insgesamt 25 % für das Rüsten waren der Fokus für die Produktivitätssteigerung in diesem Bereich.

Verbesserungsansatz:

Zielsetzung war es, die Mitarbeiter der Montage so weit als möglich von den Tätigkeiten der Materialbeschaffung zu befreien. Der Ansatz, der dazu gewählt wurde, war die Einführung eines internen Logistikers (siehe dazu mehr Details im Kapitel Bestände), dessen Aufgabe es sein sollte, die Arbeitsplätze mit allen benötigten Materialien und Werkzeugen zu versorgen. Folgender Ablauf (Bild 1.28) wurde dafür definiert:

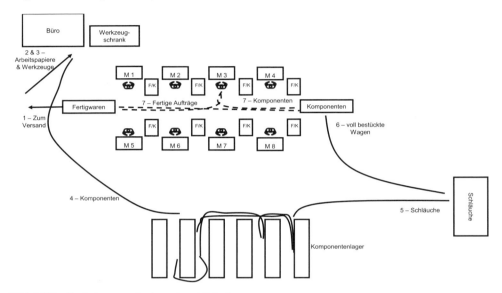

Bild 1.28   Veränderungen im Layout und Ablauf

1. In der Montage wurde ein Warenausgangsbereich definiert, in dem die Mitarbeiter ihre fertiggestellten Aufträge abstellten. Der Logistiker bringt die Aufträge dann direkt in den Versand zum Verpacken.

2. Der Logistiker holt sich so viele Arbeitsaufträge vom Büro ab, wie er vorher fertige Aufträge in den Versand gebracht hatte (max. fünf Stück, da pro Auftrag ein Materialwagen vorgesehen ist und sein Wagen max. fünf ziehen kann/darf). Aufträge werden erst freigegeben, wenn die Materialverfügbarkeit an Schläuchen im System bestätigt wurde.

3. Der Werkzeugschrank wurde zum Büro gestellt. Dadurch kann der Logistiker für jeden Auftrag sofort klären, ob die benötigten Werkzeuge vorhanden sind. Falls nicht, wird der betroffene Auftrag für die nächste Route zurückgestellt.

4. Der erste Stopp ist im Komponentenlager, wo er alle benötigten Teile in jeweils einen Anhänger pro Auftrag legt.

5. Danach fährt er in die Schlauchproduktion und holt die Schläuche ab. Da die Verfügbarkeit bereits im Vorfeld geklärt wurde, kann es zu keinen Abbrüchen von Rüstvorgängen kommen.

6. Auf der anderen Seite des Montagebereichs wurde ein Wareneingangsbereich definiert, wo der Logistiker nun alle bestückten Wagen abstellt.

7. Ein Montagemitarbeiter stellt nach dem Abschluss eines Auftrages den Wagen mit der Fertigware im Warenausgang ab und holt sich einen neuen Auftrag aus dem Wareneingangs-

bereich. Der Wagen für die Komponenten wird dabei auch gleichzeitig für die fertigen Produkte verwendet. An einem Montagearbeitsplatz befindet sich daher nur noch ein Wagen statt wie vorher zwei.

Die grundsätzliche Verbesserung ergab sich hauptsächlich durch zwei Punkte. Einerseits, konnte der Logistiker mit seinem Wagen bis zu fünf Aufträge auf einmal rüsten im Gegensatz zu jeweils nur einem pro Mitarbeiter. Andererseits ermöglichte es ihm der Wagen auch, alle Stationen in einem Rundlauf anzufahren anstatt jedes Mal wieder zum Arbeitsplatz zurückzukehren. Die Produktivität der Mitarbeiter im Montagebereich konnte dadurch um über 20 % gesteigert werden. Bei acht Mitarbeitern würde das der Kapazität von 1,6 Personen entsprechen, die einem Logistiker gegenübergestellt werden muss, wodurch sich diese Verbesserung doch sehr relativiert. Es müssen allerdings zwei Aspekte beachtet werden. Der Montagebereich war der wichtigste Engpass in der gesamten Fertigung. Da dies hoch-spezialisierte Mitarbeiter waren und die Einschulung sehr aufwendig war und lange dauerte, war eine rasche Lösung sehr willkommen. Außerdem war der Logistiker nur zu ca. 50 % mit dem Montagebereich ausgelastet und konnte in anderen Bereichen für ähnliche Tätigkeiten eingesetzt werden.

Es ergaben sich noch weitere Verbesserungen durch das neue Layout und die veränderten Abläufe:

- Da an einem Arbeitsplatz nur noch ein Wagen steht, konnte der gesamte Bereich etwas komprimiert werden, wodurch Platz für eine Kapazitätserweiterung geschaffen wurde.
- Aufträge werden nun direkt vom Logistiker aus dem Warenausgang in den Versand gebracht. Dies bedeutet eine Reduzierung der Durchlaufzeit und mehr Aufträge konnten noch am selben Tag der Fertigstellung verschickt werden anstatt erst am nächsten Tag.

Fallbeispiel 1.6   Bewegung und Warten in einer Kleinserienfertigung – Produktivitätssteigerung durch Zellenlayout

Ausgangssituation:

In diesem Metall verarbeitenden Betrieb werden in Kleinserien (Losgrößen von eins bis zu maximal 50 Stück) Komponenten für die Elektronikindustrie produziert. Der zu betrachtende Bereich besteht aus einer Gruppe an kleinen Bearbeitungszentren sowie einer Schleif- und zwei Montagezellen (Bild 1.29). Die gegossenen Teile kamen aus einem Lager (1), das von der Gießerei beliefert wurde, zuerst zu den Bearbeitungszentren (2) mit vier Anlagen, wobei jeweils ein Mitarbeiter zwei Maschinen bediente. Nach diesem ersten Arbeitsschritt wurde ein Auftrag vom jeweiligen Mitarbeiter in eines der Regale gestellt, die als Puffer (3) zum nächsten Prozess dienten. Aufträge wurden dort abgestellt, wo in den Regalen Platz frei war. In der Schleifzelle (4) gab es sechs Anlagen und ein Mitarbeiter bediente wieder zwei Maschinen. Sobald ein Auftrag in der Schleifzelle abgeschlossen war, entnahm der Mitarbeiter den nächsten auf einer Abarbeitungsliste aus dem Puffer und rüstete seine Maschine. Nach Beendigung dieses Auftrages stellt er diesen wieder in den entsprechenden Bereich im Puffer (5). Alle Anlagen in beiden Zellen konnten sämtliche Produkte bearbeiten, wobei die Unterschiede in den Rüstzeiten erheblich sein konnten. Da es in den Regalen kaum eine Systematik gab, kam es zu einem langwierigen Suchaufwand. Die einzige Unterteilung gab es durch die Trennung zwischen Aufträgen, die für das Schleifen bzw. die Montage bestimmt waren. Für den letzten Arbeitsschritt der Montage (6) gab es zwei unterschiedliche Zellen, in denen jeweils ein Mitarbeiter arbeitete. Zum Abschluss wurde der Behälter mit den Teilen in einem Regal für den Warenausgang (7) abgestellt.

Alle Artikel konnten bestimmten Produktgruppen zugeordnet werden. Je nach Gruppe waren in der Montage unterschiedliche Arbeitsschritte notwendig, weswegen jede Montagezelle für ein gewisses Produktspektrum aufgebaut war. Auch innerhalb einer Zelle waren nicht immer alle Montageschritte für alle Artikel nötig. In Bild 1.29 ist der Materialfluss als Beispiel für einen Auftrag dargestellt.

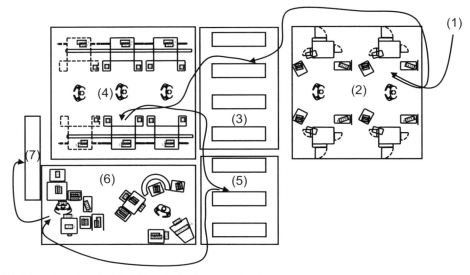

Bild 1.29 Layout und Materialfluss in der Ausgangssituation

Für alle Mitarbeiter mussten nun Zykluszeitaufnahmen durchgeführt werden. Da die Zeiten zwischen den verschiedenen Produktgruppen sehr unterschiedlich ausfielen, musste vorab noch ein Variantenbaum (Bild 1.30) erstellt werden.

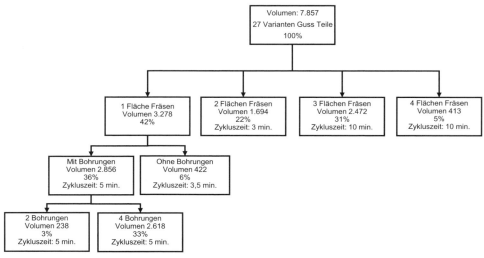

Bild 1.30 Ausschnitt aus dem Variantenbaum

In der Darstellung mit einem „Baum" ist durch die Anzahl der Varianten nur ein Auszug der Komplexität in einer übersichtlichen Weise darstellbar. Für die weitere Analyse und zur Vereinfachung der Auswertung wurden die einzelnen Varianten in eine Tabelle übertragen (Tab. 1.4). Diese Analyse zeigt, wie aufwendig und komplex Aufnahmen bei einer hohen Variantenvielfalt sein können. Die zwei Darstellungen betreffen allerdings nur die Bearbeitungszentren. Dieselbe Vorgehensweise musste auch bei den weiteren Arbeitsschritten durchgeführt werden, die aber wesentlich weniger Ausprägungen hatten.

In diesem Fall war das verfügbare Datenmaterial hervorragend; dennoch mussten auch Schätzungen verwendet werden. Die in Tabelle 1.4 angegebenen Volumina je Variante beziehen sich auf einen Zeitraum von zwei Monaten und während zwei Wochen wurde versucht, so viele verschiedene Produkte wie möglich zu beobachten. Artikel mit einem niedrigen Anteil an der Gesamtmenge konnten im Betrachtungszeitraum nicht alle aufgenommen werden. Die Zykluszeiten dieser wurden von Mitarbeitern aus den Bereichen geschätzt (Spalte „Geschätzter Maschinenzyklus"). Da diese Produkte solch einen geringen Anteil hatten, wurde dieser Kompromiss akzeptiert. Die wichtigste Erkenntnis der Auswertung lautete, dass zwei Artikel mit 12,7 % und 35,3 % fast die Hälfte des gesamten Volumens ausmachten. Erweitert um drei zusätzliche Artikel mit jeweils ca. 8 % ergaben diese 72 %. Die ursprüngliche Aussage aller Beteiligten war, dass es für eine Art von Wiederholbarkeit zu viele Varianten gäbe.

Tabelle 1.4 Varianten und Zykluszeiten

Varianten				Menge	Anteil an Gesamtmenge	Aufgenommener Maschinenzyklus (Sek.)	Geschätzter Maschinenzyklus (Sek.)	Anteil an Gesamtzykluszeit
1 Fläche Fräsen	mit Bohrung	2 Bohrungen	mit Gewinde	238	3,0%		150	1,2%
		4 Bohrungen	mit Gewinde	1.635	20,8%	237		12,7%
			ohne Gewinde	983	12,5%	167		5,4%
	Ohne Bohrung			422	5,4%	119		1,7%
2 Flächen Fräsen	mit Bohrung	4 Bohrungen	mit Gewinde	657	8,4%	359		7,8%
			ohne Gewinde	122	1,6%		280	1,1%
		8 Bohrungen	mit Gewinde	547	7,0%	478		8,6%
			ohne Gewinde	167	2,1%		390	2,1%
	Ohne Bohrung			201	2,6%		200	1,3%
3 Flächen Fräsen	mit Bohrung	4 Bohrungen	mit Gewinde	286	3,6%		480	4,5%
			ohne Gewinde	389	5,0%		400	5,1%
		8 Bohrungen	mit Gewinde	1.658	21,1%	648		35,3%
			ohne Gewinde	49	0,6%		500	0,8%
	Ohne Bohrung			90	1,1%		300	0,9%
4 Flächen Fräsen	mit Bohrung	8 Bohrungen	mit Gewinde	278	3,5%	832		7,6%
			ohne Gewinde	34	0,4%		650	0,7%
		12 Bohrungen	mit Gewinde	78	1,0%		1000	2,6%
			ohne Gewinde	23	0,3%	654		0,5%

Die angegeben Zeiten sind alles reine Maschinenzykluszeiten (inkl. Be- und Entladen). Sie sagen demnach noch nichts über die Tätigkeiten der Mitarbeiter aus, die in diesem Abschnitt der Fokus der Betrachtung sind. Die Arbeitsinhalte der Mitarbeiter umfassten hauptsächlich folgende Tätigkeiten:

- Be- und Entladen der Anlagen
- Qualitätskontrolle
- Störungsbehebung
- Rüsten.

Es musste also während der Aufnahmen auch festgestellt werden, wie sehr die einzelnen Varianten die Länge der Mitarbeiterzykluszeiten beeinflussen würden. Beim Be- und Entladen der Bearbeitungszentren war maßgebend, wie viele Seiten gefräst werden mussten, da die Teile manuell umgespannt werden mussten. Die Dauer der Qualitätskontrolle hing von der Anzahl der zu prüfenden Parameter ab, die mit der Zunahme der Bearbeitungsschritte natürlich auch anstieg. Komplett anders war das Bild allerdings in den Montagezellen. Setzen wir aber zunächst die Analyse der Bearbeitungszentren fort (Tab. 1.5). Relevant für die Zykluszeit der Mitarbeiter sind aus der Auflistung oben nur die ersten zwei Punkte.

Tabelle 1.5   Mitarbeiterzykluszeiten im Verhältnis zur Maschinenzykluszeit

Varianten				Maschinen-zyklus (Sek.)	Gesamte Mitarbeiter-zykluszeit (Sek.)	Be-/ Entladen (Sek.)	Qualitäts-kontrollen (Sek.)	Sonstige Zeiten (z.B. Bewegen)	Anteil Mitarbeiter an Maschinen-zykluszeit
1 Fläche Fräsen	mit Bohrung	2 Bohrungen	mit Gewinde						0,0%
		4 Bohrungen	mit Gewinde	237	66	17	41	8	27,8%
			ohne Gewinde	167	65	17	41	7	38,9%
	Ohne Bohrung			119	56	17	32	7	47,1%
2 Flächen Fräsen	mit Bohrung	4 Bohrungen	mit Gewinde	359	87	24	52	11	24,2%
			ohne Gewinde						0,0%
		8 Bohrungen	mit Gewinde	478	97	24	61	12	20,3%
			ohne Gewinde						0,0%
	Ohne Bohrung								0,0%
3 Flächen Fräsen	mit Bohrung	4 Bohrungen	mit Gewinde						0,0%
			ohne Gewinde						0,0%
		8 Bohrungen	mit Gewinde	648	125	33	75	17	19,3%
			ohne Gewinde						0,0%
	Ohne Bohrung								0,0%
4 Flächen Fräsen	mit Bohrung	8 Bohrungen	mit Gewinde	832	153	42	88	23	18,4%
			ohne Gewinde						0,0%
		12 Bohrungen	mit Gewinde						0,0%
			ohne Gewinde	654	167	42	101	24	25,5%

Im Durchschnitt ergab sich für die beobachteten Varianten, dass die Mitarbeiterzykluszeit 23 % der Maschinenzykluszeit betrug. Wenn ein Mitarbeiter zwei Anlagen bediente, war er zu unter 50 % mit seinen eigentlichen Tätigkeiten im Zusammenhang mit einem Zyklus beschäftigt. Als besonderes Manko der Organisation der Zellen erwies sich, dass eine Person nur für seine zwei Anlagen verantwortlich war. Wurde demnach eine Anlage gerüstet, so kam es sehr schnell zum Stillstand der zweiten Maschine, da die Teile nicht gewechselt werden konnten. Die andere Möglichkeit war, dass der Rüstvorgang ständig unterbrochen wurde. Zu ähnlichen Stillständen kam es, wenn eine längere Störung behoben werden musste. Rüstzeit und Störungsbehebung hatten daher nur einen untergeordneten Einfluss auf die sonstigen Tätigkeiten eines Zyklus, da dieser zumeist dadurch unterrochen wurde. Die restlichen 50 % der Zeit innerhalb eines Maschinenzyklus waren für den Mitarbeiter demnach hauptsächlich die nicht wertschöpfende Tätigkeit Warten.

Der letzte Teil der Analyse war eine Erweiterung der Übersicht der Varianten aus Tabelle 1.4. Es musste nun noch bestimmt werden, welche Artikel in welcher Montagezelle bearbeitet wurden (Tab. 1.6). In der linken Zelle in Bild 1.29 fanden einfachere und hauptsächlich manuelle Montagetätigkeiten statt (Zelle 1). Die rechte Zelle war für die komplexeren Arbeiten vorbehalten und hatte zwei vollautomatische Vorrichtungen (Zelle 2). Es wurden in dieser Zelle allerdings nicht immer alle Bearbeitungsschritte benötigt.

Tabelle 1.6   Zuordnung Montagezelle zu Bearbeitungszentrum

Varianten			Menge	Maschinenzyklus Bearbeitungszentrum	Zelle 1		Zelle 2	
					Menge	Zykluszeit	Menge	Zykluszeit
1 Fläche Fräsen	mit Bohrung	2 Bohrungen mit Gewinde	238	150	238	35.700	0	0
		4 Bohrungen mit Gewinde	1.635	237	1.427	338.199	208	49.296
		4 Bohrungen ohne Gewinde	983	167	983	164.161	0	0
	Ohne Bohrung		422	119	422	50.218	0	0
2 Flächen Fräsen	mit Bohrung	4 Bohrungen mit Gewinde	657	359	89	31.951	568	203.912
		4 Bohrungen ohne Gewinde	122	280	122	34.160	0	0
		8 Bohrungen mit Gewinde	547	478	118	56.404	429	205.062
		8 Bohrungen ohne Gewinde	167	390	167	65.130	0	0
	Ohne Bohrung		201	200	201	40.200	0	0
3 Flächen Fräsen	mit Bohrung	4 Bohrungen mit Gewinde	286	480	18	8.640	268	128.640
		4 Bohrungen ohne Gewinde	389	400	122	48.800	267	106.800
		8 Bohrungen mit Gewinde	1.658	648	177	114.696	1481	959.688
		8 Bohrungen ohne Gewinde	49	500	49	24.500	0	0
	Ohne Bohrung		90	300	12	3.600	78	23.400
4 Flächen Fräsen	mit Bohrung	8 Bohrungen mit Gewinde	278	832	14	11.648	264	219.648
		8 Bohrungen ohne Gewinde	34	650	0	0	34	22.100
		12 Bohrungen mit Gewinde	78	1000	0	0	78	78.000
		12 Bohrungen ohne Gewinde	23	654	0	0	23	15.042
						34%		**66%**

Alle Produkte mussten darauf hin aufgeteilt werden, in welcher Montagezelle sie gefertigt wurden und welcher Variante nach Tabelle 1.4 sie zugeordnet werden können. In Tabelle 1.6 ist z. B. zu sehen, dass von der ersten Variante (eine Fläche mit zwei Bohrungen und Gewinde) alle 238 Stück in Montagezelle 1 abgeschlossen wurden, was einer Maschinenzykluszeit von 35.700 s in der Zelle der Bearbeitungszentren bedeutet. Die Auswertung zeigte, dass 34 % der verwendeten Kapazitäten der Bearbeitungszentren für Produkte aus Zelle 1 benötigt wurden und 66 % für Produkte aus Zelle 2. Dieselbe Auswertung wurde für die Schleifmaschinen erstellt. Das Ergebnis war dort sehr ähnlich – 32 % zu Zelle 1 und 68 % zu Zelle 2. Das Resultat dieser Analyse war nicht besonders überraschend, denn je weniger Bearbeitung ein Rohteil in den Bearbeitungszentren erfuhr, desto weniger musste geschliffen werden. Die Bearbeitungsschritte in der Montage vereinfachten sich entsprechend.

Zum Abschluss des Analyseteils sei noch einmal betont, dass exzellentes Datenmaterial vorlag, was solch eine detaillierte Auswertung erst ermöglichte. Trotzdem stellte die Aufgabe einen großen Aufwand dar. In vielen Fällen sind nicht alle Daten in einer verwendbaren Form verfügbar. In solch einer Situation ist oft die einzige Lösung, wie schon eingangs erwähnt, sich auf die Schätzungen der Spezialisten zu verlassen. Empfehlenswert ist es, dabei mehrere Personen zu befragen und daraus einen Mittelwert zu bilden.

Verbesserungsansatz:

Mit dem sehr guten Datenmaterial als Basis konnten nun verschiedene Alternativen zu einem neuen Layout durchgerechnet werden. Die Fragestellung lautete: Wie kann durch eine neue Anordnung der Anlagen und mit einer anderen Aufteilung der Arbeitsinhalte 50 % Einsparpotenzial durch die Senkung von Produktivitätsverlusten gehoben werden?

Nachdem zahlreiche Varianten auf Papier erstellt wurden, einigte sich das Projektteam nach einer ausführlichen Bewertung dieser auf ein Layout. Bild 1.31 stellt die Lösung dar, der letztendlich die größten Vorteile zugeschrieben wurden. Die Zelle (1) fabrizierte alle Produkte, die im Montagebereich (a) verarbeitet wurden, beinhaltete zwei Bearbeitungszentren und vier Schleifmaschinen und wurde von zwei Mitarbeitern bedient. Die Maschinenbediener waren keiner Anlage fix zugeordnet, sondern sie waren für die gesamte Zelle verantwortlich. Zwischen den zwei Prozessschritten existierte nach wie vor ein Puffer, da die Zykluszeiten einzelner Aufträge und der Anlagen zu unterschiedlich waren. Der Puffer wurde auf ein Regal limitiert, welches durch eine klare Strukturierung die Einhaltung von FIFO ohne die Abarbeitungsliste ermöglichte. Die Aufträge mussten genau in der Reihenfolge bis zum Ende bearbeitet werden, wie sie am Anfang des Bereiches gestartet wurden. Aus der Zelle (1) kommend, mussten die Aufträge wieder in einem Regal gepuffert werden, wobei dieselben Aussagen zutreffen, wie sie zum Regal in der Zelle gemacht wurden. Zum Abschluss kamen sie wieder in einen Warenausgang. In Bild 1.31 ist der Materialfluss für einen Auftrag in diesem Bereich eingezeichnet.

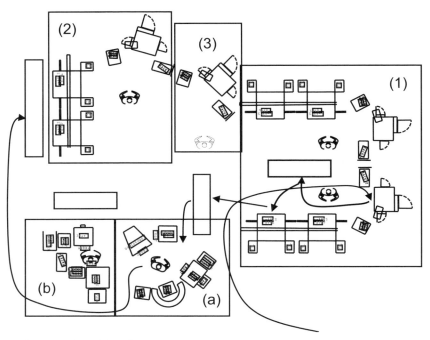

Bild 1.31 Layout nach der Umstellung

Dieselbe Logik galt auch für Zelle (2), die den Montagebereich (b) belieferte. Diese Gruppe an Anlagen bestand jedoch aus einem Bearbeitungszentrum und zwei Schleifmaschinen und wurde von einer Person bedient. Das Bearbeitungszentrum im Bereich (3) diente als Kapazitätsausgleich für beide Zellen. Es konnte also von beiden verwendet werden. Der Mitarbeiter in diesem Bereich fungierte als Springer für beide Zellen und half speziell bei Rüstvorgängen und Störungen aus. Diese konnten durch den Springer und dadurch, dass die Maschinenbediener nicht mehr starr ihren Anlagen zugeordnet waren, drastisch reduziert werden. Die Anzahl der Mitarbeiter wurde also nicht nur von ursprünglich sieben pro Schicht bei einem 3-Schichtbetrieb auf sechs reduziert, sondern diese Mitarbeiter benötigten auch weniger Stunden für dieselbe Produktionsmenge, da der OEE der Anlagen erhöht wurde.

Fallbeispiel 1.7 Bewegung in einer Serienfertigung – Produktivitätssteigerung durch optimierte Materialbereitstellung

Ausgangssituation:

Ein Zulieferer der Automobilindustrie hatte zahlreiche Montageanlagen, die jeweils von einem Mitarbeiter bedient wurden. Die Haupttätigkeiten der Anlagenbediener waren das Be- und Entladen sowie eine 100%-ige Kontrolle der verbauten Teile. Eine zusätzliche, regelmäßige Aufgabe war das Austauschen der Behälter der zu verbauenden Komponenten. Dazu musste der Mitarbeiter das Leergut zum entsprechenden Abstellbereich und den nächsten vollen Behälter in den Arbeitsbereich für die zu montierenden Komponenten schieben. (Bild 1.32). Je nach Größe des Teiles waren zwischen 50 und 100 Stück in einem Behälter. Zur Bewertung der einzelnen Tätigkeiten wurde eine Zykluszeitaufnahme durchgeführt (Bild 1.33).

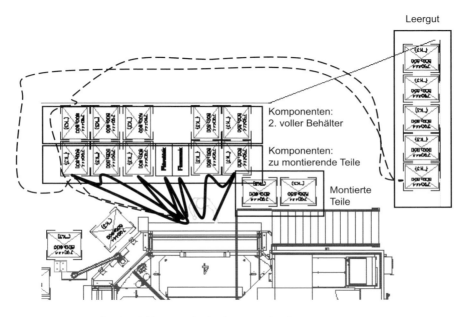

Bild 1.32 Layout und Spaghetti-Diagramm in der Ausgangssituation

Jedes einzelne Teil wurde in separaten Standardbehältern von der Logistik aus dem Lager in den Arbeitsbereich geliefert. Die Steuerung der Materialzuführung wurde durch ein 2-Behälter-Kanban System geregelt. An der Montageanlage befanden sich zwei Behälter von jedem Teil. War einer leer, wurde er durch den vollen ersetzt. Dieser stellte wiederum das Signal für den Logistikmitarbeiter dar, einen vollen zu bringen. Mehr dazu im Kapitel 2.3.

Die Anzahl und Größe der einzelnen Komponenten resultierten darin, dass die benötigte Fläche relativ groß war. Dies hatte zur Folge, dass der Mitarbeiter für jeden Zyklus insgesamt 18 Meter laufen musste (dicke Linie des Spaghetti-Diagrammes in Bild 1.32). Für einen Behälterwechsel wurden im Schnitt weitere 30 Meter zurückgelegt (gestrichelte Linie des Spaghetti-Diagrammes in Bild 1.32). War der Inhalt eines Behälters zum Beispiel 50 Stück und der Wechsel dauerte 45 s, so betrug der Anteil an der gesamten Zykluszeit ca. 1 s. Die Zeit für die Bewegung des Mitarbeiters ergab zusammen 36 s je gefertigtem Teil.

Der Anteil des Behälterwechsels hatte nur teilweise eine Auswirkung auf die Ausbringung der Montageanlage. Diese Tätigkeit wurde während des eigentlichen Montagezyklus der Anlage durchgeführt. Als Teil der gesamten Zykluszeit hätte der Wechsel ohne Probleme innerhalb der 79 s Montagezeit erledigt werden können. Tatsächlich dauerte aber ein Wechsel etwa 45 s. Der Anteil Warten und Behälterwechsel zusammen waren allerdings schon 25 s. Der größere Teil der Montagezeit wurde für die Kontrolle (48 s) verbracht. Die Folge waren kurze, zusätzliche Wartezeiten der Montageanlage, die als Mikro-Stopps angesehen werden mussten.

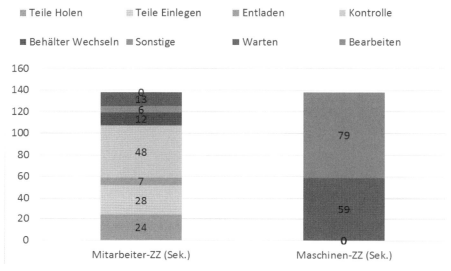

Bild 1.33   Zykluszeiten von Mitarbeiter und Maschine

Während der Tätigkeit des Be- und Entladens der Montageanlage stand diese still und wartete auf den Mitarbeiter. In der Gesamtzeit von 59 s (unterer Teil der Maschinen-Zykluszeit in Bild 1.33) waren die oben angeführten 24 s als reine Bewegungszeit für das Holen der Teile enthalten, was immerhin 17 % der gesamten Zykluszeit waren. Aufgabe war es aus dieser Aufnahme heraus, die Wartezeiten der Anlage von 59 s zu reduzieren.

Verbesserungsansatz:

Um Ansätze zur Reduzierung der Wartezeit zu finden, wurde aus den betroffenen Bereichen der Produktion, der Logistik, der Arbeitsvorbereitung und der Prozesstechnik ein Projektteam zusammengestellt. Während eines Brainstormings mit diesen Mitarbeitern entstanden einige Ideen, von denen die praktikabelsten waren:

- Der Mitarbeiter hatte bis zur Beendigung des Montagezyklus im Schnitt 13 s Wartezeit (oberster Teil der Mitarbeiter-Zykluszeit in Bild 1.33). Diese sollten zum Holen von zumindest einigen Teilen genutzt werden.

- Ein zusätzlicher Mitarbeiter sollte den Behälterwechsel für mehrere Anlagen übernehmen. Damit hätte der Maschinenbediener insgesamt 25 s (13 s Warten + 12 s Behälterwechsel) zur Verfügung, um das Material während des Maschinezyklus vorzubereiten. Die oben erwähnten Mikro-Stopps würden damit auch beseitigt werden.

- Die 24 s für das Laufen waren hauptsächlich durch das mehrmalige Bewegen von und zu den Behältern verursacht. Durch eine andere Bereitstellung der Komponenten könnte dies reduziert werden. Solch eine Lösung sollte auch Auswirkungen auf den Behälterwechsel haben.

Nach ausführlicher Betrachtung der Alternativen wurde vom Management eine strategische Entscheidung getroffen, dass die gesamte Materialbereitstellung im Montagebereich neu aufgesetzt werden sollte. Zwei Faktoren spielten dabei eine besondere Rolle:

- Der Anteil der Materialhandhabung an der gesamten Zykluszeit betrug je nach Anlage zwischen 12 und 21 %.
- Der Anteil der Fläche für Materialbereitstellung an der Gesamtfläche einer Anlage betrug im Schnitt über 30 %.

Der dritte Ansatz aus der obigen Liste des Brainstormings sollte als Pilotprojekt für den gesamten Montagebereich umgesetzt werden. Um den Platzbedarf so gering wie möglich zu halten, wurde für die Anlage ein spezieller Behälter entworfen (Bild 1.34), der alle Teile aufnehmen konnte. Dies hatte zur Folge, dass die Komponenten im Lager vorkommissioniert werden mussten. Der Mehraufwand der Logistik musste der Einsparung in der Produktion gegenübergestellt werden. Die Verbesserung in der Produktion sollte Zykluszeit und Platz sein. Im Lager würde demgegenüber mehr Handlingsaufwand und die Investitionen für die neuen Behälter entstehen. Folgende Berechnungen wurden in Bezug auf die Zeiten durchgeführt:

- Zykluszeit an der Anlage: Die Zeit zum „Teile Holen" in Bild 1.33 wurde um 18 s reduziert, was auch der Verbesserung der gesamten Zykluszeit entsprach. Die Kapazität der Anlage erhöhte sich damit um 13 % (18 s zu 138 gesamter, ursprünglicher Zykluszeit).
- Kommissionierzeit im Lager und Transport an den Arbeitsplatz: Die Behältergröße sollte auf eine Stunde dimensioniert werden, womit bei einer Zykluszeit von 120 s jeweils 30 Stück von allen Komponenten vorhanden sein mussten. Aufnahmen der gesamten Prozesszeit (Picken und Transport) ergaben 19 min je Behälter oder 38 s pro Set. Der gesamte Aufwand in der ursprünglichen Situation wurde mit 24 s pro Set aufgenommen. Daraus ergab sich für die Logistik ein Mehraufwand von 14 s pro kompletten Satz.

Der Reduzierung von 18 s an der Anlage mussten die 14 s Erhöhung in der Logistik gegenübergestellt werden. Allerdings war der Stundensatz in der Produktion (Mitarbeiter und Anlage) zusätzlich noch höher als der in der Logistik. Im zweiten Schritt wurden die Kosten für drei Behälter mit der Flächeneinsparung verglichen. Alle Faktoren zusammen ergaben ein klares Bild, dass die Umstellung auf die neue Materialbereitstellung sehr sinnvoll war, obwohl sich der Aufwand für die Logistik um 58 % erhöhte.

Bild 1.34   Beispiele der neuen Behälter

Nachdem die Bewertung durchgeführt worden war, wurde der Pilotbereich gestartet. Die Veränderungen im Layout sind in Bild 1.35 dargestellt. Es war immer ein Behälter an der Anlage, aus dem der Mitarbeiter die Teile entnahm. War dieser leer, so wechselte er ihn mit dem zweiten, dahinter stehendem aus. In regelmäßigen Zyklen kam der Logistikmitarbeiter, um den Leeren mit einem neuen, vollen Behälter auszutauschen.

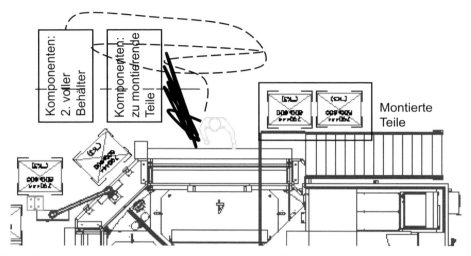

Bild 1.35 Layout und Spaghetti-Diagramm mit den neuen Behältern

Nach der erfolgreichen Umsetzung des Pilotprojektes wurde dasselbe Konzept Schritt für Schritt über die nächsten Monate im gesamten Bereich umgesetzt. Neben den Produktivitätsgewinnen an den einzelnen Anlagen musste auch die Bedeutung der Reduzierung des Platzbedarfs hervorgehoben werden. Dieser gewonnene Platz wurde dringend benötigt für die Erweiterung der Produktion. Nach einer kompletten Neugestaltung des Layouts entfielen geplante Anbauten.

1.3 Produktivitäts- und Kapazitätssteigerung bei Anlagen

Das wichtigste Konzept, das für Anlagen genauso wie für Mitarbeiter gilt, sind Takt- und Zykluszeit. Bei den Arten der Verschwendung liegt der Fokus hier auf dem Thema Warten, das in diesem Kontext als sehr weitreichend angesehen werden kann. Eine Maschine kann darauf warten, dass ein neuer Auftrag begonnen wird, sie also gerüstet wird, dass eine Störung behoben wird oder dass Material eingelegt wird. All diese Wartezeiten verursachen Verluste an Kapazität. Da die Gründe an einer Anlage sehr mannigfaltig sein können, müssen klare Schwerpunkte definiert werden, wo der größte Hebel liegt, damit man sich nicht in einer Vielzahl an kleinen Aktivitäten verliert, die letztendlich keine gravierenden Verbesserungen bringen.

Die Ansätze, die gefunden werden müssen, können sehr unterschiedlich sein. Sie lassen sich grob in folgende Kategorien unterteilen:

- Störungen
- Rüsten
- Effizienzverluste
- zu hohe Zykluszeiten
- Ausschuss und Nacharbeit.

Wie Sie im nächsten Abschnitt sehen werden, entsprechen diese Kategorien mehr oder weniger den drei Komponenten des OEE. Zusätzlich wird auch das Thema der zu hohen Zykluszeiten behandelt. Dabei sind jedoch nicht Abweichungen von den geplanten Zykluszeiten gemeint, was in den Effizienzverlusten reflektiert ist, sondern tatsächliche Verschwendung in den Zeiten, wie sie ursprünglich von z. B. der Technik definiert worden waren. Beispiele dafür wären bei einer Presse ein zu hoher Hub oder die zu lange Dauer beim Einlegen und Entnehmen der Teile, weil das Öffnen der Anlagentür verzögert erfolgt.

1.3.1 Analyse der Daten

Wie werden die wichtigsten Verluste am Engpass identifiziert?

 OEE – Overall Equipment Effectiveness

Der OEE oder auch die Gesamtanlageneffektivität ist wohl eine der wichtigsten Kennzahlen für Produktionsbetriebe. Prinzipiell soll damit ausgesagt werden, wie gut ein bestimmter Zeitraum genutzt wird, um gute Teile zu produzieren. Dieser Zeitraum kann in einem Extremfall 24 Stunden bzw. auch 365 Tage betragen, im anderen Extrem sich nur auf die tatsächliche Arbeitszeit beziehen. Welche Basis verwendet wird, hängt einerseits vom Anwendungsfall bzw. andererseits auch etwas von der Unternehmensphilosophie ab. Nachdem die Basis definiert worden ist, werden die Verluste an einer Anlage in drei Komponenten zerlegt – Verfügbarkeit (bewusste Stillstände), Effizienz (unbewusste Verluste) und Qualität (Ausschuss und teilweise die Nacharbeit) – und von der Basis abgezogen. Durch die Zeit, die man für die Fertigung der guten Teile gebraucht hat, ergibt sich letztendlich der OEE. Durch die drei Faktoren soll ein Fokus auf die wichtigsten Verlustquellen gefunden werden, um gezielt Verbesserungen durchzuführen.

Es gibt unterschiedliche Ansätze zur Berechnung und die drei Komponenten werden auch manchmal verschieden bezeichnet. Die klassische und in der Literatur am häufigsten verwendete, setzt sich aus der Verfügbarkeit, der Leistung oder Effizienz und der Qualität zusammen (Koch 2008). Bereits in der Definition der Basis (Bild 1.36) entstehen die ersten und wohl auch kontroversesten Diskussionen. Der Kernpunkt ist, ob 100 % für die Berechnung des OEE, 24 Stunden oder, wie in Bild 1.36 gezeigt, die Nettoarbeitszeit verwendet werden sollen. Wenn es darum geht, die wichtigsten Kapazitätsverluste und damit einen Fokus für Verbesserungen zu identifizieren, so ist die Verwendung der Nettoarbeitszeit zu empfehlen, da Sie sich ansonsten „schlecht" rechnen. Wollen Sie damit eine Anlagennutzung, d. h. in welchem Grad eine

Investition tatsächlich genutzt wird, ausdrücken, sind die 24 Stunden durchaus gerechtfertigt. Einige Unternehmen gehen sogar so weit, diesen Gedanken auf die Anzahl der aufgewendeten Arbeitstage auszuweiten, wobei 365 Tage als 100-%-Berechnungsbasis dienen. Wichtig ist dabei, dass allen Personen, die mit den Zahlen arbeiten, bewusst ist, worauf sich die 100 % beziehen.

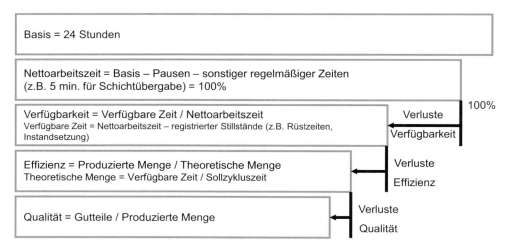

Bild 1.36   Berechnung der drei Faktoren des OEE

Die Berechnung des OEE mit konkreten Zahlen (Bild 1.37) baut sich aus mehreren Schritten auf. Zuerst muss die Nettoarbeitszeit aus folgenden Daten ermittelt werden:

Betrachtungszeitraum: 44 Arbeitstage (zwei Monate)

Schichten: Zwei Schichten/Tag mit jeweils 480 min incl. 40 min Pausen/Schicht

Aus diesen Zahlen ergibt sich eine 100-%-Basis von insgesamt 38.720 min. In unserem Betrachtungszeitraum von zwei Monaten konnten wir in der Produktionsplanung von diesem Wert ausgehen. Davon werden nun die Stillstände abgezogen, die aufgezeichnet wurden bzw. die uns bewusst sind. Ob diese Zahlen über ein Betriebsdatenerfassungssystem (BDE) oder über manuelle Aufzeichnungen erhoben werden, ist völlig irrelevant.

Rüstzeiten während des Betrachtungszeitraums: 3.420 min

Registrierte Stillstände: 7.320 min

Diese zwei Zahlen reduzieren unseren Ausgangswert, was zur Folge hat, dass nur 27.980 min tatsächlich für die Produktion zur Verfügung standen. Setzen wird diese verfügbare Zeit nun ins Verhältnis zur Nettoarbeitszeit, so erhalten wird den ersten Faktor des OEE, die Verfügbarkeit, die in unserem Beispiel 72 % beträgt. 28 % der Nettoarbeitszeit wurden an Rüstzeiten und Stillständen verloren.

Aus diesen 27.980 min wird im zweiten Schritt berechnet, welches Volumen theoretisch in diesem Zeitraum hätte produziert werden sollen. Dieser theoretische Wert wird dann der tatsächlichen Produktionsmenge gegenübergestellt. Wir brauchen demnach folgende Daten:

Theoretische Zykluszeit: 2 min

Produzierte Menge: 12.550 Stück

Während der verfügbaren Zeit hätten theoretisch 13.990 Stück produziert werden können, tatsächlich wurden jedoch nur 12.550 Stück hergestellt. Dadurch ergibt sich eine Effizienz (dem zweiten Bestandteil des OEE) von 90 % oder ein Verlust von 10 % der verfügbaren Zeit.

Die Bestimmung der Effizienz ist zumeist die größte Herausforderung bei der Berechnung des OEE. Dies hat mehrere Gründe:

- Es wird zumeist ein Produktmix während des Betrachtungszeitraums gefertigt. Die unterschiedlichen Volumina und Zykluszeiten je Variante müssen berücksichtigt werden.
- Es liegen keine Zykluszeiten vor. Insbesondere wenn wir nicht im Umfeld der Serienfertigung sind, gibt es zahlreiche Betriebe, die keine Zykluszeiten für einzelne Produkte oder Prozessschritte aufzeichnen.

Wie mit solchen Situationen umgegangen werden kann, wird im Detail auf den folgenden Seiten behandelt.

Die Effizienz zeigt auf, wie hoch die „unbewussten" Verluste an einer Anlage sind. Es handelt sich dabei zumeist um kleine Störungen oder Verschwendungen im Prozess, die nicht aufgezeichnet werden. Die Gründe dafür können zahlreich sein und ihre Signifikanz wird sehr oft unterschätzt. Ergibt sich bei der OEE-Berechnung eine geringe Effizienz, so müssen detaillierte Analysen durchgeführt werden, um den Ursachen auf den Grund zu gehen.

Ein besonderer Punkt muss noch hervorgehoben werden, der gravierende Auswirkungen auf die Effizienz haben kann. Abweichungen der tatsächlichen Zykluszeit von der theoretischen Zykluszeit können das Ergebnis der Berechnungen völlig verfälschen. Wurden z. B. in der Produktion Verbesserungen durchgeführt, die eine unmittelbare Reduzierung der Zykluszeit zur Folge haben, so stimmt der theoretische Wert zum Volumen nicht. Welche Auswirkungen dies auf den OEE haben kann, zeigt Tabelle 1.7.

Tabelle 1.7 Auswirkungen von Abweichungen zwischen theoretischer und tatsächlicher Zykluszeit

	Tatsächliche Zykluszeit	Theoretische Menge	Tatsächliche Menge	Effizienz
Theoretische Zykluszeit = tatsächliche Zykluszeit	2,0	13.990	12.550	90 %
Theoretische Zykluszeit > tatsächliche Zykluszeit	1,5	13.990	16.733	120 %
Theoretische Zykluszeit < tatsächliche Zykluszeit	2,5	13.990	10.040	72 %
Theoretische Zykluszeit + 10 %	2,2	13.990	11.409	82 %

Die erste Zeile zeigt die Daten, wie sie in der bisherigen Berechnung verwendet wurden (theoretische Zykluszeit entspricht der tatsächlichen). Im zweiten Fall, in dem die tatsächliche Zykluszeit um 25 % niedriger ist als die theoretische, ergibt sich bei ansonsten gleich bleibenden Faktoren eine Effizienz von 120 % (die tatsächliche Menge der Ausgangssituation wird mit der der Zykluszeit von 2 min multipliziert und durch 1,5 min dividiert).

Die 10 % Verluste, die es ursprünglich bei der Berechnung der Effizienz gab, sind komplett verschwunden. Wenn Sie eine Effizienz von über 100 % sehen, sollten Sie zuerst die Zykluszeiten daraufhin kontrollieren, ob die im System hinterlegten auch an den Anlagen gemessen werden können. Abweichungen von 10 oder 15 % sind eher normal, haben jedoch schon eine nicht zu unterschätzende Auswirkung auf den OEE (von 90 % Effizienz reduziert auf 82 %).

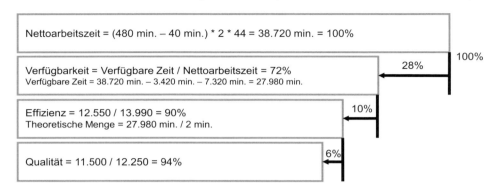

OEE = Verfügbarkeit x Effizienz x Qualität = 72% x 90% x 94% = 61%

Bild 1.37   Berechnungsbeispiel zum OEE

Zykluszeiten an Anlagen können auch durch manuelle Tätigkeiten beeinflusst werden oder unterliegen sonstigen Schwankungen. Die Effizienzkennzahl kann in solchen Fällen auch bewusst dazu genutzt werden, Abweichungen zwischen Plan und Ist zu bewerten. Sind die Abläufe z. B. mit der Zeit effizienter geworden als ursprünglich geplant? Auf jeden Fall ist zu beachten, dass die Unterschiede zwischen dem theoretischem und dem tatsächlichen Wert die Effizienz nach oben wie auch nach unten beeinflussen können. Manipulativ auf die Effizienz kann sich allerdings auch auswirken, wenn die Aufzeichnungen zu den Stillständen nicht korrekt sind. Wurden z. B. Stillstände in der Verfügbarkeit nicht berücksichtigt, der Prozentsatz also zu gering ausgewiesen, so reduziert sich die Effizienz genau um diesen Wert. Eine höhere Verfügbarkeit würde ja zu einer größeren theoretischen Menge führen.

Als dritter Faktor wird die Qualität in die Berechnung aufgenommen. In der Effizienz wurden alle produzierten Teile berücksichtigt, diese müssen nun um den Ausschuss und die Nacharbeit reduziert werden. Bei der Nacharbeit kann es zu Diskussionen kommen, wie diese betrachtet werden soll. Es muss unbedingt beachtet werden, ob sich durch die Nacharbeit Kapazitätsverluste ergeben oder nicht. Wird die Nacharbeit demnach an der betrachteten Anlage durchgeführt, so müssen diese Teile mit dem Ausschuss von der produzierten Menge abgezogen werden. Gibt es einen eigenen Nacharbeitsplatz, so darf die Gesamtmenge nicht reduziert werden, da diese keinerlei Auswirkung auf die Ausbringung am Ende des Tages hat. Für unser Rechenbeispiel benötigen wir wieder folgende Daten:

Anzahl Teile Ausschuss: 750 Stück

Daraus ergibt sich ein Qualitätsfaktor von 94 %. Für die Berechnung des OEE werden zum Abschluss alle drei Faktoren miteinander multipliziert, was in diesem Fall 61 % ergibt. Von der Nettoarbeitszeit von 440 min je Schicht werden 268 min für die Produktion von guten Teilen genutzt, 172 min gehen aus verschiedensten Gründen verloren, wobei Stillstände (inkl. Rüstzeiten) mit 123 min den höchsten Anteil haben. Der erste Fokus bei Verbesserungen sollte demnach auf der Erhöhung der Verfügbarkeit liegen.

Wie wird mit OEE, Taktzeit und Zykluszeit in Prozessen mit mehreren Schritten gearbeitet?

Prinzipiell sind die Konzepte des OEE, der Taktzeit und der Zykluszeit für sich einfach zu verstehen und anzuwenden. Wie allerdings die Ausführungen zur Zykluszeit bei einer Mehrmaschinenbedienung gezeigt haben, kann es in der Praxis recht schnell auch etwas komplexer werden. Wenn nun alle drei Faktoren in einem Prozess mit mehreren Schritten berücksichtigt werden sollen, entstehen auch bei Experten Diskussionen zur Anwendung und Darstellung.

Beginnen wir mit dem einfachsten Fall, einem Prozessfluss, der aus mehreren, logisch miteinander verknüpften Prozessschritten besteht (Bild 1.38). Hervorzuheben sei die logische Verknüpfung. Die einzelnen Schritte müssen nicht unbedingt auch physisch miteinander verbunden sein. Die Prozesse in Bild 1.38 können auch räumlich voneinander getrennt sein, solange sie nur innerhalb dieses Prozessflusses verwendet werden. Es können also Montagelinie oder verkettete Anlagen sein, wie eben auch einem Prozessfluss voll zugeordnete Anlagen. Wie Zykluszeit und Taktzeit zusammenhängen, wurde bereits für Mitarbeiter im vorherigen Kapitel behandelt.

Muss nun auch der OEE berücksichtigt werden, so gilt prinzipiell dieselbe Aussage wie für die Taktzeit. Die gesamte Linie, Zelle etc. kann als ein in sich geschlossenes System gesehen werden und es gilt ein OEE für alle Arbeitsplätze zusammen. Bedeutend ist letztendlich nur, was am Ende des Systems rauskommt. Die relevanten Faktoren, die zur Berechnung der Komponenten des OEE herangezogen werden, werden nur am Ausgang berücksichtigt.

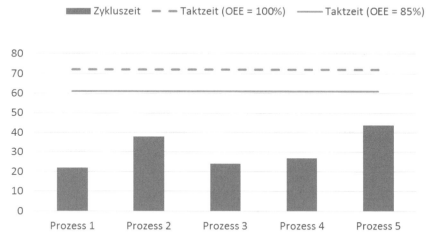

Bild 1.38 OEE und Taktzeit-/Zykluszeitdiagramm bei einem verknüpften Prozessfluss

Die Verlustquellen der Verfügbarkeit können an jedem einzelnen Schritt auftreten, sind allerdings nur relevant, wenn sie auch wirklich Auswirkungen auf die Ausbringung des letzten Schrittes haben. In Bild 1.38 zählt also eine Störung nur für die Berechnung des OEE, wenn es zu einem Stopp von Prozess 5 kommt. Würde z. B. Prozess 3 gerüstet und dies würde nicht zu einem Halt beim letzten Schritt führen, so würde dies in der Berechnung des OEE nicht berücksichtigt werden. Wie bereits weiter oben erwähnt, kann dies auch für nur logisch zusammenhängende Anlagen gelten.

Häufig findet sich ein Stillstandsgrund „fehlendes Material" oder „Materialmangel" in der OEE-Berechnung. In dem hier behandelten Fall könnte dies bedeuten, dass es in den vorgelagerten Prozessen zu Stopps gekommen ist, sodass Prozess 5 kein Material mehr zum Verarbeiten hat. Ist dies eine bedeutender Stillstandsgrund, so ist es durchaus sinnvoll, auch die OEEs der einzelnen Prozessschritte zu betrachten. Es muss die Ursachenforschung durchgeführt werden, warum der Fluss gerissen ist.

Es zählt auch für die Effizienz nur, was am Ende des Tages in Prozess 5 produziert wurde. Es ist ausreichend, die Stückzahlen nur am letzten Schritt für die Berechnung des OEE zu ermitteln. Dieselbe Aussage trifft auch auf den Qualitätsfaktor zu.

Wesentlich komplizierter wird es, wenn ein oder mehrere Prozesse nicht mehr dem einen Fluss zu 100 % zugeordnet sind. In Tabelle 1.8 ist anhand einer Prozessflussmatrix ein einfaches Beispiel dargestellt. Insgesamt werden nur vier Produkte (oder auch Produktgruppen) über sieben Prozesse gefertigt. Für jedes einzelne Produkt wird dargestellt, welche Stückzahlen an welchem Prozess produziert werden.

Tabelle 1.8   Prozessflussmatrix

	Prozess 1	Prozess 2	Prozess 3	Prozess 4	Prozess 5	Prozess 6	Prozess 7
Produkt 1	400	0	400	0	0	400	400
Produkt 2	0	500	0	500	500	0	500
Produkt 3	0	200	0	200	0	0	200
Produkt 4	0	300	0	0	0	0	300

Produkt 1 belegt zum Beispiel zu 100 % die Prozesse 1, 3 und 6; vom letzten Schritt wird nur ein Teil der Kapazität benötigt. Graphisch ist dies in Bild 1.39 dargestellt. Die ersten drei Prozesse würden noch dem Beispiel aus Bild 1.38 entsprechen. Nur Prozess 7 hat eine andere Taktzeit und in diesem Fall auch einen anderen OEE. Die Taktzeit muss hier mit dem gesamten Volumen berechnet werden, welches an diesem Arbeitsplatz produziert wird. Es fließen demnach die Volumina der Produkte 1 bis 4 ein.

Bei Produkt 2 aus Tabelle 1.8 würde die Darstellung in einem Taktzeit-/Zykluszeitdiagramm für alle Prozessschritte wie Prozess 7 in Bild 1.39 aussehen. Jeder einzelne Schritt hätte eine eigene Linie für die Taktzeit und es würden verschiedene OEEs berücksichtigt werden müssen (Bild 1.40). Man könnte aus dieser Darstellung immer noch erkennen, ob für einen bestimmten Prozessfluss die Kapazitäten ausreichen oder nicht. Das sich daraus ergebende Bild kann allerdings trügerisch sein, denn für die gesamte Menge an einem Prozess kann es trotzdem noch zu einem Engpass kommen.

Dieser Gedanke soll an einem kleinen Zahlenbeispiel dargestellt werden. In Bild 1.40 hat Prozess 4 eine Zykluszeit von 25 s. Die Zykluszeit bezieht sich nur auf das Produkt 2, die Taktzeit muss demgegenüber mit dem gesamten Volumen an Prozess 4 berechnet werden. Es werden an diesem Arbeitsschritt Produkte 2 und 3 mit einem Gesamtvolumen von 700 Stück gefertigt (Tabelle 1.8). Bei einer Schicht von 8 Stunden (28.800 s) und einem OEE von 85 % ergibt sich daraus eine Taktzeit von 35 s (28.800*0,85/700). Für Produkt 2 ergibt sich an diesem Prozess demnach kein Problem. Für Produkt 3 kann dies allerdings völlig anders aussehen, wenn die Zykluszeit über 35 s liegt. Diese Darstellung ist daher nur bedingt anwendbar. Es muss auch die Zykluszeit in den Gesamtkontext gebracht werden.

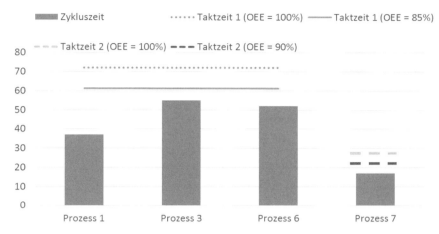

Bild 1.39 OEE und Taktzeit-/Zykluszeitdiagramm bei einem teil-verknüpften Prozessfluss (Produkt 1 aus Tab. 1.8)

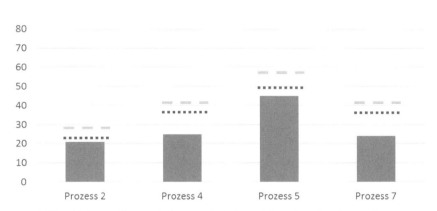

Bild 1.40 OEE und Taktzeit-/Zykluszeitdiagramm bei einem nicht-verknüpften Prozessfluss (Produkt 2 aus Tab. 1.8)

In diesem Zusammenhang sollte man sich auch die Frage stellen, was dargestellt werden soll oder was die Zielsetzung der Auswertung ist:

- Soll für ein Produkt bzw. eine Produktgruppe dargestellt werden, ob und wo ein Engpass existiert?
- Soll ein Gesamtbild erstellt werden, wo es zu möglichen Kapazitätsengpässen kommen kann?

Gerade für den zweiten Punkt kommt häufig die Aussage, dass ein Engpass nicht klar definiert werden kann, da sie je nach Produktionsmix wechseln können. In der Praxis hat sich allerdings gezeigt, dass dies nur selten der Fall ist. Zumeist lässt sich durchaus ein Engpass bestimmen, wenn man sich nicht durch Ausnahmesituationen blenden lässt, die relativ selten bis nie vorkommen. Zuerst aber die Darstellung mit der ersten Zielsetzung und dem Fokus auf ein Produkt. Die folgenden Aussagen treffen auch entsprechend für eine Produktgruppe zu.

Soll für ein Produkt eine Taktzeit-/Zykluszeitdiagramm mit dem OEE erstellt werden, wäre es ideal, wenn es eine Linie für die Taktzeit gibt. Sprünge wie in Bild 1.41 sind eher verwirrend. Zwei Faktoren sprechen allerdings gegen diese gerade Linie:

- An jedem Prozessschritt können unterschiedliche Volumina produziert werden
- Jeder einzelne Prozessschritt kann einen unterschiedlichen OEE haben

Um diese beiden Faktoren zu umgehen, müssen sie in der Zykluszeit berücksichtigt werden. Diese Rechnung soll wieder anhand des Prozesses 4 von Produkt 2 erklärt werden. Die Taktzeit liegt mit einem OEE von 100 % bei 41 s (28.800 s/700 Stück), bzw. bei 58 s wenn nur das Volumen von Produkt 2 als Basis gerechnet wird. Durch eine einfache Dreisatzrechnung kann die Zykluszeit von 25 s von Produkt 2 mit der Taktzeit für das gesamte Volumen umgerechnet werden. Bei der TZ von 58 s ergibt sich somit eine Zykluszeit von 35 s (25 s * 41 s/58 s). Im nächsten Schritt muss diese Zykluszeit von 35 s mit dem OEE bewertet werden. In diesem Fall liegt er bei 85 %, womit sich eine Zeit von 41 s ergibt (35 s/0,85). Wird dies nun für alle Prozessschritte durchgeführt, ergibt sich letztendlich Bild 1.41.

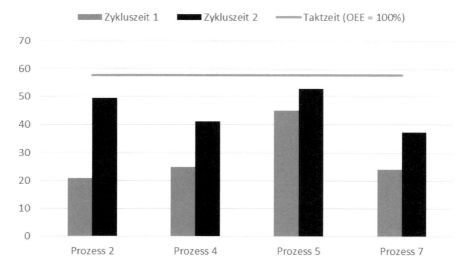

Bild 1.41   OEE und Taktzeit-/Zykluszeitdiagramm bei einem nicht-verknüpften Prozessfluss mit vereinheitlichter Taktzeit

Die Zykluszeiten 1 in Bild 1.41 entsprechen den tatsächlichen Zeiten der Prozessschritte für das Produkt 2. Die Zykluszeiten 2 sind die nach dem obigen Schema umgerechneten und berücksichtigen die unterschiedlichen Volumina und OEEs. Die Taktzeit ist ebenfalls nur für Produkt 2 und bei einem OEE von 100 %.

Je mehr verschiedene Produkte und Prozesse berücksichtigt werden müssen, desto umfangreicher wird diese Umwandlung der Zykluszeit natürlich. Daher sollte man sich die Frage stellen, in welchen Fällen man auf die durchgängige Taktzeit besonderen Wert legt. In der Praxis wird es zumeist verwendet, wenn es für die meisten Produkte einen bestimmenden Prozess gibt und alle anderen im Verhältnis zu diesen dargestellt werden sollen. So könnte in diesem Fall Prozess 5 eine Montagelinie sein, die nur für dieses Produkt verwendet wird. Prozess 7 könnte die Verpackung sein, die von allen Produkten verwendet wird. Die vorgelagerten Schritte sind zuliefernde Prozesse, die von unterschiedlichen Produkten genutzt werden. Zielsetzung kann es sein, den Prozess 5 im Verhältnis zu den anderen darzustellen.

Das ursprünglich aus dem Qualitätsmanagement kommende Run@Rate-Konzept ist zwar eine komplett andere Darstellungsweise, kann jedoch ähnlich verwendet werden.

 Run@Rate

Run@Rate basiert formell auf der QS9000, nach dem ein repräsentativer Probelauf vor dem Produktionsstart des Kunden durchgeführt werden muss.

Der Fokus liegt dabei aber auf der Quantität der zu produzierenden Teile, die entsprechende Qualität wird vorausgesetzt. Anhand dieses Probelaufes sollen mögliche Schwachstellen im Produktionsprozess aufgedeckt werden. Daraus soll abgeleitet werden, ob eine geforderte Menge tatsächlich produziert werden kann oder nicht.

In Bild 1.42 (s. S. 48) ist wieder Produkt 2 dargestellt, dieses Mal allerdings mithilfe eines typischen Run@Rate-Formulars. Solch ein Formular wird normalerweise für jedes Produkt erstellt und soll zeigen, an welchem Arbeitsschritt es zu Kapazitätsproblemen kommen kann. Im ersten Block (Verfügbarkeit) werden allgemeine Daten zum Prozess eingetragen, wie Schichtzeiten oder anlagenbezogene Verluste. Diese entsprechen den Daten der Verfügbarkeit des OEE. Der zweite Block (Kapazität) ist produktbezogen. Darin werden alle Daten erfasst, die sich nur auf die für das betrachtete Produkt relevanten Informationen beziehen. Die Qualitätszahl des OEE ist Bestandteil dieses Blocks. Das Ergebnis findet sich in der letzten Spalte, die Auslastung des Prozessschrittes mit dem betrachteten Produkt. An Prozess 4 wird z. B. geplant, dass 285 min./Tag dieses Produkt gefertigt wird. Diese 285 min. sind zu 89 % ausgelastet. Die Effizienzverluste aus der OEE-Berechnung werden nicht explizit in dieser Run@Rate-Betrachtung ausgewiesen. Sie können einerseits in der Spalte „Ungeplante Stillstände" erfasst werden. Andererseits könnte der Puffer in der Auslastung (11 % in diesem Fall) für die Deckung eventueller Effizienzverluste vorgesehen werden. Daher werden unter anderem Auslastungsgrade von über 90 % als kritisch angesehen.

Die zweite Zielsetzung für die Auswertung ist die Darstellung eines Gesamtbildes, wo es zu möglichen Kapazitätsengpässen kommen kann. Es müssen demnach alle Prozesse und alle Produkte zusammengefasst werden. Theoretisch lässt sich genauso ein Taktzeit-/Zykluszeitdiagramm mit der Gewichtung des OEE erstellen. Es würde letztendlich genauso aussehen wie in Bild 1.41. Für die Berechnung der Taktzeit würde das gesamte Volumen des jeweiligen Prozesses verwendet werden. Der Balken der Zykluszeit würde sich aus den gewichteten Zykluszeiten eines jeden einzelnen Produktes ergeben.

Teilebezeichnung	Produkt 2		
Teilenummer	ABC		
Menge	Jährlich	120.000	Täglich	500

#	Produktionsprozesse				Verfügbarkeit								Kapazität				
	Prozess	Anzahl Schichten	Schichten/Tag	Minuten/Schicht	Netto-Arbeitszeit	Pausen (min./Tag)	Rüsten/Umbau (min./Tag)	Geplante Instandhaltung (min./Tag)	Ungeplante Stillstände (min./Tag)	Verfügbare Zeit (min./Tag)	Zeit für andere Produkte (min./Tag)	Verfügbare Zeit für betrachtetes Produkt (min./Tag)	Zykluszeit (Sek.)	% Ausschuss	Tatsächliche Kapazität für betrachtetes Produkt (Stk./Tag)	Benötigte Menge (Stk./Tag)	Auslastung (%)
1	Prozess 2	5	1	480	480	30	5	10	20	415	210	205	21	2,00%	586	500	85,37%
2	Prozess 4	5	1	480	480	30	5	10	10	425	140	285	25	1,50%	684	500	73,10%
3	Prozess 5	5	1	480	480	30	0	10	20	420	0	420	45	2,00%	560	500	89,29%
4	Prozess 7	10	2	480	960	60	0	0	0	900	585	315	24	0,00%	788	500	63,49%

Bild 1.42   Run@Rate-Formular

Wasserfall-Diagramm

Eine weitere Darstellungsform, die häufig verwendet wird, um die verschiedenen Verluste darzustellen, ist das sogenannte Wasserfall-Diagramm. Bild 1.43 stellt die Daten, die wir bei der OEE-Berechnung verwendet hatten, in solch einem Diagramm dar. Der Vorteil dieser Präsentation der Zahlen liegt darin, dass einzelne Verlustquellen transparenter dargestellt werden können. Um diesen Punkt zu verdeutlichen, wurden die 7.320 min Stillstände aus der ursprünglichen Kalkulation in die drei Bestandteile „Mechanische Stillstände", „Elektrische Stillstände" und „Kein Material" unterteilt.

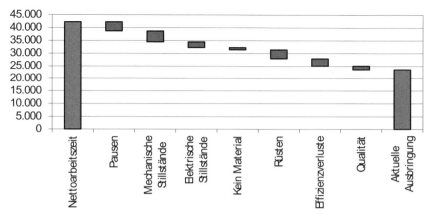

Bild 1.43 Darstellung der Daten des OEE im Wasserfall-Diagramm

Wie werden die wichtigsten Störungsgründe ermittelt?

Die erste Komponente, die für den OEE erhoben werden muss, ist die Dauer der Störungen als Teil der Minderung der verfügbaren Zeit. Grundsätzliche Daten – wie die Dauer der Pausen – werden als gegeben angenommen. Stellt sich die Störungsdauer als wichtige Quelle der Verluste heraus, so muss im nächsten Schritt im Detail analysiert werden, was die Gründe dafür sind. Für viele Unternehmen – insbesondere mit einer größeren Anzahl an Maschinen – sind dies Daten, die relativ einfach zu beschaffen sein sollten. Die Betonung liegt auf *sollten*. Es gibt folgende Möglichkeiten diese Daten zu ermitteln:

- Abrufe über ein BDE (Betriebsdatenerfassung)-System. Sehr viele Anlagen bieten die Möglichkeit, Störungen selbstständig aufzuzeichnen und diese, wenn die Maschinen vernetzt sind, auch sofort auszuwerten (Tab. 1.9). Zumeist haben Unternehmen mit BDE sehr gute Auswertungen zu den Stillstandsgründen. Falls sie nicht vernetzt sein sollten, kann es durchaus sein, dass die Anlagen die Informationen speichern. Leider werden diese Daten sehr oft nicht genutzt. Vorteilhaft ist, dass die Aufzeichnungen nach vorab definierten Codes oder Bezeichnungen erfolgen, ein Stillstandgrund also immer klar bezeichnet ist.

Tabelle 1.9   Auswertung von Stillständen über BDE

Alu-Säge	Störungsgrund	HH:MM	%
0	Unbegr_Stop	16:08	5,3
1	Rüsten	69:04:00	22,7
2	nicht definiert	00:06	0
3	Säge	14:23	4,7
4	Produktion	00:38	0,2
5	Stapler	01:37	0,5
6	Personalmann	02:36	0,9
7	Auftragsmann	00:01	0
8	Arbeitsende	01:08	0,4
9	Wochenende	01:20	0,4
10	Sons. Stillst.	02:12	0,7
11	Pausen	18:04	5,9
12	andere Prod.	29:04:00	9,6
13	Wartung	29:27:00	9,7
14	Folierung	00:56	0,3
16	Organisation	13:04	4,3
17	Laser	07:31	2,5
18	Stanze	04:33	1,5
20	Messerband	00:36	0,2
21	Querförderung	00:13	0,1
22	Elektronisch	03:11	1
23	Heißer Draht	00:48	0,3
24	Tintenstrahl	01:15	0,4
25	Prozessf./An	09:01	3
	PRODUKTION	76:52:00	25,3
	SUMME	304:00:00	
	Prod.+Auftmang.	76:53:00	25,3

▪ Aufzeichnungen der Instandhaltung (IH), Arbeitsvorbereitung (AV) etc. Aus unterschiedlichen Gründen können verschiedene Bereiche Aufzeichnungen zu Stillständen führen, wobei die offensichtlichste die IH ist. Die IH hat zwei Hauptgründe weswegen sie Daten zu Stillständen benötigt. Einerseits möchte die IH selbst wissen, was die Hauptgründe für Stillstände sind, um sie gezielt zu beseitigen. Aus solchen Aufzeichnungen können auch die Gründe für die Störungen analysiert werden. Andererseits braucht die IH dieses Datenmaterial, um die eigenen Leistungen weiterverrechnen zu können. Sehr oft kann daraus nur der Zeitaufwand ermittelt werden, der für die Behebung der Störung aufgewendet wurde. Die AV kann z. B. Aufzeichnungen zu den Störungen führen, um die Anlagenverfügbarkeit für die Planung zu ermitteln. Problematisch an diesen Aufzeichnungen ist, dass ein und derselbe

Stillstandgrund sehr unterschiedlich bezeichnet werden kann, was eine Auswertung sehr aufwendig gestaltet. Falls die Aufzeichnungen noch nie ausgewertet wurden, kann die Unterstützung eines Spezialisten für die betrachtet Anlage notwendig sein. Dies kann den Aufwand erheblich erhöhen (Bild 1.44).

Bild 1.44   Aufzeichnungen der Instandhaltung zu Maschinenstillständen

- Maschinenbücher. Es gibt zahlreiche Fälle, in denen keine zentrale Instanz – wie die IH – Aufzeichnungen führt. Dann liegt an jeder Anlage oder Anlagengruppe ein Maschinenbuch aus, in dem die Mitarbeiter Stillstände notieren. Die Beweggründe für das Führen dieser Bücher können sehr unterschiedlich sein. Wichtig in diesem Zusammenhang ist jedoch die Frage, was mit den Aufschrieben in diesen Büchern passiert. Leider werden sie sehr oft nur wenig genutzt. Es wäre durchaus sinnvoll die Bücher dieser Anlagen manuell auszuwerten, um dadurch an aussagekräftige Daten zu gelangen.

- Keine Daten vorhanden. In diesem Fall sind entweder keinerlei Aufzeichnungen vorhanden oder das vorhandene Datenmaterial ist so schlecht, dass man eine Neuerhebung starten muss. In diesem Fall sollten die Mitarbeiter vor Ort eingebunden werden, damit sie die Stillstände registrieren können. Welche Form auch immer gewählt wird, ob ein einfaches Formular auf Papier, ein Flipchart, ein Whiteboard etc., es sollten einige Punkte beachtet werden.

  - Es sollten klar definierte Codes oder Bezeichnungen verwendet werden. Eine der größten Schwierigkeiten, die es bei der Auswertung von Störungen gibt, wurde schon in diesem Abschnitt erwähnt: viele Bezeichnungen für ein und denselben Grund. Je klarer und einfacher ein Stillstandsgrund definiert wird, desto einfacher wird anschließend die Auswertung. Die Mitarbeiter müssen auf jeden Fall in die Definition miteinbezogen werden, damit alle unter einem Punkt auch dasselbe verstehen.

  - Die Anzahl der Gründe sollte limitiert sein. Auch wenn es hunderte sein mögen, so sollten für den Anfang die wichtigsten 10 bis 15 Gründe separat aufgeführt und in den Aufzeichnungen reflektiert werden. Der Rest wird unter „Sonstiges" vermerkt. Falls sich herausstellen sollte, dass der Punkt „Sonstiges" zu oft vorkommt, können immer noch neue Codes aufgenommen werden.

- Den Mitarbeitern muss klar sein, wie wichtig diese Aufzeichnungen sind und was damit gemacht werden soll. Für alle Beteiligten sind diese Aufzeichnungen zuallererst eine Zusatzbelastung; es muss ihnen also klar sein, warum sie es machen. Die Mitarbeiter müssen auch das Gefühl haben, dass sie bei dieser Zusatzarbeit von ihren Vorgesetzten und dem Verantwortlichen für die Erhebungen unterstützt werden.

- Bild 1.45 zeigt ein Beispiel, welche Darstellungsform für ein Formular verwendet werden kann. Die Mitarbeiter tragen dabei stündlich die Minuten ein, die an einer Maschine durch die vorgegebenen Gründe an Produktionszeit verloren gingen.

Maschinennr.   Datum:

Uhrzeit	Kein Auftrag	Störung Motor	Störung Sensor	Störung Materialvorschub	Störung Roboter	Rüsten und Einrichten	Materialverfügbarkeit	Geplante Wartung
06:00-07:00	50					10		
07:00-08:00						15		
08:00-09:00								
09:00-10:00			10					4
10:00-11:00								

Bild 1.45   Aufzeichnungsformular für Mitarbeiter

In welcher Form die Daten auch verfügbar sein sollten, ein kritisches Hinterfragen und eine stichprobenmäßige Überprüfung ist in jedem Fall sinnvoll. Einerseits können die Aufzeichnungen unvollständig sein, da sie z. B. nicht mit derselben, durchgängigen Präzision notiert werden. Andererseits gibt es die unterschiedlichsten Möglichkeiten und Beweggründe, die Daten der Stillstände zu manipulieren. In einem Fall gab es einen Produktionsleiter, der sich in seinem Büro über das BDE seinen eigenen „Leitstand" eingerichtet hatte. Er war besonders stolz darauf, dass er auf Knopfdruck sofort sagen konnte, was an welcher Anlage genau geschah. Durch seine Auswertungen konnte er auch sofort zeigen, was seine größten Verluste an jeder einzelnen Maschine waren. Für ihn gab es nicht mehr allzu viele Gründe tatsächlich in die Produktion zu gehen. Er war auch sehr damit beschäftigt, sich mit der Logistik auseinanderzusetzen, die für die Materialversorgung der Maschinen verantwortlich war. Einer der größten Stillstandsgründe war „Mangel an Material", wofür natürlich die Logistik „beschuldigt" wurde. Da dieser Grund allerdings von den Mitarbeitern manuell eingegeben werden musste – im Gegensatz zu den maschinenbezogen Gründen, die automatisch registriert wurden – konnte dieser Code relativ flexibel genutzt werden. Immer wenn es zu einem Stillstand kam, der nicht offiziell sein sollte, wie z. B. das zu frühe Antreten einer Pause, wurde dieser Code eingegeben. Ein kritisches Hinterfragen aller Zahlen, die Sie bekommen, sollte Teil jeder Analyse sein.

Nachdem die Daten erhoben worden sind, muss zum Abschluss eine typische Pareto-Analyse durchgeführt werden. Da vermieden werden soll, dass viele kleine Maßnahmen ergriffen werden, die nur einen sehr geringen Erfolg bringen, muss sichergestellt werden, dass die wichtigsten Gründe für Stillstände zuerst eliminiert werden. Bild 1.46 zeigt ein typisches Beispiel für solch eine Auswertung, in der die vier Top-Gründe 62 % der Stunden verursachten und diese der erste Fokus für Verbesserungen waren. 80 % (81,22 %, um ganz genau zu sein) der Stillstandstunden wurde von acht Gründen verursacht, die 19 % der 42 definierten Codes ausmachten. Dies belegt wieder einmal die Anwendbarkeit der 80/20-Regel – in diesem Fall werden 80 % der Stillstände durch 20 % der Gründe verursacht. Im Stillstandsgrund 10 „Sons. Still." wurden alle Störungen zusammengefasst, die kleiner als der letzte „Tintenstrahl" waren.

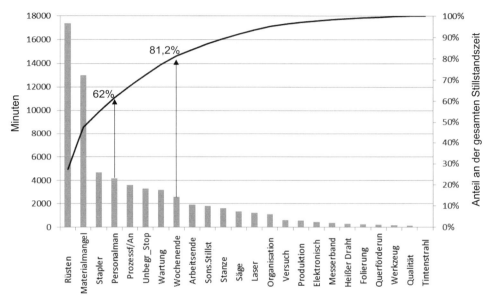

Bild 1.46   Paretoanalyse von Maschinenstillstandsgründen

 Pareto-Diagramm

Das Pareto-Diagramm ist eines der Standardwerkzeuge im Management, um aus vielen möglichen Ursachen eines Problems die wichtigsten herauszufiltern. Das Pareto-Prinzip geht davon aus, dass 20 % von z. B. der Ursachen von Stillständen 80 % der Stillstandzeiten ausmachen oder auch 20 % der Produkte 80 % der Umsätze. Es ist eine Daumenregel, die doch in sehr vielen Bereichen seine Anwendung und Gültigkeit findet. Als Darstellungsform wird ein Balkendiagramm gewählt, in das absteigend die einzelnen Ursachen, Produkte etc. eingetragen werden. (Koch 1998)

Wie hoch sind die Rüstzeiten und die Rüstfrequenz?

Der zweite Faktor, den wir im Zusammenhang mit dem OEE betrachten müssen, sind die Rüstzeiten. Definieren wir zuerst einige Begriffe und sprechen wir über generelle Punkte zum Rüsten, bevor wir ins Detail gehen. (Shingo 1986)

- Definition Rüsten: Der Zeitpunkt vom letzten guten Teil des alten Auftrages bis zum ersten guten Teil bei voller Produktionsgeschwindigkeit des neuen Auftrages.

- Interne und externe Tätigkeiten: Als externe Tätigkeiten werden solche bezeichnet, die bereits während des Betriebes der Anlage durchgeführt werden können (z. B. Material holen, Werkzeuge voreinstellen, alten Auftrag abschließen). Bei vielen Rüstvorgängen werden bei angehaltener Anlage Tätigkeiten für einen Rüstvorgang durchgeführt, die bereits vor dem eigentlichen Start des Rüstens erledigt werden könnten bzw. nach dem Start des neuen Auftrags. Der Aufwand für die Mitarbeiter würde sich durch die Verschiebung von intern (z. B. die Maschine wird gestoppt und dann werden die Arbeitspapiere für den neuen Auftrag geholt) auf extern (Arbeitspapiere werden während der Produktion des alten Auftrages geholt oder vom Vorarbeiter gebracht) nicht reduzieren. Jedoch kann damit der Stillstand der Anlage verkürzt werden. Interne Tätigkeiten sind dementsprechend jene, für die die Anlage angehalten werden muss.

Es müssen aber nicht alle Ressourcen im Detail analysiert werden. Wir konzentrieren uns bei der Analyse vorerst auf die Engpassanlagen und die Anlagen mit den höchsten Rüstzeiten und der höchsten Anzahl an Rüstvorgängen, die aus dem Taktzeit-/Zykluszeitdiagramm und der Prozesskapazitätsstudie ermittelt wurden. Eine Engpassressource muss nicht automatisch die höchsten gesamten Rüstzeiten beinhalten; vielleicht hat sie sogar überhaupt keine.

Je nach Verfügbarkeit und Zuverlässigkeit der vorhandenen Daten ergeben sich unterschiedliche Quellen, aus denen die benötigten Zahlen gewonnen werden können. Die bedeutendsten sind:

- Ein funktionierendes Betriebsdatenerfassungssystem (BDE), welches eine Abfrage bzgl. der Anzahl der Rüstungen zulässt. In Tabelle 1.10 wird das Ergebnis solch einer Auswertung dargestellt. In diesem Fall waren in einem Extrem 50 Rüstvorgänge als Folgeaufträge aufgeführt, hatten also 0 min Rüstzeiten, und im anderen Extrem neun Rüstvorgänge als Komplettumbau der Anlage mit über 16 h. Als Ausreißer wurden Rüstvorgänge mit mehr als 24 h definiert und die Ursachen für diese langen Zeiten ermittelt.

Tabelle 1.10   Auswertung der Anzahl der Rüstvorgänge aus einem BDE-System

Rüstdauer	Anzahl der Rüstvorgänge
0 min	50
30 min – 330 min	12
525 min – 930 min	13
1005 min – 3645 min	9

- Aufzeichnungen über die abgeschlossenen Produktionsaufträge in einem definierten Zeitraum, wenn sich bestimmen lässt, bei welchen Aufträgen gerüstet wurde und bei welchen nicht (z. B. Folgeaufträge). Die Auswertung kann hoffentlich elektronisch erfolgen, ansonsten muss es manuell durchgeführt werden.

- In manchen Fertigungen führen die Führungskräfte vor Ort ihre eigenen Aufzeichnungen zu Rüstvorgängen, die verwendet werden können.

- Falls es absolut keine Aufzeichnungen zum Thema Rüsten gibt, müssen die Daten originär erfasst werden. Die Mitarbeiter müssen dann über einen repräsentativen Zeitraum über Anzahl und Dauer der Rüstvorgänge Buch führen.

Die Häufigkeit der Rüstvorgänge gibt an, wie oft an einer Anlage innerhalb eines Zeitraums gerüstet wird. Haben wir einen, zwei, drei oder mehr Rüstvorgänge pro Tag, pro Woche usw. Die Anzahl alleine ist allerdings nicht ausreichend. Die Rüstvorgänge müssen in Gruppen unterteilt werden (z. B. kurzer, mittlerer und langer Rüstvorgang). Als Kriterium für die Unterteilung der Gruppen dienen die Faktoren, die hauptsächlich die Länge eines Rüstvorganges bestimmen. Beispiele für solche Einflussfaktoren können sein:

- Abnahme durch die Qualitätsabteilung notwendig oder nicht
- Komponenten der Anlage, die schwer zu wechseln sind, müssen ausgebaut werden oder nicht
- Anzahl der Werkzeuge, die gewechselt werden müssen (z. B. ein bis fünf Werkzeuge oder sechs bis zehn oder 11 bis 15).
- Die Anlage muss gereinigt werden oder nicht (z. B. bei Farbwechsel beim Lackieren oder Legierungswechsel beim Gießen)

Tabelle 1.11 Unterteilung der Rüstvorgänge in drei Gruppen für eine CNC-Maschine

Kurz (15 bis 30 min)	Mittel (4 bis 6 h)	Lang (6 bis 8 h)
Folgeauftrag	gleicher Durchmesser	Komplettwechsel
• Auftrag Abmelden (Abschlussblatt) • Anmeldung neuer Auftrag • Neuanlage Auftrag für SPC (durch SGV)	• kein Vorschub-/ Spannzangenwechsel • Änderungen von Anschlag, Werkzeug etc.	• komplett, inkl. Vorschub- und Spannzangenwechsel

Nach der Bestimmung der Gruppen (die Zeiten in Tabelle 1.11 wurden geschätzt) müssen die tatsächlichen Rüstzeiten und -frequenzen ermittelt werden. Eine Zusammenfassung der notwendigen Daten sehen wir in Tabelle 1.12. Wie diese Zahlen ermittelt werden, wird in den weiteren Ausführungen beschrieben.

Tabelle 1.12 Zusammenfassung der notwendigen Daten zu Rüstzeiten für zwei Anlagen

	SF 26 (M4909, M5059, M4964) Betrachtungszeitraum 2 Monate			SF (M4671, M5058, M202620) Betrachtungszeitraum 2 Monate		
	Typ:1 kurz	Typ 2: mittel	Typ 3: lang	Typ:1 kurz	Typ 2: mittel	Typ 3: lang
Durchschnittl. Rüstzeit (Std.)	0,5	5	7	0,5	5	7
Häufigkeit (Anzahl)	4	4	14	2	5	20
Häufigkeit (%)	18 %	18 %	64 %	7 %	19 %	74 %
Rüstzeit ges. (Std.)	2	20	98	1	25	140
Summe Rüstzeiten ges.	120			166		

Als erster Schritt wird nach der Definition der Gruppen ermittelt, wie oft der jeweilige Rüsttyp vorkommt bzw. wie hoch seine Häufigkeit ist (Häufigkeit in Tab. 1.12). Die Quellen für diese Zahlen haben wir bereits weiter oben erwähnt. Da die Reihenfolge der Aufträge von besonderer Bedeutung ist (war es nur ein Folgeauftrag oder musste die Anlage komplett umgebaut werden), ist eine maschinelle Auswertung der Daten oft nicht möglich. In dem Beispiel in Tabelle 1.12 konnten durch die geringe Anzahl der Aufträge diese Zahlen relativ einfach manuell durch das Überprüfen einer Liste der bearbeiteten Fertigungsaufträge erhoben werden.

Eine Schätzung dieser Zahlen durch erfahrene Mitarbeiter ist oft die einzige Lösung, wenn eine große Zahl an Aufträgen an einer Anlage bearbeitet wird. Diese Schätzungen sind häufig mindestens so zuverlässig wie Daten, die aus einem System kommen. Es spielt hier auch keine Rolle, ob der Wert mit 18,3 % genau erhoben wurde oder mit 20 % geschätzt wurde. Für diese Quantifizierung reicht es aus, mit Werten zu arbeiten, die einer tolerierbaren Schwankungsbreite unterliegen.

Als Nächstes müssen die Rüstzeiten vor Ort ermittelt werden. Selbst wenn das Unternehmen umfangreiche Daten bzgl. der Rüstzeiten hat, sollten sie im Rahmen dieser Analyse aus zwei Gründen aufgenommen werden. Erstens, das Ergebnis der Rüstzeitanalyse soll zeigen, um wie viel Prozent die Rüstvorgänge reduziert werden können, also das Verbesserungspotenzial. Einerseits finden wir diese Information in den wenigsten Daten zu Rüstzeiten. Andererseits sollte der Mitarbeiter, der die Reduzierungen durchführen wird, auch mit eigenen Augen sehen, wo die Verschwendungen im Prozess liegen. Zweitens sind die meisten Daten, die vorliegen, nicht besonders zuverlässig. Die in einem System hinterlegten Werte dienen zwar häufig der Kalkulation und Kapazitätsbestimmung, weichen aber von der Realität ab. Eine Überprüfung der vorhandenen Daten ist daher auf jeden Fall ratsam. Es ist oft erstaunlich, wie selten Planzeiten, die immerhin die Grundlage für die Preisfindung und die Kapazitätsplanung sind, mit der Realität übereinstimmen.

Eine Rüstzeitaufnahme an einer Anlage gliedert sich in folgende Schritte:

1. Festlegen, welche Rüsttypen wie oft aufgenommen werden müssen.

An beiden Anlagen in Tabelle 1.12 hat der Rüsttyp 3 (lange Rüstvorgänge) die höchste Frequenz und damit auch den höchsten Anteil an der gesamten Rüstzeit. Daher sollten auch für diesen Rüsttyp mehrere Aufnahmen gemacht werden. Für Rüsttyp 2 (mittlere Rüstvorgänge) sollte an jeder Anlage zumindest eine Beobachtung durchgeführt werden. Für Rüsttyp 1 (kurze Rüstvorgänge) reicht auf jeden Fall vorerst eine Aufnahme aus.

2. Feststellen, wann Rüstvorgänge stattfinden.

Es sollte dabei beachtet werden, dass die Rüstvorgänge nicht speziell für die Aufnahmen geplant werden dürfen, weshalb wir diesen Punkt auch besonders erwähnen. Die Rüstaufnahmen sollten so authentisch wie möglich sein. Vorherige Absprachen über Zeitpunkt und Inhalt (welcher Auftrag) sollten vermieden werden, damit von den Mitarbeitern keine besonderen Vorbereitungen getroffen werden können. Eine Koordination kann sich manchmal nicht vermeiden lassen, wenn nur selten gerüstet wird oder besonderer Zeitdruck herrscht.

Was selbstverständlich mit diesem Punkt nicht gemeint ist, ist die Notwendigkeit, Mitarbeiter und Vorgesetzte vor einer Rüstzeitaufnahme über Inhalte und Zweck dieser zu informieren. Es sollten keine „versteckten" Aufnahmen gemacht werden. Die Erkenntnisse der Rüstzeitaufnahme sollten nach Abschluss dieser auch mit den Mitarbeitern durchgesprochen werden.

3. Aufnahme von Rüstvorgängen.

Ein Rüstvorgang lässt sich leider nicht wie bei einer Zykluszeitaufnahme beliebig oft wiederholen, was eine größere Herausforderung für die eigentliche Aufnahme darstellt. Es sollte jedoch noch einmal klargestellt werden, dass die Rüstzeitaufnahme keine wissenschaftliche Arbeit darstellen soll. Es geht daher nicht um 1/100-Sekunden und auch nicht um korrekte Ziffern hinter dem Komma. Rüstzeitaufnahmen sollen Potenziale und Ansatzpunkte für Verbesserungen aufzeigen. Sie dürfen daher auch nicht mit Aufnahmen, die als Grundlage für Leistungsbeurteilungen und Belohnungssysteme verwendet werden, verwechselt werden. Die Erkenntnisse, die aus einigen wenigen Aufnahmen gewonnen werden können, sind zumeist ausreichend, um Aussagen bezüglich möglicher Verbesserungen zu treffen.

Eine Frage, die sich immer stellt, ist folgende: In welchem Detaillierungsgrad sollen die Schritte aufgenommen werden? Sie sollten auf jeden Fall in sich schlüssige Arbeitsschritte aufnehmen (z. B. Demontieren der Werkzeugaufnahme), die jedoch nicht zu lange dauern sollten. Vielleicht kann oder sollte die Demontage der Werkzeugaufnahme in weitere Schritte unterteilt werden. Beachten sollten Sie immer, wie Sie die Aufnahme im anschließenden Punkt auswerten wollen und wie Sie ihr Potenzial für Verbesserungen definieren wollen. Diese Aufnahme dient ja dazu, Verbesserungspotenzial aufzuzeigen und mit Zahlen zu hinterlegen.

Typische Prozessschritte in einem Rüstvorgang sind:

- Lesen der Arbeitspapiere
- Holen des Werkzeugs
- Abmontieren der Abdeckungen
- Wechseln der Werkzeuge
- Produzieren des ersten Probeteils
- Messen und Einstellen.

Schritt Nr.	Beschreibung des Arbeitsschrittes	Stoppuhrzeit		Benutzte Werkzeuge & Reihenfolge	Messgeräte & Reihenfolge	Wichtige Prozessinformationen
		Ende	Zeit-dauer			
1	Holen Arbeitspapiere	03:43	03:43			lange Laufwege ins Meisterbüro
2	Eingabe Programm	07:42	03:59			
3	Entfernen der Abdeckung	08:56	01:14	zwei verschiedene Schrauber		Werkzeug musste gesucht werden

Bild 1.47   Ausschnitt einer Aufnahme der Arbeitsschritte eines Rüstvorganges

Ein bedeutender Ansatzpunkt sind häufig die Laufwege, die ein Mitarbeiter während eines Rüstvorganges zurücklegen muss. Falls der Mitarbeiter viel und weit laufen muss, stellt das Spaghetti-Diagramm eine hervorragende Ergänzung zur Zeitaufnahme dar. Die Verschwendungsart „Bewegung" lässt sich mithilfe dieses Werkzeuges visuell sehr eindrucksvoll darstellen (Bild 1.48).

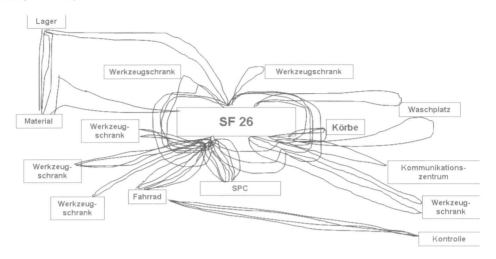

Bild 1.48   Das Spaghetti-Diagramm zeigt die Laufwege des Mitarbeiters.

4. Gespräch mit dem Mitarbeiter

Sofort nach der Rüstzeitaufnahme sollte mit dem Mitarbeiter das Gesehene und Aufgezeichnete durchgesprochen werden. Besonders interessant sind dabei natürlich die Punkte, die als Verbesserungspotenzial angesehen werden. Da nur eine limitierte Anzahl von Aufnahmen durchgeführt wird, muss auf jeden Fall vermieden werden, außergewöhnliche Aktivitäten (z. B. beschädigtes Werkzeug oder zahlreiche Probeläufe) als Regel anzusehen. Der Aufnehmer muss also verstehen, warum der Mitarbeiter etwas gemacht hat und ob dies zum normalen Ablauf gehört oder nicht. Interessant ist in diesem Zusammenhang auch, ob ständig Ausnahmen auftreten, die die Rüstzeit verlängern. Dies weist eindeutig auf das Fehlen von Standards hin. Falls es sich aber wirklich um einen Ausreißer handelt und der Rüstvorgang auch wesentlich länger gedauert hat als der Durchschnitt, so sind diese Zeiten nicht zu berücksichtigen.

5. Auswertung der Rüstaufnahmen

Nach jeder Rüstzeitaufnahme sollte sofort die Auswertung durchgeführt werden. In der Praxis haben sich zwei Gruppierungsmöglichkeiten für alle Aktivitäten bewährt. Die erste Möglichkeit, die Aktivitäten zu gruppieren, orientiert sich an der Unterteilung nach potenziell externen (sie könnten vor- oder nachgelagert durchgeführt werden, werden aktuell jedoch bei gestoppter Anlage gemacht) und nach wertschöpfenden und nichtwertschöpfenden Tätigkeiten.

Aus Tabelle 1.13 lässt sich sofort erkennen, dass in den potenziell externen und nicht wertschöpfenden Zeiten ein Potenzial von über 50 % liegt. Eventuell liegen noch weitere Verbesserungsmöglichkeiten in den internen Tätigkeiten, doch für einen ersten Schritt kann die Zahl von 50 % als Ziel verwendet werden.

Die zweite Möglichkeit besteht darin, gewisse Arten von Aktivitäten zu gruppieren. In Tabelle 1.14 wurden sämtliche Arbeitsschritte des Rüstvorganges in sieben Gruppen zusammengefasst, wobei das Einstellen der Werkzeuge bereits fast 50 % der gesamten Rüstzeit ausgemacht haben.

Tabelle 1.13 Auswertung der Rüstzeiten nach der Unterteilung in interne und externe Aktivitäten

Arbeitsschritt	Dauer in Minuten		
	intern	extern	nicht-wertschöpfend
Programm abrufen		1	
Programm kontrollieren		2	
....			
Maschine starten/ 0-Punkt	4		
Werkzeug suchen			4
1. Teil	6		
Messuhr einstellen	4	4	
Endmaße holen		5	
Werkzeugkorrektur Störung	12		
Reklamation		15	
...			
Freigabe durch QS	5		
Summe	60	57	12
Gesamtzeit	129		
Anteil	47 %	44 %	9 %

Tabelle 1.14 Auswertung der Rüstzeiten nach Aktivitäten

Arbeitsschritt	Dauer in Minuten	Anteil an Gesamtzeit	Potenzial zur Reduzierung
Einstellen der Werkzeuge	230	47 %	15 %
Montieren und Einbau der Werkzeuge	156	32 %	5 %
Warten	51	10 %	8 %
Suchen	31	6 %	5 %
Transportieren	12	2 %	1 %
Ausbau der Werkzeuge	10	2 %	0 %
Reinigen der Anlage	3	1 %	0 %
	493		34 %

Aus den einzelnen Aktivitäten wird geschätzt, wie viel Zeit durch Verbesserungen eingespart werden kann. Diese Vorgehensweise erfordert mehr Erfahrung vom Aufnehmer, da bereits ganz konkrete Tätigkeiten für Verbesserungen ins Auge gefasst werden. Man kann dadurch jedoch auch Außenstehenden klarer darlegen, wo Ansätze zur Reduzierung der Rüstzeiten gesehen werden.

Welche Effizienzverluste gibt es?

Nachdem die zwei Komponenten, die die Verfügbarkeit einer Anlage beeinflussen, analysiert wurden, müssen die Effizienzverluste bestimmt werden. Da dieser Teil des OEE hauptsächlich die nicht registrierten Verluste betrifft, müssen diese zuerst erhoben werden. Die geeignetste Methode dazu ist die Multimomentaufnahme, die besonders dafür geeignet ist, unregelmäßige, kleine Störungen zu identifizieren und zu quantifizieren. Bild 1.49 zeigt ein Beispiel für solch eine Erhebung.

Die beobachteten Störungen waren nur von einer Dauer von wenigen Minuten, weshalb die Frequenz der Beobachtung auf 1 min gelegt wurde. Aus diesem Grund konnte nur eine Zelle mit einem Mitarbeiter und vier Anlagen beobachtet werden, was den Aufwand für einen gesamten Produktionsbereich sehr erhöhte. Bei der Kalkulation des OEE hatte es sich heraus-gestellt, dass die Effizienz für diese Zelle bei nur 73 % lag. Aus diesem Grund war es besonders wichtig zu ermitteln, wie diese hohen Effizienzverluste zustande kamen. Der festgestellte Hauptgrund: der zuständige Mitarbeiter war mit vier Anlagen überfordert.

Die Hauptaufgaben des Maschinenbedieners waren das Be- und Entladen der Maschinen, regelmäßige Qualitätskontrollen und daraus folgend Korrekturen an den Einstellungen und kleine Störungsbehebungen. War der Mitarbeiter z. B. mit einer Störung beschäftigt, konnte er an den anderen Anlagen die Teile nicht entnehmen, was zusätzlichen Stillstand hervorrief. An drei Stellen traten die größten Verluste auf: In einem Feeder blockierten Ringe (Bild 1.50) (5 %), Sensorikfehler eines Roboters (4 %), ein Mitarbeiter hatte Schwierigkeiten beim Einlegen von Teilen. Daneben gab es noch mehrere kleine Gründe, die unter Sonstiges zusammengefasst wurden. Darunter fielen Organisationsprobleme und dreimal technische Verluste. Die zwei Punkte Rüsten und Störungen wurden in der Verfügbarkeit bereits erfasst.

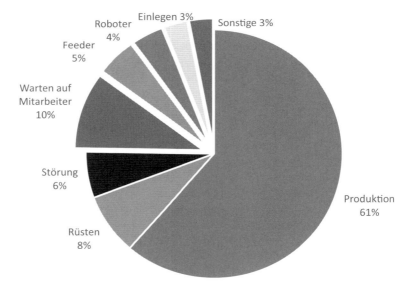

Bild 1.49   Auswertung der Multimomentaufnahme

Bild 1.50   Störungsgrund „Feeder": Ringe verkeilen sich und blockieren

Bei dem Ergebnis der Multimomentaufnahme kann es zu Abweichungen zur Kalkulation des OEE kommen. Rüsten und Störung zusammen ergeben 14 % und sollten theoretisch auch die Verluste in der Verfügbarkeit widerspiegeln. In diesem Beispiel lag die Anlagenverfügbarkeit bei 82 % im Vergleich zu den 86 % der Multimomentaufnahme.

Ähnliche Abweichungen treten bei den anderen Faktoren auf. Die Multimomentaufnahme wurde über einen Zeitraum von drei Tagen durchgeführt, die OEE-Analyse bezog sich dagegen auf drei Monate, wodurch sich diese Unterschiede erklären lassen. In erster Linie wollte man eine Erklärung für die geringe Effizienz finden und dies ist auch gelungen. Es konnten vier Gründe identifiziert werden, die die Grundlage für Verbesserungen darstellten und ein Potenzial von ca. 20 % aufwiesen. Ob im Endeffekt 18 %, 20 % oder 22 % das tatsächliche Potenzial sind, ist zu diesem Zeitpunkt irrelevant, da es an einem Tag mehr und an einem anderen Tag weniger sind. Viel wichtiger ist die Klarheit darüber, worauf sich die Verbesserungen konzentrieren müssen und was die Größenordnung des Potenzials ist.

Beim Thema OEE wurde der Punkt zu den Abweichungen zwischen der theoretischen und der tatsächlichen Zykluszeit bereits erörtert. Es gibt jedoch auch Fälle, in denen diese Abweichungen zu tatsächlichen Effizienzverlusten führen können, die behoben werden müssen. Als Beispiel sei hier die Vorschubgeschwindigkeit bei einer Ziehanlage erwähnt. In einem Fall hatten wir die Situation, dass Mitarbeiter absichtlich die Geschwindigkeit reduzierten, um die Oberflächenqualität zu verbessern, was eigentlich als Verschwendungsart Überbearbeitung gesehen werden kann. Durch die Kalkulation des OEE wurde festgestellt, dass die Effizienz sehr gering war, was sich niemand wirklich erklären konnte. In der weiteren Analyse wurden die Geschwindigkeiten auf den Arbeitspapieren mit den tatsächlichen verglichen und dieser Punkt kam auf. Wann immer Anlagen analysiert werden, die eine geringe Effizienz aufweisen und bei denen die Mitarbeiter die Möglichkeit einer Geschwindigkeitsänderung haben, sollte besonderes Augenmerk auf diesen Faktor gelegt werden. Es kann immer in Erwägung gezogen werden die Geschwindigkeit zu erhöhen, um Effizienzsteigerungen zu erreichen. Falls dies keine Qualitätsprobleme verursacht oder sonst keine negativen Auswirkungen hat, könnte dies eventuell auf andere Anlagen übertragen werden.

Als separaten Punkt am Anfang des Kapitels wurden „zu hohe Zykluszeiten" angegeben, die in der OEE-Kalkulation auch zum Abschnitt Effizienz gehören. In der eigentlich wertschöpfenden Zykluszeit kann Verschwendung eingebaut sein, die eliminiert oder reduziert werden kann. Dies betrifft hauptsächlich die zwei Verschwendungsarten Bewegen und Warten. Beispiele für Bewegung sind, dass bei einer Presse der Hub zu hoch ist oder dass ein Roboter unnötig weite Drehungen durchführt. Bei Wartezeiten wäre ein Beispiel, dass es bei einer Anlage mit einem Drehtisch zu Verzögerungen kommt, da sich der Tisch nicht unmittelbar dreht. Es hat also auch durchaus Sinn, sich die wertschöpfenden Prozesse nach Verschwendung anzusehen.

Wie hoch sind Ausschuss und Nacharbeit?

Da es noch ein eigenes Kapitel zu diesem Thema gibt, sei darauf verwiesen. Nur zur Vollständigkeit der Betrachtung aller Komponenten des OEE ist es hier angeführt.

1.3.2 Maßnahmen zur Steigerung der Produktivität und Kapazität von Anlagen

1.3.2.1 Visuelles Management zum Identifizieren von Störungsgründen

Fallbeispiel 1.8   Stabilisierung der Ausbringungsmenge in einer Serienfertigung – Einführung eines Visuellen Managements

Ausgangssituation:

Sehr oft gibt es die Situation, dass nicht nur der Durchsatz an und für sich gesteigert werden könnte, sondern dass dieser zuerst einmal stabilisiert werden muss. Durch zahlreiche kleine Störungen kommt es zu starken Schwankungen in der Ausbringungsmenge, die jede Art von Planung sehr schwierig macht. Womit soll man planen, wenn an einem Tag der OEE bei 54 %, am nächsten bei 76 % und am dritten bei 32 % liegt? Genau diese Situation liegt in diesem Fallbeispiel vor, bei dem es um eine Montagelinie mit sehr geringen Varianten und hohen Stückzahlen geht. Ein wichtiger Aspekt einer Linienfertigung ist, dass ein gewisser, stabiler Rhythmus in allen Arbeitsstationen gewährleistet sein muss, da sie alle verknüpft sind. Kommt ein Arbeitsplatz aus dem Rhythmus, hat dies durch das Fehlen oder die geringe Anzahl an Pufferplätzen sofort negative Auswirkungen auf alle anderen Stationen. Die vorherigen Schritte werden gestoppt, da ihre Arbeit nicht abfließt und die folgenden, weil sie kein Material mehr bekommen. Nach einem Stopp dauert es meistens einige Zyklen bis die Mitarbeiter wieder in den notwendigen Rhythmus kommen. Bei einem ständigen Stopp und Start ist dies fast unmöglich, was sich auch als frustrierender Faktor für alle Mitarbeiter an der Linie herausstellen sollte. Für jedes Produktionsumfeld ist die Instabilität von Prozessen problematisch, kann allerdings durch Bestände „versteckt" werden (siehe See der Bestände in Kapitel 2.3, Bestände in der Produktion/Zwischenbestände (WIP)). Hier fehlen diese.

Folge davon war, dass die tägliche Ausbringung stark schwankte (Bild 1.51). Ziel der Montagelinie war bei einem geplanten OEE von 85 %, täglich 1.200 Stück zu produzieren. Tatsächlich schwankte die Menge allerdings zwischen 600 und maximal 1.280 Stück während eines Betrachtungszeitraumes von drei Monaten. Die 30 Tage in Bild 1.51 spiegeln die Situation sehr gut wider. Positiv gesehen wurde, dass an manchen Tagen der Zielwert erreicht oder sogar überschritten wurde. Dies bestätigte, dass die Linie die notwendigen Stückzahlen auch produzieren konnte, allerdings nicht auf einem konstanten Niveau.

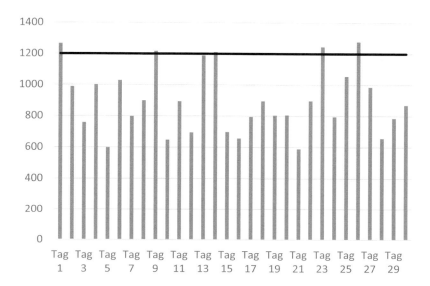

Bild 1.51 Schwankungen der Ausbringung innerhalb von 30 Tagen

Es gab zahlreiche Maßnahmen an dieser Linie, Stillstände zu beseitigen, doch war dies mehr ein Reagieren als ein Agieren. Kam es zu einer Störung, wurde diese von der Instandhaltung beseitigt. Wurde ein Qualitätsproblem in der Endkontrolle an der Linie festgestellt, so kam es entweder zur Verschrottung oder Nacharbeit. Es gab das typische Problem, dass jeder zu sehr damit beschäftigt war, die Verluste wieder wettzumachen, als sie zu vermeiden. Eine Vorgehensweise, die man leider viel zu oft vorfindet. In vielen Unternehmen sind auch die Mitarbeiter die großen „Helden", die die Produktion wieder zum Laufen bringen. Es sind nicht die Personen, die verhindern, dass es überhaupt zu Ausfällen kommt. Eine Krise zu beseitigen ist auch mehr im Blickfeld aller, als diese zu vermeiden. Die Frage war nun, wie können die zahlreichen Störungen identifiziert und nachhaltig beseitigt werden.

Verbesserungsansatz:

Die Stabilisierung der Linie sollte über einen Umweg erfolgen. Den Vorgesetzten in der Produktion fehlte die notwendige Transparenz, um die Probleme an der Linie gezielt und nachhaltig zu beseitigen. Die Montagelinie wurde als Pilotprojekt für ein neues, visuelles Management bestimmt, das bei Erfolg in der gesamten Produktion Anwendung finden sollte. Dieses Werkzeug bestand aus drei wichtigen Komponenten:

- Produktionstafeln
- Bereichstafeln
- täglichen Produktionsbesprechungen.

In den meisten Produktionen können einzelne oder auch alle drei Bestandteile des Systems, welches im Folgenden beschrieben wird, gefunden werden. Die Frage ist allerdings, wie damit umgegangen wird und wie die einzelnen Bestandteile miteinander verknüpft sind. Die Tafeln alleine verändern noch nichts. Auch können keine Besprechungen Verbesserungen umsetzen. Wir werden jedoch sehen, wie alle zusammen als ein Gesamtsystem gravierende Veränderungen erreichen können.

Die Produktionstafel ist die erste Komponente, die wir uns ansehen. In Bild 1.52 ist der prinzipielle Aufbau dieser Tafel dargestellt.

Zeit	Menge				Stillstand								Ausschuss							
	Stündlich		Kummuliert		Stillstand 1	Stillstand 2	Stillstand 3	Stillstand 4	Stillstand 5	Stillstand 6	Stillstand 7	Stillstand 8	Ausschuss 1	Ausschuss 2	Ausschuss 3	Ausschuss 4	Ausschuss 5	Ausschuss 6	Ausschuss 7	Ausschuss 8
	Soll	Ist	Soll	Ist																
Teamleiter:					Schicht				Datum											
5-6																				
6-7																				
7-8																				
8-9																				
9-10																				
10-11																				
11-12																				
12-1																				

Bild 1.52 Prinzipieller Aufbau der Produktionstafel

In stündlichen Zeitintervallen wurde ein Sollwert vorgegeben, welche Stückzahl erreicht werden sollten. Da in diesem Fall alle Varianten dieselbe Zykluszeit hatten, änderte sich auch das Ziel nicht. Wir werden noch zu einem Fallbeispiel kommen, in dem die Situation nicht ganz so einfach war. Wurde das Ziel in einer Stunde nicht erreicht, so musste angegeben werden, was der Grund dafür war. Dafür wurden die wichtigsten Stillstand- und Ausschussgründe vorgegeben und es musste in die jeweilige Spalte nur eingetragen werden, wie viele Stück verloren wurden.

Viele Leser werden sich nun sicherlich denken, dass sie so etwas schon lange führen. Auch in diesem Unternehmen gab es solche Tafeln bereits (Bild 1.53), und jeder der 14 Bereiche hatte auch seine eigene Version entwickelt. Die existierenden Tafeln hatten jedoch folgende Schwachstellen:

▪ Für die Erklärung der Abweichungen Soll/Ist gab es nur Kommentarspalten. Daraus ergab sich die Problematik, die schon im Abschnitt zur Analyse der Daten beschrieben wurde. Es gab keine Vorgaben oder einen Standard, wie z. B. ein Stillstandgrund bezeichnet werden sollte, wodurch sich für ein und dieselbe Ursache verschiedenste Benennungen ergaben. Eine Auswertung wäre daher nur mit einem großen Aufwand möglich gewesen. Wie in Bild 1.53 zu sehen ist, führte dies dazu, dass sehr oft keinerlei Begründung für eine Abweichung eingetragen wurde. Da die Mitarbeiter keine tatsächliche Verbesserung sahen, war die Motivation mit der Tafel zu arbeiten sehr gering.

▪ Die Teamleiter mussten die Daten und Informationen von den Tafeln am Ende der Schicht in eine Excel-Tabelle übertragen. Diese wurden allerdings in keinerlei Weise verwendet. Und das ist der Hauptkritikpunkt an den meisten Tafeln, die in der Produktion gefunden werden können. Niemand arbeitet mit diesen Informationen und nutzt sie schon erst recht nicht für die gezielte Abstellung von Problemen.

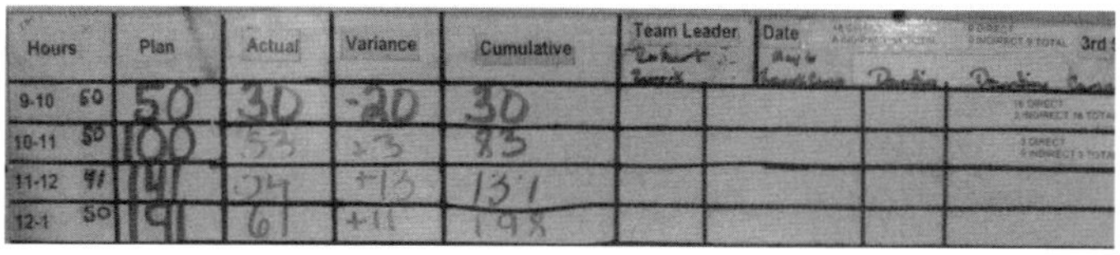

Bild 1.53   Alte Produktionstafel an der Montagelinie

Mit der neuen Tafel (Bild 1.54) sollte ein Neustart initiiert werden, der beide Mängel beseitigen sollte. Die Produktionstafel muss allerdings auch immer wieder auf Veränderungen angepasst werden. Wenn das System funktioniert, wo werden gewisse Gründe für Verschwendung verschwinden oder werden unbedeutend und müssen durch wichtigere ersetzt werden. Wie Bild 1.54 zeigt, traten einige der „Rework"-Gründe nach mehreren Wochen der Einführung nicht mehr auf und die letzte Spalte „Other" wurde zum größten Faktor. Dies ist ein Zeichen dafür, dass die Nacharbeitsgründe neu gewichtet werden müssen. Außerdem wurde die Linie schon so stabil, dass die stündlichen Ziele fast immer erreicht oder überschritten wurden. Es ist dann auch zu überlegen, die Vorgaben zu erhöhen. Von 9 bis 10 Uhr wurden bei einem Planwert von 55 Stück tatsächlich 51 produziert und es gab bei insgesamt 14 Teilen Nacharbeit. Es hätten also eigentlich auch bei 100 % Qualität 65 Stück produziert werden können. Das ursprüngliche Ziel der Verbesserung war, wie eingangs erwähnt, die Ausbringung zu stabilisieren.

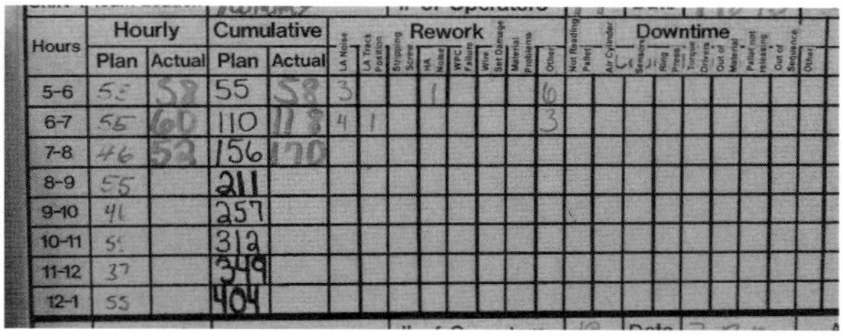

Bild 1.54   Neue Produktionstafel an der Montagelinie

Die prinzipiellen Aufgaben solch einer Produktionstafel können sich wie folgt zusammenfassen lassen:

- Aus Sicht der Mitarbeiter ist es eine Möglichkeit die Gründe zu kommunizieren, warum sie die vorgegebenen Ziele nicht erreichen. Sie können damit aufzeigen, was sie tagtäglich vom Erfüllen ihrer Arbeit abhält und dass sie die Unterstützung der Vorgesetzten brauchen, um dies zu beseitigen.

- Für den unmittelbaren Verantwortlichen für das Erreichen der Ziele ist es ein visuelles Hilfsmittel, um zu erkennen, ob die Ziele erreicht werden oder nicht. Gibt es Abweichungen, so muss er relativ zeitnah reagieren und Maßnahmen einleiten.

- Für den Verantwortlichen des Bereichs dient es ebenfalls als Hilfsmittel, um zu erkennen, wie der Fortschritt in der Produktion bzgl. der Menge ist. Die Tafel sollte demnach so aufgehängt werden, dass sie auch gesehen werden kann, wenn man nicht unmittelbar in diesem Produktionsbereich steht.

- Wichtiger allerdings ist, dass diese Tafel die Quelle der Daten ist, die zur Erkennung des Verbesserungspotenzials benötigt werden. Diese werden in der zweiten Tafel, der Bereichstafel, gesammelt.

An einem zentralen, gut sichtbaren Standort wird die Bereichstafel (Bild 1.56) aufgestellt. In einer täglichen Produktionsbesprechung, an der neben dem Bereichsverantwortlichen und den Leitern der einzelnen Produktionseinheiten auch die Mitarbeiter der unterstützenden Funktionen wie Qualität, Instandhaltung und Logistik teilnehmen, werden im ersten Schritt die Zahlen des Vortags besprochen. Es geht dabei hauptsächlich darum, in Kürze die wichtigsten Störungsgründe zu behandeln. Ziel sollte es danach sein, gemeinsam mit allen notwendigen Funktionen Maßnahmen zu definieren, um diese Störungen zu beseitigen. Nachdem die Maßnahmen definiert worden sind, ist es Aufgabe dieser Runde, diese nachzuverfolgen. Die Tafel sollte daher zumindest aus drei Komponenten bestehen:

- Produktionsdaten: Für jeden einzelnen Teilbereich wurden die wichtigsten Kennzahlen definiert. Einerseits werden dazu meistens allgemeingültige Werte verwendet, die für alle Bereiche anwendbar sind (z. B. OEE und Produktivität in Stück/Mitarbeiterstunde in Bild 1.55). Andererseits werden auch spezifische Kennzahlen benötigt, die beispielsweise die Wirkung von laufenden Verbesserungsmaßnahmen nachverfolgen (z. B. Ausschuss für Gruppe A). Vor dem Beginn der Besprechung sollten alle Daten des Vortages von den jeweiligen Produktionsverantwortlichen eingetragen werden (in Bild 1.55 auch unterteilt nach drei Schichten).

Bereich	Produktgruppe A			MON			DIE			MIT		
Woche	XXX	Ziel	1	2	3	1	2	3	1	2	3	
A	OEE	80%										
	Produktivität	17 Stk/ MaStd										
	Ausschuss	3,50%										
B	OEE	80%										
	Produktivität	55 Stk/ MaStd										
	DLZ	8 Std.										
C	OEE	75%										
	Produktivität	21 Stk/ MaStd										
	Ø Rüstzeit	18 min.										

Bild 1.55   Produktionsdaten als Bestandteil der Bereichstafel

- Maßnahmenplan: Wie schon weiter oben erwähnt, werden während der Besprechung Maßnahmen definiert, um die Verschwendung in den Prozessen gezielt zu eliminieren. Diese werden mithilfe des Maßnahmenplans dokumentiert und nachverfolgt. Besondere Vorsicht muss darauf gelegt werden, dass es zu keinem Aktionismus kommt und zu viele Maßnahmen definiert werden. In den Produktionstafeln wurden Detaildaten gesammelt, die auch benutzt werden müssen. Ausschussdaten müssen von den Qualitätsverantwortlichen ausgewertet werden, um die wichtigsten Gründe zu identifizieren. Dasselbe gilt für die anderen unterstützenden Funktionen, wie der Instandhaltung mit den Störungsgründen oder der Logistik und dem Materialfluss. Die Besprechungsteilnehmer der vertretenen Bereiche müssen ebenfalls vorbereitet und aktiv an der Lösungsfindung beteiligt sein. Sie beurteilen u. a. anhand der Daten, wo die Prioritäten für Maßnahmen gelegt werden müssen.

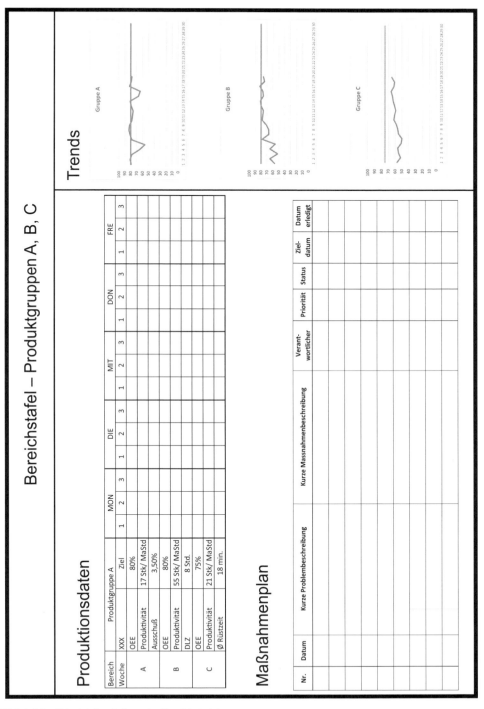

Bild 1.56   Prinzipieller Aufbau der Bereichstafel

- Trends: Für die wichtigste oder die wichtigsten Kennzahl(en) werden Trends nachverfolgt, um die Wirkung von eingeleiteten Maßnahmen zu kontrollieren. Aktionen, z. B. zur Reduzierung von Störungen, sollten letztendlich auch in einem Anstieg des OEE sichtbar sein. Sollte allerdings keine nachhaltige Veränderung im Graphen des OEE erkennbar sein, so muss ermittelt werden, wieso dies der Fall ist.

- Weitere Informationen: Zusätzlich zu den drei beschriebenen Komponenten können noch zahlreiche andere Informationen auf dieser Tafel abgebildet werden. Die wichtigsten, die das Ziel der Beseitigung von Verschwendung unterstützen, sind:

  - Eskalationsstufen: Welche Instanzen müssen bei welchen Abweichungen vom Ziel informiert werden. Stufe 1 könnte z. B. sein, wenn die stündliche Vorgabe auf der Produktionstafel bei 50 Stück liegt und diese in zwei aufeinanderfolgenden Stunden um 30 Stück unterschritten wurde. Dann muss der Bereichsleiter informiert werden. Stufe 2 könnte dann sein, dass nach vier Stunden der Produktionsleiter benachrichtigt werden muss.

  - Informationen zu den unterstützenden Funktionen: Namen und Telefonnummern der jeweiligen Mitarbeiter aus Qualität, Instandhaltung usw., die die Ansprechpartner für die Bereiche sind, können wichtig sein. Besondere Bedeutung kann dies in der zweiten und dritten Schicht haben, wenn diese Funktionen normalerweise nicht voll besetzt sind.

  - Zeitplan für die Besprechung: Um zu verhindern, dass die Besprechung zeitlich ausufert, kann ein Zeitplan als Richtlinie ausgehängt werden. Ziel sollte es sein, dass die Besprechung nicht länger als 15 Minuten dauert.

Besonders betont sei noch einmal, dass dies alles nur Hilfsmittel sind, die für sich alleine noch keinerlei Verschwendung beseitigen. Sie sollen allerdings das Management und alle Mitarbeiter unterstützen, gezielt und mit einem strukturierten Ansatz an den wichtigsten Herausforderungen gemeinsam zu arbeiten. Da beide Tafeln – die Produktions- und die Bereichstafel – visuelle Hilfsmittel sind, sollten sie an einem sichtbaren Punkt aufgestellt werden. Für die Mitarbeiter soll ersichtlich sein, dass an den Themen, die ihre Arbeit stören, gearbeitet wird. Es soll damit aber auch Druck auf die Bereichsverantwortlichen ausgeübt werden, um sie aufzufordern aktiv an der Störungsbeseitigung zu arbeiten. Falls trotzdem nicht an den Punkten gearbeitet wird, obwohl diese für alle sichtbar sind, ist auch dieses System zum Scheitern verurteilt. Um Verbesserungen wirklich umsetzen zu können, müssen allerdings auch die notwendigen Ressourcen zur Verfügung stehen. In sehr vielen Fällen, in denen solch ein System eingeführt wurde, kam es temporär zu hohen Belastungen aller Beteiligten, da aktiv an der Beseitigung von Verschwendung gearbeitet werden musste. Je länger dieses Thema vernachlässigt wurde und umso mehr Störungen in der Produktion existieren, desto mehr zusätzliche Ressourcen müssen anfangs in die Problembeseitigung gesteckt werden. Zusammenfassend sind der Zusammenhang der Tafeln und der Ablauf in Bild 1.57 dargestellt.

Die Bereichstafel in diesem Fallbeispiel (Bild 1.58) wurde gemeinsam mit allgemeinen Bereichsinformationen neben der Linie aufgestellt, damit die Besprechung so nahe wie möglich an der Produktion stattfinden konnte. Die Mitarbeiter hatten dadurch jederzeit die Möglichkeit die Informationen einzusehen.

Nachdem über einen langen Zeitraum in diesem Bereich immer nur Störungen behoben wurden, ohne den Ursachen auf den Grund zu gehen, gelang es durch diesen systematischen Ansatz innerhalb von wenigen Wochen die Produktion zu stabilisieren und zu steigern. Anhand des Grundes für die häufigsten Stillstände sei kurz die Vorgehensweise erklärt.

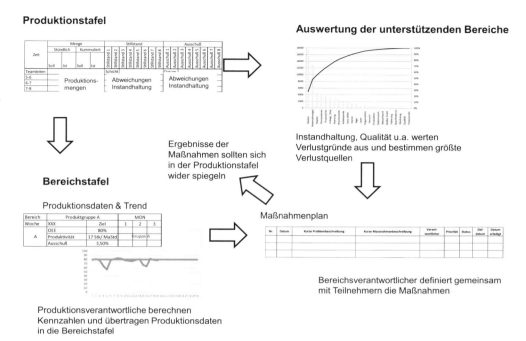

Bild 1.57 Übersicht über den Ablauf des visuellen Managements

Bild 1.58 Bereichstafel als visuelle Unterstützung der täglichen Produktionsbesprechung

Eine Woche lang wurden die Daten erhoben und daraus das erste Pareto-Diagramm für die Stillstände erstellt (Bild 1.59).

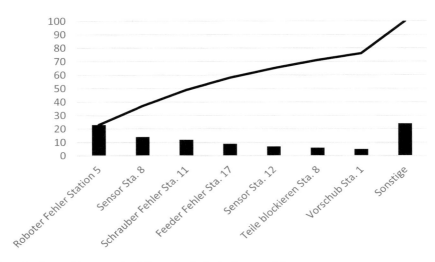

Bild 1.59   Pareto-Diagramm der Stillstandsgründe der Montagelinie

Um sicher zu gehen, dass keine Ausreißer das Ergebnis wegen des kurzen Erhebungszeitraumes verfälschen konnten, wurden die Zahlen mit den Verantwortlichen des Bereichs abgestimmt. Daraus ergab sich, dass der Hauptgrund eine Störungsmeldung und damit ein Stopp durch den Roboter an Station 5 war. Allen Beteiligten war diese Störung bekannt und es wurde bis jetzt versucht, das Symptom zu beseitigen statt der Ursache. Der Roboter stoppte zwar und gab eine Fehlermeldung, es konnte allerdings kein Fehler entdeckt werden. Der Ansatz war also, die Linie nach dem Anhalten so schnell wie möglich wieder zu starten. Die Berechtigung dafür wurde daher vom Instandhalter, der zu 100 % in den Bereich integriert war, auf den Teamleiter erweitert. Nun konnten zwei Personen den Roboter wieder freigeben, was die Stillstandszeit zwar reduzierte, die Stopps jedoch in keinerlei Weise eliminierte. Der Vertreter der Instandhaltung bekam daher in einer der ersten Produktionsbesprechungen die Aufgabe, das Roboterproblem endgültig zu beseitigen.

Die beste Vorgehensweise in solchen Situationen kann oft sein, einfach einmal den Prozess in Ruhe zu betrachten und dann das „fünfmal-Warum?-Fragen-Prinzip" anzuwenden. Bei dieser Methode wird gefragt, warum etwas passiert. Wenn die Antwort darauf noch nicht das Problem offenlegt, wird weitergefragt und das so lange bis man auf die tiefere Ursache stößt (fünf Durchgänge sollten dabei reichen).

Zuerst noch ein paar einleitende Worte zum Prozess. Der Mitarbeiter legte mehrere Teile in die Aufnahmen auf einem Drehtisch. Dieser Tisch drehte sich dann um 180° in einen abgetrennten Bereich, in dem der Roboter diese Teile vernietete. In der Zwischenzeit legte der Mitarbeiter auf der zweiten Hälfte des Tisches wieder Teile auf. So wurde auf der einen Seite des Drehtisches durch den Mitarbeiter eingelegt, während auf der anderen Seite der Roboter vernietete.

Das erste „Warum" war, weshalb der Roboter manchmal stoppte und manchmal nicht. Dabei wurde Folgendes beobachtet. Manche Teile ließen sich nur mit kräftigem Zutun des Mitarbeiters einlegen. Jedes Mal, wenn beim Einlegen nachgeholfen werden musste, gab es beim Roboter eine Fehlermeldung. Eigentlich hätte nun das zweite „Warum" sein sollen, weshalb manche Teile leicht einzulegen sind und manche nicht. Der Fokus lag allerdings zuerst auf einer schnellen Beseitigung der Stopps. Demnach war die zweite Frage, warum der Roboter stoppte, wenn der Mitarbeiter beim Einlegen nachhelfen musste. Die Antwort darauf war, dass die zweite Hälfte des Tisches dabei rüttelte und der Sensor des Roboters keinen Punkt fixieren konnte.

Daraus ergab sich die dritte Frage: Warum bewegt sich die zweite Hälfte des Tisches? Die Begründung war, dass der Tisch keine richtige Fixierung nach der Drehung hatte. Das Rütteln der äußeren Hälfte wurde direkt auf die innere Hälfte übertragen. Man montierte Klammern zum Einrasten und konnte dadurch den Stillstandsgrund komplett beseitigen. Damit wurde noch nicht die eigentliche Ursache beseitigt, warum einige Teile schwerer einzulegen sind. Hier lag die Ursache ganz woanders, und zwar in der Qualität der Teile.

Nachdem mit diesem einfachen, ersten Fall 23 % der Stillstände recht schnell beseitigt werden konnten, waren alle Beteiligten motiviert, auch die anderen Punkte anzupacken. Auf dem Aktionsplan der Bereichstafel standen nie mehr als jeweils vier Themen für die Instandhaltung und die Qualität, um sich auf die wichtigsten Punkte konzentrieren zu können. Alle anderen Aktivitäten, die diese Linie betrafen und die nicht unmittelbar Kundenlieferungen betrafen, wurden zurückgestellt. Innerhalb von sechs Wochen konnten dadurch Überstunden komplett vermieden werden. Bis dahin musste immer am Samstag gearbeitet werden. Der Durchsatz wurde um absolut 21 % erhöht.

Diese Tafeln waren letztendlich nur Bausteine in einem werksweiten Visualisierungs- und Kommunikationskonzept. An dessen Spitze stand der sogenannte „War Room", der der Idee des Obeya sehr ähnlich ist.

 Obeya

Obeya stammt aus dem Japanischen und bedeutet „Großer Raum". Toyota verwendet diesen Raum zur Visualisierung und Kommunikation von Entwicklungsprojekten. Zum ersten Mal kam der Obeya bei der Entwicklung des Prius zum Einsatz. Der grundsätzliche Gedanke ist, dass es einen Raum für Zusammenkünfte des Projektteams gibt. Jeder Bereich hat seinen eigenen Abschnitt an den Wänden zur Visualisierung der wichtigsten Informationen. In regelmäßigen Besprechungen werden alle über den aktuellen Status und die anstehenden Herausforderungen mithilfe der visuellen Unterstützung informiert. Für manche Teammitglieder mag in diesem Raum sogar ihr tatsächlicher Arbeitsplatz sein. (Koenigsaecker 2012)

Der War Room war der zentrale Punkt, an dem jeden Morgen das gesamte Werksmanagement zu einer 30 minütigen Besprechung zusammenkam. Dieser Raum war mitten in der Produktion und hatte an den Wänden für jeden Bereich eine Tafel (Bild 1.60), um die wichtigsten Informationen einzutragen. Neben den einzelnen Produktionsabschnitten waren demnach auch Logistik, Controlling, etc. vertreten. Die Daten und Informationen sollten 10 Minuten vor Start der Besprechung vom jeweiligen Manager eingetragen werden. Danach musste jeder Teilnehmer einen kurzen Statusbericht aus dem entsprechenden Bereich abgeben. Ziele waren:

- Jeder Manager sollte über mögliche Probleme informiert sein, damit sehr zeitnah Gegenmaßnahmen eingeleitet werden konnten. Es war nicht notwendig, unmittelbar eine Lösung zu definieren. Im Anschluss sollte nur allen klar sein, wer sich um was kümmern sollte, damit Lösungen so rasch wie möglich gefunden und implementiert werden könnten.

▪ Auswirkungen von Abweichungen in einem Bereich auf einen anderen sollten geklärt werden. Damit konnten die Verantwortlichen des indirekt betroffenen Bereichs ebenfalls entsprechend agieren und eventuell notwendige Maßnahmen einleiten.

▪ Bereichsübergreifende Maßnahmen sollten auf dem kürzest möglichen Kommunikationsweg koordiniert werden. Für die involvierten Manager war dies das Forum, um die Aktivitäten ihres Bereiches mit den anderen abzugleichen.

NO SURPRISES = O

Program	F/G Inventory	DOH Goal	DOH Actual	Program	F/G Inventory	DOH Goal	DOH Actual
	24,497	1-2	1.2		4171	1-2	3.6
	603 (LowVol)	2-5	13.1		2620	1-2	4.0
	1600	1-2	1.1		700	1-2	.9
	10,560	2-4	5.3		2652	1-2	3.6
	17444	1-5	2.5		2067	1-2	3.9
	2458	Build	Out		1476	1-2	2.8
	1176 (LowVol)	5-10	16.7		6436	1-2	2.1
	1008	2-5	2.6		1251	1-2	1.2
	1736 (Repack)	1-3	3.0		48,931 *LSA .8	1-2	1.8/24
	1648	1-3	1.9		1894	1-2	1.9
	1201	5-10	20				

HUMAN RESOURCE

Month April, 2013   Head Count

	Plan	Actual	Eng.	Variance	Why
Direct	634	518			
Indirect	226	218	48		
Temp Direct Ind.	251 8	314 18 +20 w/t	1		
Salaried	70	63	14		
Contract	—	7			
Total	1189	1158 -31	63	1221	— Grand Total

Bild 1.60   Beispiele von Bereichstafeln im War Room - Logistik (oben) und Personalwesen (unten)

Fallbeispiel 1.9   Produktivitätssteigerung bei Kleinserien und im Projektgeschäft – Einführung eines visuellen Managements

Ausgangssituation:

Das Fallbeispiel zuvor hatte perfekte Voraussetzungen für die Einführung des visuellen Managements, da die stündlichen Vorgaben durch die gleichbleibenden Zykluszeiten sehr einfach zu ermitteln waren. In den meisten Fällen ist dies leider nicht so einfach. Es folgen zwei kurze Beispiele, die zeigen sollen, dass dieses Werkzeug auch bei einer hohen Produktvielfalt oder sehr langen Zykluszeiten funktionieren kann. Eine Voraussetzung gibt es allerdings immer: Es muss eine Art von Vorgabe möglich sein. Bevor mit der Produktion eines Auftrags begonnen wird, muss es eine Berechnung oder Abschätzung bzgl. der Dauer geben. Ansonsten können keine Abweichungen ermittelt werden. Wie mit den Daten aus den Produktionstafeln gearbeitet wird und wie der Aufbau der Bereichstafel aussieht, zeigt sich in allen Situationen analog zum vorherigen Beispiel. Der einzige, große Unterschied liegt in der Produktionstafel.

In einer Produktion mit zahlreichen Varianten und stark schwankenden Zykluszeiten muss die Produktionstafel aktiv gemanagt werden. Für jeden einzelnen Auftrag müssen demnach die Sollmengen ermittelt und in die entsprechenden Spalten eingetragen werden. In Bild 1.61 ist ein Beispiel dargestellt, wie solch eine Tafel gestaltet werden kann. In diesem Fall konnte es maximal zwei verschiedene Aufträge innerhalb einer Stunde geben. Daher gibt es zwei Spalten für die Artikelnummer.

Zeit	Artikelnr. A	Artikelnr. B	Menge				Stillstand (min.)								Ausschuss (min.)							
			Artikelnr. A		Artikelnr. B		Stillstand 1	Rüsten	Stillstand 3	Stillstand 4	Stillstand 5	Stillstand 6	Stillstand 7	Stillstand 8	Ausschuss 1	Ausschuss 2	Ausschuss 3	Ausschuss 4	Ausschuss 5	Ausschuss 6	Ausschuss 7	Ausschuss 8
			Soll	Ist	Soll	Ist																
Teamleiter:							Schicht								Datum							
5-6	XYZ		60	50			6		2						2							
6-7	XYZ	ABC	20	20	5	2		30									6					
7-8		ABC			30	23				3		2						4	4			1
8-9	DEF	ABC	6	4	10	8		20				8						2	2			
9-10	DEF		20	18							4											2
10-11																						
11-12																						
12-1																						

Bild 1.61   Produktionstafel für Aufträge mit unterschiedlichen Zykluszeiten

Zuerst wird Artikel XYZ mit einer Auftragsmenge von 70 Stück produziert. In der ersten Stunde lag das Soll bei 60 Stück, es wurden allerdings nur 50 hergestellt. Für eine vereinfachte Auswertung wurden die Verluste in Minuten angegeben. 8 min wurden durch Stillstände und 2 min durch Ausschuss verloren. In der zweiten Stunde hätten eigentlich, wenn das Ziel der ersten Stunde erreicht worden wäre, zehn Stück als Soll eingetragen werden müssen. Da jedoch noch 20 Stück zum Abschluss des Auftrages fehlten, mussten diese in diesem Zeitabschnitt als Ziel eingesetzt werden. Nachdem der erste Auftrag abgeschlossen war, wurde auf den Artikel ABC umgerüstet, wodurch 30 min Rüstzeit anfielen. Nachdem der Rüstvorgang abgeschlossen war, konnte das Ziel für diesen Artikel im Zeitraum von 6.00 bis 7.00 Uhr eingetragen werden – fünf Stück. Produziert wurden allerdings nur zwei Stück, da Ausschuss angefallen war. In diesem Aufbau der Produktionstafel mussten demnach die Vorgaben jede Stunde eingetragen werden. Dabei muss es zu einer gewissen Ungenauigkeit kommen. Für eine Stunde lassen sich selten ganze Stückzahlen berechnen. Bei einer Zykluszeit von beispielsweise 13 min können entweder vier oder fünf Stück das Ziel sein. Dieselbe Aussage gilt auch für den Ist-Wert.

Der Aufwand, um solch eine Tafel zu verwalten, kann entsprechend hoch sein. Sehr oft hat das Management allerdings gerade in Bereichen mit sehr unterschiedlichen Arbeitsinhalten keinerlei Transparenz wie stabil und effizient die Abläufe sind. Wenn die Verschwendung nicht gemessen werden kann, so kann sie auch nicht gezielt beseitigt werden. Die Zeit, die in wenig transparenten Bereichen für die Pflege der Produktionstafel aufgewendet wird, ist in zahlreichen Fällen mehr als gerechtfertigt. Die Gestaltung der Tafel und die Bestimmung der Soll-Werte bedürfen aber manchmal einiger Kreativität.

Ein weiterer wichtiger Punkt besteht darin, dass eventuell die Arbeitsweise der Mitarbeiter verändert werden muss, damit die notwendige Messbarkeit gegeben ist. Arbeitet z. B. ein Bereich in Losen, Arbeitsschritt 1 wird für den gesamten Auftrag durchgeführt, dann Schritt 2 etc., so kann es vorkommen, dass stundenlang kein fertiges Produkt den Bereich verlässt bis der letzte Prozess das Los abgeschlossen hat. Die Produktionstafel kann in solch einem Umfeld keine brauchbaren Informationen liefern. Es muss daher die Entscheidung getroffen werden, was wichtiger ist, die Transparenz und das Beseitigen der Verschwendung oder die Losgrößenproduktion.

Ein zweiter Extremfall sind sehr lange Zykluszeiten. Bei einem Produzenten von Baumaschinen mussten Schweißoperationen durchgeführt werden, die bis zu 48 Stunden dauern konnten. Es war nicht nur die Herausforderung wie die Vorgaben definiert werden sollten, sondern auch wie der Ist-Wert ermittelt werden konnte.

Zeit	Schweißnaht				Stillstand (min.)								Nacharbeit (min.)							
	Stündlich		Kummuliert		Stillstand 1	Stillstand 2	Stillstand 3	Stillstand 4	Stillstand 5	Stillstand 6	Stillstand 7	Stillstand 8	Nacharbeit 1	Nacharbeit 2	Nacharbeit 3	Nacharbeit 4	Nacharbeit 5	Nacharbeit 6	Nacharbeit 7	Nacharbeit 8
	Schweißnaht Soll	Schweißnaht Ist	% gesamte Naht Soll	% gesamte Naht Ist																
Teamleiter:					Schicht								Datum							
5-6	1, 2, 3	1, 2, 50% 3	10%	9%									10							
6-7	4, 5	4, 60% 5	16%	14%	3		7													
7-8	6, 7, 8, 9		23%																	
8-9	10		38%																	
9-10	11, 12, 13		45%																	
10-11	14, 15, 16, 17		51%																	
11-12	18		56%																	
12-1	19, 20, 21		65%																	

Bild 1.62   Produktionstafel für Aufträge mit langen Bearbeitungszeiten

Die gesamte Schweißtätigkeit für ein Bauteil wurde in einzelne Schweißabschnitte unterteilt. Der Gesamtaufwand wurde dann in Stunden geplant, was die Soll-Werte ergab. Aus diesen einzelnen Schritten wurde ebenfalls auf Stundenbasis wieder zurückgerechnet, wie viel Prozent der gesamten Arbeit nach jeder Stunde beendet sein sollten, was den kumulierten Soll-Wert ergab. Nach jeder Stunde musste der Anlagenführer eintragen, ob die geplanten Schweißnähte komplett oder nur teilweise fertiggestellt worden waren. Da die Länge einer Schweißnaht aus den Arbeitsplänen hervorging, konnte sehr einfach ermittelt werden, welcher Prozentsatz davon bereits geschweißt worden war.

Zum Abschluss sei noch einmal betont, wie wichtig Transparenz in der Produktion ist. Zu oft erleben wir, dass Produktionsverantwortliche kein klares Bild haben, was in manchen Bereichen tatsächlich passiert und wo bzw. wie Kapazität und Produktivität verloren geht. Häufig gibt man sich mit der Erklärung zufrieden, dass es zu viele Varianten gibt und dass der Bereich sehr komplex ist. Die Tafeln und der beschriebene Ablauf mit der Produktionsbesprechung stellen ein mögliches Werkzeug dar, wie Transparenz geschaffen werden kann. Letztendlich ist es aber auch die Frage, ob die Transparenz wirklich gewünscht wird. Es kann für die Beteiligten legitime Gründe geben, dass die Verschwendung nicht transparent gemacht werden soll. Die Hauptgründe der Verluste können bekannt sein, es wurde nur noch kein realistischer Weg gefunden, diese zu beheben. Es wäre daher nicht sinnvoll, von den Mitarbeitern zu erwarten, dass sie tagtäglich die Verschwendung aufschreiben und danach passiert nichts. Es gibt sehr oft Gründe, die eher ein Ausdruck der Managementkultur sind und daher zu einem ganz anderen Kapitel gehören.

1.3.2.2 Effizientere Instandsetzungsabläufe zur Reduzierung der Stillstandszeiten

Das zentrale Thema der nächsten Fallbeispiele ist das Instandsetzen der Anlage oder der Beseitigung einer Störung. In den vier Schritten (Bild 1.63) vom Auftreten einer Störung bis hin zur neuerlichen Inbetriebnahme einer Maschine werden Lösungsansätze aufgezeigt, die für sich alleine oder in Kombination den Stillstand einer Anlage reduzieren können. Im Gegensatz dazu sollte der Ansatz sein, Instandhaltung zu betreiben, eine Störung also von vornherein zu vermeiden. Auch dazu werden anschließend Lösungen gezeigt, die innerhalb des Produktionsumfeldes implementierbar sind.

Bild 1.63   Vier Schritte vom Auftreten bis zum Beseitigen einer Störung

In den zwei Fallbeispielen oben wurden anhand des visuellen Managements die Hauptverluste an Anlagen identifiziert und anhand eines klar definierten Prozesses eliminiert. Die erhobenen Daten zeigen allerdings nicht, wie effizient der Prozess der Störungsbehebung selbst ist. Es wird auch nicht aufgezeigt, wo im Ablauf das größte Potenzial für Verbesserungen liegt. Um auch hier den richtigen Fokus für Verbesserungen zu finden, muss zuerst der Ablauf der Störungsbehebung analysiert werden.

Auch hier können als Quellen für die Zahlen die Aufzeichnungen der Instandhaltung, Daten aus einem BDE, Maschinenbücher oder eigens initiierte Aufnahmen dienen. Im folgenden Beispiel handelt es sich um eine Kombination aus Auswertungen von IH-Unterlagen und Schätzungen von Mitarbeitern. Die IH-Datenbank deckte nicht den gesamten Prozess ab bzw. war nicht in die notwendigen Schritte unterteilt. Hier die wichtigsten Erkenntnisse der ersten Aufnahme des Ablaufs (Bild 1.64):

▪ Die Störung einer Anlage wurde durch ein klassisches Andon (Bild 1.65) angezeigt (Liker 2004). Der Maschinenbediener informierte seinen Vorgesetzten über den Stillstand und dieser leitete die Information an den Meister der Mechanischen IH weiter. Eine interne Regelung legte fest, dass bei Störungen zuerst die Mechanische IH involviert werden sollte, selbst wenn klar war, dass es sich um eine elektrische Störung handelte. Nach Schätzung der Beteiligten dauerte es im Schnitt 30 min bis ein Mitarbeiter der IH verfügbar war, um zur Anlage zu kommen.

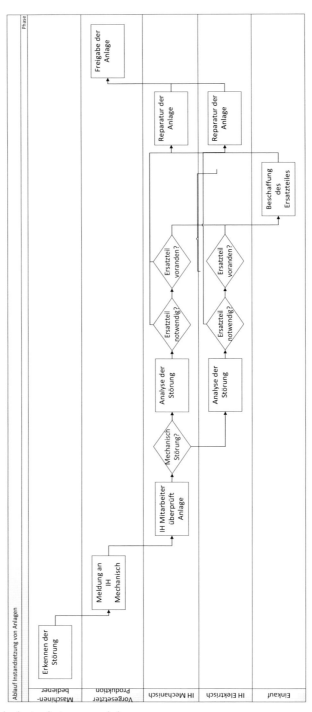

Bild 1.64   Ablauf der Instandsetzung von Anlagen

Andon

Das japanische Wort Andon bedeutet Laterne. Sinn und Zweck eines Andons ist es, Störungen anzuzeigen. Es kann entweder automatisch oder durch einen Mitarbeiter aktiviert werden. An Anlagen kann durch verschiedene Farben an Lichtern, wie in Bild 1.65 der aktuelle Status angezeigt werden, z. B. rot für eine Störung. Die Anzeigetafel kann auch in Textform angeben, wo und welche Störung aufgetreten ist.

Bild 1.65 Andon zum Anzeigen des Maschinenstatus

- Der Mitarbeiter der mechanischen IH musste dann beurteilen, ob die Ursache des Stillstandes in seinen Verantwortungsbereich oder in den der elektrischen IH fällt. Im zweiten Fall musste er seinen Meister informieren, der wiederum den Vorgesetzten der Elektriker informierte. Eine Auswertung der Stillstandsgründe je Anlagentyp ergab einen Anteil an mechanischen Ursachen zwischen 40 und 70 %. Bei einigen Maschinen war es demnach durchaus wahrscheinlicher, dass die Störung von einem Mechaniker behoben werden könnte. Bis geklärt werden konnte, wer für die Behebung die Verantwortung trägt, vergingen im Schnitt geschätzte 80 Minuten.

- Die eigentliche Analyse der Ursache und die Bestimmung, ob ein oder mehrere Ersatzteile benötigt wurden, hatte eine sehr große Streuung. Aus diesem Grund wurden die Arbeitsaufträge der IH von zwei Monaten dahingehend analysiert, wie lange die Tätigkeit dauerte (Tab. 1.15). Da diese Information nicht in den Aufzeichnungen verfügbar war, wurde gemeinsam mit einem IH-Mitarbeiter die Dauer jedes Auftrages geschätzt. Man stellte fest, dass in

42 % der Fälle innerhalb von maximal 15 min geklärt werden konnte, was zu tun sei. Zumeist handelte es sich um geringe Störungen, die auch einen unerheblichen Aufwand zur Behebung benötigten. 10 % benötigten allerdings mehr als eine Stunde.

Tabelle 1.15   Auswertung der Häufigkeiten der Dauer der Störungsanalyse

Dauer der Analyse	Häufigkeit
< 15 min.	42 %
15–30 min.	27 %
30–60 min.	21 %
> 60 min.	10 %

- Im nächsten Schritt begann die Suche nach dem notwendigen Ersatzteil. Es gab mehrere Läger für die Instandhaltung und ein und dasselbe Ersatzteil konnte an mehreren Punkten gelagert sein. Außerdem gab es keine Transparenz, was wo gelagert war, da in der Ersatzteillager-Datenbank die Standortvergabe fehlte. Die Mitarbeiter verbrachten geschätzte 90 min damit bis sie das richtige Teil fanden.

- War ein Ersatzteil nicht in der Datenbank verfügbar, so musste über den Einkauf eine Bestellung ausgelöst werden. Je nach Teil dauerte die Beschaffung zwischen einem und fünf Tage. Eine direkte Bestellung durch die IH war nicht möglich. Es gab allerdings auch Fälle, dass ein Artikel bestellt wurde, obwohl er in einem der Läger verfügbar war, im System jedoch ein Bestand von 0 angezeigt wurde. Die Mitarbeiter bestätigten, dass es zu Entnahmen kam, ohne dass diese verbucht wurden.

- Auch die eigentliche Reparatur der Anlage unterlag großen Schwankungen (Tab. 1.16). Wie schon in der Fehlerdefinition erwähnt, gab es eine hohe Korrelation zwischen der Dauer der Analyse und der Behebung der Störung. Ein Faktor, der die Länge der Reparaturzeit erhöhte, war die Verfügbarkeit eines Mitarbeiters der IH. Insbesondere länger dauernde Arbeiten wurden immer wieder unterbrochen, um kleinere Störungen sofort zu beheben. Die Länge der Analyse- und der Reparaturzeiten waren die einzigen Daten, die aus den Aufzeichnungen der IH entnommen werden konnten, da diese den jeweiligen Produktionsbereichen als Serviceleistungen weiterverrechnet wurden.

Tabelle 1.16   Auswertung Häufigkeiten der Dauer der Störungsbehebung

Dauer der Reparatur	Häufigkeit
< 15 min	39 %
15–60 min	15 %
60–120 min	23 %
120–480 min	18 %
> 480 min	5 %

- Zum Abschluss musste die Anlage durch den jeweiligen Bereichsverantwortlichen wieder für die Produktion freigegeben werden. Da dieser nicht immer sofort verfügbar war, konnte dies im Schnitt eine halbe Stunde dauern.

Im Schnitt ergab sich aus den einzelnen Schritten im Ablauf ohne die Beschaffung der Ersatzteile eine Bearbeitungszeit eines Stillstandes von 5,8 Stunden. Die verschiedenen Ansatzpunkte, um diese Zeit zu reduzieren, sind nun Inhalt der folgenden Fallbeispiele. Leitlinie für die einzelnen Verbesserungen sind dabei ausgewählte Punkte der acht Säulen des TPM (Reitz 2008).

TPM (Total Productive Maintenance)

Der Ursprung von TPM, wie es in Japan anfangs verwendet wurde, lag in der vorbeugenden Instandhaltung, also der gezielten Vermeidung von Störungen an Anlagen. In seiner Weiterentwicklung umfasst TPM alle Aspekte für den fehlerfreien Betrieb von produktiven Einheiten. Es werden damit alle beteiligten Bereiche wie Produktion (z.B. durch Reinigung oder kleine Wartungstätigkeiten an Anlagen), Qualität (z.B. Sicherstellung, dass nur einwandfreies Material an die Anlagen gelangt) oder Technik (z.B. Entwicklung stabiler und fehlerfreier Anlagen und Werkzeuge) mit in die Verantwortung genommen. Sie sollen allerdings nicht getrennt voneinander, sondern in einem Unternehmenskonzept für TPM als TPM-Team an der Sicherstellung der Produktivität arbeiten (Matyas 2013).

Die acht Säulen des TPM (Reitz 2008):

- Kontinuierliche Verbesserung
- autonome Instandhaltung
- geplante Instandhaltung
- Training und Ausbildung
- Anlaufüberwachung
- Qualitätsmanagement
- TPM in administrativen Bereichen
- Arbeitssicherheit, Umwelt- und Gesundheitsschutz.

Fallbeispiel 1.10   Verluste an Anlagenverfügbarkeit durch Störungen – Neuverteilung von Instandsetzungsaufgaben

Ausgangssituation:

In diesem, ersten Fallbeispiel liegt der Fokus auf dem Punkt der autonomen Instandhaltung und weiterführend die organisatorischen Auswirkungen, die sich auf die IH ergeben können. Dieser Fall wird demnach auch in diese zwei Stufen unterteilt.

In Unternehmen wird häufig darüber diskutiert, wie viel Instandhaltungsaufgaben Produktionsmitarbeiter selbst durchführen können und dürfen. Die Hauptargumente gegen ein Mitwirken der Mitarbeiter sind folgende:

- Die Qualifikation ist nicht ausreichend.
- Produktionsmitarbeiter sollen sich auf wertschöpfende Tätigkeiten konzentrieren.

Die wichtigsten Punkte für eine Beteiligung an Instandhaltungsaufgaben sind:

▪ Produktionsmitarbeiter können schneller auf Störungen reagieren.

▪ Sie kennen viele Aspekte einer Anlage besser als IH-Mitarbeiter.

▪ Die IH-Aufgaben erhöhen die Identifikation mit den Anlagen und den Prozessen.

In den meisten Fällen fehlt jedoch ein wichtiger Aspekt in diesen Diskussionen und zwar die Daten zu den Zeitverlusten, die sich durch eine reine Beseitigung von Störungen durch die IH ergeben. In der Analyse im vorherigen Abschnitt hatte sich ergeben, dass im Schnitt 2,3 Stunden vergehen, bis die Suche nach den Ersatzteilen beginnt. Die Reparaturzeit lag bei 1,5 Stunden. Ein weiterer bedeutender Aspekt war, dass lange Reparaturzeiten durch häufige Unterbrechungen wegen kleinerer Störungen noch verlängert wurden. Die Fragestellung lautete demnach nicht, soll eine autonome Instandhaltung eingeführt werden oder nicht, sondern wie können diese Zeiten reduziert werden. Langwierige philosophische Diskussionen zu den Pros und Contras der autonomen IH konnten damit zumindest stark limitiert werden.

Die Suche nach Lösungen für den ersten Abschnitt startete mit einer Diskussion zu Mängeln im Ablauf, die zu Zeitverzögerungen führten (Bild 1.66).

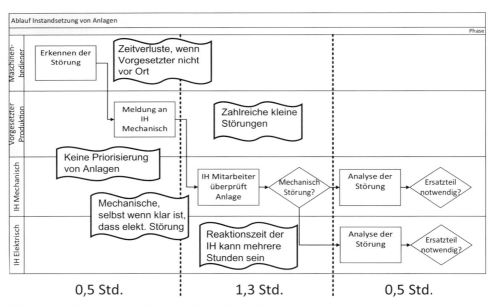

Bild 1.66 Zeitverzögerungen im ersten Abschnitt des Ablaufes

Zwei Punkte bezogen sich auf die Verfügbarkeit der Vorgesetzten und IH-Mitarbeiter bzw. auf die Kommunikation mit ihnen. Besonders aus der IH wurde die Tatsache kritisiert, dass sie für jede kleine Störung an die Anlagen mussten und daher kaum Zeit für Dinge wie vorbeugende Tätigkeiten hatten. Die mechanische IH bemängelte die Tatsache, dass immer sie zuerst gerufen wurde, obwohl sehr oft klar war, dass es sich um eine elektrische Störung handelte. Dies unterstrich auch die Problematik, dass die elektrische IH als wichtiger angesehen wurde und deren Zeit „wertvoller" war. Beide Punkte hatten eine entsprechend negative Auswirkung auf die Verfügbarkeit der IH. Zusätzlich wurde noch angeführt, dass es für die IH keine ersichtliche Priorisierung von Anlagen gab. Im Falle mehrerer defekter Maschinen wussten sie nicht, welche zuerst instand gesetzt werden sollte. Es kam auch oft vor, dass größere Reparaturen an Engpassanlagen unterbrochen wurden, um kleine Störungen an weniger wichtigen Anlagen schnell zu beheben.

Verbesserungsansatz:

Es wurde von jedem Mitglied in diesem Projektteam erkannt: wenn die IH ihr reaktives Verhalten ablegt, wird der wichtigste Hebel für Verbesserungen wirksam. Einfachere Tätigkeiten der IH mussten delegiert werden. Die Tätigkeiten mussten strukturierter und planbarer werden. Mithilfe der vorliegenden Daten und Informationen wurde vermieden, dass zu viel Zeit mit der Diskussion über die Grundsätze und Sinnhaftigkeit einer autonomen IH verbracht wurde. Es kam sehr schnell die Frage auf, welche Tätigkeiten unmittelbar vor Ort durchgeführt werden könnten und was dafür verändert werden musste. Die Definition erfolgte in mehreren Schritten:

- Alle Arbeitsaufträge des Betrachtungszeitraums von zwei Monaten wurden unterteilt in Tätigkeiten, die ohne oder mit realistischem Schulungsaufwand von der Produktion hätten durchgeführt werden können, für die qualifiziertes Personal benötigt wurde und die durch eine funktionierende vorbeugende IH hätten vermieden werden können. Die Auswertung aus Tabelle 1.16 zur Dauer der Reparaturen wurde dazu um diese drei Spalten erweitert (Tab. 1.17). Im Ergebnis stellte sich heraus, dass nur 48 % der Tätigkeiten tatsächlich von der IH hätten durchgeführt werden müssen. 23 % hätten unmittelbar von der Produktion behoben werden können, wobei es sich dabei hauptsächlich um kleinere Störungen handelte. 29 % hätten komplett durch eine vorbeugende IH vermieden werden können. Aus dieser Erkenntnis wurde ein Plan entwickelt, welche Aktivitäten von der Produktion durchgeführt werden können und vor allem welcher Schulungsbedarf sich daraus ergab.

Tabelle 1.17 Auswertung der Verteilung der Störungen nach potenziellem Delegieren bzw. Vermeiden

Dauer der Reparatur	Häufigkeit	Produktion	Instandhaltung	Vorbeugend
< 15 min	39 %	22 %	5 %	12 %
15–60 min	15 %	1 %	6 %	8 %
60–120 min	23 %	0 %	21 %	2 %
120–480 min	18 %	0 %	13 %	5 %
> 480 min	5 %	0 %	3 %	2 %

- Ein Hauptargument gegen die Behebung von Störungen durch die Produktion ist, dass die Mitarbeiter sich auf die wertschöpfenden Tätigkeiten konzentrieren sollten. Es war demnach wichtig, eine Balance zu finden zwischen Verlusten an den Anlagen durch Wartezeiten auf die IH und eventuellen Produktivitätseinbußen der Maschinenbediener. Außerdem musste man die Stillstände anderer Maschinen berücksichtigen, die währenddessen nicht betreut werden konnten. Aus dieser Diskussion heraus wurde ein Stufenplan entwickelt, in dem eine Störung eskaliert werden sollte (Bild 1.67). Ein Mitarbeiter hatte demnach 5 min Zeit, die Lösung für eine Störung zu finden und weitere 5 min für die Behebung dieser. Gelang dies nicht, so musste der Vorarbeiter informiert werden. Anlagen wurden dazu mit einem Timer versehen, der automatisch bei einer Störung zu messen begann und nach den 5 bzw.

10 min eine Nachricht auf ein mobiles Gerät des Vorarbeiters schickte. Dieser hatte dann 5 min für die Fehlererkennung bzw. 10 min für die Behebung. Gelang ihm dies ebenfalls nicht, so konnte er über das mobile Gerät eine Meldung an die mechanische oder die elektrische IH schicken. Bei Zweifeln, wen er informieren sollte, wurde weiterhin die mechanische IH zuerst informiert.

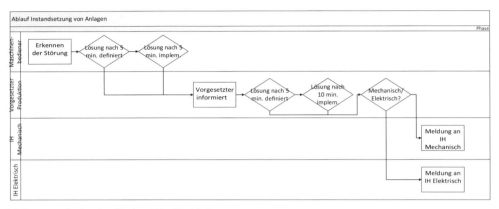

Bild 1.67   Stufenplan für den Ablauf bei Störungen

- Es wurde eine weitere Veränderung umgesetzt, die verhindern sollte, dass produzierende Anlagen durch die Reparaturtätigkeit des Maschinenbedieners zum Stillstand kommen. Ursprünglich waren Mitarbeiter immer nur für „ihre" Anlagen verantwortlich; eine Person hatte also zwischen zwei und vier Anlagen zu betreuen. So weit wie möglich und sinnvoll wurden Maschinengruppen definiert, in denen Mitarbeiter zusammen für alle Maschinen verantwortlich waren. So konnten sie sich bei einer Störungsbehebung gegenseitig aushelfen. Bild 1.68 zeigt ein Beispiel, in dem ursprünglich jeder der drei Mitarbeiter jeweils zwei Anlagen bediente und sich die mittlere Anlage teilten. Durch die Änderung waren nun alle für das Ergebnis der gesamten Maschinengruppe verantwortlich.

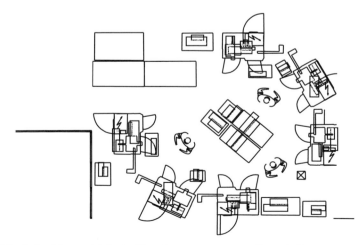

Bild 1.68   Mitarbeiter können sich in der Maschinengruppe gegenseitig aushelfen

- Zusätzlich wurde ein Priorisierungssystem für Anlagen definiert, das aus drei Kategorien bestand. Wurde eine Anlage im System als rot eingestuft, so durften Reparaturen nicht unterbrochen werden bzw. mussten Reparaturen an grünen Anlagen für diese gestoppt werden. Grün waren demnach Maschinen mit der geringsten Priorität, die also entweder ausreichend Kapazität hatten oder zum Zeitpunkt der Störung kein dringend benötigtes Teil produzierten. Gelb war dazwischen und begonnene Reparaturen sollten nicht unterbrochen werden. Der Vorarbeiter schickte die Information bzgl. der Priorisierung mit der Störungsmeldung an die jeweilige IH. Es wurde eingangs diskutiert, eine fixe Liste für die IH bereitzustellen. Dieser Gedanke wurde allerdings verworfen, da sich Prioritäten je nach Auftragsmix ändern konnten.

Ergebnis dieses ersten Schrittes an Veränderungen war, dass die ursprünglichen 2,3 h für den ersten Abschnitt des Reparaturablaufes auf durchschnittliche 40 min reduziert werden konnten. Diese Zeitspanne beinhaltete allerdings nur noch die Störungen, für die die IH benötigt wurde. Die 23 % aus Tabelle 1.17, die von der Produktion selbst hätten behoben werden können, wurden in weniger als 15 min behoben. Es wurden auch keinerlei negative Auswirkungen auf die Betreuung aller anderen Maschinen festgestellt. Für die IH selbst ergab sich der Effekt, dass sie von zahlreichen kleinen Tätigkeiten befreit wurde. Wie diese Zeit genutzt wurde, sehen wir später. Außerdem wurde die tatsächliche Reparaturzeit von Maschinen reduziert, da die Häufigkeit der Unterbrechungen zurückging. Die durchschnittliche Zeit der Störungsbehebung, wie sie von der IH aufgezeichnet wurde, stieg, da hauptsächlich größere Reparaturen durchgeführt wurden. Die wichtigste Kennzahl zur Nachverfolgung des Projekterfolges war allerdings der OEE, der sich durch diese ersten Maßnahmen im Schnitt um 2 % verbesserte.

Diese drei Punkte waren allerdings nur der Start zu wesentlich weitreichenderen Änderungen, die die gesamte Organisation der IH betreffen sollten. Dazu mehr in den folgenden Fallbeispielen.

Fallbeispiel 1.11   Verluste an Anlagenverfügbarkeit durch Störungen – Verbesserung des Ersatzteilmanagements

Verbesserungsansatz:

Der zweite Block im Ablauf war das Suchen und eventuell Beschaffen von Ersatzteilen. Die Suche nach Ersatzteilen konnte zeitaufwendig sein, bedingt durch das schlechte Datenmanagement und die zahlreichen Läger in der Produktion. In Bild 1.69 sind alle 19 Punkte, an denen Ersatzteile gelagert wurden, in einem Makrolayout eingezeichnet.

Durch die sehr unterschiedlichen Produktionsbereiche, wie Presswerk oder Montage, gab es auch verschiedene Schwerpunkte an Ersatzteilen, die an den einzelnen Punkten gelagert wurden. In den Lagerorten bei der mechanischen IH befanden sich z. B. hauptsächlich Teile für das Presswerk und die Produktion. In 17, 8, 4 und 18 waren wiederum die wichtigsten Komponenten für die Montage und die Sonderfertigung. Da speziell auch in diesen beiden Produktionsbereichen sehr viele elektronische Bauteile und Steuerungen in den Anlagen verbaut wurden, war die elektrische IH dort angesiedelt. Bei dieser Verteilung fiel sofort auf, dass die Lagerorte überall waren, nur nicht in der Produktion (außer 18 in der Montage), da es dafür keinen Platz gab. Die Ideenfindung und Umsetzung erfolgte auch hier in mehreren Schritten:

- Nachdem in der ersten Verbesserungsphase einige Aufgaben der Instandhaltung an die Produktion übertragen worden waren, musste in diesem Zusammenhang auch überlegt werden, welche Ersatzteile von dieser benötigt werden könnten. Da es sich zur Gänze um einfachere Tätigkeiten handelte, war das Spektrum der benötigten Teile sehr gering und beschränkte sich auf Dinge wie Sensoren oder Klemmen. Es wurde für jede Maschinengruppe definiert, welche Teile sie brauchten. Außerdem wurde ein kleiner Materialschrank für mehrere Maschinengruppen zur Verfügung gestellt. Für die Auffüllung dieser Schränke wurde ein Kanban-Kreislauf mit einem zentralen Lager eingerichtet. Jedes Teil hatte zwei Fächer in einer Lage des Materialschranks. War eines leer, wurde eine Karte an das Lager als Information zum Auffüllen geschickt.

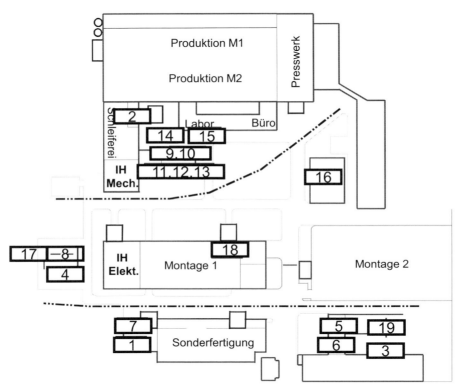

Bild 1.69 Makrolayout mit Lagerorten für Ersatzteile

- Einer der angeführten Hauptgründe, warum sich fast alle Läger außerhalb der Produktion befanden, war der Platzmangel. Bei genauerer Betrachtung stellte sich heraus, dass die Flächen nicht nur mit Beständen sondern auch mit zahlreichen nicht-produktionsrelevanten oder nicht mehr benötigten Materialien verstellt waren. Oder, wie es ein Mitglied des Projektteams ausdrückte, „Es gibt zu viel Schrott in der Produktion!" Bevor also diese dezentralen Lagerpunkte aufgestellt werden konnten, mussten mehrere kleine 5-S-Projekte durchgeführt werden.

Bild 1.70   Material zum Verschrotten wurde im 5-S-Projekt gekennzeichnet

 5-S

Beim 5-S-Programm handelt es sich um einzelne Schritte für die Schaffung einer sauberen, geordneten und sicheren Arbeitsumgebung (Imai 1997). Die fünf Komponenten sind:

- Seiri: Entfernen von Unnötigem
- Seiton: Ordnen der verbliebenen Dinge
- Seiso: einen Sauberen Arbeitsplatz beibehalten
- Seiketsu: Sauberkeit und Ordnung als tägliche Routine
- Shitsuke: 5-S als Teil der Managementkultur.

Durch 5-S soll nicht nur ein sauberer Arbeitsplatz geschaffen und erhalten werden, an dem es angenehmer ist zu arbeiten und der repräsentativer wirkt. Sarkastische Kommentare zu 5-S bezeichnen es auch als „schöner Wohnen". Es werden damit auch sehr messbare Ziele verfolgt. Einerseits kann 5-S positive Auswirkung auf die Produktivität haben, wenn z. B. durch eine bessere Ordnung Suchzeiten reduziert werden. Andererseits ist 5-S auch eine Grundvoraussetzung für das Produzieren von Qualität.

In diesem Zusammenhang war zunächst einmal nur der erste Schritt wichtig: das Entfernen der unnötigen Dinge. Die Definition, was „unnötig" ist, kann dabei zu langen Diskussionen führen. Dazu wurden einige Kategorien verwendet:

- Dinge, die täglich gebraucht werden, verbleiben am Arbeitsplatz
- Dinge, die mehrmals wöchentlich gebraucht werden, kommen an einen zentralen Punkt in der Maschinengruppe
- Dinge, die mehrmals im Monat gebraucht werden, kommen an einen zentralen Punkt in der Halle
- Dinge, die in den letzten zwei Monaten nicht gebraucht wurden, werden ausgelagert oder verschrottet
- Dazu wurde das gesamte Material, welches eventuell umgelagert oder verschrottet werden sollte, mit einem roten Anhänger versehen, auf dem vermerkt wurde, wie damit verfahren werden soll (Bild 1.70). Anfangs gab es zwar einigen Widerstand der Produktionsmitarbeiter, die nicht im Projektteam waren, doch entwickelte sich sehr rasch eine Dynamik, sodass der Eifer der Mitarbeiter beim Verschrotten manchmal etwas gebremst werden musste.
- Für die IH wurde ebenfalls definiert, welche Artikel wie oft in einer Anlagengruppe benötigt wurden. Dazu wurde eine typische ABC-Analyse eingeführt:
  - A-Teile: Gebrauch mindestens einmal wöchentlich und geringer Wert; Lagerung im Werkzeugschrank der Maschinengruppen; Kanban-Kreislauf mit dem Zentrallager
  - B-Teile: Gebrauch mindestens mehrmals im Monat und mittlerer Wert; Lagerung im Zentrallager
  - C-Teile: Seltener Gebrauch oder hoher Wert; Bestellung bei Bedarf
  - Z-Teile: Kritische Komponenten mit einem hohen Wert; Definition eines Notfallplans zur raschen Beschaffung oder Verwendung von Alternativkapazitäten

Zur typischen ABC-Einteilung wurden noch Z-Teile definiert. Als kritisch wurde dabei eine Anlage bewertet, wenn es sich um eine Engpassmaschine handelte, deren Ausfall von mehr als zwei Tagen weite Teile der Produktion beeinträchtigen könnten. Kritisch an solch einer Maschine war ein Teil, wenn es schwer beschaffbar und teuer war, dessen Ausfall zwar nicht absehbar, allerdings durchaus möglich war. Besonders die Produktion bestand auf dieser zusätzlichen Klassifizierung, da der Maschinenpark teilweise veraltet war und es in der Vergangenheit immer wieder zu kritischen Situationen gekommen war, wenn Engpassanlagen einen Totalausfall hatten. Ein Hauptgrund dafür lag in der mangelhaften Wartung der Anlagen, was auch durch die IH bestätigt wurde.

Die Auswirkungen auf die Lagerstandorte sind in Bild 1.71 dargestellt. Die zwei gravierenden Veränderungen sind, dass für jeden Produktionsbereich eigene kleine Läger (a bis h in Bild 1.71) definiert wurden, die sich auch unmittelbar in der Nähe der Verwendung befanden. In jedem dieser Lagerpunkte wurden nur A-Teile untergebracht, die in der unmittelbaren Nähe gebraucht wurden. Mit diesem Ansatz konnte zwar nicht verhindert werden, dass ein Teil an mehreren Punkten vorhanden war. Aber es gab durch den Kanban-Kreislauf eine bessere Bestandskontrolle, womit der Suchaufwand komplett eliminiert wurde.

Die IH übernahm durch ihre zentralen Lager (1 und 2 in Bild 1.71) auch die Versorgung der dezentralen Punkte. Mitarbeiter der IH sammelten am Ende eines Tages nach der letzten Reparatur die Karten aus den einzelnen Bereichen ein und füllten die Schränke am nächsten Tag während des ersten Einsatzes wieder auf. B-Teile wurden nur noch entweder in 1 oder 2 gelagert, wobei Überschneidungen auch hier unvermeidbar waren. Da die Produktion auf mehrere Gebäude verteilt war und sich lange Laufwege in der aktuellen Struktur der IH nicht vermieden ließen (Bild 1.69 und 1.71), sollten die Wege zu den Ersatzteilen so weit wie möglich eingeschränkt werden. Dies war auch einer der Hauptfaktoren, warum mehrere kleinere dezentrale Lagereinheiten gewählt wurden. Der Zugriff auf die Materialschränke wurde auf die Vorarbeiter und die Mitarbeiter der IH beschränkt.

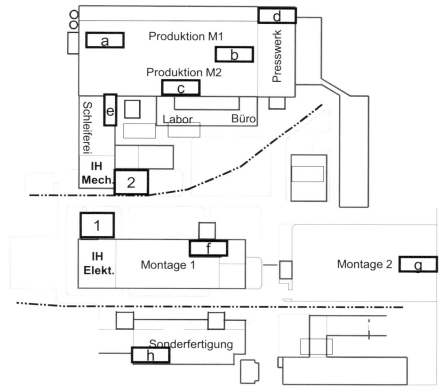

Bild 1.71 Makrolayout mit neuen Lagerorten für Ersatzteile

Fallbeispiel 1.12 Verluste an Anlagenverfügbarkeit durch Störungen – Einführung einer dezentralen Instandhaltung

Ausgangssituation:

Innerhalb der existierenden Organisation wurden die Abläufe zur Behebung von Störungen durch die einzelnen Maßnahmen erheblich verbessert, was sich eindeutig in einem Anstieg der OEEs widerspiegelte. Nachdem sich alle Betroffenen in der neuen Aufteilung von Verantwortlichkeiten wiederfanden, entschloss sich das Management, eine Diskussion aufzugreifen, die schon mehrmals in der ersten Phase geführt worden war. Welche Möglichkeiten der organisatorischen Veränderung der IH würde es geben und welche Auswirkungen hätten solche

Veränderungen? Die aktuelle Struktur (Bild 1.72) war zu komplex und die mangelnde Kommunikation und Koordination zwischen den einzelnen Einheiten führte dazu, dass einzelne Bereiche Überstunden machten, während andere eine geringe Auslastung hatten.

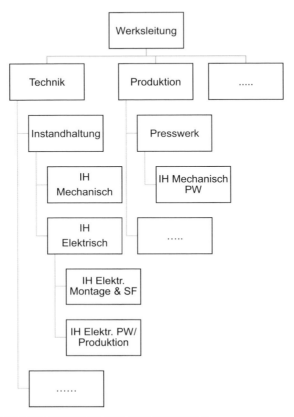

Bild 1.72   Ursprüngliche Organisationsstruktur der Instandhaltung

Prinzipiell war die IH der technischen Leitung des Werks unterstellt. Diese IH wurde strikt in eine mechanische und eine elektrische IH unterteilt, was sich auch durch die räumliche Trennung in Bild 1.69 und 1.71 zeigt. Die mechanische IH wurde noch einmal in die Produktionsbereiche, die sie betreuten, aufgebrochen; in eine Gruppe für das Presswerk und die Produktion 1 und 2 sowie in eine für die Montage und die Sonderfertigung. Dem Presswerk war zusätzlich noch eine eigene Gruppe an Mechanikern unterstellt, die zwar organisatorisch komplett unabhängig von der eigentlichen IH waren, deren Arbeitsplätze sich jedoch in der Werkstatt dieser befanden. Insgesamt bestand diese Organisation aus einem IH-Leiter, vier Meistern (zwei „mechanischen" und zwei „elektrischen"), 17 Mechanikern und 12 Elektrikern. Da die Produktion dreischichtig arbeitete, wurde gewährleistet, dass die IH auch entsprechend besetzt war.

Durch die klare Zuteilung der Reparaturaufträge zu den einzelnen IH-Bereichen konnten die Auswertungen aus den Tabellen 1.16 und 1.17 auch dafür verwendet werden, die gesamten Reparaturzeiten zu ermitteln (Tab. 1.18). Für alle Reparaturen wurden demnach in den zwei

Monaten, die als Datenbasis verwendet wurden, 6.400 Stunden an Leistungen verrechnet (die durchschnittlichen Zeiten wurden aus den Aufträgen berechnet und als Basis für alle weiteren Berechnungen verwendet). Diese Stunden entsprechen bei 42 Arbeitstagen in zwei Monaten und einer regulären Arbeitszeit von 8 Stunden (die zahlreichen Überstunden werden dabei nicht berücksichtig) einem Kapazitätsbedarf – nur für Reparaturen – von 19 Mitarbeitern, der eine tatsächliche Anzahl von 29 + 4 Meistern gegenübersteht. Diese Zeiten beinhalteten noch die Zeiten für kleine Störungen, die an die Produktion abgegeben wurden, und berücksichtigten nicht die Reduzierung der durchschnittlichen Reparaturzeit von größeren Störungen durch weniger Unterbrechungen.

Tabelle 1.18   Kapazitätsbedarf für Reparaturen der einzelnen IH-Bereiche

Dauer der Repara-tur	Ø Zeit (min)	IH Mech.		IH Mech. PW		IH Elektr. Mon-tage und SF		IH Elektr. PW und Prod.	
		Anzahl Aufträge	Gesamt-stunden	Anzahl Aufträge	Gesamt-stunden	Anzahl Aufträge	Gesamt-stunden	Anzahl Aufträge	Gesamt-stunden
< 15 min	10	833	139	412	69	191	32	131	22
15–60 min	40	314	209	118	79	123	82	55	37
60–120 min	90	452	678	87	131	171	257	188	282
120–480 min	250	281	1171	147	613	111	463	156	650
> 480 min	500	34	283	27	225	35	292	82	683
		2.480		1.115		1.125		1.674	

Mit dieser Zahl kann und sollte nicht ausgesagt werden, dass ein Potenzial von zehn Mitarbeitern zur Disposition stand. Die Auswertung diente jedoch als Grundlage für eine Diskussion, dass auch eine Kapazitätsplanung notwendig sein würde, wenn die Arbeit der IH besser strukturiert und planbar werden sollte. Dies ist auch eine Schwachstelle der meisten Instandhaltungen. Sie vermitteln den Eindruck, dass die Tätigkeiten nicht planbar sind und daher auch eine Kapazitätsplanung nicht möglich sei. Kommentare, dass die Abteilung zu wenig Kapazität habe, sind dann auch sehr schwer widerlegbar. Die Ursache liegt allerdings nicht darin, dass Informations- oder Planungssysteme fehlen, sondern dass Prozesse nicht klar definiert und strukturiert sind. Zu oft wird der Fehler begangen, das Heil in irgendwelchen Systemen zu suchen.

Verbesserungsansatz:

Vom Management gab es eine strategische Vorgabe, dass die IH näher an die Produktion rücken sollte. Damit war nicht die räumliche Nähe gemeint, sondern die Distanz in den Köpfen aller Mitarbeiter. Man beschwerte sich grundsätzlich darüber, dass die IH teilweise zu sehr mit sich selbst beschäftigt war und sich nicht als Dienstleister für die Produktion empfand. Außerdem war die Tätigkeit der IH hauptsächlich reaktiver Natur und es wurde zu wenig Wert auf vorbeugende Maßnahmen gelegt, was mit dem Mangel an notwendigen Kapazitäten begründet wurde.

Für diese Aufgabe wurde ein neues Projektteam zusammengestellt, das teilweise aus denselben Mitgliedern bestand wie das vorherige. Aus diesem Grund waren einige Teammitglieder bereits wesentlich tiefer in der Materie und andere brachten neue Ideen und Ansichten mit ein. Um dies bestmöglich zu kombinieren, wurde demnach folgende Vorgehensweise vereinbart, die auch dem typischen Ansatzes eines 3-P-Projektes (Fallbeispiele 1.17 und 1.18) entspricht:

- Definition von Kriterien, nach denen verschiedene Varianten einer Organisationsstruktur bewertet werden sollten
- Ausarbeitung von zumindest vier verschiedenen Varianten
- Bewertung dieser Varianten mit den zuerst definierten Kriterien.

Das Projektteam einigte sich nach intensiven und interessanten Diskussionen auf sechs Kriterien, nach denen die Alternativen beurteilt werden sollten (Bild 1.73). Bei dieser Vorgehensweise wird zuerst in einem Brainstorming eine Liste an Kriterien definiert. Diese Auflistung wird dann in einem ersten Auswahlverfahren auf eine akzeptable Anzahl reduziert. In einem paarweisen Vergleich wird bestimmt, in welcher Reihenfolge die einzelnen Kriterien an Bedeutung abnehmen. Dazu wird jeder einzelne Punkt mit jedem anderen verglichen und bestimmt, welcher wichtiger ist. Schon alleine dieser theoretisch simple Prozess kann sehr langwierig sein und es sollte sichergestellt werden, dass sich alle Teammitglieder am Ende mit der Reihung einverstanden erklären. Ursprünglich befand sich auch der Punkt „keine zusätzlichen Kapazitäten" in der Auflistung. Da dies jedoch für alle ein k.o.-Kriterium war, wurde es aus der Liste genommen. Jede ausgearbeitete Alternative musste zuerst dahingehend überprüft werden, ob dazu Personal aufgebaut werden muss. Wäre dies der Fall gewesen, wäre sie nicht weiter betrachtet worden.

Paarweiser Vergleich Auftragsbearbeitung	Kurze Reaktionszeit	Wissenstransfer Produktion zu IH sicher stellen	Zentraler Fokus auf Vorbeugen	Optimimierung des OEE (wo nötig)	Reibungslose Zusammenarbeit IH und Produktion	Klare Aufgaben und Verantwortungen	Summe	Rangfolge
Kurze Reaktionszeit		2	0	0	0	1	3	10,0%	4
Wissenstransfer Produktion zu IH sicher stellen	0		0	0	2	2	4	13,3%	3
Zentraler Fokus auf Vorbeugen	2	2		1	2	2	9	30,0%	1
Optimimierung des OEE (wo nötig)	2	2	1		2	2	9	30,0%	1
Reibungslose Zusammenarbeit IH und Produktion	2	0	0	0		1	3	10,0%	4
Klare Aufgaben und Verantwortungen	1	0	0	0	1		2	6,7%	6

Bild 1.73   Paarweiser Vergleich der Bewertungskriterien

Es war nicht sehr überraschend, dass sich dann doch alle Teammitglieder darauf einigen konnten, mit einer neuen Struktur den Fokus auf Vorbeugung anstatt Reparatur und auf eine Optimierung des OEEs zu legen. Und das natürlich mit den vorhandenen Ressourcen. Das Ziel einer solchen Vorgehensweise besteht oft darin, ein gemeinsames Verständnis dafür zu entwickeln, was gemeinsam erreicht werden soll. Es muss immer betont werden, dass es dabei nicht um Schuldzuweisungen geht.

Nachdem allen klar war, was mit einer veränderten Organisation erreicht werden sollte, wurden mehrere mögliche Varianten erarbeitet. Kurz zusammengefasst waren die wichtigsten Ausprägungen der einzelnen Szenarien:

a) Die IH ist als eigenständige Organisationseinheit ein Teil der Produktion. Jedem Produktionsbereich wird innerhalb dieser Organisation eine zu bestimmende Anzahl an Mitarbeitern zugewiesen.

b) Die IH ist komplett der Technik unterstellt und alle Mitarbeiter der elektrischen und mechanischen IH werden in jeweils einer Gruppe zusammengefasst.

c) Die IH als zentrale Organisationseinheit wird komplett aufgelöst und alle Mitarbeiter werden dezentral in die jeweiligen Produktionsbereiche verteilt.

d) Die IH ist der Technik unterstellt. Ein Teil wird vorgesehen für die vorbeugende IH, Schulungen und bereichsübergreifende Maßnahmen; ein Teil wird in die Produktionsbereiche integriert. Alle bleiben Mitarbeiter der IH.

Anhand der zuvor definierten Kriterien wurde nun jede einzelne Variante im Vergleich mit der aktuellen Situation bewertet (Bild 1.74). Dazu werden jedem Kriterium Punkte zwischen null und zehn zugeteilt. Die existierende Organisationsstruktur dient mit einem Wert von fünf immer als Null-Punkt. Verschlechtert sich durch eine Alternative die Situation, so erhält sie für das jeweilige Kriterium eine Punkteanzahl zwischen null und vier, je nach Grad der Verschlechterung. Ergibt sich jedoch eine Verbesserung, so gibt es zwischen sechs und zehn Punkten. Null ist eine extreme Verschlechterung und zehn die höchste Verbesserungsstufe. Jede Punktzahl wird automatisch mit der in Bild 1.73 ermittelten Gewichtung multipliziert. Für jede Alternative ergibt sich so aus Punkten und Gewichtung eine Gesamtpunktezahl, die die Reihung bestimmt.

Kriterien	Gewichtung	Alternative 0		Alternative a		Alternative b		Alternative c		Alternative d	
		IST-Zustand		IH komplett		IH komplett		IH komplett		IH mit zentraler	
Kurze Reaktionszeit	10%	5	0,5	9	0,9	4	0,4	10	1	10	1
Wissenstransfer Produktion zu IH sicher stellen	13%	5	0,6667	8	1,0667	3	0,4	9	1,2	8	1,0667
Zentraler Fokus auf Vorbeugen	30%	5	1,5	6	1,8	4	1,2	5	1,5	9	2,7
Optimierung des OEE (wo nötig)	30%	5	1,5	7	2,1	5	1,5	7	2,1	9	2,7
Reibungslose Zusammenarbeit IH und Produktion	10%	5	0,5	8	0,8	3	0,3	9	0,9	8	0,8
Klare Aufgaben und Verantwortungen	7%	5	0,3333	6	0,4	6	0,4	7	0,4667	8	0,5333
Auswertung			5,00		7,07		4,20		7,17		8,80
Rangfolge		4		3		5		2		1	

Bild 1.74 Bewertungsmatrix der erarbeiteten Alternativen

Im Ergebnis dieser Bewertung schnitt Alternative d als beste Lösung ab. Sie bedeutete eine gravierende Verbesserung gegenüber der aktuellen Organisationsstruktur. Damit wurde die Entwicklungsrichtung der Organisation vorgegeben. Im nächsten Schritt mussten die Details ausgearbeitet werden.

Grundsätzlich wurde die IH bei dieser Lösung in zwei Aufgabenbereiche unterteilt (Bild 1.75). Zum Einen gibt es das Tagesgeschäft, das sich mit der Reparatur der Anlagen beschäftigt. Dazu mussten Mitarbeiter einzelnen Produktionsbereichen zugeteilt werden, in denen sie den größten Teil ihres Arbeitstages verbringen sollten. Bei solch einer Integration von IH-Mitarbeitern in die Produktion gibt es zwei ganz besondere Herausforderungen.

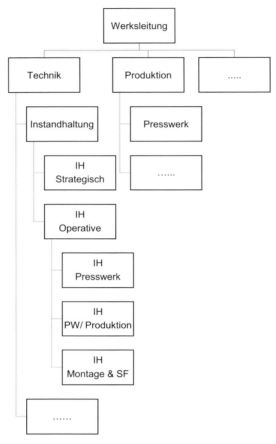

Bild 1.75   Neue Organisationsstruktur der Instandhaltung

- Die Auslastung kann stark schwanken und es kommt entweder zu zeitweisen Leerläufen oder zu Überbelastung. Den Leerläufen sollte mithilfe eines Plans entgegengewirkt werden (Bild 1.76). Ein Plan, in dem vorbeugende Maßnahmen definiert waren, die die Mitarbeiter nach ihrem eigenen Ermessen innerhalb einer Woche erledigen konnten. Falls es zu Überbelastung kommen sollte, konnten sie auf die Kollegen der strategischen IH zurückgreifen. Insbesondere bei größeren Störungen sollten diese Kapazitäten aushelfen, um die operativen Mitarbeiter nicht zu lange an einer Anlage zu binden.

- Der Kontakt zu den Kollegen aus der IH könnte verlorengehen und damit der Informations- und Erfahrungsaustausch. Dies sollte verhindert werden, indem die Mitarbeiter der operativen IH nicht zu 100 % unmittelbar in der Produktion tätig waren. Als Regel wurde definiert, dass sie zu ca. 75 % vor Ort sein sollten und zu ca. 25 % Aufgaben in der IH-Abteilung inkl. dem strategischen Bereich übernehmen sollten. Diese Tätigkeiten umfassten Reparaturen an größeren Anlagenkomponenten und Unterstützung der strategischen IH bei größeren vorbeugenden Maßnahmen, die unmittelbar ihre Bereiche betrafen. Speziell durch den zweiten Punkt sollte sichergestellt werden, dass ihre Erfahrungen mit den Maschinen Berücksichtigung fanden.

Wochenplan			
Produktion 1	**Instandhaltung** **Wartungs - Checkliste**		**KW:** Seitenzahl **1**
Intervall	Bereich:	Anlage:	Wartung durch:
		Multi - Segment - Anlagen	

Code	Tätigkeit	Zyklus	Dauer	KW							KW.....						
				Mo	Di	Mi	Do	Fr	Sa	So	Mo	Di	Mi	Do	Fr	Sa	So
	Reinigung Nestteller	1x pro Woche															
	Prüfung Funktionalität Nestteller (Tellerspanner und Federspannung); ggf Federn austauschen	1x pro Woche															
	Reinigung Greifer, ggf richten oder austauschen	1x pro Woche															
	Ablassen von Wasser aus Druckluftwartungs-einheit	1x pro Woche															
	Prüfung Druckluftversorgung auf Leckagen	1x alle 2 Wochen															
	Prüfung Staubsauger und Absaugschläuche	1x alle 2 Wochen															

Bild 1.76 Auszug aus einem Wochenplan zur Wartung von Anlagen

Erst durch die Auswertung aus Tabelle 1.18, die die Grundlage für die Kapazitätsbetrachtung war, konnte mit Zahlen ermittelt werden, wie viel Mitarbeiter in jedem einzelnen Produktionsbereich benötigt wurden und wie viel Zeit sie im Schnitt pro Woche für vorbeugende Maßnahmen hatten. Die 75 % der Tätigkeit vor Ort sollten folgendermaßen aufgeteilt werden: 50 bis 55 % Reparaturen und 20 bis 25 % vorbeugende Maßnahmen, Schulungen der Mitarbeiter sowie unterstützende Tätigkeiten in der Produktion (z. B. wenn beim Rüsten Probleme mit einer Anlage auftreten). In den Zahlen aus Tabelle 1.18 mussten noch die Ergebnisse aus der ersten Phase des Projektes berücksichtigt werden. Dies zeigte, dass diese Aufteilung der Kapazität eines Mitarbeiters durchaus realistisch war.

Der strategische Teil der neuen IH hatte den Fokus auf Vorbeugung. Die Hauptaufgaben umfassten:

- Entwicklung von regelmäßigen Wartungsplänen: Zahlreiche Anlagen waren bereits lange Zeit im Unternehmen und entweder existierten keine Wartungspläne oder sie konnten nicht gefunden werden. Man musste demnach neu definieren, welche regelmäßigen Tätigkeiten von der operativen IH durchzuführen waren.

- Planung und Durchführung von umfangreicheren Wartungsmaßnahmen: In Abstimmung mit der Produktion und der operativen IH wurden Wartungsmaßnahmen geplant, die einen größeren Umfang hatten. So wurden z. B. während längerer Rüstvorgänge kritische Anlagenteile inspiziert und eventuell gewartet.

- Erstellung von Schulungsplänen und Durchführung von Schulungen: Mitarbeiter der Produktion wurden von der IH geschult, um kleinere Reparaturen und Wartungen selbstständig durchführen zu können. Dies war eine Fortsetzung der Maßnahmen aus der ersten Projektphase.

- Unterstützung der Operativen IH bei größeren Reparaturen: Die operative IH konnte jederzeit bei den Kollegen um Unterstützung bitten. Damit sollte gewährleistet werden, dass die Mitarbeiter der strategischen IH in der Produktion tätig sind und nicht den Kontakt zur Produktion verlieren. Als inoffizielle Regel galt, dass zu mindestens ein Tag pro Woche in der Produktion gearbeitet werden sollte.

- Teilnahme an Workshops zur Eliminierung von Schwerpunkten: Begleitend zu den Veränderungen, die die IH direkt betrafen, wurden auch die weiter oben beschriebenen Produktions- und Bereichstafeln eingeführt. Mitarbeiter aus der strategischen IH waren in diesem Prozess integriert und beseitigten gemeinsam mit der operative IH die wichtigsten Stillstandsgründe.

- Schnittstelle zur Technik: Bei der Konzeptionierung und Anschaffung von neuen Anlagen gaben sie der Technik Input, damit Erfahrungen mit vorhandenen Maschinen berücksichtigt werden konnten.

Die zu Beginn sehr große Skepsis der meisten IH-Mitarbeiter insbesondere zur Verlagerung eines großen Teiles des Tagesablaufes direkt in die Produktion wandelte sich sehr schnell in eine Identifikation mit den jeweiligen Produktionsbereichen. Mit der Zeit nahmen sie Störungen ab und die IH hatte immer mehr Zeit, die Fertigung in den Bereichen zu unterstützen, die besondere technische Kenntnisse benötigten. Fast ablehnend war die Haltung seitens einiger Elektriker den Veränderungen gegenüber, da sie den Verlust ihres besonderen Status sahen. Es war allerdings vom Management, besonders der IH-Leitung, gewünscht, dieses Elitedenken abzustellen. Nach einigen Wochen der Umstellung gab es aus IH und Produktion durchweg positives Feedback zur neuen Organisation. Manchmal ist es trotzdem bei größeren Veränderungen unvermeidbar, dass sich einige wenige Mitarbeiter in den neuen Strukturen nicht wiederfinden können. Trotz mehrerer kleiner Anpassungen in den Abläufen, die durch die Rückmeldung der Betroffenen ausgelöst wurden, entschlossen sich zwei Elektriker dazu das Unternehmen zu verlassen.

Bei Betrachtung der Zahlen ließen sich die zwei Phasen des Projekts ohne Zweifel als Erfolg verbuchen. Der OEE über alle Produktionsbereiche erhöhte sich von ursprünglich 52 % auf 74 % und die Überstunden der IH reduzierten sich um 60 %. Komplett konnten die Überstunden nicht eliminiert werden, da es trotzdem immer wieder zu größeren Störungen kam. Außerdem wurden größere vorbeugende Maßnahmen oft am Wochenende durchgeführt.

1.3.2.3 Instandhaltung zur Vermeidung von Stillstandszeiten

In vielen Fällen konzentriert sich eine IH auf das Reparieren von Maschinen, weshalb sie eigentlich eher als Instandsetzung und nicht als Instandhaltung bezeichnet werden sollte. Im vorherigen Fallbeispiel wurde die Organisation bereits in die richtige Richtung entwickelt. In diesem Abschnitt soll nun die Entwicklung einer vorbeugenden Instandhaltung weiter im Detail ausgeführt werden. Das prinzipielle Ziel dabei sollte sein, dass eine Anlage verfügbar ist, wenn sie benötigt wird. Bis jetzt wurde sehr großer Wert auf den OEE gelegt. Bei der Berechnung und der Zielsetzung des OEE muss berücksichtigt werden, wie hoch der Kapazitätsbedarf einer Maschine ist. Nur bei Engpassanlagen sollte die Maximierung des OEE ein Anliegen sein. Deshalb ist die Formulierung „verfügbar, wenn benötigt" in diesem Zusammenhang wohl eher angebracht und umfasst die Maßnahmen, die dazu beitragen.

Fallbeispiel 1.13 Verluste an Anlagenverfügbarkeit durch Störungen – Einführung einer vorbeugenden Instandhaltung

In diesem Fall musste eine vorbeugende IH erst komplett aufgebaut werden, da für lange Zeit verabsäumt wurde, eine klare Strategie und standardisierte Prozesse zu definieren. Die Instandsetzung war zum größten Teil auf das Reagieren auf Störungen ausgelegt und es wurden nur die grundlegendsten Wartungsmaßnahmen an den Anlagen durchgeführt. Der Aufbau wurde in drei Blöcke aufgeteilt:

- Beseitigung der Top Stillstandgründe
- Definition der vorbeugenden Maßnahmen und eines Wartungsprozesses
- Ersatzteilmanagement.

Beseitigung der Top Stillstandsgründe

Für den ersten Block war die erste und größte Herausforderung, das geeignete Datenmaterial zu finden, um zu definieren, was die Top Stillstandsgründe waren. Die Mitarbeiter führten Maschinenbücher, die zu diesem Zweck ausgewertet wurden. Die Maschinenbediener kritisierten sich indirekt zwar selbst, indem sie die Zuverlässigkeit der Aufzeichnungen anzweifelten, doch als Richtungsvorgabe konnte man das zumindest gelten lassen. Die Erfahrungen mit der Zusammenstellung dieser Zahlen waren überzeugende Argumente für die Werksleitung, dass solch ein visuelles Management-Werkzeug benötigt wurde, wie es in anderen Fallbeispielen bereits implementiert worden war. Nach Auswertung der Maschinenbücher stimmten die Mitarbeiter darin überein, dass die wichtigsten Stillstandsgründe erkannt worden waren (Bild 1.77).

Aus der Auswertung wurden zuerst die Stillstandsgründe nach Häufigkeit ausgewählt und nicht nach Störungszeit. Der Grund „Tisch nicht in Grundstellung" war ein einmaliger Ausreißer, der an den Lieferanten der Anlage weitergeleitet wurde.

Mit den geeigneten Teammitgliedern aus Produktion und IH konnte in einem Workshop relativ schnell identifiziert werden, was die Ursachen für die Störungen waren. Sehr häufig lassen sich Stillstände auf zwei Gründe zurückführen, und zwar mangelhafte Wartung der Anlage oder unzureichende Schulung der Mitarbeiter. In diesem Fall führte die schlechte Schulung der Maschinenbediener zu den Störungen mit den längsten Stillstandzeiten. Es musste erst ein Schulungsplan ausgearbeitet werden, um die korrekte Reinigung der Düsen zu gewährleisten. Nachdem die Mitarbeiter zu diesem Thema geschult waren, gingen die Stillstände wegen verunreinigter Düsen fast auf null.

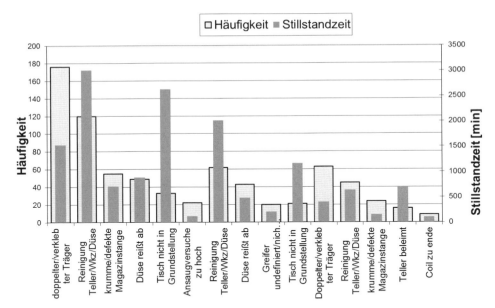

Bild 1.77 Auswertung der Stillstandsgründe für eine Anlagengruppe

Erst der dritte Grund – krumme/defekte Magazinstangen – musste durch eine technische Lösung eliminiert werden und selbst bei diesem Thema wurde sehr schnell eine Lösung gefunden (Bild 1.78). Bis auf wenige technische Änderungen an den Anlagen konnten die wichtigsten Stillstände durch organisatorische Maßnahmen zumindest auf ein akzeptables Maß reduziert werden. Dies führte auch zum zweiten Block, der Definition der vorbeugenden Maßnahmen und eines Wartungsprozesses.

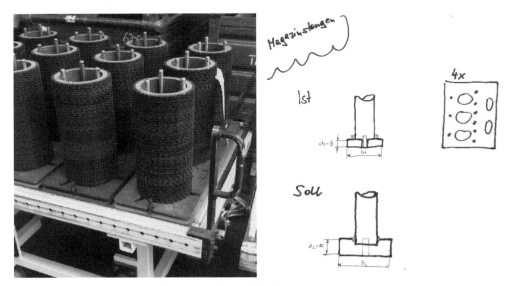

Bild 1.78 Eliminierung eines Stillstandgrundes im Workshop

Definition der vorbeugenden Maßnahmen und eines Wartungsprozesses

Neben dem hauptsächlich reaktiven Handeln der IH sollte ein weiterer Schwerpunkt der Veränderung die Kommunikation und Abstimmung mit der Produktion sein. Die wenigen Wartungsmaßnahmen waren zumeist nicht mit der Produktion koordiniert und es kam immer wieder zu Produktionsunterbrechungen weil die betreffende Anlage wichtig Teile produzierte, die woanders benötigt wurden. Daher wurde im neuen Prozess (Bild 1.79) auch ein besonderes Augenmerk darauf gelegt.

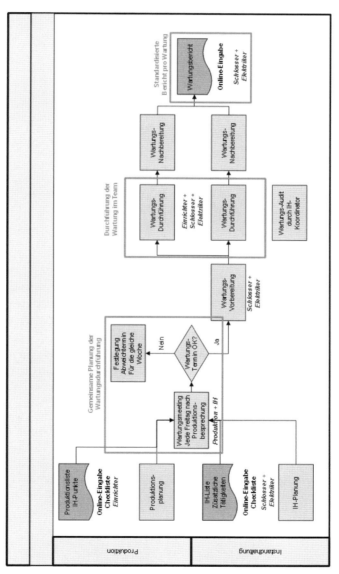

Bild 1.79 Wartungsprozess

Bevor an den einzelnen Schritten des Ablaufes gearbeitet werden konnte, musste noch definiert werden, welche vorbeugenden Maßnahmen je Anlage eigentlich durchzuführen seien. Einerseits konnte aus den vorhandenen Unterlagen der Lieferanten die ersten Pläne erstellt werden. Andererseits waren diese nicht komplett bzw. nicht existent, wenn sie aus dem eigenen Anlagenbau kamen. In einem Workshop mit Produktion, IH, Anlagenbau, Prozesstechnik und Qualität mussten die Wartungspläne überarbeitet oder definiert werden.

Startpunkt der Planung aller Maßnahmen war der Masterplan, der für das gesamte Jahr erstellt wurde (Bild 1.80). Verantwortlich für die Erstellung des Planes war die IH-Leitung gemeinsam mit der Produktionsplanung.

KW		1	2	3	4	5	6	7	8	9	10	11
Anlagen Halle 3	Std.											
Presse 1	4,0					X						X
Presse 2	4,0					X						X
Presse 3	4,0					X						X
Presse 4	4,0					X						X
Roboter 1	2,0	X	X	X	X	X	X	X	X	X	X	X
Stanze 1	4,0	X				X			X			
Stanze 2	4,0	X				X			X			
Stanze 3	4,0	X				X			X			
Stanze 4	4,0	X				X			X			

Bild 1.80   Ausschnitt aus dem Masterplan für die Anlagenwartung

Der Masterplan sollte für die IH und Produktion ein Hilfsmittel der Kapazitätsplanung sein. Für die IH war es wichtig zu planen, wie viele Mitarbeiterstunden sie wöchentlich für die Wartungsmaßnahmen vorhalten mussten. Die Produktion musste berücksichtigen, wann welche Kapazitäten nicht zur Verfügung stehen würden. Die Feinplanung der Maßnahmen wurde im wöchentlichen Wartungsmeeting durchgeführt.

Die Tätigkeiten der vorbeugenden Maßnahmen wurden von den Einrichtern und den Instandhaltern durchgeführt, die beide auf eine Checkliste zurückgriffen (Bild 1.81). Sie dienten als Grundlage für das wöchentliche Planungsmeeting zwischen Produktion und IH, in dem für die jeweils kommende Woche geklärt wurde, ob, wann und in welchem Umfang die Maßnahmen durchgeführt werden konnten. In Abstimmung mit dem Produktionsplan wurden damit alle Wartungsmaßnahmen terminiert. Die eigentliche Durchführung erfolgte in Kooperation zwischen Elektrikern, Schlossern und Einrichtern. Alle Maßnahmen mussten nach Erledigung vor Ort online in einen standardisierten Bericht eingetragen werden, der automatisch in eine Datenbank geladen wurde. Diese Informationen wurden für folgende Bereiche ausgewertet:

- Kapazitätsplanung
- Update Masterplan
- Ersatzteilmanagement
- Verbesserung der Abläufe
- Wissensmanagement.

Wartungs-Checkliste

Produktionsbereich			**Presswerk**																			
Anlage			**Presse A**																				
Tätigkeit	Zyklus			Dauer	Durchführung			Durchgeführt KW							Durchgeführt KW.....								
	täglich	wöchentlich	14-tägig		Einrichter	Elektriker	Schlosser	Mo	Di	Mi	Do	Fr	Sa	So	Mo	Di	Mi	Do	Fr	Sa	So		
An der Presse Lager abschmieren		X		10 min.	X																		
Durchsicht der Verkabelung, Lichtschranken		X		15 min.		X																	
Gesamte Pneumatik auf Dichtheit überprüfen			X	10 min.	X																		

Bild 1.81   Ausschnitt aus einer Wartungs-Checkliste

Ersatzteilmanagement

Im Rahmen des Workshops zur Erstellung der Wartungspläne wurde auch das Thema Ersatzteile behandelt. Im ersten Schritt wurden Ersatzteil-Kategorien definiert:

- Kritische Teile I: fallen häufiger aus
- kritische Teile II: teuer oder schwer beschaffbar; Ausfall eher selten, allerdings muss damit gerechnet werden
- Verschleißteile: müssen regelmäßig gewechselt werden
- Standardteile: Mehrfachverwendung an Anlagen möglich oder bereits umgesetzt
- sonstige Teile: Individuell zu entscheiden für jede Anlage.

Für den stufenweisen Aufbau eines neuen Ersatzteilmanagements wurde im zweiten Schritt für die Engpassanlagen bzw. für die kritischen Prozessschritte (eine Anlage wird für zahlreiche Wertströme verwendet) definiert, welche Ersatzteile in welche Kategorien fallen (Tab. 1.19). Nachdem alle Ersatzteile für die ersten 12 Anlagen benannt worden waren, wurde eine Bestandsaufnahme durchgeführt, um festzustellen welche vorrätig waren und welche nicht. In Tabelle 1.19 sind die Teile mit vorrätig (v) und nicht-vorrätig (nv) markiert.

Tabelle 1.19   Ausschnitt aus der erstellten Ersatzteilliste

	Kritische Teile I	Kritische Teile II	Verschleißteile	Standardteile	Sonstige Teile
Anlage 1	Vakuumsauger 45-DCG-10-00-09 (v) Pleullager SEP 10-12 (nv)		Bockrolle 31B OUR 125 P06 (v) Lenkrolle 31L OUR 125 P06 (v)	Druckluftschlauch 4 mm (nv) Druckluftschlauch 6 mm (v) Druckfeder D-117H (v) Bohrbuchse SZ 6250.059x16 (nv)	Greifer Zylinder (v)

Mit diesen Informationen wurde ausgearbeitet, wie mit den einzelnen Ersatzteiltypen für die Gruppe der Engpassanlagen verfahren werden sollte:

- Kritische Teile I: müssen vorrätig sein; wenn eine Komponente an mehreren Anlagen verwendet wird; es muss über den Verbrauch der letzten sechs Monate bestimmt werden wie viel Stück lagernd sein sollen
- kritische Teile II: Lieferanten oder mögliche Quellen zur Beschaffung müssen bekannt sein; bei längeren Lieferzeiten oder wenn das Teil nicht mehr zu beschaffen ist müssen Alternativen bestimmt werden
- Verschleißteile: laut Verbrauch der letzten sechs Monate Vorrat bestimmen
- Standardteile: Überschneidungen mit anderen Anlagen bestimmen; Prüfen ob durch Standardisierung die Anzahl der Komponenten reduziert werden kann; werksweiten Pool der Standardteile erstellen
- sonstige Teile: laut Verbrauch der letzten sechs Monate den Bedarf bestimmen; Lieferant und Lieferzeiten müssen bekannt sein und berücksichtigt werden.

Die Materialschränke und Regale spiegelten auch das Gesamtbild der Arbeitsweise der Instandhaltung wider. Aus diesem Grund wurde als Start für den Aufbau der korrekten Ersatzteilbevorratung ein gründliches 5-S durchgeführt, das eine nicht unerhebliche Platzeinsparung in der gesamten Instandhaltung brachte.

Bezüglich der Lagerorte wurde bestimmt, ob Standardteile und Verschleißteilen in der Produktion, der IH oder bei beiden vorrätig sein sollten. Als Entscheidungsbasis dienten die Wartungspläne. Teile, die in der Produktion gelagert werden sollten, wurden durch einen Kanban-Kreislauf von der Instandhaltung aufgefüllt. Verantwortlich für die Bestände war letztendlich die IH-Leitung.

Nach der Umsetzung aller Maßnahmen für die Engpassanlagen wurde das Konzept auch auf alle anderen Maschinen ausgeweitet. Der größte Unterschied war, dass hier auch der Kostenfaktor der Ersatzteile berücksichtig wurde. Speziell bei den kritischen Komponenten musste abgewogen werden, ob Teile vorrätig sein sollten oder nicht.

Effizientere Rüstvorgänge zur Reduzierung der Stillstandzeiten

Die wichtigsten Aspekte zum Rüsten und die Definition, was unter Rüsten verstanden wird sowie die Unterscheidung zwischen internen und externen Schritten wurden bereits im Abschnitt zum OEE behandelt. Als Einstieg zu diesem Thema hier eine kurze Erklärung des wichtigsten Konzeptes für effizientere Rüstvorgänge.

 SMED (Single Minute Exchange of Dies)

Bei dem von Shiego Shingo entwickeltem Konzept geht es darum, Wege zu finden, einen Rüstvorgang innerhalb einer einstelligen Minutenzahl durchführen zu können. Der zentrale Ansatz bei SMED ist, dass ein Rüstvorgang mit wenigen einfachen Handgriffen durchgeführt werden kann. Voraussetzung ist, dass alle notwendigen Vorbereitungen (z. B. Material holen) und Abschlussarbeiten (z. B. Reinigen der gewechselten Werkzeuge) während der Laufzeit der Anlage erfolgen. Dazu wurden folgende Schritte definiert:

- Trennen von internen und externen Tätigkeiten
- interne in externe Tätigkeiten umwandeln (Externalisieren)
- Reduzieren der internen Tätigkeiten durch:
  - Schnellspannvorrichtungen verwenden oder Verschraubungen komplett eliminieren
  - Schablonen und Lehren verwenden
  - Tätigkeiten parallel durchführen
  - Einstellen vermeiden
  - Rüstaktivitäten und Werkzeugabmessungen standardisieren
  - Mechanisierung einführen.

Als Weiterentwicklung von SMED gelten OTED (One Touch Exchange of Die), bei dem nur mit einem Handgriff gerüstet werden soll und die komplette Vermeidung der Notwendigkeit zu rüsten (Shingo 1990).

Fallbeispiel 1.14   Verluste an Anlagenverfügbarkeit durch Rüsten – Reduzierung der Stillstände durch Externalisieren von Tätigkeiten

Ausgangssituation:

In einem Werk, in dem Bohrer aus Stangenmaterial produziert werden, ist der kritischste Arbeitsschritt das Schleifen. Eine ständige Reduzierung der Losgrößen stellte die Produktion vor die Herausforderung, dass immer öfters gerüstet werden musste. Innerhalb von nur drei Monaten ging die Losgröße von durchschnittlich knapp über 1.500 Stück auf etwa 1.100 zurück (Bild 1.82).

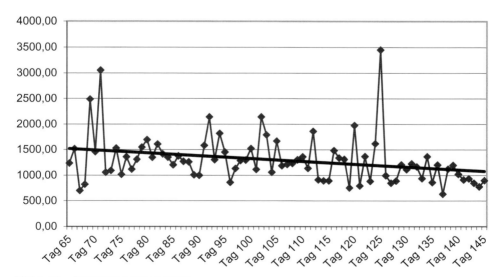

Bild 1.82   Entwicklung der Losgrößen

Die Losgrößen wurden also verkleinert, bevor die Fertigung durch geringere Rüstzeiten damit umgehen konnte. Eine Bestandsreduzierung wurde bereits durchgeführt, aber auf Kosten der Ausbringung der Anlagen. In der Analyse wurden für neun Schleifmaschinen folgende Daten aus dem Betriebsdatenerfassungssystem erhoben:

Tabelle 1.20   Ergebnisse der Analyse der Daten des BDE

	5-Achsen-Schleifmaschine	
	Typ:1 kompletter Wechsel	Typ 2: Gleicher Durchmesser
Durchschnittl. Rüstzeit (Min.)	89	43
Häufigkeit (Anzahl)	2.049	758
Häufigkeit (%)	73%	27%
Rüstzeit ges. (Min.)	182.361	32.594
Rüstzeit (%)	85%	15%
Summe Rüstzeiten gesamt	214.960	

Es wurden insgesamt neun Rüstvorgänge aufgenommen (sieben für einen kompletten Wechsel und zwei für einen Wechsel bei gleich bleibendem Durchmesser). Das Ergebnis einer Aufnahme eines kompletten Wechsels zeigt Bild 1.83.

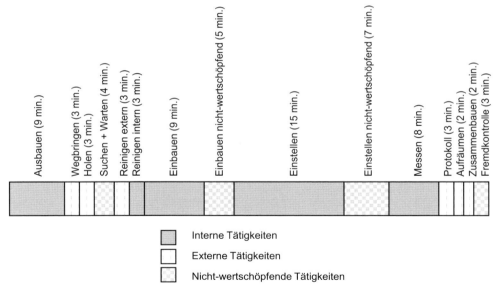

Interne Tätigkeiten

Externe Tätigkeiten

Nicht-wertschöpfende Tätigkeiten

Bild 1.83   Zusammenfassung des Ergebnisses eines Rüstvorganges

Dieser Rüstvorgang hat insgesamt 79 min gedauert (Durchschnitt aus dem System 89 min). Diese Gesamtzeit setzt sich aus 44 min (55%) interner Tätigkeiten, 16 min (20%) mit Potenzial zum Externalisieren und 19 min nicht wertschöpfender Tätigkeiten (25%) zusammen. Aus den sieben Aufnahmen für einen Komplettwechsel ergab sich ein Durchschnitt von 83 min pro Rüstvorgang, welcher auch als Basis für die Berechnung eines Projektes verwendet wurde. Als

Ziel wurde aus den unterschiedlichen Aufnahmen eine Reduzierung der Zeiten für einen Komplettwechsel auf 55 min oder um 33 % angesetzt. Als Hauptansatzpunkte wurden durch Analyse der Rüstvorgänge und durch Mitarbeitergespräche identifiziert:

- Es mussten zahlreiche Testläufe und Maßkorrekturen aus verschiedensten Gründen durchgeführt werden. Die wichtigsten Punkte waren: Scheibensätze sind oft nicht auftragsgemäß abgerichtet, die Anlagen haben eine mangelnde Maschinensteifigkeit bzw. wurden nicht optimal vermessen, die Scheibenaufnahme besaßen eine zu geringe Wiederholgenauigkeit.

- Einzelne Produkte mussten mit sehr geringen Toleranzen bearbeitet werden, die die Anlagen an die Grenzen ihrer Fertigungsgenauigkeit brachten. Es war jedoch nicht klar, ob alle Maße wirklich mit solch engen Toleranzen gefertigt werden mussten. Einige Maße waren für die eigentliche Funktion des Produktes nicht ausschlaggebend. Die Kommunikation mit Konstruktion und Vertrieb reichte nicht aus, um zu entscheiden, welche Maßtoleranzen tatsächlich notwendig waren.

- Die Mitarbeiter waren jeweils drei Anlagen fix zugeordnet (Bild 1.84) und verantworteten dort die Produktion und das Rüsten. Selbst wenn sie an ihren Anlagen lange Laufzeiten und dadurch Wartezeiten hatten, konnten sie durch die starre Regelung ihren Kollegen nicht bei den Rüstvorgängen helfen. Das Rüsten musste von einem Mitarbeiter oft unterbrochen werden, da er entweder die anderen Anlagen bestücken oder sonstige kleinere Störungen beheben musste (nicht-wertschöpfende Tätigkeiten im Rüstvorgang).

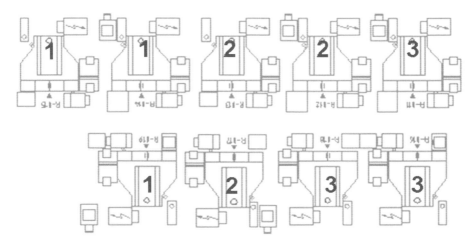

Bild 1.84   Zuordnung der Mitarbeiter zu den Anlagen

Verbesserungsansatz:

Sehr häufig gibt es die Situation, dass Rüstvorgänge keine oder nur unzureichende Standards haben. Dadurch ist oft nicht genau definiert, welche Schritte vor, während und nach Beendigung des Fertigungsauftrages durchgeführt werden sollen. Es hängt von jedem einzelnen Mitarbeiter ab, was er als den optimalen Ablauf sieht. Dies kann dazu führen, dass Maschinenstillstände länger andauern als unbedingt notwendig.

Die Externalisierung als erster Schritt beinhaltete sämtliche Tätigkeiten, die als Vorbereitung bzw. Nachbearbeitung durchgeführt werden konnten. Anhand von Standards wurde festgelegt, welche Arbeiten bereits vor bzw. nach dem Stillstand der Anlage gemacht werden müssen. Ein Projektteam, bestehend aus Maschinenbedienern, Instandhaltern, Qualitätern und Vorgesetzten des Bereichs zerlegten den gesamten Ablauf in die kleinstmöglichen Schritte, um zu definieren, was möglicherweise externalisiert werden kann (Bild 1.85)

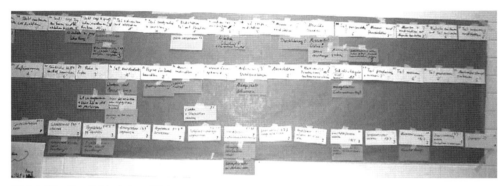

Bild 1.85   Detailablauf eines Rüstvorganges

Diese einzelnen kleinen Schritte (s. a. Bild 1.74) konnten nun für einen Standardablauf neu geordnet werden. Alle Tätigkeiten, die externalisiert wurden, teilte man in zwei Gruppen ein:

- Tätigkeiten vor Ablauf des alten Auftrages: Holen des Materials für den nächsten Auftrag
- Tätigkeiten nach Start des neuen Auftrages: Wegbringen des alten Auftrages; Reinigen der gewechselten Werkzeuge, Aufräumen, Ausfüllen des Rüstprotokolls.

Aus dieser Diskussion wurde ein Standard definiert, der sich in die Abschnitte vor (Tab. 1.21), während und nach der Umrüstung unterteilte. Diese Arbeitsanweisung diente als Grundlage für die Schulung aller Mitarbeiter zum Ablauf eines Rüstvorganges.

Tabelle 1.21   Auszug aus Arbeitsanweisung mit Schritten „vor dem Umrüsten"

Material bereitstellen (Papier und Träger)	Bediener/Logistiker	vor dem Umrüsten
Werkzeuge und Wechselteile bereitstellen	Bediener	vor dem Umrüsten
Magazine für Material einstellen und befüllen (neuer Materialwagen)	Bediener	vor dem Umrüsten

Die Auswirkung dieser ersten Veränderung ist in Bild 1.86 dargestellt, in der die Verschiebung der Aktivitäten vor oder nach dem eigentlichen Stopp der Anlage verdeutlicht wird. In diesem ersten Schritt geht es, wie schon weiter oben beschrieben, in erster Linie darum, die Dauer des Stillstandes zu reduzieren. Auf die eigentliche Dauer der Tätigkeiten hat das noch keine Auswirkung.

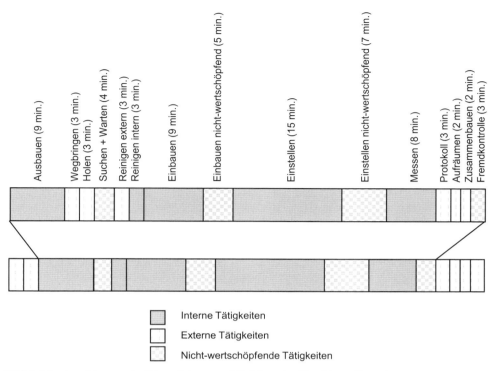

Interne Tätigkeiten

Externe Tätigkeiten

Nicht-wertschöpfende Tätigkeiten

Bild 1.86   Auswirkungen der Externalisierung auf die Länge des Maschinenstillstandes

Fallbeispiel 1.15   Verluste an Anlagenverfügbarkeit durch Rüsten – Reduzierung der Rüstzeit durch Optimierung von internen Tätigkeiten

Verbesserungsansatz:

Nach dem ersten leichteren Schritt der Externalisierung richten wir nun den Fokus auf die Reduzierung der verbliebenen internen Aktivitäten. Waren es zuerst in den meisten Fällen organisatorische Maßnahmen, so sind es hier häufig auch technische Lösungen.

Es wurden u. a. zwei technische Verbesserungen eingeführt, die Auswirkungen auf den Zeitaufwand bzw. die Anzahl der Einstellungen hatten. Beide Lösungen wären nicht zustande gekommen, wenn zum Thema Rüstzeitreduzierung nicht ein cross-funktionales Team zusammengestellt worden wäre. Sehr häufig kommen technische Verbesserungen durch das Übertragen von Wissen aus anderen Bereichen zustande. In diesem konkreten Fall kam einerseits eine bereits existierende Lösung aus einer anderen Abteilung zum Einsatz (Aufnahme). Andererseits kam der Anstoß nicht direkt aus der Produktion, sondern durch Qualität (Taster).

Eine richtige Mischung an Teammitgliedern für einen Workshop bringt oft erstaunliche Ergebnisse, die die Arbeit von so machen „Experten" in den Schatten stellen. In einem anderen Projekt in einer Gießerei hatte man über Jahre mit hohen Ausschussraten zu kämpfen und es hatte bereits mehrere Gutachten von Gießexperten gegeben, die keine Lösung bieten konnten. Erst ein sorgsam ausgewähltes Team von Mitarbeitern aus unterschiedlichen Bereichen des Unternehmens konnte in einem klassischen Kaizen-Workshop Verbesserungen definieren, die tatsächlich zum Erfolg führten. Der Wissensschatz im eigenen Unternehmen und die Kreativität, die in einem Workshop entstehen kann, sollte auf der Suche nach technischen Lösungen nicht unterschätzt werden.

Ein verbesserter Typus an Aufnahmen wurde von anderen Anlagen übernommen (Bild 1.87), der eine höhere Wiederholgenauigkeit ermöglichte. Werte von Voreinstellungen und Simulationen konnten daher mit geringerem Einstellaufwand übertragen werden.

Bild 1.87   Verbesserungen der Aufnahmen – vorher und nachher

Die zweite Verbesserung war der Einbau von Tastern zum automatischen Ablesen der Scheibenparameter in den Anlagen. Dadurch wurden eine Reduzierung der Fehler bei der Eingabe der Scheibendaten sowie eine Verringerung der Ungenauigkeiten bei den Voreinstellungen ermöglicht. Daraus resultierte ein noch geringerer Zeitaufwand für das Einstellen.

Neben den technischen Änderungen wurde auch die neue Organisation innerhalb der Maschinengruppe neu definiert. Alle drei Mitarbeiter waren nun für alle Maschinen verantwortlich, was sich auch in ihren Zielvorgaben widerspiegelte. Die Leistung des einzelnen Mitarbeiters wurde nicht mehr beurteilt, sondern es wurde beurteilt wie die gesamte Maschinengruppe gearbeitet hatte. Durch die Auflösung der starren Zuordnung war es den Mitarbeitern nun möglich, sich gegenseitig auszuhelfen und externe Tätigkeiten auch wirklich extern zu erledigen. Die Stillstände wurden damit um 20 % verringert.

Im zweiten Schritt wurden interne Abläufe verbessert. Durch die neue Organisation der Maschinenbediener wurden bereits automatisch die nicht wertschöpfenden Tätigkeiten während des Rüstvorganges eliminiert. Wenn ein Mitarbeiter einen Rüstvorgang durchführt, kann er sich nun voll und ganz auf diesen konzentrieren und wird nicht ständig von Stillständen an anderen Anlagen abgelenkt.

Mit diesen Maßnahmen konnten die Stillstände der Anlagen und der zeitliche Aufwand für alle Beteiligten um 25 % verringert werden (Bild 1.88). Insgesamt ergab sich aus beiden Schritten eine Verringerung der Rüstzeiten bei einem Komplettumbau um 45 %.

Mit diesem Ergebnis konnten fast doppelt so viele Rüstvorgänge durchgeführt werden wie vor dem Projekt. Daraus folgte, dass die Losgrößen, die vor dem Projekt in einem Zeitraum von drei Monaten um ca. 25 % verkleinert wurden, weiter reduziert werden konnten, ohne eine negative Auswirkung auf die Ausbringung der Anlagen zu haben.

In der Analyse wurde bereits erwähnt, dass für einige Produkte ein erheblicher Einstellaufwand notwendig war, da manche Maße sehr enge Toleranzen aufwiesen. Diese Rüstvorgänge wurden auch als Ausreißer identifiziert und aus dem Durchschnitt herausgerechnet.

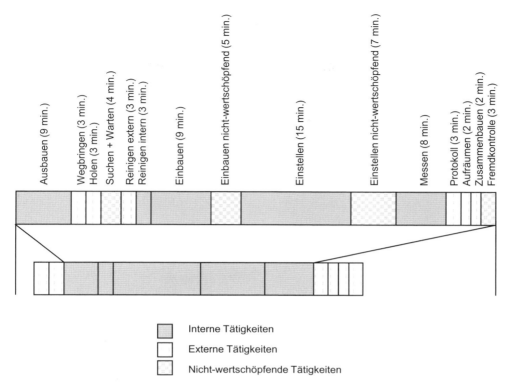

Bild 1.88   Zweiter Schritt der Verbesserung – Reduzierung der internen Tätigkeiten

Für die Mitarbeiter wurde eine Anweisung erstellt, dass diese Produkte notiert werden müssen. Die Produktionsleitung hatte mit der Konstruktionsabteilung langfristig zu klären, ob diese Toleranzen für die Leistung des Produktes tatsächlich notwendig sind. Innerhalb von zwei Monaten konnten sieben Toleranzen, die besondere Schwierigkeiten in der Fertigung verursacht hatten, abgeändert werden, da diese für die Leistungsfähigkeit des Bohrers beim Kunden keinerlei Bedeutung hatten. Der gesamte Rüstaufwand konnte damit um weitere 2 % reduziert werden. Auf die Höhe des Ausschusses hatte diese Maßnahme ebenfalls einen positiven Effekt (siehe zu diesem Thema mehr im Kapitel Qualität).

Diese Lösungen stellten bereits eine wesentlich größere Anforderung an das Projektteam. Können Verbesserungen durch Externalisierung noch mit einfachem Hausverstand und einem kritischem Hinterfragen der aktuellen Abläufe erreicht werden, so werden hier oft technisches Wissen und viel Erfahrung mit der Reduzierung von Rüstvorgängen benötigt. Grundsätzlich wiederholen sich viele Ansätze immer wieder, weshalb abschließend noch einige organisatorische und technische Beispiele gelistet sind, die typische Ideen zum Reduzieren von Rüstzeiten darstellen.

Verlustquelle Bewegen

Wie schon im Abschnitt zur Produktivität stellen auch beim Rüsten lange Wege eine häufige Quelle für Zeitverluste dar. Diese Wege können zum Werkzeugschrank, zur Qualitätsabteilung, zur Abnahme des ersten Teiles oder ganz einfach nur um die Maschine herum führen. Ein Spaghetti-Diagramm ist in solchen Fällen ein hilfreiches Mittel, um die Verschwendung zu verdeutlichen (Bild 1.89).

Gerade wenn es sich um Werkzeuge oder Messgeräte handelt, so ist eine wichtige Fragestellung neben dem Standort auch die benötigte Anzahl. In Bild 1.89 konnte eine erhebliche Verbesserung allein durch das Umstellen des Projektors und des Arbeitsplatzes zur Werkezugvoreinstellung erzielt werden. Es kann allerdings auch sinnvoll sein, kleine Investitionen zu tätigen, um lange Laufwege zu vermeiden. Zusätzlich wurden auch einige Werkzeuge, die in den Schränken verstaut waren und für jeden Rüstvorgang benötigt wurden, für jede Anlage beschafft und direkt an diesen abgelegt.

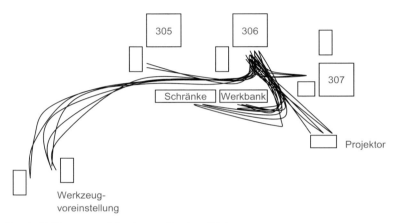

Bild 1.89   Spaghetti-Diagramm mit Laufwegen für einen Rüstvorgang

Ein weiteres Beispiel für eine sinnvolle kleine Investition war die Beschaffung von Software. Nach dem Rüsten musste das SPC-Protokoll (Statistische Prozess-Kontrolle) direkt an der Anlage ausgedruckt werden und der Mitarbeiter hatte dieses anschließend in die Qualitätsabteilung zu bringen. Für den Computer im Messraum wurde die notwendige Software gekauft, um das Protokoll direkt dort ausdrucken lassen zu können. Für alle Mitarbeiter zusammen ergab sich dadurch eine Einsparung an Laufwegen von 122 km/Jahr.

Mitarbeiter müssen während des Rüstens häufig mehrmals um eine Anlage herumlaufen. Eine Verkleidung muss z. B. zuerst auf einer Seite verschraubt werden und dann geht der Mitarbeiter um die Anlage herum und verschraubt die andere Seite. In solchen Fällen wäre es besser, die Arbeit von mehr als einer Person durchführen zu lassen. Der gesamte Aufwand kann um das Laufen reduziert werden und die Rüstzeit selber könnte zumindest für die betroffenen Tätigkeiten mehr als halbiert werden.

Verlustquelle Verschraubungen

Eine der zeitaufwendigsten Tätigkeiten eines Rüstvorganges sind häufig das Öffnen und Verschließen von Schraubverbindungen. Einige typische Beispiele für Verschraubungen vor und nach einer Verbesserung sind in den folgenden Abbildungen zu sehen.

Vorher

Nachher

Bild 1.90   Verschraubungen vorher (links) und nachher (rechts)

Verlustquelle Einstellen

Nachdem z. B. Komponenten einer Anlage ausgewechselt wurden, müssen Werkzeuge, Anschläge etc. von neuem eingestellt werden. Bei Maschinen mit Sensoren und einfachem Hochladen von Programmen ist dies normalerweise kein besonders großes Thema. Häufig befinden sich in der Produktion allerdings noch Anlagen, bei denen dies manuell durchgeführt werden muss. Die Dauer dieses Einstellens hängt dann in vielen Fällen von der Erfahrung und dem Geschick des Einstellers oder Maschinenbedieners ab. Mit einfachsten Hilfsmitteln kann diese Zeit reduziert oder vielleicht sogar ganz vermieden werden.

Der einfachste Ansatz liegt darin, an Anlagen, Aufnahmen, Werkzeugen usw. Markierungen anzubringen, bei welchem Produkt welche Einstellung notwendig ist. Wesentlich komplizierter wird es, wenn zahlreiche Parameter an einer Maschine verändert werden müssen. Umfangreiche Einstellpläne können dabei notwendig sein (Bild 1.91). Die Bestimmung, welche Parameter in diesen Plan aufgenommen werden müssen und welche Zahlen für welche Produkte eingetragen werden müssen, kann ein sehr zeitaufwendiges Unterfangen sein. Allerdings werden damit nur Versäumnisse der Vergangenheit wieder wettgemacht.

Eine sehr große Herausforderung beim Einstellen kann sein, wenn die bestimmenden Faktoren nicht die Parameter des Produktes oder der Anlage sind, sondern die Haupteinflussfaktoren in den Umweltparametern liegen, wie z. B. Luftfeuchtigkeit oder Temperatur. Zum Beispiel wurde bei einem Produzenten von Kunststoff-Benzintanks für Autos die Einstellung der Anlage durch die Beschaffenheit des verwendeten Granulats , durch zahlreiche Umweltfaktoren und dem Produkt selbst beeinflusst. In diesem Beispiel erhöhte sich die Ausschussrate teilweise um über 10 % nur durch die Anlaufverluste.

	ARBEITSANWEISUNG		Ausgabe JULI XXXX
	EINSTELLPLAN DREHEN		Formular Nr. 1
			Verteilerblatt

TYPE		NU316 EM6			Fr. Sw
Maschinen	1	NEF 32029	Maschinen2	HY2	
Programm		% 288		% 602	
Spannen		Außen	Matr. Dimen	168x120 H105	Säge
Backen		Beweg. / Stand.	120 -140	Beweg.	
Backen		Zentrieren	Drehricht	M4	

	Zeit/Stück	1,35			2	
Werkzeuge	Wer. Nr.	Radius		Firma	Platte Nr.	
Außen Fer.	T6	R=0.8		sandvik	004-0800-0808	
Innen Fer.	T4	R=0.8				
Abstechen	T8	R=0.2				
Plan Einsti.	T10	R=0.2				
Schru. Außen	T12	R=0.8				
Schru. Innen	T2	R=0.8				
Ovalität	Bis 0.1			Dreipunkt	Bis 0.2	

Promot	Schpan.	Finger Nr.	Gewinde Kr	Länge	Breite
Greifer 1	Außen	4	5	35	25
Greifer 2	Innen	2	2	75	27,5
Greifer 3	Außen	2	5	75	25
Bemerkung:					

Bild 1.91   Beispiel eines Einstellplans

Verlustquelle Freigabe

Die Maschine wurde nun umgebaut und das erste Stück wurde für die Qualitätsabteilung zur Freigabe produziert. Grundsätzlich kommt es häufig zur Diskussion, ob die Produktion bereits vor der Freigabe gestartet werden kann oder ob auf diese gewartet werden muss. Dies ist eine Entscheidung, die jedes Unternehmen für sich treffen muss. Als Entscheidungsgrundlage kann die Klärung folgender Fragen dienen:

- Wie stabil ist der Prozess? Bei großer Wahrscheinlichkeit, dass nach einem Rüstvorgang das erste Teil in Ordnung ist, wird häufig mit der Produktion vor der offiziellen Freigabe begonnen. Wenn nach einer Kontrolle mehrere Teile verschrottet werden müssen, so werden die dafür anfallenden Kosten als geringer erachtet als die verlorene Kapazität der Maschine.

- Wie teuer sind die Produkte? Die Argumentation ist wieder die gleiche. Je teurer ein Teil, das eventuell verschrottet werden muss, desto eher wird auf die Freigabe gewartet.

- Gibt es Vorgaben, die es nicht erlauben, vor der Freigabe mit der Produktion zu starten? Dies können regulatorische Vorschriften, wie z. B. in der Pharmabranche, sein oder auch Anforderungen vom Kunden.

Wichtig ist immer, zu hinterfragen, ob auf die Freigabe gewartet werden muss oder ob es sinnvoll ist. Gibt es eine Entscheidung zum Warten auf die Freigabe, so liegt im Ablauf selber oft das Potenzial, die Zeit zu reduzieren. Folgende Fragen ergeben sich bei der Betrachtung der Freigabe:

- Wer ist für die Freigabe verantwortlich? Häufig müssen die Teile zu einem zentralen Labor, Messraum oder dgl. gebracht werden und dort landen sie in einer Warteschlange. Gibt es Möglichkeiten einer „fliegenden" Kontrolle? Dabei führen Mitarbeiter der Qualitätssicherung während ihrer Routen in der Produktion die Freigabe vor Ort durch. Oder kann die Freigabe durch die Produktion – z. B. durch einen Einsteller oder durch den Vorarbeiter – erfolgen?

- Wie ist der Informationsfluss Produktion – Qualität – Produktion gestaltet? Können die notwendigen Parameter direkt auf elektronischem Weg übertragen werden? Kann die Freigabe ebenso elektronisch erfolgen oder kann ein Freigabeprotokoll direkt in der Produktion ausgedruckt werden? In einem Unternehmen der Pharmabranche war die gesamte QS-Dokumentation einer Charge mit fünf verschiedenen Fertigungsschritten 127 Seiten dick und auf jeder Seite wurden im Schnitt drei Unterschriften zur Freigabe benötigt. Dies ist natürlich ein Extremfall, bei dem eine elektronische Unterstützung enorme Vorteile brachte.

- Können die Abläufe innerhalb der Qualität verbessert werden? Prozessaufnahmen in diesem Bereich dürften sicherlich auch Ansätze zeigen, die Durchlaufzeiten zu verringern. Möglichkeiten sind eine verbesserte Organisation des „Wareneinganges", eine klarere Definition der Aufgaben und Verantwortlichkeiten oder eine Priorisierung der freizugebenden Teile.

Fallbeispiel 1.16a   Verluste an Anlagenverfügbarkeit durch Rüsten – Reduzierung der Rüsthäufigkeit durch Bildung von Technologiegruppen

Ausgangssituation:

In der Schleifabteilung eines Produzenten von Fräsern konnten 12 identische Anlagen sämtliche Produkte bearbeiten. Es gab jedoch unterschiedlichste Umfänge der Rüstvorgänge beim Wechsel zwischen verschiedenen Dimensionen und Typen an Fräsern. Einerseits konnte sich bei relativ identischen Produkten das Rüsten auf einen Programmwechsel und dem Einstellen des Halters beschränken, was nur wenige Minuten dauerte. Andererseits gab es Extremfälle in denen ein kompletter Wechsel aller wichtigen Bestandteile, wie Halter, Schleifscheiben etc. notwendig war und ein Rüstvorgang dadurch im Schnitt über 90 min dauerte. Da in dieser Abteilung ein striktes FIFO eingehalten wurde, lag der Rüstanteil bei der OEE-Berechnung bei 18 % bei Losgrößen zwischen zwei und 2.000 Stück und einer Variantenvielfalt von ca. 12.000 verschiedenen Produkten. In der Projektarbeit kam neben den klassischen Ansätzen, wie

Externalisieren und Reduzieren der internen Tätigkeiten, der Vorschlag auf, Produkte bestimmten Anlagen zuzuordnen und dabei so weit wie möglich das FIFO beizubehalten. Man wollte dadurch so wenig Komplettwechsel wie möglich erreichen.

Verbesserungsansatz:

Im ersten Schritt musste definiert werden, welche Komponenten an einer Anlage welchen Aufwand bei einem Rüstvorgang verursachten. Die drei zeitaufwendigsten Wechsel waren:

- Wechsel des Halters
- Wechsel der Schleifscheibe mit anderem Durchmesser und Stärke
- Wechsel der Schleifscheibe mit anderem Durchmesser.

Die Information zu den benötigten Komponenten (z. B. Durchmesser und Stärke der Schleifscheibe) und die Zykluszeiten mussten nun jedem einzelnen Produkt zugeordnet werden, wobei diese Informationen in den Stammdaten hinterlegt waren. Dadurch konnte dies ohne großen Aufwand durchgeführt werden. Die größere Herausforderung war die Verknüpfung der Stammdaten mit der Vertriebsdatenbank, um die abgesetzten Volumina jedes einzelnen Produktes der letzten 12 Monate mit diesen Informationen zusammenzuführen (Tab. 1.22). Wäre diese Zuordnung nicht so einfach möglich gewesen, hätte man sie zum Start der Top-500-Produkte manuell machen können. Bei einer stichprobenmäßigen Kontrolle ergab sich, wie nicht anders zu erwarten, dass die Stammdaten nur eingeschränkt korrekt waren. Stammdaten stellen sich in fast allen Unternehmen als eine große Herausforderung dar, da es sehr oft keinen klar definierten Prozess gibt, wie Änderungen im Produkt reflektiert werden. In diesem Fall betraf es hauptsächlich die zu verwendenden Schleifscheiben und Zykluszeiten, die nicht für alle Produkte auf dem neuesten Stand waren. Im Rahmen dieses Projektes wurde demnach zusätzlich eine Feedback-Schleife aufgebaut, um die Informationen bzgl. der Änderungen an das Engineering weiterzuleiten.

Tabelle 1.22 Aufbau der Auswertung zur Zuordnung der Produkte mit zu wechselnden Komponenten

Artikel-nummer	Volumen (12 Monate)	Zykluszeit (Sek.)	Bearbei-tungszeit (Std.)	Halter	Schleif-scheiben-durchmes-ser	Schleif-scheiben-stärke
1234567	127.897	27	959	SV 1	DM 1	S 1
2345678	112.456	35	1093	SV 2	DM 2	S 2
3456789	105.326	42	1229	SV 1	DM 2	S 1
4567890	99.867	18	499	SV 3	DM 3	S 1

Insgesamt wurden acht verschiedene Halter und 12 Typen Schleifscheiben identifiziert. Auf Basis dieser Auswertung konnte ermittelt werden, welches Volumen mit welchem Halter bzw. Schleifscheibendurchmesser und welcher Schleifscheibenstärke produziert wurde, woraus wiederrum der Kapazitätsbedarf ermittelt werden konnte (Tab. 1.23). Das Resultat der Auswertung ergab, dass mit dem Halter 1 ca. 30 % der gesamten Bearbeitungszeit gefertigt wurde, was bei 12 Anlagen eine Kapazität von ca. vier ergab. Innerhalb dieser Gruppe wurden 12,5 % mit Schleifscheibe 1 produziert. Dies bedeutete, dass vom Kapazitätsbedarf her durchschnittlich jeweils eine Anlage für Halter 1 mit Schleifscheibentypus 1 und 6 benötigt wurde.

Tabelle 1.23   Auszug aus Kapazitätsberechnung für jede Spannvorrichtung und Schleifscheibentyp

Komponenten		Kapazität in %
Halter 1	Schleifscheibe 1	12,5
	Schleifscheibe 2	3,2
	Schleifscheibe 4	2,7
	Schleifscheibe 6	11,8
Halter 2	Schleifscheibe 2	7,4
	Schleifscheibe 3	6,5
	Schleifscheibe 4	0,4
	Schleifscheibe 7	1,2

Aus dieser Zuteilung der Fertigungsstunden je Produkt zu den jeweiligen Kombinationen aus Spannvorrichtung und Schleifscheibentyp konnte die Zelle aus 12 Anlagen in einzelne Untergruppen unterteilt werden (Bild 1.92). Insgesamt entstanden fünf Gruppen, von denen zwei besonders hervorgehoben wurden. Maschinengruppe 1 sind die Anlagen, an denen alle Produkte mit Halter 1 gefertigt werden sollten. Dabei sollten zwei Schleifmaschinen so weit wie möglich ohne Wechsel der Schleifscheiben auskommen.

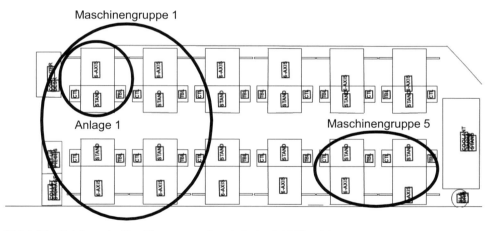

Bild 1.92   Zuteilung der Maschinengruppen innerhalb des Schleifbereiches

Zwei besondere Herausforderungen ergeben sich durch diese Aufteilung:

- Der tägliche Produktmix wird nur in ganz seltenen Fällen genau dieser Aufteilung der Anlagen entsprechen. Die Produkte, die mit der Kombination Halter 1 + Schleifscheibe 1 gefertigt werden, sollten primär an die Anlage 1 kommen. War diese jedoch so belegt, dass der Termin nicht eingehalten werden könnte, musste auf eine Anlage innerhalb der Gruppe 1 ausgewichen werden. War dies auch nicht möglich, so kam Maschinengruppe 5, die aus zwei Anlagen bestand, ins Spiel. Dies war die flexible Zelle, die einerseits für Exoten etwa mit speziellen Schleifscheiben gedacht war, andererseits als Kapazitätsausgleich für alle anderen Gruppen eingesetzt wurde. In diese beiden Anlagen wurde extra investiert, um sie so flexibel wie möglich zu gestalten. Die Situation wurde auch dadurch entschärft, weil es gelang die Stillstandszeiten durch Rüsten zu reduzieren. Das erzeugte einen größeren Kapazitätspuffer an den Anlagen.

- Die Steuerung des Schleifbereiches musste komplett neu durchdacht werden. Ursprünglich wurde einfach jeder Auftrag nach dem FIFO-Prinzip gefertigt, was mitunter auch der Grund für den hohen Rüstanteil war. FIFO sollte so weit wie möglich beibehalten werden, nun allerdings je Untergruppe. Es musste außerdem eine gewisse Flexibilität durch das Verlegen an eine andere Anlage oder Gruppe gewährleistet sein. Dazu wurde eigens eine Steuerungstafel für den Bereich definiert (Bild 1.93). Für jede Maschine gab es eine Zeile auf der Tafel, die in stündliche Intervalle unterteilt war. Auf kleinen Magnetkarten (Bild 1.94) wurden alle notwendigen Informationen manuell eingetragen. Diese Karten wurden unter Berücksichtigung des geplanten Start- und Endtermins an der Tafel befestigt.

Anlagen	6 - 7 Uhr	7 - 8 Uhr	8 - 9 Uhr	9 - 10 Uhr	10 - 11 Uhr	11 - 12 Uhr
Anglagengruppe 1						
Anlage 1	▭				▭	
Anlage 2	▭ ▭					
Anlage 3	▭	▭				
Anlage 4	▭					
Anlagengruppe 2						
Anlage 5	▭		▭			
Anlage 6		▭ ▭				

Bild 1.93   Ausschnitt aus der Steuerungstafel

Artikelnummer	1234567	**Prio-Anlage**
Auftragsnummer	ABCDE	Anlage 1
Auftragsmenge (Stk.)	500	**Alternative Anlage**
Bearbeitungszeit (Min.)	225	Anlage 3
Geplanter Endtermin	23.11.	

Bild 1.94   Prinzipieller Aufbau der Magnetkarte

So sollte der Auftrag aus Bild 1.94 an der Anlage 1 gefertigt werden. Die geplante Bearbeitungsdauer war mit 225 min (27 s aus Tab. 13 mal 500 Stück) berechnet, also ca. vier Stunden. Wenn der Auftrag bei Schichtbeginn um sechs Uhr gestartet wurde, so sollte er gegen 10 Uhr fertig sein. Für diesen Zeitpunkt konnte dann der nächste Auftrag geplant werden. Die Methode mit den Magnetkarten wurde gewählt, um Aufträge flexibel jederzeit verschieben zu können. Würde es z. B. an der Anlage 1 zu einer Störung kommen, so könnte der Verantwortliche für die Maschinengruppe den nächsten Auftrag wenn nötig an eine andere Maschine verlegen.

Die anfangs etwas starr erscheinende Zuordnung der Produkte an gewisse Anlagen und der Aufwand für die Steuerung verursachte insbesondere in der Arbeitsvorbereitung, die die Magnetkarten mit den Arbeitspapieren für die Produktion vorbereitete, einige Vorbehalte. Als sich jedoch nach einigen Wochen zeigte, dass neben deutlichen Verbesserungen am OEE auch die

Liefertreue aus dem Schleifbereich kontinuierlich nach oben ging, wurde auf Initiative der AV hin diese Systematik auf andere Produktionsbereiche ausgeweitet.

Fallbeispiel 1.16b Verluste an Anlagenverfügbarkeit durch Rüsten – Reduzierung der Rüsthäufigkeit durch Einführung von Kanban

Kanban wird erst im Kapitel zu Beständen ein Thema sein, doch kann dessen Einführung häufig auch zu positiven Effekten auf das Rüsten führen. Daher ein Vorgriff auf dieses Konzept. In der ursprünglichen Auslegung von Kanban wird mit Karten und einer Kanbantafel (Bild 1.95) gearbeitet, die zur Steuerung der Produktion verwendet wird. Genau diese Kanbantafel kann als Nebeneffekt zur Reduzierung der gesamten Rüstzeit führen. Dieser Gedanke soll kurz erläutert werden.

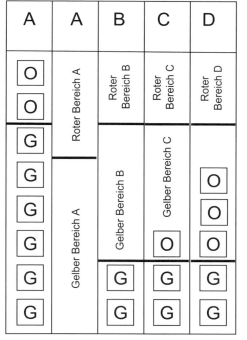

Bild 1.95 Kanbantafel zur Steuerung der Produktion

Es werden vier verschiedene Produkte an dieser Anlage gefertigt, wobei für Produkt A bereits sechs Behälter mit grünen Karten und zwei Behälter mit gelben Karten verbraucht wurden. Wurde das erste Teil aus einem Behälter entnommen, so wurde die Karte, die sich in diesem befand, in den entsprechenden Bereich der Tafel gesteckt. Für Produkt D ist nur noch eine gelbe Karte vorhanden (es gibt Platz für insgesamt vier) und sollte demnach der nächste Fertigungsauftrag sein. Allerdings stellt sich die Frage, welches Produkt in dieser Situation anschließend gefertigt werden sollte, da A, B und C keine klare Priorisierung haben. B hat sicherlich die geringste Priorität, da noch keine gelbe Karte in der Tafel steckt. Doch könnte es sein, dass bei B als Folgeauftrag zu D der geringste Rüstaufwand notwendig ist. Dadurch könnte die Entscheidung getroffen werden, dass B als nächstes gefertigt werden soll. Je mehr verschiedene Produkte sich in einem Kanbankreislauf befinden, desto größer ist das Potenzial für eine Optimierung der Reihenfolge zur Reduzierung des Rüstaufwands. Sehr oft stellt sich die Produktion gegen die Einführung von Kanban mit dem Argument, dass die Rüstzeiten explodieren würden. Es gibt allerdings zahlreiche Fälle in denen genau das Gegenteil zutrifft.

1.3.2.4 Planung von Anlagen und Arbeitsplätzen

Alle Abschnitte in diesem Kapitel waren darauf ausgerichtet, an existierenden Arbeitsplätzen die Wertschöpfung zu erhöhen. Der effizientere Ansatz ist natürlich, Anlagen und Arbeitsplätze bereits in der Planungsphase auf geringstmögliche Verschwendung hin zu gestalten. Dabei wird häufig der Ansatz von 3-P verwendet, dem Production Planning Process oder Produktionsvorbereitungsprozess.

 3-P

3-P konzentriert sich auf die optimale Gestaltung von Fertigungsabläufen und ist ein integraler Bestandteil des Entwicklungs- und Planungsprozesses speziell von Anlagen, Arbeitsplätzen und Layouts. Die Durchführung erfolgt in Form eines Workshops, der je nach Umfang des Projektes zwischen einem Tag und Wochen dauern kann. Besonders wichtig ist dabei die Zusammensetzung des Teams für diesen Workshop. Neben der Produktion, Qualität, Prozesstechnik, Instandhaltung und interner Logistik sollten auf jeden Fall auch die Verantwortlichen für den tatsächlichen Bau der Anlage vertreten sein, auch wenn dies ein externer Lieferant ist. Wenn es um strategische Themen geht, kann es unter hierarchischen Gesichtspunkten notwendig sein, das Team aus Mitarbeitern höherer Managementebenen zu bilden.

Der tatsächliche Ablauf soll an zwei kurzen Fallbeispielen erklärt werden.

Fallbeispiel 1.17   3-P – Entwicklung von Produktionsvarianten für eine Investitionsentscheidung

Ein Unternehmen der Elektronikindustrie erwartete für eines seiner Hauptprodukte einen gravierenden Anstieg der Verkaufszahlen für die nächsten Jahre. Während mehrerer Monate wurde mit einem externen Sondermaschinenbauer an der Entwicklung einer völlig neuen Technologie und einer Montagelinie gearbeitet, um die existierenden einzelnen Montagezellen für diese Produkte für die anstehenden Anforderungen des Marktes zu ersetzen. Die Fortschritte bei der Entwicklung hinkten allerdings weit hinter den Erwartungen zurück, weshalb das Top-Management beschloss, mehrere mögliche Varianten der Produktionsentwicklung ausarbeiten zu lassen. Das Projektteam für diese Aufgabe bestand aus dem Werksleiter, dem Projektleiter, den Leitern aus dem Werk für Produktion, Qualität, Logistik, Controlling, Instandhaltung und Technik, dem KVP-Leiter für das gesamten Unternehmen sowie dem Geschäftsführer des Lieferanten und dem verantwortlichen Lead-Engineer. Alle Beteiligten wurden für zweimal eine Woche komplett freigestellt. Es gab keine Tabus, wenn diese beiden Prämissen eingehalten wurden:

- Die Produktion musste die Verdoppelung des Volumens innerhalb von drei Jahren ermöglichen.
- Das geplante Investitionsvolumen durfte nicht überschritten werden.

Nach einem halbtägigen Training zum Kennenlernen des 3-P-Prozesses und der Werkzeuge, die für das Projekt benötigt wurden, definierte das Team die Erwartungen an die erste Woche. Diese waren speziell aus Werkssicht sehr schnell gefunden:

- Prozesssicherheit der Gesamtanlage analysieren
- Prozesssicherheit der Einzelkomponenten analysieren
- Anforderungen an die Produktqualität bestimmen
- Personalbedarf ermitteln
- Risiken definieren.

Es stellte sich heraus, dass außer dem Projektleiter im Unternehmen so gut wie niemand Kenntnisse bzgl. der neuen Technologie und der bereits teilweise im Bau befindlichen Anlage hatte. Demnach wurde anfangs sehr viel Zeit damit verbracht, zu verstehen, wie weitreichend die Veränderungen sein würden. Bis zu diesem Zeitpunkt hatte auch der Lieferant selbst noch keinerlei Vorstellungen über wichtige Aspekte der Anlage, wie z. B. die Anzahl des notwendigen Bedienungspersonals oder Zugangspunkte für die Instandhaltung. Die technischen Herausforderungen dieser verketteten Anlage, die aus 14 Einzelkomponenten bestehen sollte, waren noch zu groß für den Lieferanten. Der weitere Verlauf der Woche bestand daraus, aus den Einzelstücken der Anlage ein gesamtes Layout mit Flächenbedarf, Personal etc. zu entwickeln sowie einen groben Umbauplan zu entwickeln, um reibungslos von der alten auf die neue Produktion inkl. der baulichen Maßnahmen umzustellen. Diese Aufgabe unterteilte sich in folgende Schritte:

- Definition von kritischen Punkten, aktuellen Störgrößen und offenen Fragen für jeden einzelnen Prozessschritt: Jeder einzelne Prozessschritt wurde im Detail diskutiert und alle möglichen Risiken bzgl. der Entwicklung, der Fertigstellung und dem Betrieb wurden erfasst. Vom Ansatz her wurde schon fast eine Prozess-FMEA (Failure Mode and Effect Analysis) durchgeführt. Aus dieser Diskussion heraus entstanden durch das Fachwissen aller Beteiligten bereits die ersten Lösungen, wie einzelne technische Störungen beseitigt werden könnten.

- Allgemeine Projektrisiken: Neben den Einzelrisiken je Prozessschritt wurden auch die gesamten Projektrisiken diskutiert, die sich hauptsächlich auf den Terminplan, die Kosten und auf die Fragestellung, ob die Technologie funktionieren wird, konzentrierten. Bei der Diskussion bzgl. der Risiken kamen die ersten Zweifel bei den Produktionsverantwortlichen bzgl. des gesamten Konzeptes auf.

- Erstellung eines Variantenbaums (Bild 1.96): Die Rüstvorgänge sollten sich bei der geplanten Anlage auf einen simplen Programmwechsel und den Austausch weniger Materialien konzentrieren. Der Variantenbaum sollte später hauptsächlich für die Betrachtung von alternativen Konzepten dienen.

- Ermittlung von Taktzeit und Zykluszeit (Tab. 1.24): Es wurden mehrere Szenarien aufgestellt bzgl. der Arbeitstage und des OEE. Bei einer für dieses Unternehmen „normalen" Anzahl von 287 Arbeitstagen würden sich im Jahr bei 24 Stunden Laufzeit der Anlage/Tag eine jährliche Nettoarbeitszeit von 6.888 Stunden ergeben. Werden diese Stunden mit dem geplanten Kundenbedarf von 200 Mio. Stück/Jahr dividiert und mit einem OEE von 75 % multipliziert, so ergibt sich eine Taktzeit von 0,093 s. Bei der geplanten Zykluszeit der Anlage von 0,10 wäre demnach ein OEE von über 80 % notwendig, um das geforderte Volumen zu produzieren. Bei dieser Zahl kamen die nächsten Zweifel auf. 80 % Zielwert für eine verkettete Anlage mit 14 Einzelschritten und einer völlig neuen Produktionstechnologien erschien allen als besonders große Herausforderung.

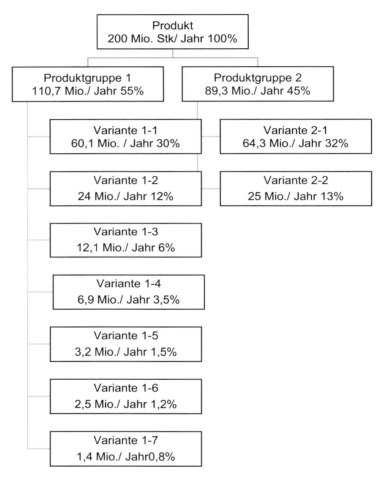

Bild 1.96 Variantenbaum

- Gerade bei hochkomplexen und verketteten Anlagen wird bei der Planung mit zu optimistischen Werten gerechnet. Die Realität zeigt häufig, dass Maschinen oder Linien, die vorher ein Produkt in mehreren separaten Schritten fertigen, bei Umstellung auf die Produktion einer Gesamteinheit nicht den Erwartungen entsprechen. Solche Linien bestehen aus einer Vielzahl von hochkomplexen verketteten Komponenten, wodurch ihre Fehleranfälligkeit groß ist. Zusätzlich leidet zumeist auch die Flexibilität darunter. Es sei also Vorsicht angebracht, wenn eine schon „monströs" wirkende Anlage Ihre halbe Fertigung ersetzen soll.

Tabelle 1.24 Verschiedene Szenarien der Taktzeit

Anzahl Arbeitstage	Gesamte Arbeitszeit (24 Std./Tag)	OEE in %	Taktzeit (s.)
287	6888	75	0,093
	6888	80	0,099
	6888	85	0,105
365	8760	75	0,118
	8760	80	0,126
	8760	85	0,134

* Vergleich mit der existierenden Anlage: In einer Stärken/Schwäche-Analyse wurde die geplante Anlage den bereits in Verwendung befindlichen gegenübergestellt. In dieser Diskussion wurde klar ersichtlich, dass die neue Anlage zahlreiche Qualitätsprobleme der existierenden Prozesse eliminieren sollte. Das Produkt sollte nicht mehr nach jedem einzelnen Prozessschritt kontrolliert werden, sondern nur noch am Ende der Linie.

* Simulierter Aufbau der Anlage: Einer der wichtigsten Schritte in einem 3-P-Projekt ist der simulierte Aufbau der zu planenden Produktionseinheit. Alle nur denkbaren Hilfsmittel können dabei verwendet werden, wobei häufig Anlagen durch Schachteln ersetzt werden, die dann skaliert oder im Maßstab 1:1 aufgebaut werden.

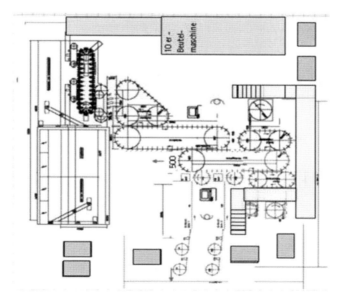

Bild 1.97 Geplantes Layout

In diesem Fall wurde die Anlage maßstabsgetreu nach dem vorliegenden Layout (Bild 1.97) mit Schachteln (Bild 1.98) nachgebildet, da einerseits die Dimensionen ersichtlich sein sollten, andererseits auch bestimmt werden sollte, wo Mitarbeiter (Maschinenbediener, Instandhalter etc.) arbeiten sollten (Bild 1.99).

Bild 1.98   Simulierter Aufbau der Anlage mit Schachteln

Bild 1.99   Simulierte Verteilung der Mitarbeiter an der Anlage

Wie insbesondere an Bild 1.98 zu erkennen, ist das Ziel solch einer Simulation, die Dimensionen einer geplanten Anlage visuell darzustellen. Dieses Ziel wurde sehr eindeutig in diesem Projekt erfüllt. Die Anlagensimulation hatte eine Grundfläche von 15x13 m² und eine maximale Höhe von 3,5 m. Als eine der größten Herausforderungen stellte sich heraus, dass die Mitarbeiter aus verschiedensten Winkeln Einsicht in die Anlage und Zugang zu wichtigen Punkten haben mussten, was speziell für die Störungsbehebung von Bedeutung war.

- Zuletzt wurde ein grober Plan für die Umstellung von der alten auf die neue Produktion erstellt. Diese Umstellung sollte so geringe Auswirkungen auf das Produktionsvolumen haben wie möglich. Es musste überlegt werden, wie die alten Maschinen verschoben werden konnten, während bauliche Maßnahmen für neue gestartet wurden. Allein zu diesem Zweck musste die Erweiterung der Produktionshalle eingeplant werden.

Zusammenfassend kann gesagt werden, dass der Hauptzweck der ersten Woche darin bestand, allen Beteiligten ein klares Bild darüber zu vermitteln, was die Umstellung der Produktionstechnologie wirklich bedeutete und wie die neue Anlage tatsächlich funktionieren würde. Dieses Ziel wurde erreicht und der Lieferant hatte drei Wochen Zeit, die Antworten für eine lange Liste offener Fragen zu finden.

Nach drei Wochen kam das gesamte Team wieder für die zweite Hälfte des Workshops zusammen. Hier sollten Alternativen zum geplanten Konzept erarbeitet und bewertet werden, sodass sich daraus eine Empfehlung für den Vorstand ableiten ließ.

Die Erstellung verschiedener Varianten einer Lösung und deren Bewertung ist ein weiterer Kernpunkt eines 3-P-Projektes. Für diese Bewertung müssen Kriterien definiert werden, nach denen die einzelnen Alternativen verglichen werden. In diesem Fall wurden Muss- und Wunsch-Kriterien bestimmt. Erfüllte eine Variante eine der drei Muss-Kriterien nicht (Bild 1.100), so wurde sie sehr schnell ausgeschlossen. Es folgte wieder ein paarweiser Vergleich (s. a. Fallbeispiel 1.12), um eine Gewichtung der Kriterien vorzunehmen.

Development of criteria (goals, requirements, restrictions)		Muss / Wunsch
A	**200 mio Stück müssen produziert werden können**	**M**
B	Personaleinsatz so gering wie möglich	W
C	**Stufenweiser Ausbau WAP ohne Mengenverlust per anno**	**M**
D	Möglichst geringer Mengenverlust während stufenweisem Ausbau	W
E	Hohe Lagerichtigkeit des 10er Beutels (Endverpackung 2./3. OG)	W
F	Hohe Prozessorientierung umsetzbar (Gruppenarbeit)	W
G	Grad der produktiven Flächennutzung	W
H	Materialtransportwege so kurz und einfach wie möglich	W
I	Einfache Chargenrückverfolgung gewährleistet	W
J	Erforderliche zusätzliche MA Qualifikation so gering wie möglich	W
K	**Zugänglichkeit für Maschinentransporte gegeben**	**M**
L	Zugänglichkeit der Material-, Personal- und Instandhaltungswege gegeben	W
M	Flexibilität bei Auftragswechsel, Störung, Produktoptimierung hoch	W
N	Auswirkungen auf die Investitionshöhe Gebäude niedrig	W
O	Produktionslagerort möglichst nah am Fertigungsdeck	W

Bild 1.100   Bewertungskriterien für die zu erarbeitenden Anlagenalternativen

Als Variante 0 wurde das aktuelle Produktionskonzept und Layout definiert, in Variante 1 gingen die Ergebnisse der ersten Projektwoche ein. Das Team wurde in zwei Unterteams aufgeteilt und jedes hatte die Aufgabe, einen Vorschlag auszuarbeiten, der völlig neue Ideen beinhalten und eine Art Idealvorstellung darstellen sollte. Nach einem halben Tag intensiven Brainstormings und Verschieben von ausgeschnittenen Anlagen, kamen die zwei Unterteams für die erste Vorstellung der Ideen zusammen. Ziel war es, aus dieser Diskussion einen gemeinsamen Vorschlag zu erarbeiten, der möglichst viele neue Ansätze beinhalten sollte.

Das mehrmalige Aufteilen und wieder Zusammenkommen setzte sich über die nächsten zwei Tage fort, bis am dritten Tag insgesamt sieben neue Varianten an der Wand hingen, die nun miteinander verglichen werden sollten. In dieser Phase kamen auch die Daten aus der ersten

Woche, wie z. B. der Variantenbaum aus Bild 1.96 ins Spiel. Die Gegenüberstellung erfolgte wieder über eine Bewertungsmatrix, bei der Alternative 6 die höchste Punkteanzahl erreichte (Bilder 1.101 und 1.102).

Muss		Quantifiz.	Yes	No
A	200 mio Stück müssen produziert werden können	J	X	
C	Stufenweiser Ausbau WAP ohne Mengenverlust per anno	J	X	
K	Zugänglichkeit für Maschinentransporte gegeben	J	X	

Wunsch		Weight (W)	Ass. (A)	W*A
B	Personaleinsatz so gering wie möglich	13	2	26
D	Möglichst geringer Mengenverlust während stufenweisem Ausbau	5	3	15
E	Hohe Lagerichtigkeit des 10er Beutels (Endverpackung 2./3. OG)	4	1	4
F	Hohe Prozessorientierung umsetzbar (Gruppenarbeit)	13	2	26
G	Grad der produktiven Flächennutzung	6	3	19
H	Materialtransportwege so kurz und einfach wie möglich	9	2	18
I	Einfache Chargenrückverfolgung gewährleistet	10	3	31
J	Erforderliche zusätzliche MA Qualifikation so gering wie möglich	4	3	12
L	Zugänglichkeit der Material-, Personal- und Instandhaltungswege gegeben	13	3	38
M	Flexibilität bei Auftragswechsel, Störung, Produktoptimierung hoch	15	3	46
N	Auswirkungen auf die Investitionshöhe Gebäude niedrig	1	3	4
O	Produktionslagerort möglichst nah am Fertigungsdeck	6	3	19
Result		100,00		257,7

Bild 1.101   Bewertung von Variante 6 im Vergleich zur Ausgangssituation 0

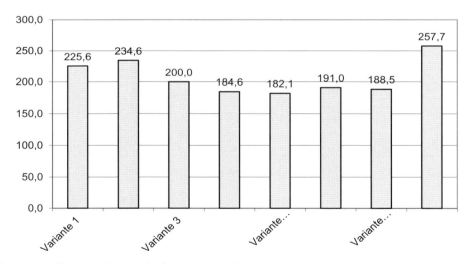

Bild 1.102   Zusammenfassung der Bewertung der einzelnen Varianten

Im aktuellen Konzept waren alle drei Produktionsbereiche Spritzguss, Extruder und Montage komplett funktional organisiert und es bestanden hohe Puffer zwischen den einzelnen Schritten. Mit der neuen Anlage (Variante 1) sollte die Endmontage komplett durch eine Maschine ersetzt werden. In Variante 6 würde es stattdessen eine Verdopplung der existierenden Montagezellen geben. Die Extruder würden bestimmten Zellen zugeordnet werden, um einen Fluss zu gewährleisten. Die Spritzgussanlagen wären immer noch funktional organisiert und ein Kanbankreislauf sollte diese steuern. Speziell bei den Punkten Zugänglichkeit und Flexibilität sah das Team die Stärke dieser Alternative.

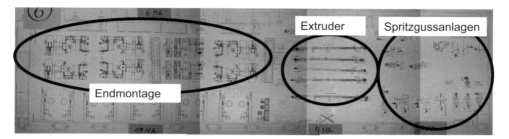

Bild 1.103   Layoutkonzept als Ergebnis des Workshops

Das Team hatte damit alle Aspekte von unterschiedlichen Varianten erarbeitet und bewertet und konnte dem Vorstand eine Empfehlung für die weitere Vorgehensweise unterbreiten.

Zusammenfassend können aus diesem Fallbeispiel folgende wichtige Punkte für ein 3-P-Projekt hervorgehoben werden:

- Das Team muss cross-funktional und der Bedeutung des Themas entsprechend hoch angesiedelt sein.
- Dem Team müssen alle relevanten Daten zur Verfügung stehen, ansonsten müssen sie erarbeitet werden.
- Es sollen mehrere verschiedene Lösungsansätze erarbeitet werden, die auch völlig neue Ideen beinhalten können. Start der Ideenfindung kann die Erstellung einer „Ideallösung" sein.
- Die verschiedenen Alternativen müssen anhand von objektiven Kriterien miteinander verglichen und bewertet werden.
- Potenzielle Lösungen sollen mit einfachsten Hilfsmitteln aufgebaut und Abläufe simuliert werden.

Gerade der letzte Punkt ist eine besondere Eigenart eines 3-P-Projektes. In einem anderen Unternehmen der Medizintechnik beispielsweise mussten alle neuen Montagelinien zuerst mit Kartons aufgebaut und Abläufe mit den Mitarbeitern simuliert werden, um die beste Kombination aus Personaleinsatz, Anlagen-Layout und Materialfluss zu definieren. Die Karton-Montagelinien sind inzwischen so ausgereift, dass schon fast die tatsächlichen Montagetätigkeiten auf ihnen durchgeführt werden könnten.

Fallbeispiel 1.18   3-P – Definition des Materialflusses für den Aufbau einer neuen Montagelinie für Achsen

Das zweite Beispiel soll zeigen, dass die Vorgehensweise eines 3-P-Workshops auch auf andere Themen als die reine Produktion ausgeweitet werden kann. In dem einwöchigen Workshop sollte ein komplettes Materialflusskonzept erstellt werden. Das besondere an der Situation war, dass mit Ausnahme von Kleinteilen alle Komponenten in Europa oder den USA gefertigt und in

Mexiko lediglich montiert wurden. Produktion und Logistik hatten die Aufgabe die Materialversorgung der Produktion so zu planen, dass ein Minimum an Beständen und Lagerfläche sowie an Materialhandhabung in der Montage nötig war. Das Team setzte sich zu je fünf Mitgliedern aus Produktion und Logistik zusammen, wobei vom verantwortlichen Bereichsleiter bis zu den künftigen Vorgesetzten der jeweiligen Fachbereiche des Werks in Mexiko alle beteiligt waren.

Nach einem kurzen 3-P-Training mit einem besonderen Fokus auf das Wertstromdesign und die Suboptimierung war es besonders wichtig, die Erwartungen und Regeln für die Woche genau zu definieren. In der Projektarbeit bis zu diesem Workshop kam es immer wieder zu wenig konstruktiven Diskussionen zwischen Produktion und Logistik inklusive operativem Einkauf. Diese wurden hauptsächlich dadurch verursacht, dass beide sich widersprechende Projektziele verfolgten. Die Logistik wollte eine Vorgabe bzgl. der Stückkosten von Zukaufteilen, was sie dazu verleitete mit möglichst großen Bestellmengen zu rechnen. Die Produktion wiederum war für die Bestände im Werk verantwortlich und wollte daher die Bestände gering halten. Solche Zielkonflikte sind eine häufige Ursache für die Suboptimierung in Unternehmen.

Um einen neutralen Einstieg in die eigentliche Arbeit zu finden, wurde gemeinsam ein recht grober Wertstrom (Bild 1.104) erstellt, der auch die Struktur für die Detailarbeit der nächsten Tage vorgeben sollte (Womack & Jones 2004).

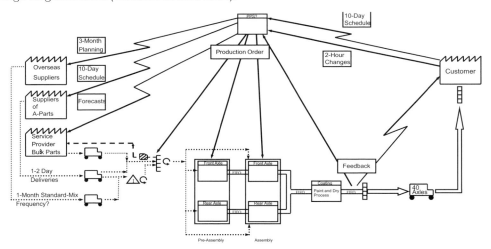

Bild 1.104   Erster Entwurf des Wertstroms

Da der Fokus auf den Materialfluss lag, wurde der Wertstrom in drei Bereiche unterteilt:

▪ In-Bound-Logistik

▪ Materialfluss im Werk

▪ Out-Bound-Logistik.

In diesem Zusammenhang wird nur kurz auf den zweiten Punkt, dem Materialfluss im Werk, eingegangen, da er eine wichtige Komponente eines 3-P-Projektes beinhaltet, die Simulation. Die einzelnen Prozessschritte selbst waren bereits klar vorgegeben und es musste nur noch diskutiert werden, wie die Komponenten an die Linie kommen, wie die Teilepräsentation an der Linie sein sollte und wie der Materialfluss zwischen den einzelnen Schritten funktionieren sollte.

Nachdem mehrere Varianten auf Papier gezeichnet worden waren, sollten diese in lebensechter Größe nachgestellt werden. Bei den Simulationen (Bild 1.105) ging es hauptsächlich um folgende Punkte:

- Wie sollte das Material an die Linie kommen (z. B. Zusammenstellung eines Kits über einen Supermarkt durch die Montagemitarbeiter selbst oder Direktanlieferung von gewissen Teilen an die Linie)?

- Wie sollten die Teile von einem zum nächsten Arbeitsplatz bewegt werden (z. B. durch Kette gezogen oder mit einem rollenden Montagetisch)? (Bild 1.105)

- Sollte ein Mitarbeiter nur einzelne Prozessschritte an einem Arbeitsplatz durchführen oder sollte er mit dem Produkt mitgehen und es gesamt montieren?

Bild 1.105   Simulation der Bewegung der Teile zwischen den Prozessschritten

Nachdem ein klareres Bild über die Funktionalität der einzelnen Varianten in der Simulation gewonnen worden war, konnten diese wieder über die vorab definierten Kriterien miteinander verglichen werden. Die Alterative mit der höchsten Bewertung war durch folgende Eckpunkte definiert:

- Sämtliches Material wird als Kit in einem Wagen für jede einzelne Achse im Supermarkt des Lagers zusammengestellt. In jedem Materialwagen befinden sich kleine Behälter für Schrauben, Unterlegscheiben etc., die im Lager je nach Bedarf aufgefüllt werden.

- Diese Wagen werden am Anfang der Montagelinie an das Transportgestell der „Rohachse" gehängt und laufen mit dieser mit.

- Mitarbeiter haben fixe Arbeitsplätze; nur das Material bewegt sich entlang der Kette. Am Ende der Montagelinie werden die montierten Achsen abgenommen und in den Wareneingang der Lackierung gestellt. Die leeren Wagen laufen mit der Kette wieder zurück zum Anfang der Linie.

Aus dieser Entscheidung heraus konnte das grobe Layout für die Produktion erstellt werden (Bild 1.106). Die zwei Montagelinien (M) wurden von fünf Vormontagelinien (VM) versorgt. Die montierten Achsen wurden danach beschichtet und kamen direkt in den Versand. In der ersten Ausarbeitung des Layouts wurde noch kein besonderes Augenmerk auf die benötigte Fläche gelegt, da im nächsten Schritt jede einzelne Montage- und Vormontagelinie noch einmal im Detail betrachtet werden musste. Zuerst sollte nur das grobe Konzept definiert werden. Die Diskussion bzgl. der Fläche wurde insbesondere wegen der Größe des Lagers in mehrere

Schritte aufgeteilt. In-Bound-Logistik und damit auch die Reichweite an Material wurde als letzter Punkt angesetzt, damit die zwei anderen abgeschlossen werden konnten, bevor man mit dem eigentlichen Konfliktthema begann.

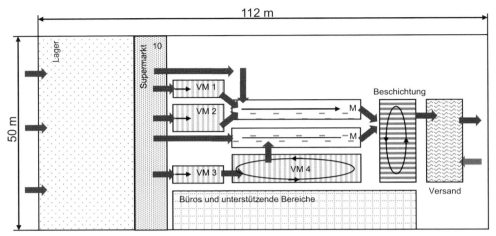

Bild 1.106   Grobes Layout der Produktionshalle

Für jede einzelne Linie wurde nun das Layout etwas verfeinert, um auf die benötigte Produktionsfläche je Montagebereich zu kommen. So konnte relativ genau bestimmt werden, wie viel Quadratmeter Produktionsfläche insgesamt benötigt wurden.

Nachdem die Fertigung und die Out-Bound-Logistik in einem ausreichenden Detailierungsgrad definiert worden waren, stand das Thema In-Bound-Logistik auf der Agenda. Die verbauten Teile wurden in drei Kategorien unterteilt (Bild 1.104):

▪ Teile aus Übersee

▪ A-Teile, die zum größten Teil aus den USA kamen

▪ Schüttgut, dessen Versorgung von einem Dienstleister übernommen werden sollte, der durch ein Kanban gesteuert werden sollte.

Die Logistik hatte bereits für alle Teile definiert, in welcher Frequenz welche Volumina geliefert werden sollten. Speziell bei B- und C-Teilen sollten teilweise Reichweiten von mehreren Monaten mit einer Lieferung abgedeckt werden, wodurch sie ihr Ziel der Stückkosten erreichen würden. In der ersten Berechnung zur Lagergröße ergab sich jedoch, dass die Lagerfläche ca. doppelt so groß sein müsste wie der der Rest der Halle. Bei den ersten Diskussionen zu diesem Thema wurde ohne Zweifel klar, warum hier ein externer neutraler Moderator benötigt wurde.

Der Logistik war im Vorfeld nicht bewusst, dass die Auswirkungen auf den Flächenbedarf so gravierend sein würden. Im Endeffekt bestand die Diskussion zur In-Bound-Logistik darin, ein gemeinsames Verständnis aufzubauen, wie ein Optimum für Logistik und Produktion geschaffen werden konnte. Anhand der kritischsten Teile wurde dann durchgerechnet, wo das optimale Mittelmaß zwischen Bestellmenge und Lagerfläche lag. Dies sollte auch eine Vorgabe für die Berechnung aller anderen Komponenten sein.

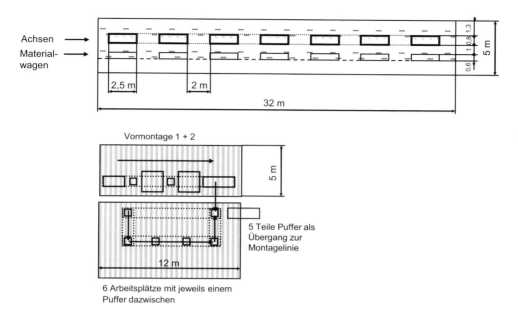

Bild 1.107   Verfeinertes Layout der Montagelinien und Montagelinie 1 + 2

Neben dem Arbeiten mit Zahlen, dem Definieren von Alternativen, deren Bewertung sowie den Simulationen ist das Zusammenbringen aller beteiligten Bereiche ein besonders wichtiger Aspekt des 3-P-Workshops. Die Möglichkeit, aus dem Alltagsgeschäft gezogen zu werden und in Ruhe gewisse Aspekte eines Themas in einem Team zu diskutieren, darf nicht unterschätzt werden. In einem Projekt sollte z. B. für eine Fabrik ein komplett neues Layout erstellt werden, da durch das natürliche Wachstum der Materialfluss mehr als chaotisch geworden war. Von mehreren Seiten gab es Widerstand gegen einen Workshop, da es bereits 16 verschiedene Varianten eines neuen Layouts gab, die teilweise von einzelnen Personen oder von kleinen Teams erstellt worden waren. Es wurde allerdings nie versucht, eine klare Strategie mit dem gesamten Management zu erstellen, das dann richtungsweisend für die Detailarbeit sein sollte. Um dies endlich zu erreichen, wurde in einem halbtägigen Workshop mit der Werksleitung definiert, wie sich das Layout über die nächsten Jahre im Gleichklang mit der Unternehmensstrategie entwickeln sollte. Vorab wurde eine Person definiert, die nach dem Workshop für die Erstellung des Layouts verantwortlich war. Am Ende des halben Tages verstanden alle Beteiligten, in welche Richtung sich das Werk und damit das Layout entwickeln sollten. Jede bisherige Layoutvariante war bei dem Versuch stehen geblieben, Details zu verbessern, denn man hatte es nicht für nötig gehalten, einmal das Gesamtkonzept grundsätzlich zu hinterfragen.

2 Bestände und Durchlaufzeiten

■ 2.1 Ursachen und Bedeutung der Bestände in der Produktion

Bestände stellen wohl das größte, jedoch oft auch am meisten unterschätzte Übel in einer Produktion dar. Aus unterschiedlichsten Gründen werden Bestände als gegeben oder sogar als gewünscht hingenommen. Innerhalb der sieben Arten der Verschwendung unterscheiden wir zwischen Beständen innerhalb der Produktion oder WIP (Work-In-Process), Rohmaterial und Komponenten und Beständen an Fertigprodukten verursacht durch Überproduktion und Produktion nach Fertigungslosen (Ohno 1988).

Was sind die Ursachen für Bestände?

- Bestände an Rohmaterial resultieren aus
  - vorgegebenen Mindestlosgrößen durch Lieferanten (z.B. Anzahl von gegossenen Teilen, Tonnen an Blechen) aus technologischen sowie wirtschaftlichen Überlegungen
  - Preisvorteilen bei größeren Abnahmemengen ausgehandelt durch den Einkauf
  - Reduzierungen des administrativen Aufwandes im Einkauf durch eine geringere Anzahl von Bestellungen
  - Absicherungen gegen Lieferprobleme oder -engpässe für bestimmte Materialien in Boomzeiten oder auch bei einer geringen Liefertreue des Lieferanten.
- Bestände im Produktionsfluss resultieren aus
  - mangelnder Kommunikation zwischen den einzelnen Produktionsschritten (es wird nicht das produziert, was der folgende Arbeitsschritt benötigt)
  - wechselnden Kapazitätsengpässen (je nach Produktionsmix werden Kapazitäten unterschiedlich beansprucht)
  - Sicherheitsdenken der Mitarbeiter und Führungskräfte vor Ort (die Befürchtung, dass es zu Stillständen kommen kann, wenn nicht ausreichend viele Aufträge vorhanden sind)
  - Problemen innerhalb des Prozessflusses, die zu zahlreichen Maschinenstillständen führen

- Realitäten in der Produktion wie Maschinenstillstände oder Änderungen von Prioritäten, die nicht in der Planung berücksichtigt werden (zahlreiche Aufträge werden frühzeitig oder verspätet freigegeben)
- dem verständlicherweise weit verbreiteten Denken, dass in Massen hergestellte Stück billiger sind als in minimalen Losen.
- Bestände an Fertigprodukten resultieren aus
  - mangelhafter Losgrößensynchronisation: Es wird nach vorgegebenen Losgrößen produziert und nicht nach dem, was der Kunden bestellt (zur Rüstzeitoptimierung und Reduzierung des administrativen Aufwandes oder aus technologisch bestimmten Gründen), dem klassischen Fall der Verschwendungsart „Überproduktion"
  - mangelhafter Kommunikation bei ungeplanten Produktionsplanänderungen: Kunden ändern Aufträge während sie bereits in der Produktion sind (der Effekt von Änderungen von Kundenaufträgen und Prioritäten wird häufig von nicht-produktionsnahen Mitarbeitern unterschätzt, weswegen wir auf diesen Punkt noch besonders eingehen werden).

Was ist der Unterschied zwischen Überproduktion und Bestände als Verschwendungsarten?

In den sieben Arten der Verschwendung wird zwischen (Zwischen-)Beständen und Überproduktion unterschieden. Überproduktion ergibt sich dadurch, dass Produktionsaufträge höhere Stückzahlen beinhalten als der Kunden tatsächlich bestellt hat oder dass rein auf Prognosen hin produziert wird. Diese Bestände landen daher also in einem Fertigwarenlager oder einem Zwischenlager, falls es sich um Komponenten handelt, die weiterverarbeitet werden. Zwischenbestände finden sich im Gegensatz dazu innerhalb der Produktion. Dabei geht es darum, dass mehr Material in der Produktion vorhanden ist, als innerhalb eines limitierten Zeitraums verarbeitet werden kann. Zwischenbestände wird es immer geben, da Material zum Produzieren vorhanden sein muss, es sollte jedoch so weit als möglich reduziert werden.

Bild 2.1   Bestände (links) und Überproduktion (rechts)

Ein weiterer Aspekt ist die kaufmännische Bewertung von Leistung in der Produktion, d. h. geschaffene Wertschöpfung wird vom Controlling als Leistung bewertet und Kostenstellenverantwortliche werden damit geführt. Im Extremfall wird bei hoher Leistung Bestand aufgebaut, der ggf. später wegen mangelhafter Nachfrage verschrottet werden muss (Ohno 1988).

Welche Kosten sind mit Beständen verbunden?

In der klassischen Kostenrechnung und Buchhaltung finden sich nicht alle Kosten, die im Zusammenhang mit Beständen stehen, bzw. diese Kosten werden anderen Kostentreibern zugerechnet. Kosten, die normalerweise direkt mit Beständen in Verbindung gebracht werden, sind die Materialgemeinkosten, d. h. unmittelbare Lagerhaltungskosten (z. B. Kosten für das Lager und Lagermitarbeiter) und die Finanzierungskosten von Beständen sowie Abschreibungen dieser. Wenn die Bewertung von Beständen mit Controlling-Mitarbeitern besprochen wird, verwenden diese häufig nur die reinen Finanzierungskosten oder einen festen internen Zinssatz. Diese Werte liegen meistens zwischen 6 % und 10 %. des Bestandswertes, die bei dieser Betrachtung jedoch nicht berücksichtigt werden und daher die tatsächliche Bedeutung von Beständen für den finanziellen Erfolg eines Unternehmens nicht reflektieren, sind (George 2002):

▪ Der benötigte Platz innerhalb der Produktion für Bestände, der oft wesentlich größer ist, als der für wertschöpfende Aktivitäten

▪ der Suchaufwand nach Material und Arbeitsaufträgen und damit verbundene Maschinenstillstände

▪ der sich ergebende Handlingsaufwand, um den richtigen Auftrag aus einem Berg von Material zu suchen

Bild 2.2   Innerbetrieblicher Transport und Lagerfläche in der Produktion als Kosten durch Bestände

▪ die Beschädigung von Material durch das zusätzliche Handling bei der Suche nach dem benötigten Material

▪ die Verschrottungskosten von Ladenhütern, die oft in sonstigen Konten verbuchten werden

▪ die Qualitätsprobleme, die sich ergeben, da die Produkte entweder „altern" (z. B. Oxidierung) oder alte Versionen dieser nicht unmittelbar als solche erkannt werden und dem Kunden daher ggf. die falsche Ware geschickt wird

- der administrative Aufwand und der Handlingsaufwand durch Änderungen von Aufträgen aufgrund von langen Durchlaufzeiten.

Wenn all diese Kosten in die Bewertung von Beständen mitberücksichtigt werden, wird sich in der Kostenrechnung ein völlig neues Bild ergeben. Ein Prozentsatz von 10 % (die obere Spanne, die in den meisten Fällen vom Controlling genannt wird) ist daher weit weg von einer realistischen Betrachtung. In vielen Fällen kann ohne Probleme mit einem doppelt so hohen Wert gerechnet werden. Betrachten Sie nur das Bild 2.3, das die produktive Fläche im Verhältnis zur Lagerfläche (markierte Flächen in Bild 2.3) innerhalb der Produktion darstellt. Viele Fabriken könnten die benötigte Fläche problemlos um 25 % oder mehr reduzieren.

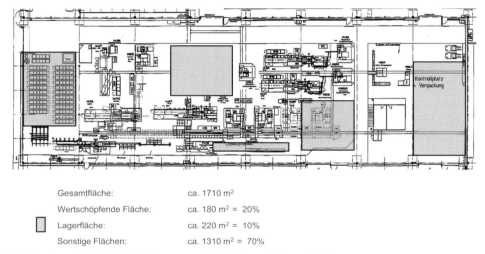

Gesamtfläche:	ca. 1710 m²
Wertschöpfende Fläche:	ca. 180 m² = 20%
Lagerfläche:	ca. 220 m² = 10%
Sonstige Flächen:	ca. 1310 m² = 70%

Bild 2.3   Lagerfläche im Verhältnis zu wertschöpfenden und Gesamtfläche

Wie hängen Rüstzeiten, Bestände und Durchlaufzeiten zusammen?

Wie bereits eingangs erwähnt, wird der Effekt von Beständen oftmals unterschätzt, da besonders der Zusammenhang mit der Durchlaufzeit nicht direkt erkannt wird. Bevor das Thema Rüstzeiten mit in das Bild gebracht wird, eine kurze Erklärung zum Zusammenhang von Beständen und Durchlaufzeiten (Mather 1988).

Je mehr Aufträge vor einer Anlage stehen, umso länger benötigt ein einzelner Auftrag, um durch die gesamte Produktion gesteuert zu werden. Im Beispiel in Bild 2.4 steht jedes kleine Kästchen für eine Losgröße von einer Stunde Produktion. Der Behälter X benötigt daher 16 h (3 h Wartezeit und 1 h Bearbeitungszeit an jedem Prozessschritt), bis er bei Prozessschritt 3 fertig abgeschlossen wird. Würde die Anzahl der Behälter auf zwei reduziert, so halbiert sich die Durchlaufzeit ebenfalls.

Daraus kann also der Effekt von höheren Beständen auf die Durchlaufzeiten und damit verbunden die Herausforderungen für die Produktion abgleitet werden. Dabei stehen noch lange nicht die positiven Effekte, die kurze Lieferzeiten als Verkaufsargument haben, zur Diskussion. Der Vertrieb ist auch sehr zurückhaltend, einen klaren quantitativen Zusammenhang (x-% kürzere Lieferzeit für zu y-% mehr Umsatz) darzustellen.

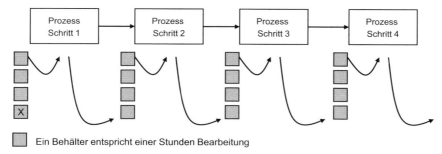

Bild 2.4   Zusammenhang Bestände und Durchlaufzeit

Im nächsten Schritt wird die Produktionsdurchlaufzeit (P in Bild 2.5) mit der Kundendurchlaufzeit in ein Verhältnis gesetzt. Dabei wird zwischen der Zeit, die der Kunde vorgibt (K2), innerhalb derer ihm das Produkt geliefert werden soll, und die, die wir dem Kunden als Liefertermin nennen (K1), unterschieden. Einen Wettbewerbsvorteil gegenüber der Konkurrenz ergibt sich, wenn die Lieferung an den Kunden in einer Zeit geringer als K3 durchgeführt werden kann.

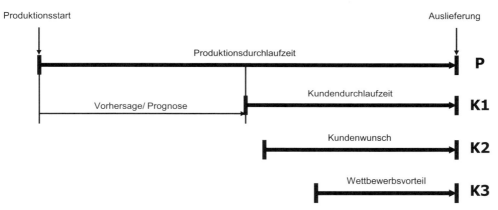

Bild 2.5   Produktionsdurchlaufzeit vs. Kundendurchlaufzeit

Da die Produktionsdurchlaufzeit in vielen Fällen länger ist als die Kundendurchlaufzeit, muss die Produktion auf eine Form von Prognose oder Vorhersage gestützt begonnen werden. Dabei ergeben sich mehrere Ansätze, die ein Unternehmen verfolgen kann:

▪ Der Kunde wird aus einem Fertigwarenlager beliefert. Die komplette Produktion basiert auf Planzahlen und ist vom tatsächlichen Bedarf der Kunden losgelöst. Dies finden wir häufig in Produktionsbetrieben, die direkt an ein zentrales Lager liefern, von dem aus der Kunde bedient wird (Bild 2.6).

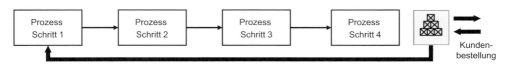

Bild 2.6   Lieferung an den Kunden aus einem Fertigteilelager

- Die endgültige Entscheidung über die genaue Variante eines Produktes wird erst im Laufe der Produktion getroffen. Bis zu einem gewissen Produktionsschritt ist das Produkt auftragsneutral und es können daraus zahlreiche Varianten entstehen. Beispiel hierfür sind Karosserien im Autobau, die im Rohbau (Schweißen der Karosserie) meistens nur einige wenige Varianten haben und in der Lackierung die erste Bestimmung durch die Farben bekommen. Die Produktionsdurchlaufzeit wird daher in einen auftragsneutralen und einen auftragsbezogenen Abschnitt unterteilt (Bild 2.7). Das auftragsneutrale Produkt kann hierbei entweder aus der laufenden Produktion oder aus einem Zwischenlager für Halbfertigwaren genommen werden.

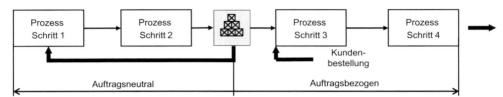

Bild 2.7   Lieferung an den Kunden aus einem Halbfertigteilelager

In beiden Fällen ist es jedoch kaum vermeidbar, dass Bestände aufgebaut werden müssen, entweder an Fertigprodukten oder an Halbfertigwaren.

Als dritte Komponente kommt noch die Rüstzeiten ins Bild, eine Darstellung mit der die meisten Mitarbeiter und Führungskräfte in der Produktion vertraut sind.

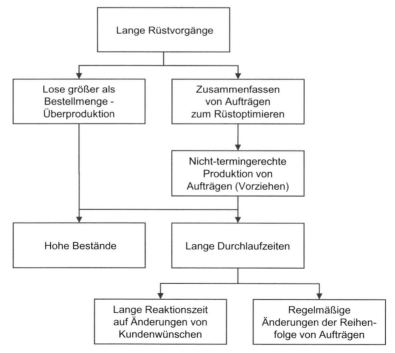

Bild 2.8   Zusammenhang Rüstzeiten und Durchlaufzeiten

Das Thema Losgrößenoptimierung wurde ja bereits in der Literatur mehr als ausreichend diskutiert. Was jedoch in der Betrachtung der Losgrößenoptimierung zu kurz kommt, ist, dass Rüstzeiten nicht als fix angenommen werden sollten.

Das Thema Rüstzeitreduzierung wurde bereits im Kapitel 1 ausführlich dargestellt. Häufig wird eine Formel zur Bestimmung der optimalen Losgröße verwendet, deren Haupteinflussfaktoren in den Lagerkosten, den losfixen Kosten (z. B. Rüsten), dem Bedarf und einer Periodendauer sind. Da die Losgröße, die mit dieser Formel berechnet wird, in den meisten Fällen nicht mit der Bestellung des Kunden übereinstimmt, kommt es automatisch zur Überproduktion.

Wie können Insellösungen vermieden werden?

 Value Stream Map (Wertstromanalyse)

Für viele Jahre war einer der Hauptkritikpunkte am klassischen Kaizen-Ansatz oder Lean-Projekten, dass zwar punktuelle Verbesserungen erreicht wurden, am Ende jedoch weder mehr Stück produziert noch die Kosten erheblich reduziert wurden. Eventuell wurde sogar das Gesamtsystem verschlechtert. Dies ist einer der Gründe für die weite Verbreitung von Wertstromanalysen (VSM – Value Stream Mapping), wie sie von Womack und Jones beschrieben wurden (Womack & Jones 2004). In dieser Wertstromanalyse sollen alle Informationsströme vom Kunden über die Produktionsplanung zum Lieferanten auf der einen Seite und die Materialflüsse in die entgegengesetzte Richtung dargestellt werden. Zwei Erkenntnisse, die aus dieser Analyse gewonnen werden, sind dabei zentral:

- Erstens, wird die gesamte Durchlaufzeit eines Produktes durch den Wertstrom den Zeiten für die nicht-wertschöpfenden Tätigkeiten gegenübergestellt. Anteile an wertschöpfenden Zeiten an der gesamten DLZ von unter einem Prozent sind keine Seltenheit.

- Zweitens, es wird durch sogenannte „Red Flags" die Verschwendung im gesamten Ablauf hervorgehoben. Diese dienen als Grundlage für das Wertstromdesign (VSD – Value Stream Design), das den zukünftigen, gewünschten Zustand darstellt. Die Implementierung vom VSM zum VSD wird durch Maßnahmen definiert, die aus den „Red Flags" abgeleitet wurden und den gesamten Wertstrom und nicht nur einzelne Abschnitte verbessern.

Bild 2.9 stellt ein sehr einfaches VSM dar, welches für die Produktion von Gehäuseteilen erstellt wurde und die Montagelinien zu jeweils einem Prozessschritt zusammenfasst. In der oberen Hälfte wird der Informationsfluss dargestellt, in der unteren der Materialfluss. Im Kontext dieses Kapitels soll mit dem VSM visualisiert werden, wo sich Stopps im gesamten Fluss befinden und welche Auswirkung sie auf die Bestände und die Durchlaufzeit haben. Aus dieser Gesamtdarstellung soll ein zukünftiger Zustand abgeleitet werden, in dem diese optimiert werden.

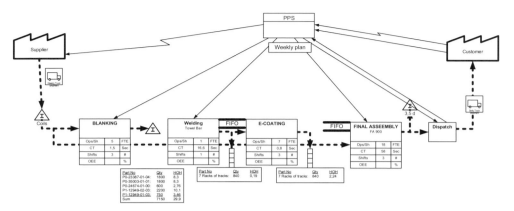

Bild 2.9   Wertstromanalyse

Welcher administrative Aufwand ergibt sich durch lange Durchlaufzeiten und Änderungen von Aufträgen?

Je länger die Lieferzeiten eines Unternehmens sind, umso mehr Zeit wird dem Kunden gegeben, seine Meinung zu einer Bestellung zu überdenken. Bei Lieferzeiten von acht, zwölf oder mehr Wochen, was realistische Werte sind für viele Industrien und Produkte, wird der Kunde gezwungen, eine Entscheidung zu treffen, deren Basis sich innerhalb eines solch langen Zeitraums ändern kann. Je länger also diese Lieferzeit ist, umso größer ist die Chance, dass der Kunde seine Bestellung bezüglich Menge, Termin oder vielleicht sogar bezüglich des Produktes selber, ändert. Wenn sich der Auftrag bereits in der Produktion befindet oder Materialien bestellt wurden, kann dies eine ganze Welle von Aktivitäten auslösen. Die meisten Unternehmen können sich auch nicht den Luxus einer „Freezing-Periode" leisten, dem Kunden also innerhalb eines gewissen Zeitfensters die Möglichkeit einer Änderung zu nehmen, oder haben nur eine sehr eingeschränkte Möglichkeit dazu (z. B. zwei Tage vor Auslieferung).

Den Vertriebsmitarbeitern, die natürlich versuchen, die Interessen des Kunden zu vertreten und oft auch zu großzügig Änderungen in Aufträgen akzeptieren, ist oft nicht bewusst, was alles bei kleinsten Änderungen geschieht. In vielen Fällen sind natürlich diese Abweichungen notwendig, um die zukünftige Zusammenarbeit mit dem Kunden zu sichern. Was passiert also nun in der Produktion, wenn sich ein Kundenauftrag ändert?

Wie bereits eingangs erwähnt, ist der Effekt nicht so bedeutend, wenn der Auftrag noch nicht freigegeben wurde und sich in der Produktion befindet. Es wird also nur den Fall betrachtet, dass ein Auftrag geändert wird, der bereits physisch in der Produktion ist.

Ein klassisches Beispiel ist, dass ein Auftrag aus terminlichen Gründen vorgezogen werden muss. Dabei gilt in der Praxis natürlich die Regel, wer am lautesten schreit, auch erhört wird. Der Vertriebsmitarbeiter fragt in der Arbeitsvorbereitung nach, wo sich der Auftrag gerade befindet und wann die Fertigstellung geplant ist. Da die Antwort meistens für den Vertrieb nicht zufriedenstellend ist, wird die Priorität des Auftrages geändert. Der Mitarbeiter der Arbeitsvorbereitung oder die Führungskraft in der Produktion greift manuell in die Planung ein, was auch Auswirkungen auf die gesamte Kapazitäts- und Terminplanung aller anderen

Aufträge hat. Damit haben wir auch schon ein bedeutendes Argument, warum die meisten Planungssysteme nur eingeschränkt funktionieren. Der Eingriff in die laufende Produktion kann so drastisch sein, je nachdem wie laut der Kunde „geschrien" hat, dass ein bereits begonnener Auftrag von einer Anlage genommen wird und diese für den „Eilauftrag" neu gerüstet wird. Alle verfügbaren Kräfte werden mobilisiert, bis das benötigte Material, die richtigen Arbeitspapiere, die notwendigen Werkzeuge usw. vorhanden sind. Ein Mitarbeiter der Arbeitsvorbereitung stellt nun sicher, dass der betroffene Auftrag im selben Tempo von Prozessschritt zu Prozessschritt gebracht wird. Die Fertigstellung kann auf diese Weise innerhalb von Stunden oder wenigen Tagen erfolgen, obwohl die „normale" Produktionsdurchlaufzeit Wochen beträgt.

Zusammenfassend kann folgender Aufwand durch solch einen Eingriff entstehen:

- Die Arbeitsvorbereitung (oder auch Customer-Service) muss entweder die Arbeitsaufträge neu planen oder greift direkt in die laufende Produktion ein. In beiden Fällen macht es die aktuelle Produktionsplanung obsolet. Je mehr Änderungen wir haben, umso gravierender wird der Effekt.

- Falls das PPS-System den genauen Status und Standort des Auftrages nicht anzeigt, beginnt eine manuelle Suche nach dem Material. Vor-Ort-Gehen der Arbeitsvorbereitungsmitarbeiter ist in den meisten Fällen nicht vermeidbar („Go-See-Produktionsplanung").

- Kapazitätsverluste an Anlagen sind häufig nicht vermeidbar. Entweder wird, wie bereits oben erwähnt, in einen laufenden Auftrag eingegriffen, was zu einer vermehrten Anzahl von Rüstvorgängen führt, oder es kommt zu Stillständen, da entweder Material, Informationen oder Mitarbeiter fehlen. Diese Stillstände können nicht nur durch den betroffenen Auftrag verursacht werden, sondern selbst an anderen Anlagen und anderen Aufträgen, da die ursprüngliche Planung nicht mehr korrekt ist.

- Der Kunde kann neben Terminänderungen auch die bestellte Menge ändern. Wenn er die Menge reduziert, resultiert dies in einer Überproduktion und damit wieder in Beständen. Falls das betroffene Produkt über eine Engpassanlage produziert wird, werden auch wertvolle Ressourcen für Produkte verschwendet, die nicht benötigt werden. Erhöht der Kunde die Bestellmenge, so führt dies meistens zu zusätzlichen Arbeitsaufträgen, wodurch Anlagen mehrmals für denselben Auftrag gerüstet werden müssen. Wir haben daher nicht mehr nur einen Rüstauftrag, der das finanzielle Ergebnis eines Auftrages beeinflusst, sondern zwei oder mehr.

- Einen ganz anderen Effekt haben wir, wenn der Kunde die Bestellung komplett storniert oder nicht mehr fähig ist, die bestellte Ware abzunehmen. Wir haben in fast allen der zahlreichen Produktionsstätten, in den wir gearbeitet haben, Produktionsaufträge gefunden, die zwischen Anlagen oder in Zwischenlagern stehen und die keinen Abnehmer mehr haben.

Abschließend kann zu diesem Thema gesagt werden, je länger die Durchlaufzeiten, umso größer die Chance, dass der Kunde etwas an seinem Auftrag ändert. Je mehr Änderungen es gibt, umso mehr Störungen ergeben sich im Ablauf der Produktion und einen umso größeren Zeitpuffer muss die Arbeitsvorbereitung in die Terminplanung einbauen. Damit verlängert sich automatisch wieder die Durchlaufzeit und die Argumentationskette fängt wieder von vorne an. Das Thema Bestände und Durchlaufzeiten führt damit zu einem Teufelskreis, aus dem es schwer ist, wieder zu entfliehen.

Im folgenden Kapitel werden nun einige der Ansätze beleuchtet, die verwendet werden können, um den Herausforderungen im Zusammenhang mit Beständen und Durchlaufzeiten zu begegnen.

Die Betrachtungen und Fallstudien sind in drei Bereiche unterteilt:

- Bestände an Fertigwaren/Halbfertigwaren, also ein Thema der Überproduktion
- in Zwischenbestände, den Materialien innerhalb der Produktion
- und in Bestände an Zuliefermaterial.

Wobei erst beim dritten Punkt auch externe Lieferanten mit in die Betrachtung gezogen werden.

■ 2.2   Bestände an Halb- und Fertigerzeugnissen

Es gibt wohl kaum ein produzierendes Unternehmen, welches keine Bestände an Fertigwaren oder Halbfertigwaren hat. Die Bedeutung und Größe des Fertigwarenlagers ist unmittelbar davon beeinflusst, ob es sich um einen Massen- oder einen Auftragsfertiger handelt. Bei einem Produzenten, der nur auf direkte Kundenaufträge fertigt, wird das Fertigwarenlager eher limitiert sein. Im Lager für Halbfertigwaren wird der Unterschied nicht so gravierend sein, da auch bei einem Auftragsfertiger einzelne Komponenten in einen Großteil der Endprodukte einfließen können.

Entweder werden die Waren im Produktionsbetrieb selber gelagert oder es existiert eine Form eines zentralen Lagers, wo Produkte aus verschiedenen Standorten zusammenfließen. Die Hauptaufgaben eines Lagers für Fertigwaren sowie für Halbfertigwaren sind:

- Sicherstellung einer sofortigen Lieferung an den Kunden und damit dem Abgleich zwischen der Produktionsdurchlaufzeit und der Kundendurchlaufzeit
- Auffangbecken für die Überproduktion, da die produzierte Menge nicht der bestellten Menge des Kunden entspricht
- Möglichkeit der Kommissionierung von unterschiedlichen Produkten aus einer oder mehreren Produktionsstätten zu einem Kundenauftrag
- Lagerung als ein zusätzlicher Prozessschritt, bevor sie ausgeliefert oder vom Kunden weiterverwendet werden können.

Die Kosten für diese Art an Beständen werden in den meisten Unternehmen relativ klar und eindeutig dargestellt. Wir sprechen hier hauptsächlich über die Kosten der Kapitalbindung, die direkt auftretenden Kosten des Lagers und die Kosten für Abschreibungen bei Wertverlusten und Verschrottungen.

Häufig wird jedoch von Verschrottungsaktionen Abstand gehalten, da diese eine unmittelbare und negative Auswirkung auf das Ergebnis haben. Diese kurzfristige Betrachtung lässt dabei außer Acht, dass langfristig das Ergebnis durch höhere gesamte Lagerhaltungskosten negativ beeinflusst wird (z. B. unnötige Größe des Lagers, Handlingaufwand im Lager, Mitarbeiteranzahl, EDV-Aufwand etc.) Die Frage der Ladenhüter, die sich automatisch durch Überproduktion ergibt, wird in den meisten Produktionsbetrieben oft als gegeben hingenommen bzw. wird toleriert.

Bei den folgenden Ausführungen werden hauptsächlich die Bestände, die durch Verschwendung in Prozessen direkt verursacht werden, behandelt. Die Lagerung, die ein zusätzlicher Prozessschritt ist, und die Lagerung als Basis zur Kommissionierung, sind demnach nicht Teil der Ausführungen.

Die Losgröße ist höher als die Kundenbestellung (Überproduktion)

Ein Kunde bestellt 100 Stück und die Losgröße in der Produktion entspricht 500 Stück, dies ist der klassische Fall der Überproduktion. Einerseits können es Produkte sein, von denen man weiß, dass sie zu einem Zeitpunkt in der nicht allzu weiten Zukunft wieder Bedarf haben werden. Es handelt sich also um die Top-Produkte oder die sogenannten High-Runner. Andererseits können es Produkte sein, von denen man hofft, dass wieder welche verkauft werden, also spekuliert wird, dass ein zukünftiger Bedarf herrscht. Warum macht ein Unternehmen dieses?

Zuerst werden die Produkte, deren Abnahme relativ sicher ist, betrachtet. Es können zwei große Kostenblöcke damit reduziert werden, die direkt mit der Anzahl der Aufträge in der Produktion zusammenhängen. Es wird anstatt fünf Aufträgen zu je 100 Stück, was in dem einfachen Beispiel fünf Kundenaufträgen entsprechen würde, ein Auftrag zu 500 Stück produziert. In der Produktion muss nur einmal gerüstet werden und der administrative Aufwand für die Erstellung der Produktionsaufträge wird ebenfalls auf ein Fünftel reduziert. Es wird davon ausgegangen, dass das Risiko, Ladenhüter zu produzieren oder die Produkte lange lagern zu müssen, relativ gering ist. Ganz kann dies natürlich nie ganz ausgeschlossen werden, doch gibt es in den meisten Unternehmen eine Anzahl an Produkten, auf die diese Annahme zutrifft. Diese Annahme ist auch die Basis für Kanban, was später Thema einer Fallstudie sein wird. Die Kosten, die sich durch die Lagerhaltung ergeben, werden in der Formel der optimalen Losgröße berücksichtigt.

Dieselbe Vorgehensweise wird aber auch für zahlreiche Produkte verwendet, von denen nicht mit solch einer Wahrscheinlichkeit ausgegangen werden kann, dass die Überproduktion auch wirklich verkauft wird. Dazu ein kleines Rechenbeispiel:

Es gibt eine Kundenbestellung für 100 Stück des Produktes. Die variablen Stückkosten sind € 5, ein Rüstvorgang kostet € 100, was zusätzlichen Kosten/Stück von € 1 entspricht. Gemeinkosten werden momentan nicht berücksichtigen, da diese im Moment keinerlei Bedeutung haben. Daraus ergeben sich:

$$\text{VARIABLE KOSTEN} + \text{RÜSTKOSTEN/STÜCK} = \text{GESAMTE KOSTEN}$$
$$5\,€ + 1\,€ = 6\,€$$

Wenn die Losgröße auf 500 Stück erhöht wird, ergibt sich folgendes Bild:

$$\text{VARIABLE KOSTEN} + \text{RÜSTKOSTEN/STÜCK} = \text{GESAMTE KOSTEN}$$
$$5\,€ + 0{,}20\,€ = 5{,}20\,€$$

Die Stückkosten für ein Produkt können also durch diese Art der Rechnung reduziert werden bzw. können manche Aufträge erst durch den zweiten Ansatz „finanziell lukrativ" gemacht werden. Die Rechnung geht jedoch nur auf, wenn die restlichen 400 Stück auch wirklich verkauft werden können.

Ein Unternehmen kann aber auch in der glücklichen Lage sein, dass es mit einem oder mehreren Kunden einen Rahmenvertrag bzgl. der Abnahme einer gewissen Menge innerhalb eines gewissen Zeitraums hat. Die Details solcher Rahmenverträge können ebenfalls zu hohen Beständen führen, die nicht unbedingt notwendig sind. Eine Klausel, die oft in einem Rahmenvertrag gefunden werden kann, besagt, dass von bestimmten Produkten z. B. ein durchschnittlicher Bedarf von zwei Monaten vorhanden sein muss. Für den Lieferanten ist es dabei wichtig, zu wissen, warum der Kunde darauf besteht. Ist es, weil der Bedarf beim Kunden stark fluktuiert und er für plötzlich auftretende Spitzen vorbereitet sein möchte? Oder ist es, weil er unserer Lieferfähigkeit nicht vertraut?

Produktion auf Basis von Absatzprognosen

Der erste Grund für ein Fertigwarenlager war, dass die Losgröße höher als die Kundenbestellung ist. Der zweite ist, dass die Kundendurchlaufzeit geringer ist als die Produktionsdurchlaufzeit, der Produzent muss also „spekulieren", was der Kunde in der Zukunft benötigt. Dies wird noch einmal durch Bild 2.10 aus der Einleitung zu diesem Kapitel verdeutlicht. Wenn der Kunde seinem Lieferanten weniger Zeit zur Verfügung stellt, als er zur Produktion der Ware benötigt, braucht er ein Lager für Fertigprodukte oder Halbfertigwaren. Es gibt unterschiedliche Vorgehensweisen, mit denen gearbeitet werden kann.

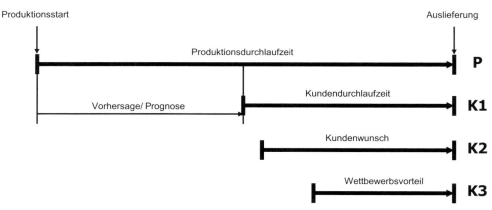

Bild 2.10   Produktionsdurchlaufzeit vs. Kundendurchlaufzeit

Die teuerste Lösung ist, dass der Kunde direkt aus einem Fertigwarenlager beliefert wird. Wenn der Kunde sofortige Lieferung fordert, was meistens bei Standard- oder Katalogprodukten der Fall ist, wird dies wohl kaum vermeidbar sein. Wenn der Kunde keine sofortige Lieferung benötigt, findet sich oft die Lösung, dass aus einem Halbfertigwarenlager das Endprodukt produziert werden kann. Dies erfordert jedoch, dass es entsprechende Vorprodukte oder Komponenten gibt, aus denen das Fertigprodukt hergestellt werden kann. Dabei sollte der Punkt in der Prozesskette gefunden werden, an dem die Entscheidung getroffen wird, zu welchem End-produkt eine Komponente wird. Die Regel, je weniger Wertschöpfung im Material steckt, umso geringer die Kapitalbindung, sollte dabei als Leitfaden dienen.

War im ersten Abschnitt mit den hohen Losgrößen mehr der Fokus auf die Flexibilität der Produktion, so ist es hier nun eher das Thema der Durchlaufzeiten. Es wird demnach auf das bereits Besprochene aufgebaut bzw. um diesen Aspekt erweitert.

2.2.1   Analyse der Daten

In den folgenden Seiten wird mithilfe eines praktischen Beispiels erklärt, welche Daten in welcher Form analysiert werden müssen, um daraus die Basis für die Reduzierung der Bestände zu schaffen. Es handelt sich dabei um einen Produzenten von Profilen aus Stahl, die aus Rollen (aufgerollte Stahlbänder) gewalzt werden. Die Produktion besteht aus mehreren Walzanlagen, denen unterschiedlichen Produktgruppen, die in Standard und Sonderprodukte unterteilt sind (insgesamt 667 verschiedene Produkte, die eingelagert werden können), zuge-ordnet sind. Alle Standardprodukte sowie zahlreiche Sonderprofile werden für das lokale Lager produziert, aus dem die Kunden direkt beliefert werden. Sonderprodukte werden direkt aus der Fertigung an den Kunden verschickt, wenn es sich um tatsächliche Spezialaufträge mit einzigartigen Kundenwünschen bzgl. einzelner Parameter handelt. Im Bestand finden sich daher gleichermaßen Standard- als auch Sonderprodukte.

Welche Bestände befinden sich im Lager und wie hoch ist deren Reichweite?

Als Grundlage für die Bestimmung der Reichweite wird der Bestand zu einem gewissen Zeit-punkt (z. B. die letzte Inventur oder – falls vorhanden – aktuelle Daten) und der durchschnitt-liche Bedarf über einen repräsentativen Zeitraum (Tab. 2.1) genommen.

Tabelle 2.1   Auswertung der Absatz- und Lagermengen

Benen-nung	Absatz-menge/ Tag (kg)	Anteil an Gesamt-menge	kummu-liert	Bestand (kg)	Reich-weite in Tagen	Preis/kg	Wert Bestand
Produkt 1	13.660	3,9 %	3,9 %	61.895	4,5	1,70 €	105.222 €
Produkt 2	12.435	3,5 %	7,4 %	315.598	25,4	1,45 €	457.617 €
Produkt 3	10.728	3,0 %	10,4 %	24.298	2,3	1,80 €	43.736 €
Produkt 4	9.737	2,8 %	13,2 %	6.876	0,7	1,34 €	9.214 €
Produkt 5	7.130	2,0 %	15,2 %	16.087	2,3	2,10 €	33.783 €
....							

Tabelle 2.1 Fortsetzung   Auswertung der Absatz- und Lagermengen

Benen-nung	Absatz-menge/ Tag (kg)	Anteil an Gesamt-menge	kummu-liert	Bestand (kg)	Reich-weite in Tagen	Preis/kg	Wert Bestand
Produkt 217	261	0,1%	91,0%	10.867	41,6	3,70€	40.208€
Produkt 218	261	0,1%	91,1%	4.254	16,3	2,10€	8.933€
Produkt 219	259	0,1%	91,1%	0	0,0	3,60€	0€
Produkt 220	258	0,1%	91,2%	378	1,5	26,50€	10.017€
Produkt 221	256	0,1%	91,3%	4.673	18,3	3,60€	16.823€
....							
Produkt 663	0	0,0%	100,0%	142		5,40€	767€
Produkt 664	0	0,0%	100,0%	39		10,30€	402€
Produkt 665	0	0,0%	100,0%	0		8,40€	0€
Produkt 666	0	0,0%	100,0%	261		9,40€	2.453€
Produkt 667	0	0,0%	100,0%	0		15,40€	0€

Die Bestände der Topprodukte (in Tab. 2.1 Produkte 1 bis 5) streuen bezüglich Menge und damit in der Reichweite (von weniger als einem Tag bis zu 25 Tagen). Bei einer genauen Analyse der Minimum- und Maximalwerte konnte festgestellt werden, dass ein Fertigungslos von Produkt 2 kürzlich abgeschlossen wurde und ein Los von Produkt 4 kurz vor der Lieferung ins Lager steht. Die Frage, die sich dabei stellt, ist, ob eine Reichweite von 25 Tagen für ein Topprodukt benötigt wird?

Die Produkte mit relativ geringer Absatzmenge (in Tab. 2.1 Produkte 217–221) haben Reichweiten von null bis über 40 Tagen. Besonders für solche Produkte wird es im nächsten Schritt interessant, das Abrufverhalten des Kunden festzustellen. Produkt 217 wird selbst einen hohen Spitzenbedarf abdecken können, Produkt 219 wird andererseits nicht sofort lieferfähig sein. Produkt 220 bedarf durch seinen hohen Einzelwert (Preis je Kg) einer besonderen Aufmerksamkeit.

In jeder Produktliste finden sich immer wieder Produkte, die schon seit längerer Zeit keine Bewegung mehr hatten. Auch wenn die Bestände im Vergleich zur Gesamtmenge relativ gering erscheinen, das gebundene Kapital ist in diesem Fall kaum von Relevanz, so brauchen sie dennoch – was in dieser Situation besonders zutraf – Platz und verursachen erheblichen Handlingsaufwand, wenn sie immer wieder verschoben werden müssen. Es kann dabei keine allgemeine Regel aufgestellt werden, was eine gute oder eine schlechte Reichweite ist. Ein Bestand von 20 Tagen für Standard-Schrauben hat natürlich eine andere Auswirkung als ein Bestand an hochwertigen elektronischen Komponenten von drei Tagen. Haupteinflussfaktoren für die Bestimmung einer realistischen Reichweite sind:

a) Wert des Produktes (klassische ABC-Analyse)

b) Sicherheit der Wiederbeschaffung (ist die Produktion stabil und kann mit einer konstanten Wiederbeschaffungszeit gerechnet werden)

c) Kosten der Lagerung

d) Wiederbeschaffungszeit (wie lange dauert die Nachlieferung, wenn heute bestellt wird)

e) Kosten der Wiederbeschaffung

f) Spitzen und Ausreißer im Bedarf.

Mit einem Anstieg von a., b. und c. sollte die Reichweite sinken, wobei d., e. und f. den gegenteiligen Effekt haben. Je höherwertig ein Produkt ist und je länger die Reichweite, umso interessanter ist es natürlich, dieses Produkt genauer und detaillierter zu betrachten.

Welche Produkte haben seit einem längeren Zeitraum keine Bewegung (Ladenhüter)?

Bei der Bestimmung der Reichweite wird es immer wieder Produkte geben, die seit einem längeren Zeitraum keine Bewegung, also keinen Bedarf, mehr hatten. Wichtig ist, hierbei festzustellen, warum diese Waren im Lager sind, denn die meisten Produkte haben ihre eigene Geschichte. Im Bild 2.11 liegen 48 % der Produkte weniger als 10 Tage im Lager. Interessanter sind die Produkte, die seit über 100 Tagen (immerhin noch 16 % der gesamten Menge) keine Bewegung mehr hatten.

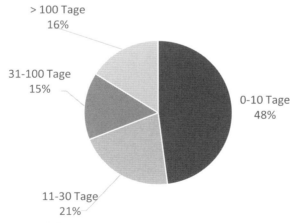

Bild 2.11   Wie lange liegen die Produkte im Lager?

Unter den Produkten mit einer Liegezeit von über 100 Tagen befanden sich zahlreiche, die bereits seit einem Jahr oder länger gelagert wurden. Die Gründe dafür waren zahlreich und einige Beispiele dafür sind:

- Da die Durchlaufzeiten bis zu 15 Wochen betrugen (von Kundenbestellung bis Auslieferung), kam es zu häufigen Änderungen in den Aufträgen bzw. einige wurden auch vollkommen gestrichen (z. B. Kunde konnte nicht mehr zahlen).

- Der Vertrieb gab Scheinaufträge in die Produktion, um prognostizierte Kundenaufträge schneller beliefern zu können. Es wurden jedoch nicht alle Prognosen erfüllt.

- Aus dem Vormaterial ergaben sich Mindestlosgrößen, die häufig über den Bestellmengen des Kunden lagen. Um eine gesamte Rolle (Bild 2.12) aufzubrauchen, mussten daher wesentlich größere Lose produziert werden, als der tatsächliche Kundenbedarf war. Der Vertrieb nahm den Auftrag trotzdem in der Hoffnung an, dass der Kunde wieder bestellen würde.

- Aufträge, deren Auslieferdatum weit in der Zukunft lag, wurden vorgezogen, um Lose zur Rüstzeitoptimierung zu kombinieren. Diese waren also früher als vom Vertrieb geplant fertiggestellt und wurden daher bis zur Auslieferung eingelagert. Kunden vergaben Aufträge bis zu einem Jahr im Voraus, um den Materialpreis zu fixieren.

- Disponenten haben Aufträge vorgezogen, um Arbeit für Mitarbeiter und Maschinen sicherzustellen. Der falsche Grundsatz „die Maschinen müssen immer voll sein" wurde gelebt, ohne zu betrachten, ob und wann die Teile verkauft werden können. Im Extremfall wird ggf. die Perfomance einer Produktionseinheit in Leistung (Wert der hergestellten Teile) gemessen, die die Mitarbeiter dann „optimieren" ohne, dass ein tatsächlicher Bedarf besteht.

Bild 2.12   Beispiel für Rollen als Ausgangsmaterial einiger Fallstudien

Grundsätzlich konnten jedoch einige wenige Ursachen für diese Bestände verantwortlich gemacht werden, die dann auch eine Basis für die permanente Reduzierung der Bestände waren:

- Die langen Durchlaufzeiten zwangen Produktion und Vertrieb Wege zu finden, ihre eigenen Bereiche zu optimieren, obwohl dies auf das gesamte System eine negative Auswirkung hatte (z.B. wurden kritische Anlagen mit Aufträgen belegt, für die kein direkter Kundenbedarf vorhanden war).

- Es existierten keine Standards für die Verwaltung und Kontrolle der Bestände, wodurch es nicht immer eindeutig bestimmbar war, welche Bestände tatsächlich vorhanden waren. Dies führte unter anderem zur Fertigung von Produkten, die bereits im Lager vorrätig waren.

Mit welchen Losgrößen wird produziert?

Ebenfalls im Rahmen der Analyse der Reichweite müssen die Losgrößen hinter den einzelnen Produkten ermittelt werden. Dies ist hauptsächlich von Bedeutung, wenn nicht kundenauftragsbezogen produziert wird. Die Diskussion, ob Losgrößen zu hoch oder zu niedrig angesetzt wurden, hängt unmittelbar mit dem Ergebnis der Ermittlung der Reichweiten zusammen. Die Produkte 2, 217 und alle mit null Verbrauch in Tabelle 2.1 zeigen bereits, dass die Losgrößen durchaus ein Thema bei Verbesserungen werden können.

In dieser Analyse werden die Losgrößen als gegeben hingenommen. Es muss allerdings verstanden werden, wie diese zustande gekommen sind und welche Rahmenbedingungen es gibt:

- Wie wurden die Losgrößen bestimmt? Wurden sie anhand der Formel für die Optimierung der Losgröße errechnet? Hat sie ein Mitarbeiter der Arbeitsvorbereitung einmal nach besten Wissen und Gewissen bestimmt?

- Haben sich die Umstände seit der Bestimmung geändert? Wurden die Rüstzeiten seither reduziert? Hat sich der Bedarf geändert? Häufig finden wir Produkte, deren Bedarf drastisch gefallen ist und die Losgrößen jedoch nicht entsprechend angepasst wurden.

- Gibt es Restriktionen, die eine Reduzierung der Losgrößen erschweren oder gar unmöglich machen? Dies betrifft häufig Anlagen, die eine Mindestmenge zur Produktion benötigen (z.B. Gießereien). Diese Einschränkungen sollten jedoch nicht leichtfertig als gegeben und fix hingenommen werden, sondern sollten immer hinterfragt werden. Dies trifft besonders zu, wenn man von wirtschaftlichen Restriktionen spricht!

Das Thema kundenauftragsbezogene Produktion und Losgrößen ist eher im Zusammenhang mit Qualität interessant, wenn wir x-% mehr Stück produzieren, als der Kunde bestellt hat, um anfallenden Ausschuss abzudecken. Überschüssige Teile kommen jedoch auch hier ins Lager und bleiben oft über einen längeren Zeitraum dort, was wiederum eine der Geschichten eines Produktes im Lager sein kann.

In welcher Frequenz und mit welchen Mengen wird vom Kunden bestellt? Wie ist das Abrufverhalten?

Unter dem Abrufverhalten wird verstanden, in welcher Frequenz und in welchen Losgrößen der Kunde bestellt. Produkte können dabei in fünf Gruppen unterteilt werden, die als Orientierung und nicht als absolute Klassifizierung gesehen werden sollen:

▪ Kleine, regelmäßige Abrufe mit einem großen Gesamtvolumen.

Dieses Abrufverhalten trifft hauptsächlich auf die Top-Produkte, die von zahlreichen Kunden nachgefragt werden, zu. Wichtig ist dabei festzustellen, ob es immer wieder zu Ausreißern (Zeitpunkt 5 in Bild 2.13) kommt, also einzelne Kunden plötzlich den Bedarf von mehreren Wochen oder Monaten bestellen.

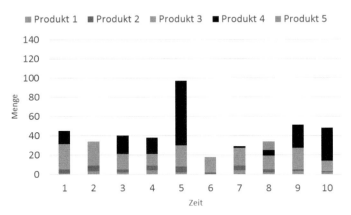

Bild 2.13 Kleine, regelmäßige Abrufe mit einem großen Gesamtvolumen

▪ Kleine, regelmäßige Abrufe mit einem geringen Gesamtvolumen.

Dies sind meistens ebenfalls Standardprodukte, die jedoch nur sporadisch von einer größeren Anzahl an Kunden benötigt werden. Auf den ersten Blick ist, bis auf das Gesamtvolumen, kaum ein Unterschied zwischen den ersten beiden Abrufverhalten zu erkennen. Wenn für diese Art von Abrufverhalten über Verbesserungsansätze (z. B. Verwendung von Kanban) gesprochen wird, wird es klar, dass gerade dieses Gesamtvolumen ein entscheidender Faktor sein kann.

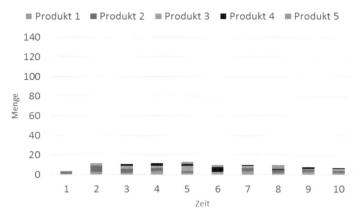

Bild 2.14 Kleine, regelmäßige Abrufe mit einem geringen Gesamtvolumen

▪ Große, unregelmäßige Abrufe

Eine geringe Anzahl von Kunden bestellen in größeren, zeitlichen Abständen immer wieder dieselben Produkte. Das Gesamtvolumen kann gleich groß sein, wie in den Fällen a und b, jedoch ist dieses nicht gleichmäßig über einen Betrachtungszeitraum verteilt. Besondere Bedeutung bei der Analyse ist hierbei auf die Gründe für dieses Bestellverhalten zu legen, die mannigfaltig sein können. Zwei der wichtigsten Ursachen sind

a) der Bedarf des Kunden selbst unterliegt starken Schwankungen, die nicht immer planbar sind

b) der Kunde hat kein Vertrauen in die kurzfristige Lieferfähigkeit des Lieferanten.

Punkt a) kann der Lieferant schwer beeinflussen, b) birgt jedoch ein Ansatzpotenzial, um die eigenen Prozesse zu verbessern.

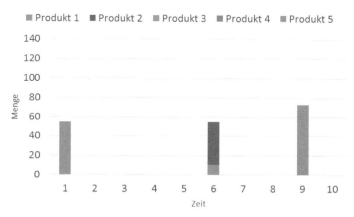

Bild 2.15   Große, unregelmäßige Abrufe

- Saisonale Abrufe

Bestimmte Produkte haben saisonale Schwankungen, die berücksichtigt werden müssen. Die wenigsten Unternehmen, die sich mit solch einem Abrufverhalten konfrontiert sehen, haben die Möglichkeit, geringere Absatzmengen in einer Jahreszeit durch den Vertrieb von anderen Waren, deren Hoch in einer anderen Saison liegt, zu kompensieren.

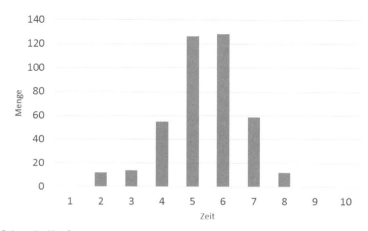

Bild 2.16   Saisonale Abrufe

Da auch die Produktion zumeist nicht so flexibel gestaltet werden kann, dass in den absatz-schwachen Monaten die Ressourcen entsprechend reduziert werden können, kommt es zumeist zum Vorproduzieren in den Zeiträumen 9 bis 3 in Bild 2.16. Die produzierte Menge entspricht also zu keinem Zeitpunkt der abgesetzten Menge, was selbstverständlich eine besondere Herausforderung für die Planung von Vertrieb und Lagerhaltung darstellt.

- Sporadische Abrufe

Es lässt sich absolut kein Muster in der Bestellung feststellen. Dies kann zu solch einem Extrem führen, dass eine Bestellung die gesamte durchschnittliche Jahresproduktion abdecken würde und Monate später mehrere Order über Kleinstmengen kommen. Häufig treffen wir diese Situation an, wenn es sich um ein spezielles Produkt für eine geringe Anzahl von Kunden handelt, die selbst einen unkontrollierten Bedarf für diese Ware haben. Es kann sich allerdings auch um einen „Katalogartikel" handeln, der eine von zahlreichen Varianten eines ähnlichen Artikels ist und mehr aus Zufall von einzelnen Kunden bestellt wird. Eine Artikelbereinigung wäre in diesem Fall eventuell angebracht.

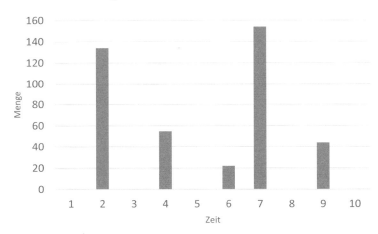

Bild 2.17   Sporadische Abrufe

Wie lange sind die Produktionsdurchlaufzeit und deren einzelne Komponenten?

Aus der einführenden Diskussion geht bereits hervor, dass eine wichtige Zahl die Durchlauf-zeit ist. Als Einstieg dazu soll eine Definition der Durchlaufzeit helfen, da diese oft unterschied-lich ausgelegt wird.

  Durchlaufzeit

Prinzipiell geht es um die Zeit zwischen einem Start- und einem Endpunkt. Bei der Produktionsdurchlaufzeit handelt es sich also um den Verlauf zwischen der Freiga-be eines Fertigungsauftrages und der Auslieferung an den Kunden.

Wichtig bei dieser Betrachtung sind nicht nur die gesamte Durchlaufzeit, sondern auch deren einzelne Komponenten, also die Zeiten von einem Arbeitsschritt bis zum nächsten (Bild 2.18). Die Produktionsdurchlaufzeit muss demnach auf jeden einzelnen Prozessschritt im Fertigungsablauf aufgeteilt werden. Im Bild 2.18 würde dies bedeuten, dass vom Beginn des Auftrages bis zur Rückmeldung am Prozessschritt 1 ein bis zwei Tage vergehen. Von der Abmeldung vom Schritt 1 bis zur Abmeldung vom Schritt 2 verstreichen weitere fünf Tage usw. Die reine Bearbeitungszeit, also die Zykluszeit, multipliziert mit der Stückzahl eines Auftrages, ist nur eine Komponente dieser Durchlaufzeit. Der größte Anteil ergibt sich in den meisten Fällen aus Liegezeiten oder in der Terminologie von Lean „Warten". Der Auftrag wartet, dass wertschöpfende Aktivitäten durchgeführt werden.

Gesamte Durchlaufzeit = 12 Tage

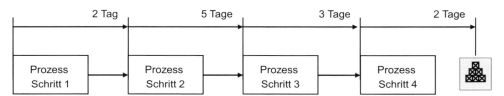

Bild 2.18   Die Produktionsdurchlaufzeit aufgeteilt auf einzelne Prozessschritte

Die Ermittlung der Produktionsdurchlaufzeiten kann bereits wesentlich aufwendiger sein, als man annehmen möchte. Die meisten Systeme sollten diese Zahl mit relativ geringem Aufwand liefern können, doch ist dies leider mehr Theorie als Praxis. Eine durchschnittliche Durchlaufzeit über alle Produkte ist in vielen Fällen lieferbar, auf die einzelnen Produkte gebrochen ist sie allerdings selten verfügbar.

Bei einem Kunden, der in diesem Zusammenhang keine Ausnahme darstellte, bekamen wir von einem Vorstandsmitglied zu diesem Thema nur eine Aussage. „Bei unserem System können Sie sich auf eine Sache verlassen, dass die Daten nämlich nicht stimmen." Die Praxis gab ihm Recht. Eine Analyse ergab, dass ca. 10 % der Aufträge zwar ausgeliefert worden waren, jedoch im System nicht als abgeschlossen zurückgemeldet wurden, was laut AV theoretisch gar nicht möglich war. Für diese Aufträge gab es also keine Durchlaufzeiten. Weitere 10 % hatten eine Durchlaufzeit von weniger als einem Tag, die durchschnittliche Durchlaufzeit betrug sechs Wochen. Eine Kontrolle von mehreren tausend Fertigungsaufträgen ergab, dass die Zahlen aus dem System absolut unbrauchbar waren, jedoch die Basis für operative, taktische und strategische Entscheidungen waren.

Wie kommt man nun zu aussagefähigen Durchlaufzeiten, wenn die Zahlen aus einem System nicht verwendbar sind? Eine manuelle Erhebung wird kaum vermeidbar sein. Entweder nimmt man sämtliche Fertigungsaufträge aus einem repräsentativen Zeitraum und ermittelt anhand der eingetragenen Daten die Durchlaufzeit. Oder, es muss wie bei den Rüstzeiten mithilfe der Mitarbeiter die Durchlaufzeit durch manuelle Aufzeichnungen erhoben werden. Dieselben Aussagen gelten für die Ermittlung der einzelnen Komponenten der Durchlaufzeit, die Herausforderung der Ermittlung ist jedoch noch weitaus größer.

Im Zusammenhang mit den Durchlaufzeiten soll noch einmal hervorgehoben werden, dass der Umgang mit Durchschnittswerten zu falschen Schlüssen führen kann. Eine genauere Betrachtung der Streuung der Durchlaufzeiten ist daher sehr empfehlenswert.

Was sind die Gründe für die Dauer der Durchlaufzeit?

Aus den einzelnen Komponenten der Durchlaufzeit kann nun bestimmt werden, wo in der Prozesskette die längsten Zeiten liegen. Welche Arbeitsschritte haben demnach die größte Auswirkung auf die Produktionsdurchlaufzeit. Für diese muss im nächsten Schritt erhoben werden, was die bestimmenden Faktoren für die Länge der Durchlaufzeit sind. Es werden dabei wieder wertschöpfende und nicht-wertschöpfende Tätigkeiten unterschieden. Die wertschöpfenden sind selbstverständlich die jeweiligen Prozessschritte, die einfach ermittel- und erklärbar sind. Bei den nicht-wertschöpfenden kann es schon etwas komplizierter sein. Gemäß den sieben Arten der Verschwendung können die Ursachen in folgende Gruppen unterteilt werden: Bestände, Transport und Nacharbeit/Ausschuss.

▪ Bestände können wohl als Hauptursache für die Länge des nicht-wertschöpfenden Anteils gesehen werden. Der Zusammenhang zwischen WIP und Durchlaufzeiten wurde bereits im Detail diskutiert. Daraus folgt, dass im Rahmen dieser Analyse auch die Bestände vor einer Anlage erhoben werden müssen. Eine manuelle Zählung der Bestände und Anzahl von Aufträgen vor einem Prozessschritt ist die einfachste und effizienteste Methode. Diese Zahlen können ebenfalls zur Bestimmung der Komponenten der Durchlaufzeit herangezogen werden. Wenn an einer Anlage im Schnitt 100 Stück am Tag produziert werden und es liegen 500 Teile vor der Maschine, so kann mit einer ungefähren Durchlaufzeit für diesen Prozessschritt von fünf Tagen gerechnet werden (500 Teile WIP geteilt durch 100 Teile durchschnittliche Produktionsmenge). Diese einfache Berechnung hat sich in der Praxis als äußerst akkurat und hilfreich erwiesen. Es soll auch hier wieder nur ein Richtwert ermittelt werden, der im Prozessfluss den Arbeitsschritt mit der höchsten Durchlaufzeit ausweist und das Potenzial für die Verbesserung darstellt.

Bild 2.19 Zwischenbestände als Hauptfaktor für lange Durchlaufzeiten

▪ Die Dauer des Transportes kann in zwei Komponenten unterteilt werden, da es auch hier wieder einen Teil Warten auf den Transport und einen Teil des eigentlichen Transportes geben kann. Je größer die Transportzeit oder je geringer die Frequenz des Transportes, umso höher liegt entsprechend auch die Wartezeit auf den Transport. Werden Komponenten in einem Standort gefertigt und in einem anderen montiert, so wird nicht jedes einzelne Teil transportiert, sondern es wird möglicherweise nur einmal am Tag oder vielleicht sogar nur einmal pro Woche geliefert. Diese Lücke in der Anlieferung muss bei der Montage durch Bestände abgedeckt werden. Ein Beispiel für die Lieferfrequenz innerhalb eines Standortes kann sein, dass nur einmal am Tag Fertigungslose von der Produktion zur Qualitätskontrolle gebracht werden, wodurch eine Liegezeit von mehreren Stunden entstehen kann, wobei die eigentliche Transportzeit nur wenige Minuten sein kann.

- Von Nacharbeit wird gesprochen, wenn Produkte einen oder mehrere Arbeitsschritte mehr als einmal durchlaufen. Es kommt dadurch zu einer Wiederholung von wertschöpfenden und nicht-wertschöpfenden Tätigkeiten, was die Durchlaufzeit auch entsprechend verlängert. Ausschuss kann noch gravierendere Effekte auf die Durchlaufzeit haben, da eventuell alle Arbeitsschritte noch einmal durchgeführt werden müssen. Bestände und Transport sind Komponenten in der Durchlaufzeit, die zum Standardablauf gehören können, wobei es auch hierbei natürlich zu Ausnahmefällen kommen kann, wie z. B. Sondertransporte oder lange Wartezeiten durch ein gravierendes Problem im Produktionsfluss. Nacharbeit und Ausschuss sollten jedoch kein Bestandteil des Standardablaufes sein.

Welche Auswirkungen haben Abweichungen in der Durchlaufzeit?

Bei der Analyse der Durchlaufzeiten sollte besondere Vorsicht angebracht sein, mit Durchschnitten zu rechnen. Wenn dem Kunden eine Lieferung in 15 Tagen zugesagt wurde und die durchschnittliche Durchlaufzeit zehn Tage beträgt, sollte es keine Probleme dabei geben. Sollte es! Wenn die Durchlaufzeit jedoch zwischen 5 und 30 Tagen schwankt, so ist der Auftrag entweder zu früh oder zu spät abgeschlossen. Die 15 Tage werden nur sehr selten eingehalten, wenn die Ware auch sofort verschickt wird. Den Effekt der Schwankungen dieser Zeit auf die Liefertreue lassen wir in diesem Zusammenhang einmal außer Acht. Je höher die Schwankungen der Durchlaufzeit also, umso wichtiger wird eine Analyse der Varianz dieser. Der Durchschnitt der Durchlaufzeit in dem Bild 2.20 beträgt 11,5 Tage für Produkte, die dieselben Prozessschritte durchlaufen und einen Planwert von 10 Tagen haben. Die Streuung liegt jedoch zwischen 5 und 30 Tagen, wodurch eine genaue Zusage an den Kunden schwierig ist.

Nur 29 % hielten die Plan-DLZ von zehn Tagen ein. Termintreue bzw. das Einhalten der geplanten DLZ wird von Unternehmen zu Unternehmen unterschiedlich definiert. Zwei Beispiele wären:

- Lieferungen zu früh werden auch als liefertreu bezeichnet, damit wären in Bild 2.20 51 % der Aufträge im Plan.
- Es wird mit einem Zeitfenster geplant, wie z. B. eine Kalenderwoche oder einer Plan-DLZ +/− mehrerer Tage. In Bild 2.20 könnten es z. B. +/− 2 Tage sein, also alles von 8 bis 12 Tagen DLZ gilt als termintreu. Dadurch wären 74 % aller Aufträge in Ordnung.

Aus den Analysen des ersten Abschnittes stehen als Daten die Bestände im Lager und deren Reichweite sowie die Prozesskapazitätsstudie bzw. die Taktzeit zur Verfügung. Zusätzlich müssen nun folgende Daten erhoben werden.

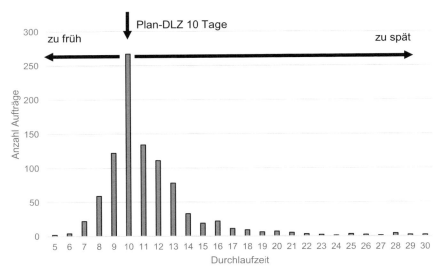

Bild 2.20   Varianz der Durchlaufzeit

Wie sieht der Variantenbaum aus?

Der nächste Schritt in der Analyse konzentriert sich nun auf die Produkte im Zusammenhang mit dem Prozessfluss. In jedem einzelnen Prozessschritt erfährt das Produkt, angefangen vom Rohmaterial bis zur fertigen Ware, eine Veränderung. Es gibt dabei Prozessschritte, die für alle Produkte identisch sind, also keine Varianten bilden, und solche, die unterschiedlich sind, demnach Varianten herstellen. Um diese Variantenbildung im Prozessfluss darstellen zu können, kann auch in diesem Kontext der Variantenbaum verwendet werden. Besonderes Augenmerk bei dieser Anwendung soll in der Analyse darauf gelegt werden, wo die eigentliche Variantenexplosion stattfindet, welcher Prozessschritt also die meisten Varianten produziert. Dazu folgt ein einfaches Beispiel (Bild 2.21). Das Rohmaterial sind Stangen, die sich durch den Durchmesser unterscheiden. Durchmesser 20 mm hat mit einem Anteil von 60 % den höchsten Bedarf der insgesamt fünf verschiedenen Varianten. Die Stangen mit 20 mm können im Prozessschritt 1 (Ablängen) auf 15 verschiedene Längen geschnitten werden. Hierbei hat die Länge 20 cm mit 75 % den höchsten Anteil. Die nächste Variante entsteht durch das Lackieren. 80 % der Stangen mit einem Durchmesser von 20 mm und einer Länge von 20 cm werden lackiert. Mithilfe dieses Variantenbaumes können folgende Rückschlüsse gezogen werden:

- Was sind die Hauptprodukte und wie ist deren Fluss durch die Produktion
- wo im Prozessfluss entstehen die meisten Varianten
- und damit, wo im Prozessfluss sollten Bevorratungsebenen verwendet werden.

Wie dieser Variantenbaum in der Praxis verwendet wird und wie wir zu diesen Rückschlüssen kommen, werden wir anhand eines Fallbeispiels erläutern.

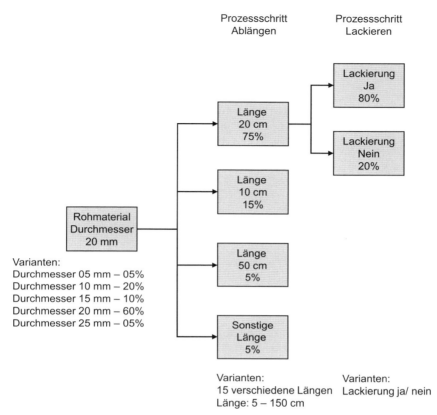

Bild 2.21 Variantenbaum

Welche Anforderungen hat der Kunde bzgl. der Lieferzeit?

In diesem Abschnitt wird davon ausgegangen, dass Bestände an Fertigwaren notwendig sind, um die Differenz zwischen Produktions- und Kundendurchlaufzeit zu überbrücken. Sind sich jedoch alle Unternehmen im Klaren, welche Anforderungen der Kunde bzgl. der Lieferzeit hat? Ist sie überhaupt von Bedeutung oder vielleicht ist die Stabilität dieser wichtiger? Es wurde bereits in anderen Kapiteln darauf hingewiesen, dass es für viele Kunden wichtiger ist, dass die zugesagte Lieferzeit eingehalten wird, es also kaum Varianzen in dieser gibt, als dass eine rasche Lieferungen versprochen wird. Aber noch einmal zurück zur Frage, ob es dem Vertrieb oder der Produktion bewusst ist, welche Wünsche der Kunde in Bezug zur Lieferzeit hat. Dies hat eine nicht unerhebliche Auswirkung auf die Organisation der Produktion. Wenn sofort geliefert werden muss, ergeben sich ganz andere Herausforderungen als wenn der Kunde vier Wochen zur Verfügung stellt. Ist diese Unterteilung auch nur ein entweder oder? Oder gibt es vielleicht eine Möglichkeit, dass die Kunden oder die Produkte in verschiedene Lieferzeitklassen unterteilt werden?

Wie viel Kapazität wird im Prozessfluss benötigt?

Der Engpassfaktor spielt auch bei der Diskussion zum Thema der Bestände und der Durchlaufzeit eine zentrale Rolle. Mithilfe von Bild 2.22 werden die Kapazitäten in einer Kette von Prozessschritten dargestellt, zeigen also ein ähnliches Bild, wie das Taktzeit-/Zykluszeitdiagramm. Sinn und Zweck dieser Studie ist es, festzustellen, auf welchen Prozessschritt, dem Engpassfaktor, bei der Bestimmung der Wiederbeschaffung und damit der Bestände besonderes Augenmerk gelegt werden muss. Der besondere Unterschied zur Taktzeit-/Zykluszeitanalyse ist, dass in diese Betrachtung die Rüstzeiten und Werkzeugwechsel miteingebracht werden.

A	B	C	D	E	F	G	H
Prozess-schritt	Maschinen-nummer	Zykluszeit (Sek.)	Rüstzeit (Min.)			Gesamte Zeit/ Stück (Sec.)	Kapazität
			Durchschnittliche Losgröße	Durchschnittliche Rüstzeit	Rüstzeit/ Teil		
Berechnung					E*60/D	C+G	27.000/ G
1	xxxx	20	200	30	9	29	931
2	yyyy	24	200	150	45	69	391
3	zzzz	47	200	10	3	50	540
4	aaaa	11	200	0	0	11	2.455

Bild 2.22   Berechnung der Kapazität

In Bild 2.22 stellt sich durch das Einbeziehen der Rüstzeiten nun ein etwas anderes Bild dar als es sich im Taktzeit-/Zykluszeitdiagramm ergeben hätte. In den Fokus der Betrachtung rückt nun Prozessschritt 2, der durch die Höhe der Rüstzeiten zum Engpassfaktor wurde. Prozessschritt 3, der mit Abstand die höchste Zykluszeit hat, verliert etwas an Bedeutung, da die Rüstzeiten mit zehn Minuten sehr gering sind.

Natürlich muss bei späteren Reduzierungen der Losgrößen beachtet werden, dass die Rüstzeit zum Teil steigen wird, wenn nicht auch bei diesem Prozessschritt die Rüstzeiten reduziert werden. Da die Taktzeit nur knapp über der Zykluszeit liegt, müssen Schritte 2 und 3 näher betrachtet werden. Eine Reduzierung der Rüstzeiten dürfte allerdings für Schritt 3 nicht ausreichend sein. Die Zykluszeit selber sollte, wie wir bereits im Kapitel zu Kapazitätsengpässen anhand eines Beispieles gezeigt haben, Inhalt eines Projektes sein.

2.2.2   Maßnahmen zur Reduzierung der Bestände an Halb- und Fertigware

In der Analyse wurde die Einteilung der Produkte in unterschiedliche Gruppen je nach dem Abrufverhalten durchgeführt. Wird als Ziel eine Reduzierung der Bestände der Fertigprodukte gesetzt, so findet diese Unterteilung auch Berücksichtigung in verschiedenen Ansätzen. Auftragsbezogene Fertigung ist für solche Produkte geeignet, die entweder selten in relativ großen Mengen abgerufen werden (Gruppe c.), die Ausreißer mit hohen Volumen in den Top-Produkten sind (Gruppe a.) oder die nur sehr sporadisch abgerufen werden (Gruppe e.). Die Kosten der Haltung von Beständen und das Risiko, dass erhoffte Beststellungen in der Zukunft platziert werden, übersteigen zumeist die Kosten für das neuerliche Erstellen und Rüsten eines neuen Auftrages. Eine klare, eindeutige Linie kann natürlich nicht gezogen werden, wenn ein Produkt in eine dieser Kategorien fällt. Eine Reduzierung der Rüstzeiten kann auf jeden Fall als Argument für die Entscheidung zur kundenauftragsbezogenen Fertigung verwendet werden. Bei einer genaueren Betrachtung der einzelnen Produktgruppen kann vielleicht schon ohne eine Reduzierung der Rüstzeiten auf eine kundenauftragsbezogene Produktion umgestellt werden.

Je wahrscheinlicher eine neuerliche Bestellung ist, umso stärker ist die Begründung für eine Produktion mit fixen Losgrößen. Auch hier gilt selbstverständlich die Tatsache, je geringer die Rüstzeiten, desto geringer die Losgrößen. Es sollte das langfristige Ziel sein, die Rüstzeiten so weit zu reduzieren, dass eine auftragsbezogene Fertigung möglich ist bzw. ein Tagesmix mit geringsten Losgrößen realisiert werden kann. Als weiteres, wichtiges Konzept zur Reduzierung der Bestände gehen wir auf die ziehende Fertigung und damit zusammenhängend Kanban ein. Im Verlauf dieses Abschnittes werden daher anhand von Fallbeispielen die Theorie und Praxis dieser Konzepte erläutert. Da die Thematik der Bestände an Fertigwaren hauptsächlich in der Serienfertigung oder bei Produzenten mit hohen Losgrößen vorkommt, kommen die Fallbeispiele auch aus solchen Unternehmen. Im Projektgeschäft oder bei Unternehmen, die nur sehr kleine Stückzahlen haben, tritt dieses Problem seltener auf.

Reduzierung der Rüstzeiten als Basis zur Bestandsreduzierung

In der Analyse wurden eine oder mehrere Anlagen identifiziert, die entweder die Engpässe im Prozessfluss sind oder deren gesamte Rüstzeiten drastisch in die Höhe gehen, falls die Losgrößen reduziert werden. Der Ansatz zur Reduzierung von Rüstzeiten wurde bereits im ersten Kapitel detailliert behandelt. Daher nur noch einige zusätzliche Aussagen dazu im Zusammenhang mit Durchlaufzeiten.

Eine Entscheidung muss getroffen werden, wie die Reduzierung der Rüstzeiten genutzt wird. Sie kann entweder als zusätzliche Kapazität oder zur Flexibilisierung der Produktion verwendet werden. (Suzaki 1987)

Ein kleines Rechenbeispiel soll dies verdeutlichen. Die Ausgangsdaten waren wie folgt:

- Drei-Schicht-Betrieb á 7,5 h (0,5 h Pause) ergibt eine Nettoarbeitszeit von 22,50 Stunden/Tag
- die durchschnittliche Zykluszeit/Teil beträgt 2 min
- der OEE liegt bei 75 % (von 22,50 h am Tag nutzen wir nur 75 % zur Produktion von Gutteilen, ergibt 16,875 h)
- daraus errechnet sich eine Produktionsmenge von 506 Stück/Tag
- pro Tag wurden im Schnitt 3 h gerüstet.

Durch ein Verbesserungsprojekt wurden die Rüstzeiten um 33 % reduziert, also auf durchschnittlich zwei Stunden/Tag. Die Tagesproduktion würde sich nun folgendermaßen ändern, falls diese Stunde als zusätzliche Kapazität verwendet würde:

- Der OEE erhöht sich im Optimum auf 79,4 % (17,875 h von 22,5 h Nettoarbeitszeit) – durch die weiteren Verluste im OEE (Effizienz und Qualität) ist es zweifelhaft, dass die Stunde Rüstzeitreduzierung zu 100 % für die Produktion von Gutteilen gewonnen werden kann.
- Mit einer zusätzlichen Kapazität von einer Stunde können 30 zusätzliche Teile produziert werden (Zykluszeit von 2 min ergibt bei 60 min 30 Teile).

In diesem, wie auch in vielen weiteren Beispielen rechnen wir mit Durchschnittswerten, was in dieser Betrachtung durchaus legitim ist. Sollte es notwendig sein, mit min.-/ max.-Werten zu rechnen oder Szenarien zu erstellen, so werden wir dies besonders hervorheben. Das Rechnen mit Durchschnittswerten ist allgemein gesehen eine große Schwachstelle der meisten Produktionsplanung und -steuerungssysteme. Je instabiler die Produktion, also je größer die Schwankungen (z.B. dauert ein Rüstvorgang einmal 30 min, beim nächsten mal 90 min, im Schnitt kommen wir auf 60 min), umso ungenauer ist die Planung der Termine (einer der zahlreichen Gründe für Rückstände).

Für die Diskussion im Zusammenhang mit Beständen soll die Reduzierung der Rüstzeiten zur Verringerung der Losgrößen verwendet werden. Dafür werden folgende zusätzliche Daten benötigt:

- Ein Rüstvorgang dauerte vor der Verbesserung im Schnitt 30 min, nachher 20 min (immer noch eine Verbesserung von 33 %). Daraus folgt, dass sechsmal am Tag gerüstet werden kann.
- Die durchschnittliche Losgröße beträgt vor dem Projekt

$$= \text{PRODUKTIONSMENGE/ANZAHL DER AUFTRÄGE} = 506 / 6 = 84 \text{ STÜCK}$$

Nach dem Projekt ergibt sich ein Wert von:

$$506 / 8 = 63$$

- Daher können am Tag nun acht Rüstungen durchgeführt werden, ohne dass sich der OEE verändert.

Dem ersten Rüstzeitreduzierungsprojekt müssen natürlich weitere folgen, um die Losgrößen schrittweise zu verringern. Beim Externalisieren lässt sich mit organisatorischen Maßnahmen bereits viel erreichen. Je mehr die Reduzierung jedoch auf interne Tätigkeiten abzielt, umso mehr werden technische und technologische Verbesserungen notwendig sein, die eventuell nur mit Investitionen machbar sind.

Die ziehende Fertigung und Kanban

 Ziehende vs. drückende Fertigung (Pull vs. Push)

Für ziehende Fertigung wird auch oft der englische Begriff Pull verwendet. Im Gegensatz dazu steht die drückende Fertigung oder das Push. In der klassischen Produktion wird nach diesem „Push-Prinzip" gefertigt. Dabei wird für einen Bedarf, der in der Zukunft liegt produziert. Die Arbeitsvorbereitung zum Beispiel erstellt anhand von Kundenbestellungen eine Liste, welche Aufträge wann gefertigt werden sollen und gibt diese in die Produktion. Dort wird wieder geleitet durch die Liste jeder Auftrag Schritt für Schritt bearbeitet. Der wichtige Punkt ist, um es noch einmal zu betonen, dass die Produktion durch einen zukünftigen Bedarf ausgelöst wird. Je weiter dieser Bedarf nun in der Zukunft liegt, umso größer ist die Gefahr, dass sich etwas verändert. Eventuell möchte der Kunde einen früheren Termin haben oder es ändern sich die Stückzahlen oder der Auftrag wird komplett storniert.

> Dann wird begonnen, die Liste zu manipulieren und damit beginnt der Teufelskreis, der bereits zum Thema langer Durchlaufzeiten besprochen wurde.
>
> Innerhalb der Produktion bedeutet das Push, dass an einer Anlage etwas produziert wird, obwohl im nächsten Arbeitsschritt das Material eventuell gar nicht weiterverarbeitet werden kann. Es besteht keine Kommunikation zwischen den einzelnen Arbeitsschritten, wann was gebraucht wird, da der bestimmende Faktor eine Abarbeitungsliste ist.
>
> Die ziehende Fertigung wird allerdings durch einen tatsächlichen Verbrauch ausgelöst. Prinzipiell geht es darum, dass etwas verbraucht wurde und dies nachproduziert wird. Es kann sein, dass ein Kunde Ware bestellt, diese aus dem Lager genommen wird und das die Produktion zum Auffüllen auslöst. Der Gedanke lässt sich auch eins zu eins in die Produktion übertragen. Ein Arbeitsschritt produziert erst wieder, wenn der darauffolgende Arbeitsplatz einen Verbrauch hatte. Wenn dies über mehrere Schritte gemacht wird, so kann es mit einer Kette verglichen werden. Schließt der letzte Prozess einen Auftrag ab, so zieht er vom vorhergehenden nach, der dann auch wieder zieht, usw. bis auch der letzte Arbeitsplatz wieder nachliefern muss. Es findet also eine Kommunikation zwischen den Arbeitsschritten statt: „Produziere wieder etwas, da ich einen Verbrauch hatte!" (Ohno 1988)

Ein kleines Beispiel dazu. Bei einem Produzenten von Türgriffgarnituren war ein Arbeitsschritt das Entgraten der gestanzten Türschilder, der darauf folgende Arbeitsplatz war das Fräsen dieser. Das Entgraten wurde von einer Stanze mit einer Zykluszeit von 4 s durchgeführt und war ein sehr stabiler Prozess. Das Fräsen, einer der Kunden der Stanze, hatte jedoch eine Zykluszeit von 360 s und war besonders instabil durch Probleme mit den Werkzeugen, wodurch es zu häufigen Stillständen kam. Der Mitarbeiter der Stanze, der natürlich an seinen eigenen Stückzahlen interessiert war, hielt starr an seiner Abarbeitungsliste fest, auch wenn es zu längeren Störungen bei der Fräsmaschine kam. Das Resultat war, dass sich Unmengen an Beständen (bis zu 18 Tage Produktion) vor der Fräsmaschine türmten und man manchmal diese Anlagen hinter den Containern nicht mehr erkennen konnte. Die Stanze drückte also das Material in den nächsten Arbeitsschritt, auch wenn es dort kein Verbrauch gegeben hatte.

Was die Situation noch verschlimmert, ist die so genannte Suboptimierung (Dettmer 1998). Jede einzelne Komponente in einem System (z. B. jeder einzelne Produktionsschritt, der notwendig ist, um das Produkt herzustellen) versucht sich selbst zu optimieren. Wenn dies nun auf Kosten des Ergebnisses des gesamten Systems geht, spricht man von Suboptimierung. Verdeutlichen wird dies anhand eines überzogenen Beispiels (Bild 2.23).

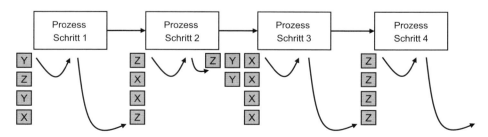

Bild 2.23   Die Suboptimierung

Prozessschritte 1 und 2 bearbeiten die drei Typen von Produkten (X, Y, Z) in der Reihenfolge, in der sie bestellt werden. Nur der Mitarbeiter des Prozessschrittes 3 möchte seine Anlage so effizient wie möglich nutzen. Daher entscheidet er sich, immer nur vier Aufträge eines Produktes zu bearbeiten, was ihm enorm an Rüstzeiten einspart. Prozessschritt 4 kann dadurch natürlich auch nur die Aufträge bearbeiten, die ihm von 3 zugeschoben (push!) wurden. Das Ergebnis sind längere Durchlaufzeiten, höhere Zwischenbestände und damit auch höhere Bestände an Fertigwaren.

Wenn sie davon noch nicht überzeugt sind, wie dies in der Praxis aussehen kann, sehen wir uns ein Beispiel an, das diesen Gedanken zum Extrem geführt hatte. Es handelt sich dabei um einen Produzenten von Standard-Stangenprofilen. Prinzipiell durchläuft das Rohmaterial (ein Bolzen, der direkt aus der Gießerei geliefert wird) drei Arbeitsschritte. Der Bolzen wird an einer Presse zu einer Stange umgeformt, die aufgespult wird. Diese Spulen werden anschließend gezogen und ein „normales" Stangenmaß von mehreren Metern abgelängt. Als letzter Bearbeitungsschritt werden die fertigen Stangen geglüht und gebeizt. Bestimmte Produkte können noch einzelne zusätzliche Arbeitsschritte haben (z. B. Vorziehen), doch sind diese in der momentanen Betrachtung nicht von Bedeutung. Der Engpass in dieser Prozesskette wechselte je nach Produktmix zwischen den Pressen und dem Bedienungspersonal der Ziehanlagen. Aus diesem Grund wird mit einem aufwendigen Planungsprogramm errechnet, wie Aufträge kombiniert werden müssen, damit die Mitarbeiter ihre höchste Effizienz erreichen bei gleichzeitiger Optimierung der Pressen. Durch diese Optimierung wurde die Durchlaufzeit auf acht Wochen für diese drei Arbeitsschritte (tatsächliche Bearbeitungszeit oder der wertschöpfende Anteil für einen Auftrag lag bei mehreren Stunden) erhöht. Die Bestände befanden sich einerseits nach der Presse (das optimale Produktionsprogramm der Presse stimmt natürlich nicht mit dem der Ziehanlagen überein) bzw. andererseits im Fertigwarenlager, da natürlich zahlreiche Aufträge zu früh ins Versandlager kamen.

Bild 2.24   Bestände als Ergebnis einer Suboptimierung

Um die großen Spulen, die aus der Presse kamen, zu lagern, wurde für Euro 500.000 ein aufwendiges Hochregallager mit einem vollautomatischen Transportsystem aufgebaut. Es kam durch dieses Transportsystem immer wieder zu Maschinenstillständen bei den Ziehmaschinen, da das System nicht immer einwandfrei funktionierte und damit die Materialbereitstellung auch nicht kontinuierlich gewährleistet war. Für diese Störungen am Transportsystem mussten in der Instandhaltung zusätzliche Mitarbeiter eingestellt werden. Da die Durchlaufzeiten nun so lange waren, mussten einige Vertriebsmitarbeiter dieses Hochregallager für sich als versteckten Puffer verwenden, um Bestellungen von Kunden schneller beliefern zu können. Dies führte auch wieder zu zusätzlichen Beständen. Außerdem befanden sich in diesem Hochregallager halbfertige Waren seit mehr als zwei Jahren. Die erhofften Bestellungen, für die die Materialien sicherheitshalber vom Vertrieb als Auftrag eingegeben wurden, erfüllten sich nicht immer.

Die Liste der negativen Auswirkungen könnten wir noch beliebig lange weiterführen. Ergebnis war sicher, dass die Effizienz (oder der OEE, den wir noch später behandeln werden) der Anlagen um einige Prozentpunkte erhöht wurde. Ob sich das Gesamtergebnis des Unternehmens damit verbessern ließ, darf zu Recht angezweifelt werden.

Kanban

Das japanische Wort Kanban bedeutet ursprünglich Karte. Im übertragenen Sinne und in diesem Zusammenhang steht diese Karte für ein Signal, welches angeben soll, dass etwas produziert oder geliefert werden soll. Dabei wird dieses Signal mit zusätzlichen Informationen ergänzt wie Stückzahlen, Lieferant und Kunde, Teilnummer oder Containergröße. Die ursprünglichste Form des Kanban ist eine Karte (Bild 2.25), jedoch haben sich durch die unterschiedlichsten Anwendungsbereiche der ziehenden Fertigung verschiedene Signale entwickelt wie Stellplätze in Regalen oder am Boden, Andons oder sogar Fähnchen. Bei der Diskussion über die ziehende und drückende Fertigung wurde bereits über das Defizit der Kommunikation bei push gesprochen. Kanban ist ein Hilfsmittel, um dieses Schwachstelle auszumerzen. Hier soll noch erwähnt werden, dass das Ziel der Einführung eines Kanbansystems nicht, wie es sehr oft angenommen wird, die Reduzierung der Bestände ist. Das Ziel ist, verbrauchs- und selbstgesteuert genau das zu produzieren, was gerade verbraucht wurde bzw. wofür ein Bedarf durch den Kunden herrscht. Es gibt auch Situationen, bei denen die Einführung eines Kanbansystems zur Erhöhung der Bestände geführt hatte. In den meisten Fällen ist jedoch die Reduzierung ein positiver und auch angestrebter Effekt. Sie dürfen jedoch nicht davon ausgehen, dass Kanban das Allheilmittel ist, um Bestände zu verringern.

Bild 2.25 Beispiel einer Kanbankarte

Gerade jedoch diese Diskussion zwischen Effizienz der Anlagen und Durchlaufzeit bzw. Bestände stellt auch die Front zwischen dem klassischen Massenproduzenten und dem Vertreter der schlanken Produktion dar. Für den Ersten fokussieren sich die Bemühungen eindeutig darauf, noch das letzte Prozent an Effizienz aus den Anlagen zu holen. Dies geht oft zu Lasten des Kunden, der mit langen Lieferzeiten rechnen muss, was natürlich auch seine Bestände erhöht. Der Zweite setzt eher den Fokus auf die Interessen des Kunden und ist danach bestrebt, die Durchlaufzeiten so gering wie möglich zu halten. Dabei wird in Kauf genommen, dass Anlagen eventuell nicht zu ihrem absoluten Optimum genutzt werden.

Wie Kanban genau funktioniert, wird noch einmal am Vergleich wischen ziehend und drückend dargestellt. In der drückenden Fertigung fragt der Kunde beim Vertrieb an, um ein Angebot bezüglich des Termins und des Preises zu erhalten (Bild 2.26). Nach Absprache mit der Arbeitsvorbereitung schickt der Vertrieb diese Informationen an den Kunden, was wiederum in manchen Fällen zu einem Auftrag führt. Der Vertrieb leitet die Bestellung des Kunden an die Arbeitsvorbereitung weiter, die diesen Auftrag einplant und die Arbeitspapiere erstellt. Hier kommt auch die Abarbeitungsliste ins Spiel, die wir schon weiter oben erwähnt haben. Der Auftrag gelangt durch die Einplanung, die nach unterschiedlichsten Gesichtspunkten durchgeführt werden kann, an eine gewisse Stelle in der Reihenfolge, in denen Aufträge produziert werden. Bestimmende Faktoren können Kapazitätsbedarf, Optimierungsansätze (z. B. Rüstzeitoptimierung), Verfügbarkeit von Material etc. sein.

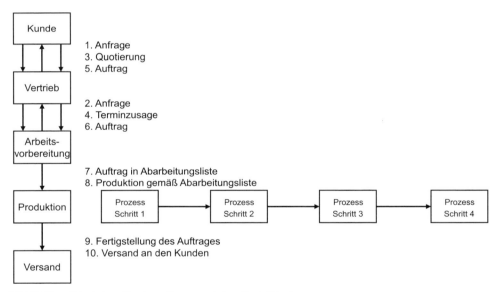

Bild 2.26   Ablauf eines Kundenauftrags nach dem Push-Prinzip

Alle Prozessschritte erhalten nun solch eine Liste mit denen für sie relevanten Aufträgen. Ein Auftrag wird für einen bestimmten Termin x an Prozessschritt 1 eingeplant, in der Abarbeitungsliste für Prozessschritt 2 steht dieser Auftrag am Termin x plus der Durchlaufzeit von Schritt 1 zu 2 usw.

Nun geschehen jedoch in jeder Produktion unvorhersehbare Dinge. Es kommt zu einem Maschinenstillstand, Lieferprobleme mit dem Material treten auf oder der Kunde hat den Termin für seinen Auftrag geändert. Dies führt dazu, dass die ursprünglich durchgeführte Planung nicht mehr korrekt ist. Daraufhin fangen die Arbeitsvorbereitung und die Produktion an, Aufträge zu verschieben, was sich dann sofort auch auf die geplanten Durchlaufzeiten und damit auch die Endtermine auswirkt. Einige Aufträge werden vorgezogen und werden daher früher abgeschlossen und andere werden mit einer Verspätung gefertigt. All dies führt zu einem hohen administrativen Aufwand innerhalb der Produktion. Es kommt nicht selten vor, dass Meister und Vorarbeiter mehr als ein Drittel ihrer Zeit damit verbringen, Änderungen in der Reihenfolge durchzuführen bzw. auch Aufträge in der Produktion zu suchen. Nachdem nun Wochen vergangen sind, seitdem der Kunde seine Ware bestellt hatte, und der Kunde mehrmals nachgefragt hat, wann sein Auftrag abgeschlossen wird, kommen die Produkte zur Auslieferung. Für viele reine Fertigungsbetriebe fungiert dieser Kunde oft wie ein Lager, das diese Probleme durch einen erhöhten Lagerbestand ausgleicht.

In der ziehenden Fertigung kommt selbstverständlich auch zuerst eine Anfrage vom Kunden (Bild 2.27). Der Vertrieb kann jedoch sofort Auskunft über den Preis und besonders die Verfügbarkeit geben. Produkte, die über Kanban gesteuert werden, müssen nämlich immer verfügbar sein, was eine Lagerhaltung dieser Produkte voraussetzt. Daher kommt dieses Konzept auch nur für Produkte in Frage, für die ein zukünftiger Bedarf sicher ist. Ist der Preis für den Kunden akzeptabel, so führt dies zu einer Bestellung. Die Ware wird dann je nach Terminwunsch des Kunden ausgeliefert. Der Verbrauch aus dem Lager löst nun ein Signal an die Produktion aus, dass eine Entnahme stattgefunden hat.

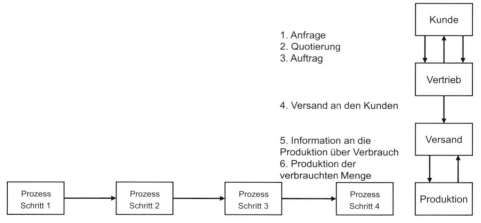

Bild 2.27   Ablauf eines Kundenauftrags nach dem Pull-Prinzip

Dieses Signal dient als Auftrag für die Produktion, die verbrauchte Menge nachzuproduzieren. Wie dieser Ablauf im Einzelnen aussieht, wird am nächsten Fallbeispiel genauer erläutert.

Wie schon erwähnt, ist dieses System nicht für alle Produkte anwendbar. Es kommt nur für Produkte in Frage, die einen sich wiederholenden Bedarf haben. Die Idee aber, dass an den Lieferanten (auch den internen, also den vorhergehenden Arbeitsplatz) ein Signal über einen Verbrauch gegeben wird und damit eine Produktion ausgelöst wird, lässt sich auch in der Einzelfertigung anwenden. Hierbei ist jedoch nur die Information wichtig, wann wieder produziert werden soll und nicht genau was. Dieser Gedanke wird weiterverfolgt, wenn es um die Reduzierung von Beständen innerhalb der Produktion geht.

Theoretisch sollte das Ziel der one-piece-flow sein, was jedoch im Umfeld der meisten Fertigungen nicht realisierbar ist. Eine Tagesmix-Produktion stellt aber für viele Unternehmen einen realistischen Zwischenschritt dar. Einleitend folgen noch kurz die zwei Begriffe one-piece-flow und Tagesmix-Produktion, die genauso wie Kanban umfangreich in der Literatur erklärt werden.

One-piece-flow

Beim one-piece-flow geht es prinzipiell darum, dass an einem Arbeitsplatz ein Stück gefertigt und dann sofort an den nächsten Prozessschritt weitergegeben wird. Es dürfte daher rein theoretisch nur genau so viel Bestand in der Produktion sein, wie es Arbeitsplätze gibt. Der erste Kompromiss, der dabei getroffen wird, ist, dass ein Puffer zwischen den Arbeitsschritten eingerichtet wird, in dem sich immer mehrere Stücke befinden. Der zweite Kompromiss ist, dass aus der Losgröße von einem Stück eine möglichst geringe Anzahl wird, z. B. zehn Stück. Anstatt immer jedes einzelne Stück an den nächsten Arbeitsschritt weiterzugeben, könnte dies z. B. der Inhalt eines Behälters mit zehn Stück sein. Für die Produktion stellt sich beim ersten Hinsehen die Idee des one-piece-flow natürlich als wahrer Alptraum dar, da sofort der Aufwand für das Rüsten in den Vordergrund geschoben wird. Wie und wo man jedoch one-piece-flow anwenden kann, werden wir später sehen. Die Vorteile, die sich aus dem Produzieren von einem Teil und der sofortigen Weitergabe an den nächsten Arbeitsschritt ergeben, sind nicht zu unterschätzen:

- Es kommt zu einer drastischen Reduzierung der Bestände in der Produktion. Wie schon erwähnt, kann es so weiter geführt werden, dass nur so viele Teile in der Fertigung sind, wie es Arbeitsplätze gibt.
- Daraus ergibt sich selbstverständlich auch, dass die Produktionsdurchlaufzeiten auf ein Minimum fallen. Die Summe der Zykluszeiten können hier die Durchlaufzeit ergeben.
- Die Notwendigkeit eines Fertigwarenlagers wird auf ein Minimum verringert, da jederzeit alles produziert werden kann, wofür ein Bedarf vorhanden ist.
- Häufig werden Qualitätsmängel, die an einem Arbeitsschritt verursacht werden, erst an einer späteren Stelle erkannt. Wenn diese spätere Stelle nun durch die geringeren Durchlaufzeiten früher erreicht wird, können auch schneller Gegenmaßnahmen ergriffen werden. Die Ausschussquote sinkt daher.
- Eine Voraussetzung für einen funktionierenden one-piece-flow ist, dass die Rüstzeiten gegen null gehen. Durch die Einführung des one-piece-flow wird die Produktion also gezwungen, die Nutzung von vorhandenen Ressourcen zu erhöhen.

Wie schon erwähnt, ist ein Kompromiss zwischen one-piece-flow und einer klassischen Losgrößenfertigung die Tagesmix-Produktion. Bei dieser wird ein Tag oder eine Schicht in Intervalle unterteilt, die aus Zeiteinheiten oder Stückzahlen bestehen können. Eine Schicht von 8 h könnte zum Beispiel in 15-min-Intervalle aufgeteilt sein. Es werden also immer Lose zu 15 min Produktionszeit an eine Anlage gegeben. Je nach Bedarf werden dann innerhalb einer Stunden vier verschiedene Produkte oder vielleicht auch nur ein Produkt mit vier Losen an der Anlage produziert. Damit soll erreicht werden, dass an einem Tag ein kompletter Mix an Produkten hergestellt werden kann, wenn der Bedarf dafür existiert. Mit der Heijunka-Box (Bild 2.24), die dieses System unterstützt, soll es näher erklärt werden (Rother 2009).

Heijunka

Als Heijunka wird im Toyota-Produktionssystem die Produktionsglättung bezeichnet, mit der die Nachfrage in einem bestimmten Fertigungszeitraum künstlich geglättet werden soll. Die Zeit wird dabei in fixe Abschnitte unterteilt, in denen immer konstante Inhalte gefertigt werden. So können z.B. in Zehn-Minuten-Intervallen entweder zwei Stück von A, vier Stück von B oder fünf Stück von C produziert werden. In welchem Mix diese drei Produkte kommen ist die Variable. Die Schwankungen und die damit verbundenen Unter- bzw. Überlastungen einer Produktionseinheit sollen damit so weit als möglich vermieden werden. Bedarfsspitzen nach oben als auch nach unten sollen geglättet werden. Ein Werkzeug, das für die Steuerung der Produktion in diesem Zusammenhang verwendet wird, ist die Heijunka-Box.

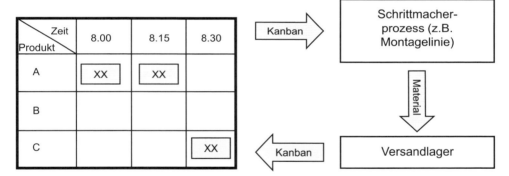

Bild 2.28 Die Heijunka-Box und die Tagesmix-Produktion

Die Arbeitsweise mit einer Heijunka-Box gestaltet sich folgendermaßen: Der Kunde wird aus dem Lager beliefert, wobei hier ein Kanban oder eine Karte für eine definierte Produktionszeit steht. Beträgt die Zykluszeit für ein Produkt 3 min und die Planungsintervalle sind 15 min, so entspricht eine Karte fünf Teilen. Sobald demnach fünf Teile aus dem Lager entnommen wurden, geht eine Karte in die Produktion und wird in das erste freie Fach in der Heijunka-Box gesteckt (z.B. Produkt A um 8:00 Uhr in Bild 2.28). In diesem Beispiel werden also von 8 Uhr bis 8:30 Uhr das Produkt A, dann 15 min Produkt C usw. produziert. Voraussetzungen dafür sind natürlich, dass die Arbeitsinhalte standardisiert sind und sich auch in die Zeitintervalle unterteilen lassen. Hätte Artikel A 3 min Zykluszeit und Artikel C 24 min, müssten die Intervalle entsprechend angepasst werden, wenn die Inhalte selber gleich wären.

Wichtig für die Produktionsglättung ist, dass keine Lose, die einen Bedarf von mehreren Wochen abdecken, produziert werden, sondern nur den am Tag aufgetreten Verbrauch wiedergeben. Besonders von Bedeutung ist selbstverständlich auch hier wieder das Thema Rüstzeiten.

Schrittmacherprozess

Die Heijunka-Box wird beim so genannten Schrittmacherprozess angebracht. Die Bestimmung, wo sich dieser Punkt befinden soll, kann unterschiedlich erfolgen:

- Es kann der Punkt sein, an dem definiert wird, welches Produkt genau hergestellt werden soll. Bis zum Schrittmacherprozess sind die Produkte auftragsneutral und es ist noch nicht definiert, welche Variante produziert werden soll. Dies wird noch genauer mit einem Fallbeispiel in diesem Abschnitt erklärt.

- Es kann jedoch auch der Engpassfaktor in der Prozesskette sein, also der Punkt, an dem die Geschwindigkeit durch den Prozess definiert wird. Darauf werden wir auch noch genauer im Kapitel zu Zwischenbeständen eingehen.

Fallbeispiel 2.1   Einführung einer ziehenden Fertigung mit Standard- und Sonderprodukten

Ausgangssituation:

In diesem Beispiel handelt es sich um einen Produzenten von Profilen aus Stahl. Ausgangsmaterial waren Rollen, die an insgesamt acht verketteten Anlagen mit den Prozessschritten Stanzen, Walzen und Ablängen zu Sonder- und Standardprofilen verarbeitet wurden. Es gab zwar eine grobe Verteilung der Produkte nach Standard- und Sonderprofilen auf die Anlagen, doch war diese nicht 100%-ig, da die Abmaße des Endproduktes entscheidend waren, welche Maschinen welche Produkte herstellen konnte. Die tatsächliche Bearbeitungszeit für ein Los betrug zwischen 30 Minuten oder mehreren Stunden, die Kundendurchlaufzeiten konnte jedoch bis zu 14 Wochen bei Sonderprofilen sein. Haupteinflussfaktoren für diese langen Durchlaufzeiten waren die folgenden:

- Ein wesentliches Problem stellte zum Zeitpunkt der Analyse die Verfügbarkeit des Ausgangsmaterials dar, Rollen aus Stahl, bei denen es selbst bei Standardmaterialien lange Lieferzeiten gab. Bestellt ein Kunde, wurde bei Standardmaterialien zuerst die Verfügbarkeit des Materials beim Lieferanten überprüft. Es waren daher bereits mehrere Wochen in der Durchlaufzeit alleine für die Beschaffung der Rollen zu berücksichtigen.

Bild 2.29   Von der Rolle zum fertigen Produkt

- Rüstzeiten konnten 24 Stunden oder länger dauern. Der größte Zeitanteil beim Rüsten stellte das Wechseln und Einstellen der Walzen dar. Die Länge eines Rüstvorganges wurde daher besonders davon bestimmt, ob und wie viele Walzen zwischen zwei Aufträgen gewechselt werden mussten. Eine Anlage, die zu 90 % Standardprofile produzierte, hatte gesamte Kassetten von Walzen, die innerhalb von einer halben Stunde gewechselt werden konnten. Durch die Länge der Rüstvorgänge wurde ein besonderes Augenmerk auf die Zusammenfassung von Aufträgen gelegt, um die Verfügbarkeit der Anlagen zu erhöhen.

Es gab noch einen weiteren Einflussfaktor auf die Höhe der Bestände. Bei einigen Produkten handelte es sich um ein Saisongeschäft. Daher musste in den „schwachen" Monaten vorproduziert werden, damit der erhöhte Bedarf in den drei Monaten des Hauptgeschäfts gedeckt werden konnte. Daher schwankte auch der Bestand im Jahresverlauf sehr stark für diese Produkte.

Bestellte ein Kunde die Ware beim Vertrieb, so wurde von diesem die Information an die Arbeitsvorbereitung weitergeleitet, die überprüfte, ob eventuell Bestände von dem jeweiligen Produkt vorhanden waren. War dies nicht der Fall, wurde als erstes die Verfügbarkeit der Rollen, also des Ausgangsmaterials festgestellt. Entweder war es vorhanden oder musste beim Lieferanten bestellt werden. Mit der Information der Materialversorgung und der Auslastung der Kapazitäten wurde, wenn nicht direkt aus dem Lager geliefert werden konnte, ein möglicher Liefertermin bestimmt. Ist dieser akzeptabel, folgt eine Bestellung vom Kunden und das Material wurde beauftragt. Mit der Verfügbarkeit der Rollen wurde der Auftrag dann in die Produktion eingeplant.

Im Rahmen der Analyse wurden selbstverständlich die Rüstzeiten sehr genau betrachtet und auch einige Projekte als Basis für die Reduzierung der Bestände durchgeführt. Dieses Fallbeispiel geht bereits einen Schritt weiter und handelt vom System der ziehenden Fertigung, wie es nach der Reduzierung der Rüstzeiten eingeführt wurde.

Im ersten Schritt der Analyse wurde für jede einzelne Anlage überprüft, welche Produkte in welchen Mengen in drei Monaten gefertigt wurden und wie hoch der Bestand für diese an einem Stichtag war. Ein Produkt wurde dabei durch drei Parameter bestimmt, dem Profil selber, der Länge und dem Material, welches aber für die Anlage keine besondere Bedeutung hatte.

Dazu wird eine Maschine, an der eine Mischung aus Standard- sowie auch Sonderprodukten gefertigt wurde, betrachtet. Insgesamt 13 verschiedene Profile ergaben mit den unterschiedlichen Längen 64 Artikel, die an dieser Anlage gefertigt wurden (siehe Tab. 2.2). In Tabelle 2.3 sind die 16 Längen, die sich aus dem Profil 1 ergeben aufgelistet. Klar ersichtlich ist, dass einige wenige Profile (vier Profile ergeben bereits 84 % der Produktionsmenge) und innerhalb eines Profils einige wenige Längen (zwei Längen ergeben 41 %) besonders hervorstechen. Die Sonderprofile und Sonderlängen mit geringem Verbrauch (definiert in diesem Beispiel als Profil 7 bis 13 und Artikel 7–16) haben ein für diese Art von Produktion spezifisches Problem. Es konnten nur ganze Rollen verarbeitet werden, die jedoch gerade bei den selten vorkommenden Produkten den Bedarf von einem ganzen Jahr abdecken konnten.

Tabelle 2.2 Mengen der einzelnen Profile

Profil	Produktionsmenge (kg)	Anteil an Gesamtmenge
Profil 1	1.324.588	46,2 %
Profil 2	536.889	18,7 %
Profil 3	318.946	11,1 %

Tabelle 2.2 Fortsetzung Mengen der einzelnen Profile

Profil	Produktionsmenge (kg)	Anteil an Gesamtmenge
Profil 4	225.175	7,9 %
Profil 5	148.720	5,2 %
Profil 6	66.387	2,3 %
Profil 7	55.036	1,9 %
Profil 8	51.985	1,8 %
Profil 9	50.176	1,8 %
Profil 10	43.298	1,5 %
Profil 11	29.878	1,0 %
Profil 12	11.235	0,4 %
Profil 13	4.503	0,2 %

Tabelle 2.3 Analyse der Produktionsmengen und Bestände an einer Anlage

Artikel	Absatz (kg)	Anteil an Gesamtabsatz	Bestand (kg) am Stichtag	Reichweite in Kalendertagen
Artikel 1	856.736	29,9 %	6709	2,8
Artikel 2	308.919	10,8 %	12891	14,9
Artikel 3	56.781	2,0 %	1644	10,3
Artikel 4	34.986	1,2 %	188	1,9
Artikel 5	32.987	1,2 %	1162	12,5
Artikel 6	12.774	0,4 %	327	9,1
Artikel 7	7.165	0,2 %	0	0,0
Artikel 8	4.362	0,2 %	928	75,7
Artikel 9	3.191	0,1 %	0	0,0
Artikel 10	2.917	0,1 %	155	18,9
Artikel 11	1.432	0,0 %	863	214,5
Artikel 12	1.327	0,0 %	12	3,2
Artikel 13	1.011	0,0 %	0	0,0
Artikel 14	0	0,0 %	0	
Artikel 15	0	0,0 %	0	
Artikel 16	0	0,0 %	275	

Als Nächstes wurde überprüft, wie sich das Abrufverhalten innerhalb der einzelnen Artikel verhält. Kam es also zu einigen wenigen großen Bestellungen oder wurden immer wieder kleine Mengen geordert. Das Produkt mit dem höchsten Volumen (Profil 1 – Artikel 1) wurde zum Beispiel über ein Monat immer wieder bestellt, wobei der Durchschnitt bei 4.600 kg lag und es zu einem Ausreißer kam (Bild 2.30). Das Produkt Profil 1 – Artikel 10 hatte insgesamt nur zwei

Bestellungen über den gesamten Zeitraum (Bild 2.31). Bei diesem Produkt wurde beim ersten Auftrag eine gesamte Rolle verwalzt, aus dessen Restbestand dann Auftrag 2 bedient wurde. Der noch vorhandene Bestand lag jedoch immer noch höher als die bereits abgesetzte Menge.

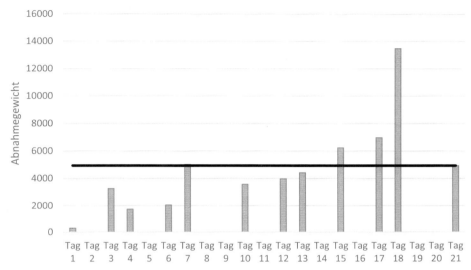

Bild 2.30   Aufträge Profil 1 – Artikel 1 (Zeitraum 1 Monat = 21 Arbeitstage)

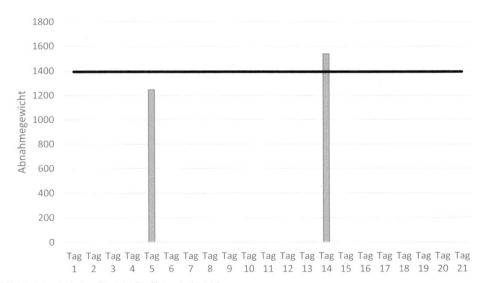

Bild 2.31   Aufträge Produkt Profil 1 – Artikel 10

Eine Analyse der gesamten Bestände ergab folgende Informationen:

- Insgesamt gab es Bestände an Fertigprodukten von 358 t, was einem durchschnittlichen Bedarf von ca. 1 ½ Monaten entsprach. Besonders auffällig war dabei, dass ca. 100 t älter als ein Jahr waren.

- 30 % der Produktionshalle waren Lagerfläche, zu denen noch einmal dieselbe Größe an Lager außerhalb der Halle dazu kam. Ein zusätzliches Lager befand sich beim Spediteur.
- Fünf Mitarbeiter waren im Fertigwarenlager und Versand nur damit beschäftigt, Produkte aus dem Lager herauszusuchen und zu verladen. Nicht selten mussten Mitarbeiter mehrere Stunden nach Aufträgen suchen, da sie in dem Berg von Material nicht leicht zu finden waren.

Verbesserungsansatz:

Das Management kam zum Schluss, dass speziell die lange liegenden Bestände sowie der administrative Aufwand für die Bearbeitung von Aufträgen reduziert werden musste. Dies sollte mit der Einführung eines selbststeuernden Prozesses erreicht werden, der das Ziehprinzip als Grundlage hatte. Es wurde ein Pilotbereich von zwei Anlagen ausgewählt, deren Produktvielfalt nicht zu groß war und die auch die geringste Anzahl an Sonderprodukten hatten. Da die Selbststeuerung, die in diesem Beispiel erklären werden soll, und das Prinzip der ziehenden Fertigung völlig neu waren, wurden für den ersten Schritt relativ komplexfreie Produktionsbereiche dazu verwendet. Mit einem Team aus Mitarbeitern der Produktion, der Arbeitsvorbereitung, des Vertriebs und des Versands wurde ein Konzept, wie dies funktionieren kann, ausgearbeitet (Bild 2.32).

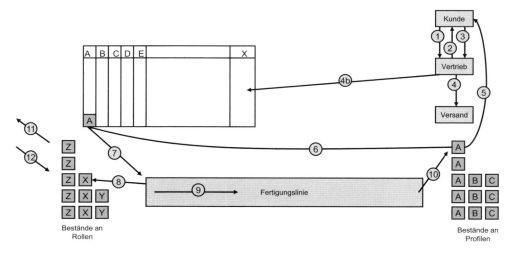

Bild 2.32   Eine ziehende, selbststeuernde Fertigung

Der Ablauf für eine Bestellung war folgendermaßen:

1. Der Kunde schickt wie vorher eine Anfrage. Im Vertrieb wird bei dieser Anfrage unterschieden, ob es sich um ein Standard- oder ein Sonderprodukt handelt. Für ein Standardprodukt muss nur der Preis angefragt werden, da diese Produkte sofort lieferbar sind. Sonderprodukte werden nach folgenden Kategorien unterteilt und mit Standardlieferzeiten hinterlegt:

   - Material und Werkzeuge vorhanden – Lieferzeit vier Wochen

- Material oder Werkzeug oder beides nicht vorhanden, Material ist jedoch keine Sonderlegierung – Lieferzeit sechs Wochen

- Sonderlegierungen, die speziell bestellt werden müssen – zehn Wochen

Für die Zielsetzungen der Lieferzeiten wurden auch der Einkauf und der Werkzeugbau mit einbezogen. In Schritt 11 und 12 werden wir sehen, wie sich die Prozesse im Einkauf veränderten. Die Abläufe im Werkzeugbau mussten in einem weiteren Projekt verbessert werden, um die angestrebten Lieferzeiten für Werkzeuge zu erreichen.

2. Der Vertrieb schickt ein Angebot an den Kunden mit den Informationen bezüglich des Preises, Lieferzeiten und weiterer relevanter Informationen.

3. Wenn alles gut geht, bestellt der Kunde. Zu diesem Zeitpunkt musste vor allem auch geklärt werden, ob bei gemischten Aufträgen (Standard- und Sonderprodukte wurden gemeinsam bestellt) Splitting gewünscht war, also die einzelnen Positionen des Auftrages je nach Verfügbarkeit verschickt werden sollten (Standardprodukte sofort und Sonderprodukte in der angegeben Lieferzeit).

4. Bei diesem Schritt kommt eine gravierende, organisatorische Änderung zum Tragen. In der ursprünglichen Organisation waren Vertrieb und Arbeitsvorbereitung getrennt, was die Bearbeitung eines Kundenauftrages nicht unbedingt erleichterte. Selbst die räumliche Nähe, die zwischen diesen beiden Abteilungen gegeben war, förderte nicht zwangsläufig auch die Kommunikation. Die Aufgaben der Mitarbeiter des Vertriebes und der Arbeitsvorbereitung wurden daher zusammengelegt. Häufig stößt diese Veränderung auf Widerstand von beiden Seiten oder lässt sich aus Qualifikationsgründen (z.B. Vertriebsmitarbeiter haben keine technisch Ausbildung, die für die Arbeit der AV notwendig wäre, oder AV-Mitarbeiter können keine Fremdsprachen, die für die Kommunikation mit den Kunden eine Voraussetzung sind) nicht realisieren. In diesem Fall wurde jedoch eine Lösung mit den betroffenen Mitarbeitern erarbeitet, die für beide Seiten die Arbeiten erleichterte.

Diese organisatorische Umgestaltung basierte auf der Idee, dass ein Mitarbeiter den gesamten Auftrag von Anfrage des Kunden bis hin zur Auslieferung betreut, womit auch die Anzahl der Schnittstellen reduziert wurde. Dieser Mitarbeiter des Vertriebs konnte nun den Auftrag so bearbeiten, dass er beim Versand veranlassen konnte, dass ein Standardprodukt an den Kunden aus dem Lager geschickt wird und zugleich auch einen Auftrag für die Produktion anfertigte, ein Sonderprodukt zu produzieren, falls Werkzeuge und Material vorhanden waren. War dies nicht der Fall, mussten Konstruktion und Werkzeugbau für die Erstellung der Werkzeuge und/oder Einkauf für die Beschaffung des Materials mit einbezogen werden. In den meisten Fällen stellt der Kunde die Zeichnung für das Produkt zur Verfügung. Ansonsten musste für die seltenen Fälle, dass auch eine Zeichnung erstellt werden musste, der Auftrag extra eingeplant werden.

5. Standardprodukte werden direkt aus dem Lager an den Kunden geliefert. Falls ein Auftrag aus Standard- sowie Sonderprodukten besteht und Splitting nicht erwünscht ist, wird dies am Auftrag vermerkt und der Versand liefert erst aus, wenn sämtliche Artikel des Auftrags gefertigt worden sind. Besteht ein Auftrag nur aus Sonderprodukten, so wird dieser ganz normal verschickt, sobald der Auftrag in der Produktion abgeschlossen ist.

6. Ein Kanban oder Karte wurde als eine Palette definiert. Je nach Profil und Länge ergeben sich unterschiedliche Mengen, die sich auf einer Palette befinden.

Dimensionierung des Kanban (Baudin 2004)

Die Dimensionierung des Kanban, also die Berechnung der Anzahl der Karten und damit der maximalen Bestände, ist ein sehr kontroverses Thema. Die einfachste und praktikabelste Methode dazu ist:

$$\text{ANZAHL KARTEN (KANBAN)} =$$
$$(\text{BEDARF x LIEFERZEIT} + \text{SICHERHEITSBESTAND})/\text{BEHÄLTERGRÖSSE}$$

In der Literatur und auch in der Praxis finden sich zahlreiche Berechnungsformen und Methoden, die wesentlich mehr Faktoren (z. B. Losgrößen, Lieferzyklen) berücksichtigen. Mit alle diesen Formeln und verwendeten Parametern soll eine Präzision unterstellt werden, die es so nicht gibt. Erstens, zahlreiche Zahlen, die für die Berechnungen verwendet werden, sind Schätzungen oder Annahmen. Zweitens, am Ende der gesamten Kalkulation steht ein Wert der nicht verwendet wird. Das Ergebnis kann sein, dass die Anzahl der Karten bei 7,27 liegt. Es sollen also sieben oder acht sein, sie werden keine 7,27 Behälter verwenden.

Bei der Einführung eines Kanban wird es immer Probleme geben. Mitarbeiter verlegen Karten, es wird vergessen eine Materialbewegung zu scannen etc. Je größer die Wahrscheinlichkeit ist, dass es während der Einführung zu Fehlern kommt, umso größer wird der Anfangsbestand sein. Wenn die Prozesse oder der Bedarf also relativ stabil sind, wird eventuell mit 10 Behältern begonnen. Bestehen mehr Unsicherheiten, geschieht dies vielleicht mit 12 Behältern. Schritt für Schritt werden dann die Karten reduziert bis man zum Zielwert von sieben oder sogar darunter kommt. Das Motto ist „Höher anfangen und dann reduzieren!".

Aus dieser Berechnung ergeben sich auch zwei Einschränkungen für die Anwendung von Kanban:

- Bedarf: Der Bedarf soll halbwegs stabil sein. Wenn an einem Tag 100 Stück und am nächsten 1.000 und dann wieder 500 abgerufen werden, welchen Wert verwendet man in der Formel? Je höher die Schwankungen, umso höher normalerweise die Bestände, um Lieferengpässe zu vermeiden. Es muss also jedes Unternehmen für sich entscheiden, ob sie diese Bestände tragen möchte.

- Höhe der Stückzahlen: Wenn von einem Produkt nur zwei Stück im Jahr abgesetzt werden, ist Kanban eventuell auch nicht der richtige Ansatz. Je höher der Bedarf und je zahlreicher die Abrufe, umso sinnvoller ist Kanban.

- Bedarf in Stück je Zeiteinheit (z. B.: 2.000 Stück/Tag)
- Lieferzeit in derselben Zeiteinheit wie der Bedarf (z. B. wie oben in Tagen)
- Sicherheitsbestand entweder als Multiplikator des Bedarfs (z. B. zwei Tage Bedarf) oder als % (z. B. Bedarf x Lieferzeit x 10 %)
- Behältergröße verwendet dieselbe Mengeneinheit wie der Bedarf (z. B. Stück)

Für jedes einzelne Produkt muss also der Bedarf in einem bestimmten Zeitraum bekannt sein (z. B. 1.000 kg/ Woche) sowie der Zeitraum, den die Produktion benötigt, um diesen Artikel nachzuproduzieren. Der Sicherheitsbestand wird durch die Nachfrage genauso wie durch die

Sicherheit der Nachlieferung des Produktes bestimmt. Je höher die Schwankungen in der Nachfrage, umso höher muss natürlich auch der Sicherheitsbestand sein. Dies ist auch ein Faktor, der die Einführung von Kanban unmöglich machen kann. Sind die Schwankungen im Bedarf zu hoch, so müsste der Sicherheitsbestand dies reflektieren und die Kosten für die Bestände würden ein Kanban nicht mehr rechtfertigen. Gibt es starke Schwankungen bei der Nachlieferung, so müssen ebenfalls die Bestände über den Sicherheitsbestand erhöht werden. Es kann daher bei sehr instabilen Prozessen (z. B. häufige Maschinenstillstände oder Unsicherheiten bei der Lieferung des Materials) der Fall sein, dass diese zuerst verbessert werden müssen, bevor eine ziehende Fertigung eingeführt werden kann. Als letzte Größe kommt noch der Behälter, in dem die Produkte gelagert werden, in die Formel. Hier wird ein Behälter als eine Palette mit einem gewissen Gewicht an Produkten bestimmt.

Als Beispiel für die Berechnung der Anzahl der Karten wird das Topprodukt Profil 1 – Artikel 1 verwendet (Tab. 2.4).

Tabelle 2.4   Berechnung der Anzahl der Karten für Profil 1 – Artikel 1

Bedarf kg/ Tag	Lieferzeit (Tage)		Sicherheitsbestand		Container- größe (kg)	Anzahl Karten	Maximaler Bestand
	theoretische DLZ	tatsächliche DLZ	Tage	Menge			
4.600	1	4	2	9.200	1.000	27,6	27.600

Der tägliche Durchschnittsbedarf beträgt 4.600 kg. Wie schon oben erwähnt, sollten die Schwankungen beim Bedarf nicht allzu groß sein. Es ist daher auch wichtig festzustellen, wie das Verhalten der Kundennachfrage ist (Bilder 2.30 und 2.31). In diesem Schritt ist auch zu überlegen, wie mit Ausreißern bei Standardprodukten umgegangen wird. Es gibt also einen stetigen Bedarf an einem Produkt und ein Kunde bestellt plötzlich die Produktionsmenge eines ganzen Monats. In diesem Fall wird diese Bestellung als Sonderfertigung außerhalb des Systems berücksichtig und speziell eingeplant.

Die Lieferzeit wurde mit zwei Zeiten definiert. Die erste, die der Produktionsdurchlaufzeit entspricht, wurde mit einem Tagen veranschlagt. Wenn also ein durchschnittliches Los jetzt gestartet wird, so sollte es innerhalb eines Tages produziert werden können. Die tatsächliche Durchlaufzeit berücksichtigt den Faktor, dass ein Auftrag in der Produktion nicht sofort begonnen wird, wenn ein Verbrauch stattgefunden hat. Es wird der Fertigung also ein Spielraum von weiteren drei Tagen eingeräumt, in dem sie dieses Produkt fertigen kann. Diese Menge kann auch der Mindestlosgröße entsprechen. Wir werden darauf noch einmal in Schritt 7 eingehen.

Der Prozess an dieser Anlage sowie auch die Verfügbarkeit des Ausgangsmaterials wurden in diesem Fall als sehr stabil angenommen. Die fünf Tage Sicherheitsbestand wurden gewählt, da es sich mit der ziehenden Fertigung um ein neues System für die Produktion handelte und man Ausfälle durch falsche Handhabung vermeiden wollte. Auf eine Palette für dieses Produkt werden 1.000 kg geladen. Die oben angeführte Formel würde für das Beispiel folgendermaßen aussehen:

$$\text{ANZAHL KARTEN (KANBAN)} = (\text{BEDARF} \times \text{LIEFERZEIT} + \text{SICHERHEITSBESTAND})/\text{BEHÄLTERGRÖSSE}$$

$$27,6 \text{ (GERUNDET 28)} = (4.600 \text{ KG/TAG} \times 4 \text{ TAGE} + 9.200 \text{ KG})/1.000 \text{ KG}$$

Mit diesen Angaben lässt sich nun anhand der Formel die Anzahl der Behälter und damit den maximalen Bestand in der Produktion errechnen. Dies ergibt also aufgerundet 28 Paletten oder 27.600 kg. Das ist der Wert, mit dem das Kanban-System gestartet werden soll. Es gilt hier die Grundregel, dass diese Anzahl ständig reduziert werden muss. Läuft das System stabil, muss durch ein Audit festgestellt werden, ob Paletten entfernt werden können. Liegt in diesem Fall immer für mehrere Tage Material im Lager, so kann schrittweise der Bestand verringert werden. Werden Tabellen 2.3 und 2.4 miteinander verglichen, fällt auf, dass sich der Bestand für dieses Produkt erhöhen wird. In der Ausgangssituation waren 6.709 kg im Lager, nach der Einführung von Kanban werden es maximal 27.600 kg und minimal 9.200 kg (Sicherheitsbestand) sein. Der Sicherheitsbestand sollte theoretisch nie angetastet werden, da er nur gedacht ist, um Unsicherheiten und Mängel im Prozess zu überdecken.

Lieferant	**Fertigungslinie 1**	Kunde	**Fertigwarenlager**
LieferantenNr.	**4118**	Lagerort	**A - 2 - 6**
Kanbaneinheit	**3 / 5**	Behälter	**Europalette**
		Menge	**240 kg**

Erstellt	05.17.2004 7:34:15 PM
Gedruckt	05.11.2005 11:30:49 AM
Bennenung	**00-0516-001-000000-015000**
	Abbildung
ArtNr.:	**1271-103-000002**
	Kanban Nr.:

Bild 2.33   Beispielkarte, die bei jeder Materialbewegung extra erstellt wird

Rote, gelbe und grüne Karten im Kanban

Auch im Kanban wird die Philosophie des visuellen Managements eingehalten. Daher wird mit drei verschiedenen Farben die Reichweite des Bestands dargestellt. Eine Kanban-Tafel reflektiert normalerweise auch diese drei Farben.

- Grün = Kann: Noch ausreichend Bestände vorhanden, keine Produktion notwendig, es kann allerdings produziert werden.
- Gelb = Soll: In diesem Bereich sollte zu produzieren begonnen werden. Die Obergrenze (Anzahl der grünen Karten) ergibt sich aus der tatsächlichen Lieferzeit (vier Tage in Tab. 1.4).
- Rot = Muss: Sicherheitsbestand wurde verwendet. Sofortige Produktion und mögliche Sondermaßnahmen müssen ergriffen werden.

Für die reibungslose Einführung müssen mindestens die Karten aus dem roten und orangen Bereich vorhanden sein (Durchlaufzeit und Sicherheitsbestand, also ein Tag und zwei Tage, entspricht 28.500 kg), was hier bedeutet, dass Bestände aufgebaut werden müssen.

Mit dieser Berechnung wurde definiert, wie viele Karten/Paletten im gesamten System für jedes einzelne Produkt sind. Es befindet sich demnach auch an jeder Palette oder Lagereinheit eine Karte, die an die Produktion ein Signal gibt, dass Material entnommen wurde. Diese Karte (Bild 2.33) ist ein Anhänger, der an der Palette angebracht ist und an die Produktion geht, wenn ein Verbrauch stattgefunden hat. Dieser Ablauf soll mit solch einer physischen Karte erklärt werden.

Der Versand entnimmt dem Lager je nach Bestellungen Profile, es findet ein Verbrauch statt. Sobald eine Palette geleert wird, wird die daran befestigte Karte an die Produktion geschickt. Am Anfang der Fertigungslinie steht eine Tafel, auf der jedes Standardprodukt eine eigene Spalte hat, die in drei Abschnitte unterteil ist. Es gibt den roten Bereich (Sicherheitsbestand), den orangen Bereich (es soll produziert werden) und den grüne Bereich (es kann produziert werden). Die Anzahl der Karten (eine Karte entspricht einer Behältergröße von 2.000 kg), wird nach folgendem Schema in diesem Beispiel bestimmt:

- Rote Karten: Sicherheitsbestand = 2 Tage á 9.500 kg = 19.000 kg = 9,5 oder gerundet 10 Paletten
- gelbe Karten: 1 Tag Durchlaufzeit = 9.500 kg = 4,75 oder gerundet 5 Paletten
- grüne Karten: 3 Tage Puffer für die Produktion (als tatsächliche Durchlaufzeit wurden 4 Tage definiert, die Produktion kann ein Los jedoch in 1 Tag fertigstellen; es bleiben also 3 Tage Puffer) á 9.500 kg = 28.500 kg = 19 Paletten.

Die Paletten werden im Lager auch nach diesen Farben geleert, also zuerst aus dem grünen Bereich, dann dem gelben und im Ausnahmefall dem roten. Sobald eine Karte an den Anfang der Produktion geschickt wird, kommt sie in die entsprechende Spalte an der Tafel. Da jedoch nicht alle Produkte einer Anlage fix zugeordnet werden konnten, wurden für Maschinengruppen Tafeln zusammengefasst, also nicht eine Tafel pro Anlage.

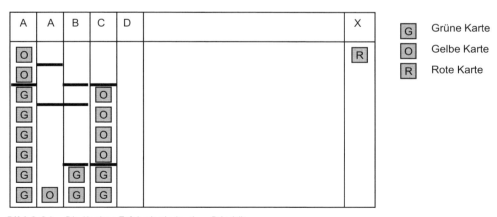

Bild 2.34 Die Kanban-Tafel mit eindeutiger Priorität

In diesem Fall wurde statt der Karten und einer Tafel ein elektronisches System implementiert, welches vom Prinzip her funktioniert, wie das Kartensystem. An den Paletten befinden sich

Anhänger mit einem Barcode. Wird eine Palette geleert, wird dieser Barcode eingelesen und diese Information erscheint als Karte an der elektronischen Kanban-Tafel am Bildschirm des Mitarbeiters. Eine besondere Herausforderung stellt sehr oft, wie auch in diesem Fall, die Einhaltung von FIFO (First-In First-Out) dar, auf die wir zu diesem Zeitpunkt jedoch noch nicht eingehen wollen. (Henderson und Larco 2000)

7. Der Maschinenbediener muss nun überprüfen, welcher Auftrag als nächstes zu produzieren ist. Bei der elektronischen Kanban-Version wird ihm diese Priorität automatisch vorgegeben. Eine Regel des Kanban besagt, dass die Karten in der Reihenfolge produziert werden sollen, in der sie an die Anlage kommen. Dies setzt jedoch die Möglichkeit des one-piece-flow oder zumindest der Tagesmix-Produktion voraus, was in diesem Fall nicht gegeben war. Daher wird die Abarbeitung durch die Anzahl der gelben bzw. roten Karten bestimmt. Der Mitarbeiter blickte nun auf eine Tafel (oder einen Bildschirm), die wie in Bild 2.34 aussehen kann. Der Mitarbeiter trifft die Entscheidung, welches Produkt als nächstes produziert wird nach folgenden Kriterien:

  ▪ Die erste Frage, die sich ergibt, ist, von welchen Produkten ist der geringste Bestand vorhanden. Die Linien in der Tafel signalisieren die Grenzen zwischen den Bereichen Grün, Gelb und Rot. Der Mitarbeiter sieht also, dass eindeutig Produkt C (Bild 2.34), von dem schon sämtliche grünen und gelben Karten an der Wand sind, die höchste Priorität hat.

  ▪ Häufig ergibt sich jedoch die Situation, dass es nicht so klar ist, welcher Auftrag als Nächstes kommen soll (Bild 2.35). Es ist also noch ausreichend Bestand von jedem Teil vorhanden. Wenn die Priorität nicht eindeutig durch die Karten vorgegeben ist, kann der Mitarbeiter auswählen, welches Produkt den geringsten Rüstaufwand verursacht. Dem Mitarbeiter vor Ort wird damit ein Werkzeug in die Hand gegeben, mit dem er in einem gewissen Rahmen seine eigenen Abläufe optimieren kann.

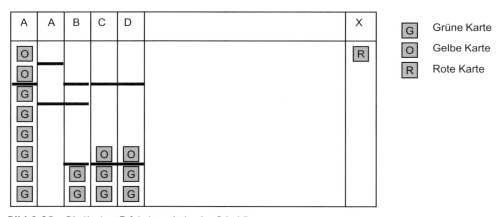

Bild 2.35 Die Kanban-Tafel ohne eindeutige Priorität

  ▪ Am Ende der Tafel befindet sich eine Spalte x für Sonderprodukte. Diese sind automatisch mit einer roten Karte gleichzusetzen, die jedoch einen bestimmten Endtermin hat, der nach den vorher definierten Lieferzeiten festgelegt wurde. Der Mitarbeiter weiß daher, wann dieser Auftrag spätestens abgeschlossen sein muss. Mit dem Aspekt der Rüstzeitoptimierung werden diese Aufträge innerhalb der vorgegebenen Zeitspanne produziert. Es kann demnach auch vorkommen, dass diese Aufträge weit vor ihrem eigentlichen Liefertermin gefertigt werden und im Versandlager zwischengelagert werden müssen. In diesem Fall wurde dies als der praktikabelste Kompromiss angesehen, was zeigt, dass die Gestaltung eines funktionierenden Kanbansystem auch mit einer gewissen Flexibilität einhergeht.

Die Frage, die sich bei diesem Ablauf stellt, ist, inwieweit die Verantwortung für die Auswahl der Reihenfolge der Aufträge dem Mitarbeiter übertragen werden kann. Die Verlockung ist sehr groß, nur die Aufträge zu fertigen, die keinerlei Rüstaufwand benötigen und den eigentlichen Liefertermin außer Acht zu lassen. Es müssen daher klar definierte Regeln aufgestellt werden, die den Umgang mit diesem Werkzeug beschreiben, und diese auch auf Ihre Einhaltung kontrolliert werden. Die Grundvoraussetzung für das Funktionieren dieses Systems ist, dass sich alle Beteiligten diszipliniert an diese Regeln halten. In dem eingeführten elektronischen System wurde dem Mitarbeiter die Entscheidung erleichtert, indem automatisch nach diesen Regeln der nächste logische Auftrag an die erste Stelle der Kanban-Tafel gestellt wird.

8. Für die Fertigung der Profile werden Rollen benötigt, die ebenfalls vorrätig sein müssen. Im ursprünglichen System wurde immer für einen anfallenden Kundenauftrag die Materialverfügbarkeit überprüft und gegebenenfalls über den Einkauf die benötigten Rollen bestellt. Jetzt kann jedoch bei den Standardmaterialien, es waren insgesamt nur sechs verschiedene Rollen (definiert durch Legierung und Dicke des Materials, Länge und Breite waren bis auf Sonderlegierungen immer die gleichen), davon ausgegangen werden, dass das Ausgangsmaterial vorhanden ist. Für diesen Zweck musste im Rollenlager zuerst ein 5-S-Projekt durchgeführt werden, da zahlreiche Materialien vorhanden waren, für die in absehbarer Zeit keinerlei Bedarf wahrscheinlich war. Als ausreichend Platz geschaffen wurde, konnten eindeutige Lagerplätze für die Standardmaterialien definiert werden, aus denen der Mitarbeiter jederzeit das benötigte Material entnehmen konnte. Im ursprünglichen Ablauf musste der Mitarbeiter als Arbeitsschritt des Rüstens die benötigte Rolle suchen.

9. Für die Produktion entstand eine weitere Diskussion, die eine Besonderheit dieser Art der Fertigung darstellt. Eine Rolle entspricht nämlich nicht einer genauen Anzahl von Paletten. Es sollte jedoch auch immer eine angefangene Rolle sofort aufgebraucht werden, da Anfang und Ende der Rolle Schrott ergeben und es ein großer Aufwand ist, eine angefangene Rolle wieder aus der Maschine zu ziehen. Die Priorität wurde demnach darauf gelegt, dass Rollen komplett gefertigt werden. Daraus ergab sich, dass zum Beispiel zwar zehn Karten angezeigt werden, mit einer kompletten Anzahl von Rollen jedoch nur 8,5 Paletten gefertigt werden können. Es werden daher auch nur 8,5 Paletten fertiggestellt, also neun Karten nachgeliefert.

10. Die fertigen Produkte wurden dann an ihren entsprechenden Platz im Lager gebracht. Hier war eine weitere Kanban-Regel eine Herausforderung. Es sollte nämlich aus dem Kanbanlager immer nach dem FIFO-Prinzip (first-in-first-out) entnommen werden. Durch die Größe und das Gewicht der Paletten sowie des Platzbedarfs für die Bestände, war dies nicht in Reinform möglich. Der Kompromiss war, dass die Lagerbereiche für die einzelnen Produkte in Abschnitte (jeweils neun Paletten) aufgeteilt wurden. Für diese Abschnitte wurden Reihenfolgen, nach denen sie geleert werden sollen, definiert. Sobald ein Abschnitt leer war, wurde er in dieser Reihenfolge wieder an die letzte Stelle gesetzt. Damit sollte vermieden werden, dass Profile mehrere Jahre im Lager liegen, obwohl ein ständiger Bedarf vorhanden ist. Während der Analyse wurden nämlich Produkte gefunden, die schon seit über drei Jahren eingelagert waren, obwohl es einen fast wöchentlicher Abgang gegeben hatte.

11. Es wurde mit dem Lieferanten derselbe Prozess eingeführt, der bereits das Lager und die Produktion verbindet, wobei die Rahmenbedingungen vom Einkauf mit den Lieferanten vereinbart wurden. Er bekam automatisch die Meldung, wann eine Rolle verbraucht wurde und konnte im Extremfall eine einzelne Rolle eines Materials mit einer anderen Bestellung mitschicken. Wenn also ein anderer Kunde Material bestellte, dass auch hier verbraucht wurde, konnte er je nach verbrauchten Rollen, diese sofort mitproduzieren. Für den Lieferanten ergab sich der Vorteil, dass er ebenfalls verbrauchsgesteuert lieferte und sich sein administrativer Aufwand dadurch erheblich reduzierte.

12. Der Spediteur liefert abschließend die verbrauchten Rollen an, die eingelagert werden.

Dieses System wurde jedoch nicht für alle Fertigungslinien eingeführt, sondern nur für die, die zum größten Teil Standardprodukte fertigen. Es konnten in der Arbeitsvorbereitung fast zur Gänze die Mitarbeiter von der Betreuung dieser Anlagen abgezogen und auf die Sonderprodukte verteilt werden. Die Anlagen der Standardprodukte produzierten also selbststeuernd und die AV konnte sich auf die Sonderprodukte konzentrieren. Durch die Fokussierung auf die Sonderanlagen konnte dort wesentlich stabiler gearbeitet werden und es kam zu wesentlich weniger Ausfällen (z. B. Stillstände durch Fehlen von Material oder Werkzeugen wurden verringert).

Wie in diesem Beispiel eindeutig hervorgeht, gibt es nicht das einzig anwendbare Kanbansystem, das sich genau an die Regeln der Theorie hält. Es sind einige Grundprinzipien, die verstanden und beachtet werden müssen, damit dieses System funktionieren kann. Für eine erfolgreiche Einführung muss beim Grundgedanken der ziehenden Fertigung beachtet werden, dass der Auslöser für eine Produktion oder Lieferung nur ein tatsächlicher Verbrauch ist. In den folgenden Ausführungen wird auf die Produktion Bezug genommen; das Kanban funktioniert aber genauso für Lieferungen. Die Informationen, was und wann es verbraucht wurde, kommt vom Kunden. Dieser kann extern oder auch intern sein. Zusammenfassend können folgende Punkte als Grundprinzipien verwendet werden:

▪ Es wird nur dann produziert, wenn auch ein Verbrauch stattgefunden hat.

▪ Es wird auch nur das produziert, was verbraucht wurde.

▪ Die Information über den Verbrauch kommt vom Kunden direkt an den Lieferanten mit allen relevanten Daten.

▪ Ein Signal, das unterschiedlichste Formen haben kann, zeigt dem Lieferanten, dass ein Verbrauch stattgefunden hat.

Der erste Punkt, dass nur produziert werden darf, wenn ein Verbrauch stattgefunden hat, ist für viele Produktionsmanager schwer akzeptierbar. Er bedeutet nämlich, dass Anlagen auch abgeschaltet werden müssen, wenn es keinen Verbrauch gab. Dies führt wieder zur Grundsatzfrage zwischen Massenproduzenten und der Philosophie der Schlanken Produktion, die schon weiter oben angeschnitten worden war. Soll etwas nur produziert werden, damit die Ressourcen ausgelastet sind oder damit die Stückkosten sinken, da sich die fixen Kosten auf eine größere Menge verteilen? Vielen Mitarbeiter in der Produktion, egal welcher Hierarchieebene, fällt es schwer zu akzeptieren, dass Maschinen abgeschaltet werden sollen, wenn kein Kundenbedarf vorhanden ist. Da Maschinen dazu da sind, etwas zu produzieren, ist es besser, ins Lager zu fertigen, als sie abzustellen. Was jedoch dann im Lager mit diesen Produkten geschieht, ist eine Frage, die die Produktion häufig nicht mehr betrifft. Selbstverständlich muss überlegt werden, was mit den Mitarbeitern gemacht wird, wenn Anlagen zeitweise abgestellt werden. Gibt es die Möglichkeit, sie in anderen Bereichen einzusetzen? Nutzt man die

Gelegenheit, um vorbeugende Wartung durchzuführen? Sind die Arbeitszeiten so flexibel, dass Mitarbeiter auch nach Hause gehen können? Kann die Zeit für Schulungsmaßnahmen genutzt werden? Ein anderes Thema in diesem Zusammenhang ist auch, dass Anlagen oft überdimensioniert sind und daher zur Überproduktion verleiten. Dazu jedoch mehr, wenn wir über Bestände in der Produktion sprechen.

Fallbeispiel 2.2 Einführung einer ziehenden Fertigung in einer Gießerei

Ausgangssituation:

In einer Bandstranggießerei werden Bänder aus unterschiedlichsten Messinglegierungen gegossen. In einem separaten Bereich werden diese Bänder je nach Legierung in einem Durchlaufofen wärmebehandelt, danach gefräst und gewalzt. Den dritten Bereich stellt das Bandwalzwerk dar, in dem die Bänder auf kundenspezifische Dicken gewalzt und anschließend auf Breiten geschnitten werden. Diese Bänder kommen in den unterschiedlichsten Industrien zur Anwendung. Allein in den ersten zwei Abschnitten kann der Prozessfluss allerdings abhängig von der jeweiligen Legierung einzelne Prozessschritte mehrmals durchlaufen und es können noch weitere dazukommen. Bild 2.36 zeigt den einfachsten und dem gegenübergestellt den kompliziertesten Fluss. Beim kompliziertesten Fall kommen neben den mehrmaligen Durchläufen bei einzelnen Arbeitsschritten zusätzlich 24 Stunden Liegezeiten und die Behandlung in einer Schubbeize dazu. Die Schubbeize kommt nur bei einigen, eher exotischen Legierungen, zur Anwendung. Für dieses Fallbeispiel betrachten wir den Fluss zwischen den ersten beiden Bereichen aus der Gießerei zum Walzwerk.

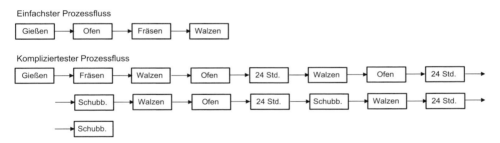

Bild 2.36 Gegenüberstellung einfachster vs. kompliziertester Prozessfluss

Die besondere Herausforderung im gesamten Fluss war, dass jeder einzelne Prozessschritt unterschiedliche Anforderungen bzgl. der Reihenfolge der zu verarbeitenden Legierungen der Bänder hatte. Der bestimmende Faktor im Durchlaufofen war die Temperatur. Alle Legierungen, die bei einer bestimmten Temperatur behandelt werden mussten, wurden demnach zu einem Los zusammengefasst. Eine sogenannte Kampagne startete mit der höchsten Temperatur, die anschließend schrittweise auf die nächsten Temperaturschritte reduziert wurde. Ein Wechsel der Temperaturen dauerte bis zu 15 Stunden.

Die Walzanlage hatte andere Anforderungen an die Reihenfolge der Legierungen. Die einzelnen Metalle beanspruchten die Walzen unterschiedlich und mussten entsprechend zusammengefasst werden. Daraus ergab sich, dass jeder einzelne Schritt (Gießen, Ofen, Fräsen, Walzen) einzeln geplant wurde. Damit sollten die Rüstzeiten so gering wie möglich gehalten werden. Um diese Optimierung zu erreichen, mussten Aufträge vor jedem Schritt gepuffert werden, um eine möglichst ideale Reihenfolge zu ermöglichen. Die negative Auswirkung auf die Bestände und Durchlaufzeiten wurden lange toleriert. Mit einem wachsenden Konkurrenzdruck wurde auch auf diese Kennzahlen mehr Augenmerk gelegt.

Bild 2.37   Unübersichtliche Bestandsmengen in der Produktion und einem „Außenpuffer"

Zum Start der Analyse musste ein Überblick der Bestände erstellt werden (Bild 2.38). Die Daten aus dem System waren dazu nur bedingt verwendbar, da der gesamte Zwischenbestand im Walzwerk nur einem Lagerort zugeordnet war. Eine manuelle Zählung war daher unerlässlich. Über mehrere Tage hinweg wurden zweimal täglich die tatsächlichen Zwischenbestände (vermerkt mit „Zählung" in Bild 2.38) an definierten Bearbeitungszuständen gezählt. Daraus konnte eine brauchbare Aufteilung des gesamten WIP auf einzelne Stufen durchgeführt werden. Die Gesamtmenge von 1.600 t verteilte sich wie in Bild 2.38 dargestellt. Bei einer Jahresmenge von ca. 18.000 t (ca. 72 t/Tag) entsprach dies einer Reichweite von ungefähr 22 Arbeitstagen. Diese Zahlen beinhalten nur die Bestände bis zum Warenausgang des Walzwerkes, also nicht die Bänder, den WIP und die Fertigware im Bandwalzwerk.

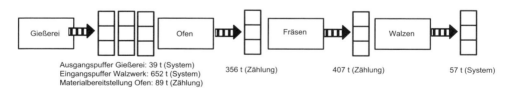

Ausgangspuffer Gießerei: 39 t (System)
Eingangspuffer Walzwerk: 652 t (System)   356 t (Zählung)   407 t (Zählung)   57 t (System)
Materialbereitstellung Ofen: 89 t (Zählung)

Bild 2.38   Überblick der Bestände im Projektbereich

Nachdem dieser erste Überblick erstellt wurde, konnten die einzelnen Bestandsmengen nach ihrer Zusammensetzung je Legierung der Bänder analysiert werden. Diese einzelnen Bestandsposten wurden anschließend den Verbräuchen gegenübergestellt und die Reichweiten ermittelt. Ein Teil des Ergebnisses ist in Bild 2.39 dargestellt. Aus der gesamten Auswertung ergab sich, dass vier Legierungen bereits 79 % des gesamten Volumens ausmachten. 13 Legierungen hatten einen Verbrauch über den Betrachtungszeitraum von 6 Monaten von unter einer Tonne pro Tag und ergaben zusammen weniger als 1 % der Gesamtmenge. Für die Reichweite war die wichtigste Erkenntnis, dass selbst bei den Top-Legierungen in den Puffern vor dem Ofen 1,5 bis 2 Wochen lagen. Durch die Erweiterung mit den Beständen vor dem Fräsen und dem Walzen verdoppelten sich die Bestände und Reichweiten noch einmal speziell für die wichtigsten Legierungen (Bild 2.39). Diese Metalle wurden teilweise täglich gegossen und auch täglich verbraucht.

Legierungen 9 bis 24 befanden sich hauptsächlich in Puffern vor dem Ofen. Grund dafür war, dass die Mindestlosgrößen in der Gießerei Bedarfe von teilweise mehreren Monaten abdeckten. Diese wurden demnach losgrößenbezogen gegossen und anschließend auftragsbezogen weiter verarbeitet. Liegezeiten von mehreren Monaten für diese Legierungen waren keine Seltenheit. Die Bedeutung dieser Metalle für den Gesamtbestand war allerdings mit 11 % Anteil vor dem Ofen und 2 % nach dem Ofen von sekundärer Bedeutung.

| | Gießanlage (Anlagennr.) | Bestände (t) | | | | Verbrauch (t/ Tag) | Reichweite (Tage) |
		Ausgangs-puffer Gießerei	Eingangs-puffer Walzwerk	Material-bereitstellung Ofen	Gesamt-bestand		
Legierung 1	1	7,5	180	7,5	195,0	22	8,9
Legierung 2	2	7,5	60	45	112,5	15	7,5
Legierung 3	2	0	75	15	90,0	12	7,5
Legierung 4	3	0	77	0	77,0	8	9,6
Legierung 5	1	7,5	37,5	22,5	67,5	5	13,5
Legierung 6	3	7	30	0	37,0	2	18,5
Legierung 7	3	0	82,5	0	82,5	2	41,3
Legierung 8	4	0	30	0	30,0	1	30,0
Legierung 9	4	7	0	0	7,0	1	7,0
....							
Legierung 22	4	0	0	0	0,0	0	na
Legierung 23	3	0	0	0	0,0	0	na
Legierung 24	3	0	6	0	6,0	0	na

Bild 2.39 Detailauswertung der Bestände

Den vier Gießanlagen konnten auch die einzelnen Legierungen zugeordnet werden, was in Spalte 2 von Bild 2.39 dargestellt wird. Diese sollten die präferierten Anlagen anzeigen und keine fixe Zuordnung, da die Gießerei jederzeit flexibel sein wollte und alle Legierungen an allen Anlagen fertigen wollte. Es zeigt allerdings schon, dass Anlage 1 und 2 bereits mit zwei Legierungen ausgelastet war. An den Anlagen 3 und 4 wurden Legierungen öfters gewechselt und die Ausbringungsmenge lag entsprechend weit unter der von 1 und 2.

Neben der Analyse der Daten wurden auch zahlreiche Gespräche mit den Mitarbeitern geführt, welche Herausforderungen sie im Zusammenhang mit den Beständen sehen. Die wichtigsten qualitativen Aussagen dazu waren:

- Es gibt keine klare Struktur der einzelnen Pufferplätze (z. B. Eingangspuffer Walzwerk). Bänder werden innerhalb eines Pufferbereichs abgestellt, wo Platz verfügbar ist. Daraus ergibt sich ein hoher Such- und Handhabungsaufwand für die Weiterverarbeitung. Die Einhaltung von FIFO ist auch unmöglich.
- Bänder der exotischen Legierungen (9 bis 24 in Bild 2.39) sind vermischt mit den Top-Legierungen. Bänder müssen daher ständig bewegt werden, um an das nächste, benötigte zu gelangen.

- Die einzelnen Arbeitsschritte im Walzwerk haben unterschiedliche Anforderungen bezüglich der Reihenfolge der Bearbeitung (siehe Ausführungen zur Rüstoptimierung oben). Aus der Fräse kommen die Bänder z. B. in einer anderen Sequenz, als sie beim Walzen benötigt werden. Die Mitarbeiter müssen daher die Bänder immer wieder nach ihren Ansprüchen sortieren.

Dies sind nur einige Punkte, die von den Mitarbeitern genannt wurde. Es zeigte sich dadurch allerdings auch, dass das Thema Bestände für die Mitarbeiter auch eines der Produktivität war. Eine zusätzliche Multimomentaufnahme belegte, dass die Mitarbeiter im Walzwerk im Schnitt über 20 % ihrer Zeit mit Materialbewegung und -suchen verbrachten.

Abschließend wurde der Prozess der Produktionsplanung und -steuerung aufgenommen, da in diesem eine der Hauptursachen für die hohen Bestände gesehen wurde. Auslöser der Planung war ein direkter Kundenauftrag. Aufträge variierten von Rahmenverträgen mit Großkunden mit monatlichen Abrufen bis zu Kleinstaufträgen (Mindestbestellmenge 1 t) für Sonderlegierungen. Die wichtigsten Schritte der Grob- und Feinplanung waren:

1. Zuerst wurde die Materialverfügbarkeit an Bändern im Bandwalzwerk überprüft. War das notwendige Material verfügbar, so wurden sie aus dem Lager genommen und für den Auftrag verwendet.

2. War dies nicht der Fall, so wurde im Puffer zwischen Gießerei und Ofen geprüft, ob auf das benötigte Material zugegriffen werden könnte. Konnte dies gemacht werden, wurden die Bänder reserviert und für den nächsten Planungszyklus zur Produktion berücksichtigt.

3. Falls in keiner Stufe ausreichendes Material zur Verfügung stand, musste für die Gießerei ein Fertigungsauftrag erstellt werden. Im vorherigen Schritt wurde bereits der Planungszyklus erwähnt. Jeden Mittwoch wurde durch die Leitung der Gießerei, des Walzwerkes und der Planung der Produktionsplan für die nächste Woche erstellt. Materialbedarfe für gleiche Legierungen wurden dabei zu einem Fertigungsauftrag zusammengefasst.

4. Aus diesem Produktionsplan wusste das Walzwerk, welche Legierung wann kommen würde. Mit dieser Erkenntnis wurden die Entnahmen aus dem Puffer aus Schritt 2 koordiniert und ein Programm für jeden einzelnen Prozessschritt für die gesamte Woche erstellt. Wie schon weiter oben erwähnt, musste die Reihenfolge der Aufträge für jeden Arbeitsgang separat geplant werden.

Diese Vorgehensweise der Planung und auch die Versuche der Optimierung der einzelnen Produktionsschritte hatte einige negative Auswirkungen auf die Bestände und somit die Durchlaufzeit:

- Durch die Planungszyklen konnte es zu einer Verzögerung des Starts der Produktion für einen Auftrag in der Gießerei von zwei Wochen kommen. Gelangte ein Auftrag an einem Donnerstag in die Gießerei, so wurde er erst am folgenden Mittwoch zur Planung berücksichtigt. Wurde diese bestimmte Legierung erst am Freitag gegossen, so waren inzwischen zwei Wochen verstrichen.

- In der Gießerei kam es kontinuierlich zur Überproduktion. Einerseits konnte es bei gängigen Legierungen zu einer ungeplanten Überproduktion kommen. Wenn eine Legierung „gut lief", also wenige Störungen und Qualitätsmängel verursachte, wurden auch einige Bänder mehr gegossen. Bei den selteneren Legierungen kam es zu geplanten Mehrmengen, um die hohen Rüstkosten zu rechtfertigen. Dies war das gängige Resultat der Bestimmung der Mindestlosgröße unter Berücksichtigung der Rüstkosten. In dieser Kalkulation wurde berechnet, dass ein Los in der Gießerei aus mindestens vier Bändern zu je 6 t bestehen müsste, damit sich ein Auftrag rechnen würde. Dem stand jedoch die Mindestabnahmemenge von 1 t gegenüber. Bestellte ein Kunde 1 t, so wurden 24 t gegossen, falls kein Material im Puffer vorhanden war, um die hohen Rüstkosten zu rechtfertigen. Selten verwendete Legierungen konnten daher im Puffer vor dem Ofen auch mehrere Jahre liegen.

▪ Die Problematik mit der Rüstoptimierung im Walzwerk wurde bereits weiter oben erklärt. Für die Planung und die Durchlaufzeit bedeutete dies, dass für das Walzwerk mit einer Woche geplant werden musste.

All diese Faktoren zusammen führten dazu, dass mit einer Durchlaufzeit in der Gießerei und dem Walzwerk von vier Wochen selbst für gängige Legierungen gerechnet wurde. Diese konnten allerdings nur gewährleistet werden, wenn die Rohmaterialverfügbarkeit gesichert war. Diese Zeit konnte sich speziell bei selteneren Legierungen auch sehr schnell einmal verdoppeln. Unter der Annahme, dass die Materialverfügbarkeit kein Thema sei, wurde ein Projektteam definiert, das Lösungen für die Reduzierung der Bestände und Durchlaufzeiten finden sollte. Als Ziel wurde eine Verringerung der Bestände aller Materialien um 1/3 und der DLZ der Top-5 Legierungen auf eine Woche vorgegeben.

Verbesserungsansatz:

Für das Projektteam war es relativ schnell klar, dass die Top-5 Legierungen einen anderen Ansatz für die Planung brauchen würden als die restlichen Metalle. Der Ansatz für die erste Gruppe wurde auch sehr schnell gefunden, da die Vorgesetzten der Planung und des Walzwerkes seit Jahren eine Idee diskutiert hatten.

Der grundsätzliche Gedanke war, dass die erste große Variantenbildung an der Walzanlage stattfand. Bis zu diesem Prozessschritt war ein Band nur durch die Legierung selbst definiert. An der Walze kam noch der Paramater der Wandstärke dazu. Aus den fünf Legierungen entstanden dadurch 27 verschiedene Varianten. Bild 2.38 würde sich um zwei wichtige Aspekte ändern. Erstens, vor der Walze gibt es einen definierten Bestand an Bändern der Top-5 Legierungen. Zweitens, dieser Bestand zieht auftragsneutral aus der Gießerei und es wird auftragsbezogen gewalzt (Bild 2.40).

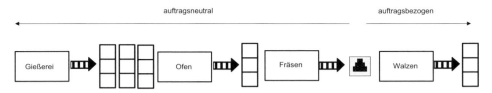

Bild 2.40   Konzept für die gängigen Legierungen

Die Teammitglieder waren anfangs davon überzeugt, dass zwischen Walzwerk und Gießerei ein Ziehprinzip der richtige Ansatz sein würde. Allerdings wurde bei diesem Gedanken ein bedeutender Punk dieses Prinzips ignoriert. Falls es keinen Bedarf gibt, muss die Produktion gestoppt werden. Für ein Bearbeitungszentrum oder eine Schweißanlage mag es relativ einfach sein, die Produktion zu stoppen und nach kurzer Zeit wieder zu starten. Eine Gießanlage wird allerdings nicht so einfach mit einem Knopfdruck ausgeschaltet und nach zwei Stunden wieder gestartet. Diese Diskussion führte sehr schnell zum Widerstand gegen die ursprünglich als hervorragend eingestufte Idee. Der Ansatz selbst war durchaus richtig, doch war eine kreativere Lösung notwendig für eine praktikable Umsetzung.

Aufbauend auf der Idee des Bestandes vor der Walzanlage musste erarbeitet werden, wie die Gießerei trotzdem durch eine Verbrauchssteuerung gelenkt werden könnte. Der praktikabelste Ansatz war letztendlich, dass die Gießanlagen mit einem fixen Produktionsprogramm hinsichtlich der Reihenfolge der Legierungen selbst arbeiten würden (Bild 2.41). Es wurde z. B. fixiert, dass an Gießanlage 1 die Woche immer mit Legierung 1 starten würde und anschließend Legierung 2. Die zu produzierende Tonnage und damit die gesamte Produktionszeit würden durch den Verbrauch aus dem Puffer bestimmt werden. In einer Woche könnten demnach 15 Schichten gearbeitet werden, in einer anderen eventuell nur 13. Diese Systematik betraf hauptsächlich die Gießanlagen 1 bis 3, da sie auch nur für die Top-5 Legierungen Anwendung fand.

Für die restlichen Legierungen mussten noch weitere Überlegungen angestellt werden. Diese wurden noch einmal unterteilt in Exoten und Lowmover. Als Exoten wurden Metalle definiert, für die der Bedarf unter einem Band je Monat lag. Dies traf auf 13 Legierungen zu. Die restlichen sechs wurden zu Lowmovern. Für die zweite Gruppe wurde weiterhin mit den Mindestlosgrößen gearbeitet, einige wurden allerdings reduziert. Für die Exoten wurde mit dem Vertrieb eine Arbeitsgruppe gebildet, um die Kalkulation dieser zu überarbeiten. Es wurde übereinstimmend erkannt, dass die Kosten des Umbaus der Gießanlage anders berücksichtigt werden mussten. Dies hatte zur Folge, dass die Mindestlosgrößen für die Exoten drastisch reduziert wurden. Damit wurden auch die Notwendigkeit von Verschrottungsaktionen von Ladenhütern und die damit verbundenen Kosten reduziert.

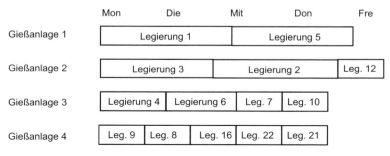

Bild 2.41 Generischer Wochenplan für die Gießerei

Diese Lösung erforderte eine entsprechende Flexibilität bzgl. der Arbeitszeiten und auch der Einsetzbarkeit der Mitarbeiter. Die Planungsbesprechung fand nach wie vor am Mittwoch statt. Planungsgrundlage war ab jetzt eine Kombination aus den Verbräuchen der Top-Legierungen und den Aufträgen für die restlichen Metalle. Daraus wurde ein Kapazitätsbedarf für die kommende Woche bestimmt. Je nach Abweichung des Kapazitätsbedarfs zum -angebot von 15 Schichten, gab es zwei Möglichkeiten. Entweder wurden Stunden auf- oder abgebaut, oder die betroffenen Mitarbeiter könnten für andere Tätigkeiten eingesetzt werden.

Mit dieser Lösung wurden die durch die Überproduktion verursachten Bestände in der Gießerei reduziert. Das zweite große Thema waren die Zwischenbestände im Walzwerk zur Optimierung der Auslastung der einzelnen Prozessschritte. Bei der Planung der Gießerei war der Kernpunkt der Diskussion für eine Lösung die Verbrauchssteuerung. Hier konzentrierte sich die

Gespräche sehr schnell darauf, was der eigentlich Engpass ist und ob eine engpassorientierte Planung sinnvoll wäre. Das Argument dagegen war hauptsächlich, dass je nach Produktmix der Engpass an verschiedenen Aggregaten lag. Dieses Argument wurde unterstützt durch die unterschiedlichen Prozessflüsse der einzelnen Legierungen (Bild 2.36). Bei genauerer Betrachtung verlor dieser Punkt immer mehr an Bedeutung. Die Fokussierung auf die Optimierung aller Prozessschritte führte nämlich zu einer Suboptimierung des gesamten Systems.

Tatsächlich gab es einen Arbeitsschritt, der als Engpassfaktor angesehen werden konnte. Dies war die Walzanlage. Alle anderen Anlagen waren nie voll ausgelastet und es konnten geplante Verluste (z.B. häufigeres Rüsten beim Fräsen) durch eine andere Planung der Reihenfolge akzeptiert werden. Der Gedanke eines fixen Produktionsprogrammes mit unterschiedlichen Laufzeiten der einzelnen Legierungen wurde fortgesetzt (Bild 2.42).

Die ursprünglichen Gruppierungen der Legierungen wurden beibehalten. Im alten Planungsansatz war es offen, wann welche Gruppe an die Walze kommen würde. Die vorherigen Arbeitsschritte definierten mit, zu welchem Zeitpunkt welche Legierung bearbeitet werden könnte. Nun war der Ausgangspunkt der Planung des gesamten Bereiches die Walze mit einem fixen Programm.

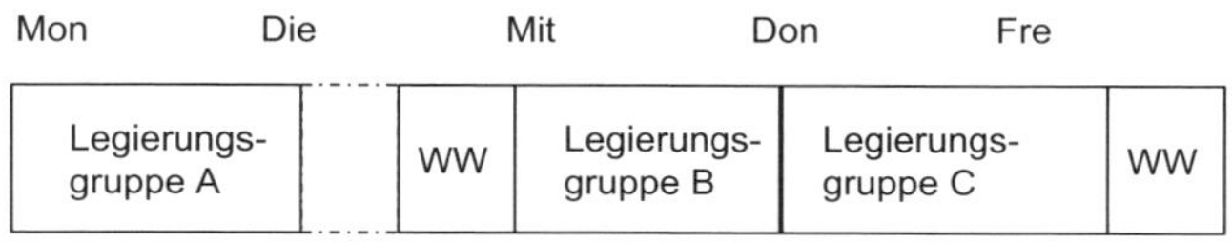

Mon		Die		Mit	Don		Fre
Legierungs-gruppe A			WW	Legierungs-gruppe B	Legierungs-gruppe C		WW

Bild 2.42   Generischer Wochenplan der Walzanlage

Die Woche startete immer mit Legierungsgruppe A, die allerdings nur alle 14 Tage produziert wurde. Diese Gruppe hatte die größten Schwankungen bezüglich Qualität und Bearbeitungsdauer, weshalb immer ein Puffer eingeplant wurde. Anschließend musste die Walze gewechselt werden, was im Regelfall 4 Stunden dauerte. Es folgten Gruppen B und C, die alle Top-Legierungen abdeckten. Die Fertigungslose entsprachen genau dem Lieferplan an das Bandwalzwerk für die folgende Woche. Den Abschluss bildete immer ein weiterer Walzenwechsel, da die Instandhaltung der Walzen nach drei Tagen notwendig war. Diese Reihenfolge sollte vom ersten Prozessschritt im Walzwerk (Ofen) bis hin zur Walze eingehalten werden.

Eine besondere Herausforderung stellten die Legierungen dar, die mehrere Durchläufe durch einzelne Prozessschritte benötigen. Sie wurden am Produktionsstart jeder Legierungsgruppe bearbeitet, um im weiteren Verlauf kontinuierlich eingesteuert zu werden. Dafür wurden eigene Pufferplätze definiert.

Im gesamten Produktionsbereich wurden strukturierte Pufferplätze definiert, die auch fallweise nach den einzelnen Legierungsgruppen und Legierungen unterteilt waren. So wurden z.B. im „Wareneingang" als Schnittstelle zwischen Gießerei und Walzwerk eigene Bahnen für die Top-Legierungen eingeteilt. Eine große Herausforderung bei Materialien wie Metallbänder ist die Einhaltung des FIFO. In jede dieser Bahnen durften daher nur Bänder eines Tages gestellt werden. Ein Schild wurde am Ende des Tages mit dem Datum versehen, wann die Bänder abgestellt wurden. Die Bänder wurden tageweise nach der Reihenfolge, in der sie ins Walzwerk geliefert worden waren, weiterverarbeitet. Zu 100% konnte das FIFO damit nicht eingehalten werden, da innerhalb eines Tages eine andere Reihenfolge akzeptiert wurde.

Zusammenfassend ist das Konzept in Bild 2.43 dargestellt. Legierung 1 als Highrunner wird zur Produktion für einen bestimmten Kundenauftrag aus dem Lager vor der Walze entnommen und verarbeitet. Die Information über die Entnahme geht an die Gießerei. Zwischen einzelnen Planungszyklen werden die Rückmeldungen der einzelnen Verbräuche gesammelt und anschließend zu einem Fertigungsauftrag der Gießerei zusammengefasst. Die Gießerei kann durch die kontinuierliche Rückmeldung bereits abschätzen, wie große der Arbeitsaufwand in der Folgewoche für diese Legierungen sein wird.

Legierung 1 wird am Anfang der Woche gegossen und die Pufferplätze im Wareneingang zum Walzwerk werden kontinuierlich gefüllt. Der Start der Produktion ist am Donnerstag und die ersten gegossenen Bänder werden aus dem Pufferplatz für Montag entnommen. Sind diese aufgebraucht, wird der Pufferplatz für Dienstag zur Entnahme freigegeben. Die freien Stellplätze können wieder zum Auffüllen von neu gegossenen Bändern verwendet werden.

Ein Kundenauftrag für Legierung 22 wird erstellt und die Bestandsprüfung ergibt, dass sich im Wareneingang kein Material befindet. Ein Auftrag für die Gießerei für die Mindestlosgröße muss erstellt werden, der im Wochenplan für Gießanlage 4 berücksichtig werden muss. Die Bänder werden gegossen und im Wareeingang abgestellt. Für den Kundenauftrag wird allerdings nur ein Band benötigt, weshalb das restliche Material in einer eigenen Pufferzone für Lowmover-Legierungen verbleibt. Da Legierung 22 zur Legierungsgruppe 4 gehört, wird dieses Band entsprechend für den Beginn der Woche eingeplant und bearbeitet.

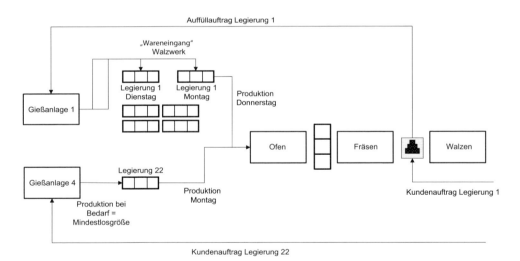

Bild 2.43   Zusammenfassung des Materialflusskonzeptes

Zum Abschluss des Projektes musste das Ergebnis bewertet werden (Tabelle 2.5). Dazu wurden die Zahlen aus Bild 2.38 den maximalen Beständen nach der Umstellung gegenübergestellt. Für die Pufferplätze zwischen der Gießerei und dem Ofen wird für die Top-Legierungen eine maximale Reichweite von drei Tagen angesetzt, was ca. 190 t entspricht. Für die restlichen Metalle wird keine gravierende Veränderung vorgesehen und deren Bestandshöhe soll bei 230 t bleiben. Daraus ergibt sich ein Gesamtwert von 420 t. Zwischen Ofen und Fräsen soll nur noch ein Bedarf von maximal zwei Tagen liegen, was 150 t entspricht.

Tabelle 2.5   Zusammenfassung der Bestandsreduzierung

Bestandsort (zwischen)	vorher	nachher
Gießerei - Ofen	780 t	420 t
Ofen - Fräsen	356 t	150 t
Fräsen - Walze	407 t	490 t
Warenausgang	57 t	35 t
Gesamtbestand	1.600 t	1.095 t

Der Puffer vor dem Walzen wurde mit 1,5 Wochen Reichweite definiert. Eine Woche dient zur Überbrückung der Lieferzeit aus der Gießerei, der Rest wurde als Sicherheitsbestand bestimmt. Für die Top-Legierungen ergibt sich daraus ein Maximalbestand von 480 t. Die restlichen Metalle dürfen nicht länger als einen Tag liegen, was weitere 10 t sind. Daraus zeigt sich, dass es zu einer teilweisen Verlagerung der Bestände hin zu diesem Zwischenlager kam. Im Warenausgang sollte die fertige Ware nicht länger als einen halben Tag liegen bis sie zum Bandwalzwerk weitertransportiert wird. Dies entspricht 35 t.

Der gesamte Bestand konnte damit um ca. 500 t reduziert werden, was einer Verbesserung von etwa 30 % entsprach. Eine Überwachung der Zahlen über mehrere Monate ergab letztendlich, dass die Bestände dauerhaft um über 40 % verringert werden konnten. Wichtiger war aber sicherlich noch, dass die Durchlaufzeit für die Top-Legierungen zum Bandwalzwerk hin auf eine Woche reduziert wurde. Auch für die anderen Metalle ergaben sich DLZ-Reduzierungen von mehreren Wochen. Damit konnten Kundenaufträge über alle Legierungen um 2 bis 3 Wochen schneller erfüllt werden. Die zusätzlichen Produktivitätsgewinne durch eine bessere Strukturierung der Pufferorte wurden separat bewertet.

Fallbeispiel 2.3   Einführung einer ziehenden Fertigung mit einer Heijunka-Box

Ausgangssituation:

Es ist erstaunlich, wie sehr die Produktion von Waschmaschinen der von Autos ähnelt. Es gibt einen Rohbau, in dem aus Blechen die Einzelteile der „Karosserie" und der Waschtrommel gestanzt werden. Diese werden anschließend verformt, verschweißt und lackiert. Bis wir das fertige Gehäuse und die Trommel haben, sind die Teile völlig auftragsneutral, sie sind also für alle Waschmaschinen identisch. Am Anfang der Montagelinie fällt die Entscheidung, welche Marke und welcher Typ tatsächlich aus dem Gehäuse entsteht. Unterschiedliche elektronische Komponenten und die sichtbaren Teile an der Oberfläche bestimmen den genauen Typ der Waschmaschine.

Die Einzelteile, aus denen das Gehäuse entsteht, werden an einzelnen Pressen und Biegemaschinen hergestellt. Dabei sind bereits die Anlagen für die zusammengehörenden Teile so aufgestellt, dass die Einzelteile über Förderanlagen zu Schweißrobotern zusammengeführt werden. Die zusammengeschweißten Teile werden über eine automatische Fördereinrichtung durch die Lackierung geführt. Anschließend werden die Einzelteile am Anfang der Montagelinie zu einer Einheit zusammengebaut. Diese Gehäuse laufen auf einem Fließband, wo das gesamte Innenleben der Waschmaschine sowie alle Außenteile an insgesamt 63 Montagearbeitsplätzen montiert werden. Am Ende der Linie werden die fertigen Waschmaschinen verpackt und mit den notwendigen Papieren versehen. Von dort gelangen sie ins Versandlager. Insgesamt werden 243 verschiedene Waschmaschinen produziert, wobei die Unterschiede zwischen den einzelnen Maschinen sehr gering und rein länderspezifisch (z. B. verschiedene Aufkleber) sein können.

Um die Möglichkeit eines one-piece-flow oder einer Tagesmix-Produktion in Betracht zu ziehen, muss der gesamte Prozess verstanden werden. Was sind die einzelnen Prozessschritte und deren Zykluszeiten? Wo gibt es Rüstvorgänge? Wie oft? Wie lange? Gibt es Engpässe im Prozess? Aus diesem Grund wurde die gesamte Montagelinie analysiert. Der erste Schritt dabei war die Berechnung der Taktzeit, die folgendermaßen aussah:

Nettoarbeitszeit/ Schicht		Anzahl Schichten				Nettoarbeitszeit/ Tag (Sek.)	
480	Min./ Schicht	X	**2**	X	**60** Sek.	=	**57.600**	Sek./ Tag

Jährlicher Bedarf			Anzahl Arbeitstage		Täglicher Bedarf	
512.064	Stück	/	**254**	Tage	-	**2.016**	Stk./ Tag

			Taktzeit	
Tägliche Nettoarbeitszeit		**57.600**	**28,57**	Sek./ Stück
Täglicher Bedarf		**2.016**	**0,48**	Min./ Stück

Bild 2.44 Berechnung der Taktzeit

Es musste also alle 28 s eine Waschmaschine produziert werden. Die Steuerung der Produktion erfolgte so, dass immer fixe Lose von Maschinen produziert wurden, die oft über mehrere Stunden reichten. Daraus resultierte ein Lager, in dem teilweise für mehrere Wochen Bestände vorhanden waren. Das Thema Rüstzeiten ergab sich nur in der Vorproduktion einzelner Komponenten wie z. B. Kunststoffteile. An der Montagelinie selber traten keinerlei Rüstvorgänge auf, also eine ideale Voraussetzung für einen one-piece-flow. Für das Thema der Komponentenproduktion wird im Kapitel der Zwischenbestände diese Fallstudie fortgesetzt.

Darauf folgte die Aufnahme sämtlicher Zykluszeit an der Montagelinie (Bild 2.45). Diese Aufnahme zeigte bereits, dass die Arbeitsverteilung sehr ungleichmäßig war. .

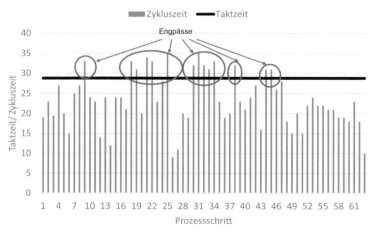

Bild 2.45   Taktzeit-/Zykluszeitdiagramm der Montagelinie

Es gab zahlreiche Engpässe sowie Arbeitsschritte, die sehr geringe Zykluszeit hatten (z. B. Schritt 6 oder 26). Die angestrebten Stückzahlen von ca. 2.000/Tag konnten durch die Engpässe nur mit Sonderschichten und Überstunden bewältigt werden. Die Austaktung, also die Aufteilung der Arbeitsinhalte, dass alle Arbeitsplätze ungefähr dieselben Zykluszeiten haben, war in diesem Fall relativ einfach, war jedoch Inhalt eines weiteren Projektes. Durch die Austaktung konnten sämtliche Engpässe abgebaut werden. Ein Vorteil, den diese Montaglinie jedoch hatte, war, dass es keinerlei Rüstvorgänge gab. Es war für die Mitarbeiter kein Aufwand, zwischen einzelnen Produkten zu wechseln.

Der nächste Schritt der Analyse betraf die Bestände im Versandlager. Es wurde wieder dieselbe Betrachtung durchgeführt wie schon im vorherigen Fallbeispiel (Tab. 2.6). Diese Analyse führt jedoch zu einem etwas anderen Ergebnis. Im ersten Beispiel zur ziehenden Fertigung ergab sich das Problem, dass von dem Topprodukt oft nur ein sehr geringer Bestand vorhanden war und die Verfügbarkeit dieser daher auch sehr gering war. Es kam immer wieder zu Lieferschwierigkeiten. Hier gab es jedoch von allen Artikeln ausreichend Bestand und dies hing mit der Produktionsplanung und Steuerung zusammen, für die wir uns auch den Prozess der Fertigung der Komponenten, die an der Montagelinie eingebaut wurden, ansehen mussten. Die Komponenten und die Waschmaschinen wurden unabhängig voneinander geplant. Die Bereiche der Komponentenfertigung produzierten fixe Losgrößen der Einbauelemente und stellten sie in einem Zwischenlager ab. Wenn ein Los des Artikels 1 an der Montagelinie eingeplant wurde, wurden alle Komponenten, die nur speziell für diesen Artikel benötigt werden, an die Montagelinie gebracht. Das Bereitstellen des benötigten Materials war demnach der Rüstvorgang für einen neuen Auftrag. Um einerseits den administrativen Aufwand der Planung und Steuerung für die Waschmaschinen und andererseits die Rüstzeiten zu reduzieren, wurde in Losen von ein bis zwei Wochen Bedarf produziert. Daraus ergaben sich auch die entsprechenden Bestände, deren Reduzierung das Ziel wurde.

Tabelle 2.6 Bestände im Fertigwarenlager

Artikel	Absatz (Stück/ Tag)	Anteil an Gesamtabsatz	Bestand (Stück) am Stichtag	Reichweite in Kalendertagen
Artikel 1	346	17,2 %	2.156	6,2
Artikel 2	245	12,2 %	1.328	5,4
Artikel 3	135	6,7 %	178	1,3
Artikel 4	122	6,1 %	236	1,9
....				
Artikel 240	2	0,1 %	26	13,0
Artikel 241	2	0,1 %	19	9,5
Artikel 242	0	0,0 %	0	
Artikel 243	0	0,0 %	2	

Verbesserungsansatz:

Wie schon in der Analyse festgestellt, konnte die Montage der Waschmaschinen und die Produktion der Komponenten nicht unabhängig voneinander gesehen werden. In diesem Fallbeispiel liegt jedoch der Fokus nur auf die Gestaltung des Ablaufes für die Montage; im Kapitel zu den Zwischenbeständen wird der Teil mit den Komponenten betrachtet. Es wird demnach davon ausgegangen, dass das Thema der Verfügbarkeit der Materialien an der Montagelinie geklärt ist, alles demnach jederzeit vorhanden ist.

Im Rahmen der Heijunka-Box wurde bereits der Schrittmacherprozess erwähnt, der in diesem Beispiel der Punkt ist, an dem die Entscheidung über die Variante getroffen wird. Dieser ist nach dem Einbau der Trommel, als die ersten elektrischen Komponenten montiert wurden. Bis dorthin waren sämtliche Arbeitsschritte völlig unabhängig von der endgültigen Gestaltung der Waschmaschine und konnten ohne jegliche Arbeitspapiere durchgeführt werden. Hier war die ideale Stelle im Prozess um die Heijunka-Box aufzustellen (zur Erklärung wieder manuell, tatsächlich jedoch als elektronische Lösung). Der Ablauf dazu ist in Bild 2.46 dargestellt:

1.–5. Die ersten fünf Schritte entsprechen dem vorherigen Fallbeispiel mit einer Ausnahme. Es gibt keine Sonderprodukte mehr, weswegen alle Waschmaschinen sofort aus dem Lager lieferbar sind. Kurz zur Erinnerung noch einmal die fünf Schritte:

1. Kunde schickt Auftrag und Unterteilung nach Standard- und Sonderprodukt.

2. Angebot wird an den Kunden geschickt.

3. Bestellung durch den Kunden.

4. Erstellung eines internen Auftrages inkl. Bestellung des Materials, Erstellung von Auftragspapieren etc.

5. Lieferung von Standardprodukten direkt aus dem Lager.

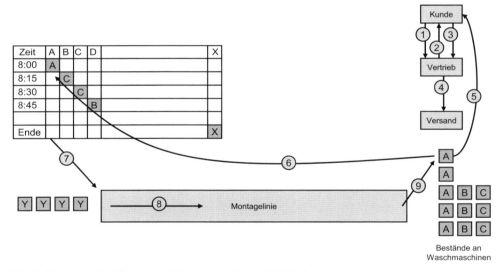

Bild 2.46   Ablauf der Planung- und Steuerung mit einer Heijuka-Box

6. Eine Karte entspricht hier nun einer Losgröße von 15 min (bei 28 s Taktzeit entspricht dies 32 Waschmaschinen). Wurden also von A 32 Stück aufgebraucht, so geht die Karte an den Anfang der Montagelinie und wird in der Heijunka-Box in das erste freie Fach der Zeitachse gelegt (z. B. 8 Uhr). Die Box ist den Losgrößen entsprechende in 15-Minuten-Intervalle unterteilt. Es wird alle 15 min entschieden, was im nächsten Zeitabschnitt produziert werden soll. Für die Produkte mit einem geringen Bedarf (Tab. 2.6) wäre die Losgröße von 32 zu viel. Es wurde daher beschlossen, dass die 50 Produkte mit dem geringsten Verbrauch eine kleinere Losgröße erhalten und am Ende jeder Schicht produziert werden (Spalte X in Bild 2.46).

7. Um 8 Uhr sieht der erste Mitarbeiter an der Montagelinie, dass nun 32 Waschmaschinen A montiert werden müssen. Es werden 32 Begleitscheine für A gedruckt und diese an jede einzelne Maschine gehängt, die montiert wird. Diese Begleitscheine mussten auch schon vorher zur Dokumentation erstellt werden und stellten keinerlei zusätzlichen Aufwand dar. Die Gehäuse X flossen kontinuierlich an die Montagelinie und hatten, wie bereits schon erwähnt, keinerlei Varianten.

Es ist hier natürlich auch durchaus denkbar, solch ein System mit verschiedenen Gehäusen zu haben. Zu diesem Zweck würde ein Puffer zwischen dem auftragsneutralen (Fertigung der Gehäuse) und dem auftragsbezogenen Bereich (Montage der Waschmaschinen) liegen. Der Mitarbeiter würde das benötigte Gehäuse aus dem Puffer nehmen, womit dem liefernden Prozess das Signal eines Verbrauches gegeben wird. Damit hätten wir einen zweiten Kreislauf in unserer ziehenden Fertigung.

Am Ende der Schicht werden die X-Karten, also kleinere Losgrößen, entnommen. Es könnten z. B. innerhalb von 15 min zehn verschiedene Maschinen montiert werden. Die Anzahl der jeweils zu produzierenden Produkte würde den Mitarbeitern anhand der Begleitscheine mitgeteilt. Außerdem kann es durchaus vorkommen, dass nicht alle Karten gefertigt wurden, also bereits für den nächsten Tag oder vielleicht sogar bis in den übernächsten Tag hinein geplant wird. Wir hatten bei der Berechnung der Taktzeit mit einem durchschnittlichen Bedarf von 2.016 Waschmaschinen gerechnet, der natürlich nicht jeden Tag genau gleich ist. Solange die Schwankungen nicht zu stark sind, also im Extremfall an einem Tag kein Bedarf dafür am nächsten 10.000 Einheiten, stellt dies kein Problem dar. Die Schwankungen müssen nur in der Höhe der Bestände berücksichtig werden. Auch hier gilt dieselbe Berechnung, wie wir sie bereits im vorherigen Beispiel durchgeführt haben. Die Zahlen für Artikel 1 sind in Tabelle 2.7 dargestellt.

Tabelle 2.7 Berechnung der Anzahl der Karten für die Heijunka-Box

Bedarf kg/ Tag	Lieferzeit (Tage)		Sicherheitsbestand		Containergröße (kg)	Anzahl Karten	Maximaler Bestand
	Theoretische DLZ	Tatsächliche DLZ	Tage	Menge			
346	0,5	0,5	2	692	32	27	864

Der Bedarf ergab sich aus der Analyse in Tabelle 2.6. Die Durchlaufzeit resultierte aus der Anzahl der Arbeitsschritte mit 63 und der Taktzeit von 28 s, der Zeit, die ein Arbeitsschritt maximal benötigen darf, um die geforderte Menge zu produzieren. Wenn die Arbeit an einer Maschine am Anfang der Montagelinie begonnen wird, so ist diese nach 63 Arbeitsschritten zu je 28 s, also insgesamt 1.764 s (ca. 30 min) zusammengebaut, getestet und verpackt. Das gesamte Los von 32 Maschinen wäre demnach nach weiteren 15 min (alle 28 s kommt eine fertige Maschine aus der Linie) abgeschlossen. Eine Vorgabe der Durchlaufzeit mit 0,5 Tagen beinhaltet daher schon einen großzügigen Puffer. Da das Los mit einer sehr geringen Verzögerung produziert werden kann, wurde die Durchlaufzeit auch mit der tatsächlichen Lieferzeit gleichgesetzt. Der Sicherheitsbestand von zwei Tagen wurde genommen, um die bereits erwähnten Schwankungen im Bedarf sowie Unsicherheiten im Umgang mit einem neuen Prozess abzudecken. Auch hier gilt die Vorgabe, dass nach einer Stabilisierung des Prozesses die Anzahl der Karten kontinuierlich reduziert werden muss. Breits mit diesem Puffer kann an den Zahlen gesehen werden, dass mit diesem System der Bestand von ursprünglich 2.156 (Tab. 2.5) auf maximal 864 reduziert werden konnte, immerhin eine Verringerung um 60 %. Zusätzlich wurde der administrative Aufwand erheblich verringert, da für die Produktion so gut wie keine Planung mehr durchgeführt werden musste.

8. Die Waschmaschinen werden in der Reihenfolge, die die Heijunka-Box vorgibt, montiert. Da jede einzelne Maschine am Anfang der Montagelinie durch einen Begleitschein identifiziert wird, erhalten die Mitarbeiter alle notwendigen Informationen, um das richtige Produkt zu montieren. Die Verfügbarkeit der benötigten Materialien wird durch einen weiteren Kreislauf, der später erklärt wird, sichergestellt.

9. Auch in diesem Beispiel tritt durch die Größe der Produkte die Herausforderung auf, dass FIFO-Prinzip beizubehalten. Es wurde ähnlich wie im vorherigen Fall gelöst. Mit der Zeit wurden die Bestände jedoch so weit reduziert, dass auch dies für den Versand keine Schwierigkeit mehr darstellte.

Fallbeispiel 2.4   Einführung eines fixen Produktionsprogramms für Standardprodukte

Ausgangssituation:

Ein Zulieferer der Hightech-Industrie stellt Gehäuseteile für Produkte wie Schaltkästen oder ähnlichem her. Im ersten Prozessschritte wurden Platinen aus Stahlbändern geschnitten, anschließend an Tiefziehanlagen umgeformt und bei ca. 30 % der Artikelnummern wurden einzelne umgeformte Teile noch miteinander vernietet. In einem Jahr gingen die Bestände sowohl an Rohmaterial als auch an Fertigware stetig nach oben. Gemäß der Regel „Je höher die Bestände, umso größer die Chance, dass man das, was man braucht, nicht hat" ergab sich allerdings keine Verbesserung der Liefertreue von unter 60 % (On-Time) und die Rückstände gingen ebenso in die Höhe wie die Bestände. Es sollte also analysiert werden, warum dies so war und welche Ansätze verwendet werden könnten, um den Trend umzukehren.

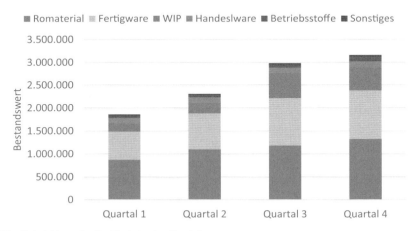

Bild 2.47   Entwicklung der Bestände in vier Quartalen

Die Bestände hatten sich in den letzten vier Quartalen um 70 % erhöht, wobei die der Fertigware proportional um 73 % nach oben gingen. Die größte Steigerung war allerdings in den Zwischenbeständen in der Produktion, die um ganze 178 % zunahmen. Um ein detaillierteres

Verständnis der Situation zu entwickeln, wurden noch weitere Daten analysiert, wobei in diesem Fallbeispiel nur die Zahlen zur Fertigware betrachtet werden.

Von den insgesamt 215 gefertigten Artikeln ergaben 33 80 % der gesamten Absatzmenge (Tab. 2.8). 33 Artikel sind 15 %, was wieder einmal das Pareto-Prinzip bestätigt. Auf der anderen Seite hatten allerdings 77 Artikel eine Absatzmenge von unter 1.000 Stück und ergaben zusammen 0,2 % vom gesamten Volumen. Es gab demnach eine klare Trennung zwischen Top-Produkten oder High-Runnern und selten verwendeten Artikeln oder Low-Movern. Im nächsten Schritt wurden noch die Reichweiten der einzelnen Produkte im Fertigwarenlager betrachtet.

Tabelle 2.8   Ausschnitt aus der Auswertung zur Absatzmenge je Produkt

Artikel	Absatz-menge (Stk./anno)	% vom Gesamt-volumen	kumuliert	Bestand	Reichweite (Tage)
Artikel 1	653.162	7,68	7,68 %	27.658	10,2
Artikel 2	518.723	6,10	13,78 %	3.298	1,5
Artikel 3	472.490	5,56	19,34 %	11.285	5,7
Artikel 4	352.134	4,14	23,48 %	1.927	1,3
Artikel 5	336.000	3,95	27,43 %	2.317	1,7
Artikel 6	314.457	3,70	31,12 %	9.832	7,5
....					
Artikel 211	5	0,00	100,00 %	127	6096,0
Artikel 212	5	0,00	100,00 %	117	5616,0
Artikel 213	5	0,00	100,00 %	18	864,0
Artikel 214	2	0,00	100,00 %	0	0,0
Artikel 215	1	0,00	100,00 %	17	4080,0

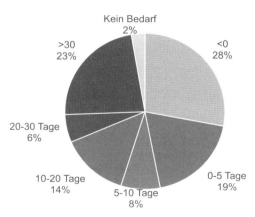

Bild 2.48   Zusammenfassung der Reichweiten im Fertigwarenlager

Besonders auffällig sind die oberen und unteren Enden der Reichweiten. Für 28 % war es eine Reichweite von unter null, es gab also keinen Bestand trotz eines Bedarfs. Dies waren auch die

Produkte, die hauptsächlich für die hohen Rückstände verantwortlich waren. Auf der anderen Seite hatten 23 % aller Teile eine Reichweite von über 30 Tagen.

Die Erklärung für diese Entwicklung und die Zahlen konnte auch relativ schnell in der Art der Planung und Steuerung ausgemacht werden:

- Jeder Prozessschritt wurde separat geplant, da aus einer Platine mehrere Endprodukte entstehen konnten. Dies traf auch auf einige umgeformte Platinen zu, die entweder vernietet oder einzeln an den Kunden gehen konnten. Zwischen jedem Arbeitsschritt gab es daher auch ein Lager (Bild 2.49).

- Um Rüstzeiten zu reduzieren und damit den OEE zu erhöhen, wurden ähnliche Aufträge von High-Runnern allerdings durch die Steuerung vor Ort zusammengefasst.

Bild 2.49   Bestände an Platinen

- Durch dieses Zusammenfassen kam es auch zum Vorziehen von Aufträgen; teilweise von solchen, die erst in der kommenden Woche produziert werden sollten. Dies ist ein häufig auftretendes Phänomen, wenn die Steuerung zu weit in die Zukunft blicken kann, also sieht, welche Aufträge morgen oder übermorgen oder vielleicht sogar nächste Woche am Programm stehen.

- Dieses Vorziehen hatte mehrere Effekte. Erstens, die Parameter, mit der die Planung arbeitete, stimmten nicht mehr, da von einem Artikel an einem Tag mehr produziert wurde und an einem anderen Tag nichts. Zweitens, durch die längeren Laufzeiten für einen Auftrag kam es automatisch zu Verzögerungen der nächsten Aufträge und diese konnten damit zu spät zum Versand kommen. Drittens, manche Aufträge kamen dafür zu früh ins Lager, was den Bestand wieder erhöhte. Ein Teufelskreis, der mit der Zeit immer schlimmer wird.

▪ Für die Low-Mover ergab sich ein anderes Problem durch die angestrebte „Optimierung" in der Produktion. Da es Mindestlosgrößen gab, war die Menge des Fertigungsauftrages zumeist wesentlich höher als die des Kundenauftrages. Diese machten auch einen erheblichen Teil der Bestände mit einer Reichweite von über 30 Tagen aus.

Als Ergebnis der Analyse wurde die Art und Weise der Planung und der Steuerung hinterfragt. Da besonders auch der administrative Aufwand durch das ständige Ändern von Aufträgen, welches eine Konsequenz aus den Punkten oben war, übermäßig hoch war, wurde nach einem einfachen Konzept gesucht.

Verbesserungsansatz:

In zahlreichen Unternehmen gibt es im Produktportfolio eine Trennung zwischen High-Runnern und Low-Movern. Zumeist führt solch eine Unterteilung auch zu zwei verschiedenen Ansätzen, wie diese geplant und gesteuert werden, was auch schon in den vorherigen Beispielen aufgezeigt wurde. Ein weiterer Aspekt ist die Variantenvielfalt. Ist wie in diesem Fall die Anzahl der Varianten sehr überschaubar und es gibt einen relativ stabilen Bedarf, so hat sich das Konzept des fixen Produktionsprogrammes bewährt.

Fixes Produktionsprogramm

Ein wichtiges Gedankengut in der schlanken Produktion ist es, Variabilität und Abweichungen von einem Standard so weit als möglich zu vermeiden. Mit einem fixen Produktionsprogramm sollen Abweichungen vom Kundenbedarf geglättet werden, damit die Produktion, um es auf einen einfachen Nenner zu bringen, jeden Tag dasselbe macht. Es gibt allerdings einige Voraussetzungen, damit dieses Konzept angewendet werden kann:

▪ Der Wertstrom darf nicht zu komplex sein und sollte vor allem geradlinig sein (kein hin und her zwischen einzelnen Arbeitsschritten).

▪ Die Anzahl der Produkte sollte überschaubar sein. Je mehr Artikel in diesem Produktionsprogramm sind, umso geringer die Chance, dass es konsequent eingehalten werden kann.

▪ Die Schwankungen im Bedarf sollten nicht zu groß sein, damit der Puffer am Ende nicht zu groß wird.

Prinzipiell funktioniert das fixe Produktionsprogramm sehr einfach. Es wird tagtäglich dasselbe Programm produziert. Schwankungen im tatsächlichen Bedarf werden durch einen Puffer an fertiger Ware abgefedert. Ist der Bedarf an einem Tag höher, wird die Differenz zur gefertigten Menge durch den Bestand ausgeglichen. Ist er niedriger, wird dieser wieder aufgebaut.

Die Vorteile darin liegen (a) in der Einfachheit der Planung und Steuerung, sie fallen eigentlich fast komplett weg, (b) in den zumeist drastischen Reduzierungen der Bestände, es wird nur der definierte Puffer benötigt, (c) und einer sehr hohen Liefertreue, die bei 100 % liegen sollte.

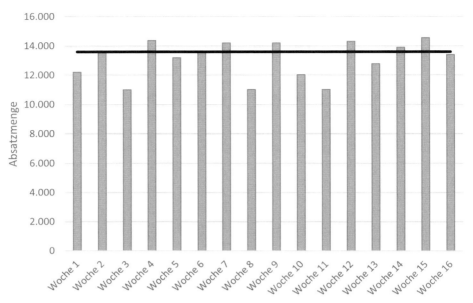

Bild 2.50   Wöchentlicher Kundenbedarf für Artikel 1

Für die Top-33-Artikel aus der Analyse wurde noch das Bestellverhalten der Kunden analysiert (Bild 2.50). Für Artikel 1 ergab sich z. B., dass bei einer durchschnittlichen Absatzmenge von 13.600 Stück/Woche (schwarze Linie) über 12 Monate es in 16 Wochen Abweichungen von −20 % (Woche drei) bis +6 % (Woche 15) gegeben hatte. Für die anderen 32 Produkte ergab sich ein relativ ähnliches Bild. Die Schwankungen waren demnach sehr überschaubar. Die Einfachheit des Materialflusses, die Variantenvielfalt und das Bestellverhalten der Kunden stellten also eine hervorragende Basis für die Anwendung eines fixen Produktionsprogrammes dar.

Zwei besondere Herausforderungen stellte die konkrete Situation an ein fixes Programm:

▪ Das fixe Programm sollte für 33 Produkte erstellt werden. Die restlichen 182 mussten allerdings nach wie vor geplant und teilweise an denselben Anlagen wie die High-Runner produziert werden.

▪ Ein Teil der 33 Artikel bestand aus mehreren Komponenten, die alle geschnitten und geformt werden mussten. Das Produktionsprogramm der ersten beiden Prozessschritte musste demnach aus Einzelkomponenten bestehen, das vom Nieten aus Endprodukten.

Die Lösung für diese zwei Herausforderungen soll anhand des Prozessflusses für Artikel 1 und 7 erklärt werden (Bild 2.51). Die 33 Top-Produkte teilten sich auf in 26, die als Einzelkomponenten verkauft wurden (Beispiel Artikel 1, der auch Komponente 1 war), und sieben, die aus zwei oder mehr Einzelkomponenten vernietet wurden (Artikel 7 bestand aus den Komponenten 1 und 6). Insgesamt über alle 215 Produkte wurden im Prozessschritt Schneiden aus 18 verschiedenen Rollen 67 Varianten an Platinen produziert. Diese wurden im Tiefziehen zu 257 Komponenten verarbeitet.

Der kritischste Prozessschritt war das Tiefziehen, einerseits von den verfügbaren Kapazitäten und andererseits auch der Länge der Rüstzeiten. Der Tiefziehbereich wurde demnach auch in einen High-Runner- und einen Low-Mover-Bereich unterteilt. Anlagen 1 bis 5 sollten ausschließlich die 47 Komponenten, die von den Top-33-Produkten benötigt wurden, fertigen und 6 sowie 7 sollten als flexible Maschinen schnell umrüstbar sein. Innerhalb der High-Runner-Gruppe wurden die Komponenten nach gewissen Parametern wie z. B. der Platinengröße den einzelnen Anlagen zugeteilt, sodass sie alle eine halbwegs gleichmäßige Kapazitätsverteilung hatten. Einzelteil 1 z. B. sollte an der Anlage 1 und Teil 6 an Nummer 5 produziert werden.

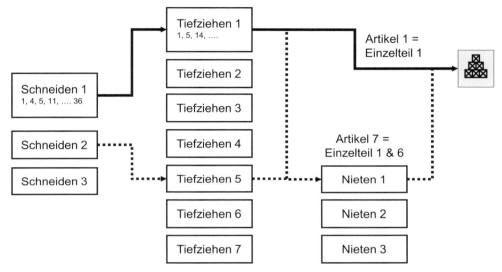

Bild 2.51 Prozessfluss für Artikel 1 und 7

Ausgehend vom Bedarf an Endprodukten musste für das Tiefziehen ein fixes Produktionsprogramm für die High-Runner erstellt werden (Tab. 2.9). Dabei gab es mehrere Herausforderungen:

- Die Reihenfolge der Produkte an jeder Anlage sollte auch den Umfang des Rüstens beachten und damit die gesamten Rüstzeiten optimieren. Das Programm sollte demnach so gestaffelt sein, dass Artikel hintereinander gefertigt werden, die ein Minimum an Rüstaufwand hatten.
- Die Artikel, die aus mehreren Komponenten bestanden (z. B. Artikel 3 und 33 in Tab. 2.9), wurden zumeist auch an verschiedenen Anlagen produziert. Der Plan musste reflektieren, dass diese parallel zu produzieren sind, damit sie alle zumindest innerhalb einer Schicht an die entsprechende Nietanlage kommen. Der Produktionsplan an den Nietanlagen war entsprechend um eine Schicht zeitversetzt, wodurch auch ein Puffer in dieser Größe zwischen den zwei Arbeitsschritten bestehen musste.

Tabelle 2.9 Ausschnitt aus dem Produktionsplan für das Tiefziehen

Artikel	Einzelteil (ET)	Tiefzie-hen (TZ)	Montag	Dienstag	Mittwoch	Donners-tag	Freitag
Artikel 1	ET 1	TZ 1	6800		6800		
Artikel 2	ET 2	TZ 2		5400		5400	
Artikel 3	ET 3	TZ 4	3300		3300		3300
	ET 4	TZ 4	3300		3300		3300

Tabelle 2.9 Fortsetzung   Ausschnitt aus dem Produktionsplan für das Tiefziehen

Artikel	Einzelteil (ET)	Tiefzie-hen (TZ)	Montag	Dienstag	Mittwoch	Donners-tag	Freitag
....							
Artikel 32	ET 45	TZ 6	1000		1000		
Artikel 33	ET 46	TZ 2		550		550	
	ET 47	TZ 5		550		550	
	ET 4	TZ 4		550		550	

▪ Das Programm aus Tabelle 2.9 musste für das Schneiden auf Platinenebene zusammengefasst werden. Dabei musste berücksichtigt werden, dass einzelne Platinen für mehrere Artikel (auch Low-Mover) verwendet wurden, eine Schneideanlage mehrere Tiefziehanlagen belieferte und dass es erstrebenswert war, immer ganze Rollen zu verarbeiten. Um hier eine geeignete Balance zu finden, wurde ein Puffer von einem Tag zwischen den zwei Arbeitsschritten definiert.

▪ Einige der Komponenten aus dieser Planung wurden auch für die Low-Mover-Artikel beim Vernieten verwendet. Da diese Stückzahlen allerdings so gering waren, konnten sie aus einem Fertigungsauftrag für einen High-Runner verwendet werden. Wurden z.B. 100 Stück von Artikel 1 für solch einen Auftrag benötigt, so wurden sie diesem Fertigungslos entnommen und es wurde nur die Restmenge an das Lager verbucht.

▪ Durch Ausschuss, Entnahmen für Low-Mover-Aufträge und eventuell größeren Abweichungen im Bedarf mussten die Bestände im Fertigwarenlager ständig beobachtet werden. Bei größeren Veränderungen mussten einmalig Fertigungsaufträge entweder erhöht oder abgesenkt werden. Da dies allerdings eventuell Auswirkungen auf die folgenden Aufträge haben könnte, musste geklärt werden, ob dafür Überstunden notwendig wären.

Die Lieferungen aus dem Lager an den Kunden fanden je nach Produkt täglich oder zu mindestens zweimal wöchentlich statt. Artikel 1 wurde z.B. zweimal wöchentlich mit einer Losgröße von 6.800 Stück gefertigt. Die Lieferungen waren täglich mit einer durchschnittlichen Menge von etwa 2.800 Stück. Es musste demnach sichergestellt werden, dass ausreichend Ware im Lager war für diese täglichen Lieferungen. Für die Einführung des neuen Ablaufs und um die Schwankungen im Bedarf sowie den tatsächlich von der Produktion verbuchten Mengen abzufedern, wurde ein Puffer von 50 % des wöchentlichen Bedarfs angesetzt. Dieser sollte Schritt für Schritt auf einen Zielwert von 20 % reduziert werden. Für Artikel 1 wäre der Puffer demnach bei 6.800 Stück. Es sollten also maximal dieser Puffer und ein Fertigungslos, wenn es gerade komplett von der Produktion geliefert wurde, oder 13.600 Stück im Lager liegen. Für Artikel 1 würde dies eine Reduzierung auf ca. die Hälfte bedeuten (Tab. 2.8).

Die Low-Mover sollten, wie schon weiter oben erwähnt, an den Tiefziehanlagen 6 und 7 produziert werden. An der Schneideanlage 3 wurden 20 % der Kapazität für diese Produkte reserviert, in diesem Prozessschritt gab es allerdings noch große Überschneidungen mit den Top-Produkten. An der Nietanlage 3 wurden 50 % für diese Artikel vorgesehen. Die Planung wurde nur mehr für das Tiefziehen durchgeführt und vom Schneiden wurde gezogen und ins Nieten hineingedrückt.

Insgesamt konnten die Bestände an Fertigware mehr als halbiert werden, die Auswirkungen auf die Zwischenbestände waren noch wesentlich höher. Zusätzlich stieg die Liefertreue nach mehreren Wochen auf 98 % und der Aufwand in der Planung und Steuerung wurde drastisch reduziert. Allerdings musste nach dem Start der neuen Vorgehensweise noch viel Zeit in die Ausgestaltung des Produktionsprogrammes gesteckt werden. Losgrößen, Reihenfolgen und Maschinenzuordnungen mussten schrittweise angepasst werden, bis das Optimum gefunden wurde.

Fallbeispiel 2.5   Einführung von Lieferzeitklassen in einer Serien- und Sonderfertigung

Ausgangssituation:

Ein Produzent von Türgriffgarnituren – wie sie in allen Häusern an sämtlichen Türen zu finden sind – in Italien hatte alle Modelle und Ausführungen in einem Fertigwarenlager, das mehr Platz als die gesamte Fertigung einnahm. Eine Türgriffgarnitur besteht in der Grundausstattung aus zwei Teilen, dem Griff und dem Schild. Bei Badetüren zum Beispiel kann noch ein drittes Teil, die so genannte Olive, die die Verschließfunktion ausführt, hinzukommen. Die Palette der Produkte reichte von Standardausgaben bis hin zu Kleinstserien und Sonderanfertigungen. Durch unterschiedliche Kombinationsmöglichkeiten der einzelnen Teile sowie verschiedenen Beschichtungen konnte aus einer Standard- sehr schnell eine Sondergarnitur werden. Die Fertigungsschritte für die Herstellung einer Türgriffgarnitur aus zwei Komponenten werden in Bild 2.52 dargestellt. Es gab zwar mehrere Fertigungsmethoden, doch konzentriert sich dieses Fallbeispiel zur einfacheren Darstellung auf eine Route durch die Produktion und auch diese ist etwas vereinfacht dargestellt.

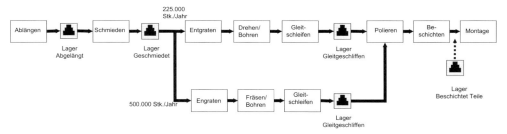

Bild 2.52   Prozessfluss der Fertigung einer Türgriffgarnitur

Ausgangsmaterial für Türgriffe ist Stangenmaterial, welches abgelängt in ein definiertes Lager kam. Diese Stangen wurden in einer Presse zu Türgriffen umgeformt und wieder eingelagert. Aus dem Lager wurden sie für das Entgraten entnommen, von wo sie direkt in einen Puffer vor der spanabhebenden Fertigung kamen. Die Zykluszeit des Entgraten betrug nur 4 s und die des Drehen und Fräsen bis zu mehrere Minuten. Da es auch keine klare Abstimmung zwischen diesen beiden Arbeitsschritten gab, entstanden hier immer wieder Bestände von mehreren Tagen. Das Gleitschleifen ist der Alptraum für jeden Lean-Experten. Die Anlagen in dieser Situation benötigten große Lose für eine wirtschaftliche Produktion und die Bearbeitungszeit betrug zwischen zwei und drei Tagen. Dadurch ergab sich ein großer Puffer vor den Gleitschleiftrommeln, um die notwendigen Losgrößen „anzusammeln", und einer Schwemme an Material, die nach dem Zyklus auf den folgenden Arbeitsschritt zukam. Das Polieren konnte je nach Modell entweder manuell oder maschinell durchgeführt werden. Das Lackieren war wieder ein traditioneller Batch-Prozess, also wurde Material aufgestaut, um die notwendigen Losgrößen zu erreichen. Hier kamen Griffe und Schilder zusammen, um hintereinander lackiert zu werden. Die lackierten Teile gelangten nun in ein Halbfertigwarenlager, um später auftragsbezogen montiert zu werden. Der Ablauf für die Schilder war ähnlich, weswegen wir auf eine genauere Beschreibung verzichten. Da jeder Arbeitsschritt separat geplant wurde und sich zahlreiche Stopps durch die Produktion ergaben, können Sie sich den Planungs- und Steuerungsaufwand, der dahinter steckte, vorstellen.

Alle Produkte, die diese Firma angeboten hat, waren innerhalb von zwei Tagen lieferbar. Sämtliche Einzelteile für alle vorstellbaren Kombinationen waren im Lager vorhanden und konnten innerhalb von wenigen Stunden montiert werden. Für die so genannten High-Runner, also die Top-Produkte, gab es ein Fertigwarenlager, aus dem innerhalb von 24 Stunden der Kunde beliefert werden konnte. Ausnahmen für längere Lieferzeiten waren Produkte mit Spezialbeschichtungen, die nur sehr selten angefragten wurden.

Folge dieser Vorgehensweise war nicht nur, dass sehr hohe Bestände finanziert werden mussten, sondern dass auch jedes Jahr große Abschreibungen getätigt werden mussten für Produkte, die nicht mehr verkauft werden konnten.

Der Schwerpunkt der Analyse in der Produktion lag auf der Prozessdarstellung (inkl. Zykluszeiten, Rüstzeiten, Losgrößen und Durchlaufzeiten), der Organisation und Planung der Fertigung sowie dem Variantenbaum. Wie bereits weiter oben erwähnt, gab es grundsätzlich drei verschiedene Produkte (Griff, Schild, Olive), die in der Montage zusammengebaut wurden. Für jedes Produkt musste ein separater Prozessfluss dargestellt werden. In diesem Fallbeispiel wird bis zur Montage nur auf die Darstellung der Türgriffe eingegangen.

Beim Prozessfluss (Bild 2.53) der Türgriffe sind folgende Punkte besonders hervorzuheben.

▪ Innerhalb der Abteilung der mechanischen Fertigung (Entgraten und Drehen/Bohren) gab es einen deutlichen Unterschied in den Zykluszeiten. Entgraten hat eine Zykluszeit von 4 s im Vergleich zu 75 s beim Drehen/Bohren. Dies spielt speziell eine Rolle beim Thema der Zwischenbestände in der Produktion. Diese unterschiedlichen Zykluszeiten müssen in irgendeiner Weise gepuffert werden. In diesem Fall gab es dazu keine koordinierte Vorgehensweise zwischen diesen beiden Prozessschritten, wodurch es zu einer unkontrollierten Menge an Beständen kam.

Zykluszeit:						
8 sec.	18 sec.	4 sec.	75 sec.	2 Tage	25 sec. / 3 min.	12 sec.
Rüstzeiten:						
10 min.	95 min.	20 min.	30 min.	0 min.	120 min. / 0 min.	120 min.
Mindestlosgrößen:						
0	500 Stück	500 Stück	50 Stück	2.000 Stück	500 / 0 Stück	2.000 Stück
Durchlaufzeiten:						
5 Tage	10 Tage	1 Tag	10 Tage	12 Tage	1 Tag	2 Tage
Ablängen	Schmieden	Entgraten	Drehen/Bohren	Gleit-schleifen	Polieren	Beschichten

Bild 2.53 Prozessfluss für die Fertigung der Türgriffe

▪ Der nächste Prozessschritt, der einer besonderen Betrachtung benötigt, ist das Gleitschleifen. Es handelt sich hierbei um Trommeln, die ca. 2 m Durchmesser haben und mit Steinen und einem Gleitmittel gefüllt sind. Die Aufgabe dieses Arbeitsschrittes ist es, Rückstände durch das Erhitzen beim Schmieden und der mechanischen Bearbeitung auf der Oberfläche des Türgriffes zu entfernen. Durch die Größe der Trommeln ergab sich eine Mindestlosgröße von 2.000 Stück um die Kapazitäten optimal zu nutzen, wobei unterschiedliche Produkte in einem Los zusammengefasst werden konnten. Die Bearbeitungszeit dauerte jedoch zwei bis drei Tage, unabhängig davon, wie viele Teile in die Trommeln gegeben wurden.

- Nach dem Gleitschleifen wurden die bearbeiteten Teile eingelagert. Aus dem Lager wurden Losgrößen entnommen, die zum Polieren gehen. Der Prozessschritt Polieren wurde entweder maschinell mit Losgrößen von mindestens 500 Stück oder manuell ohne bestimmte Mindestlosgrößen durchgeführt. Je nach Produkt und Qualitätsanforderungen war vorbestimmt, ob die Teile maschinell oder manuell poliert werden mussten. Die Zykluszeiten des maschinellen Polierens waren zwar wesentlich geringer als des manuellen Polierens, dieses hatte jedoch keinerlei Rüstzeiten. Daher war es möglich, auch Einzelstücke zu polieren. Die Zykluszeiten beim manuellen Polieren schwankten erheblich je nach Oberflächengüte und der Erfahrung des Mitarbeiters.

- Vor dem Beschichten gelangten die Aufträge in einen Puffer, um Teile, die mit derselben Beschichtung versehen wurden, zu einem Auftrag zusammenzufassen und damit Rüstzeiten zu vermeiden.

- Für die Bestimmung der Durchlaufzeit wurde wieder eine Vorgehensweise gewählt, die wir bereits in einem früheren Beispiel erklärt hatten. Es wurde für jedes Teil die Menge der Bestände bzw. der Puffer in einem Bereich gezählt. Wurden beispielsweise bei einem Bedarf von 100 Stück/Tag 1.000 Stück an Bestand ermittelt, so liegen diese Teile im Schnitt ca. zehn Tage. Dies würde eine durchschnittliche Durchlaufzeit von ebenfalls 10 Tagen ergeben. Auf diese Weise wurde für jeden einzelnen Prozessschritt ermittelt, wie lange die einzelnen Durchlaufzeiten sind. Insgesamt ergab sich als komplette Produktionsdurchlaufzeit ein Wert von 41 Tagen. Wird also ein Teil aus einer Stange abgesägt, so dauert es im Schnitt etwa 41 Tage, bis dieses lackiert in den Bereich der Montage gelangt, wo es entweder als Komponente eingelagert oder zu einem fertigen Produkt bearbeitet und montiert wird. In der Montage wurden noch weitere vereinzelte Fertigungsschritte wie Markieren (z. B. Auftragen des Logos des Kunden) oder Bördeln durchgeführt.

Die gesamte Produktion war nach klassischen Abteilungen organisiert (Bild 2.54). Die Problematik, die sich durch diese Art der Organisation ergibt, zeigt schon alleine das deutsche Wort, welches in diesem Zusammenhang verwendet wird – Ab-Teilungen. Die Produktion wird in einzelne Bereiche ab-geteilt, die versuchen, sich selbst so weit als möglich zu optimieren. Dadurch ergibt sich wieder die Situation der Sub-Optimierung.

Die Planung der gesamten Fertigung sowie der einzelnen Prozessschritte erfolgte ebenfalls mithilfe eines klassischen PPS-Systems (Produktionsplanung und -steuerung). Ausgehend von Prognosen des Vertriebes und den vorhandenen Lagerbeständen in den einzelnen Fertigungsbereichen wurde eine Kapazitäts- und Terminplanung durchgeführt. Anhand dieser Planung wurden Fertigungsaufträge für die einzelnen Abteilungen generiert. Jede Abteilung hatte seine Abarbeitungslisten, nach denen die Prioritäten für die einzelnen Aufträge bestimmt wurden. Ständige Änderungen der Aufträge und Prioritäten waren an der Tagesordnung und die jeweiligen Meister verbrachten den größten Teil ihrer Zeit damit, diese Änderungen in der Produktion umzusetzen.

Zum Abschluss der Beschreibung der Ausgangssituation wird der Variantenbaum für einen Teilbereich dargestellt. Als erstes sind die Prozessschritte zu erkennen, in denen Varianten tatsächlich entstehen.

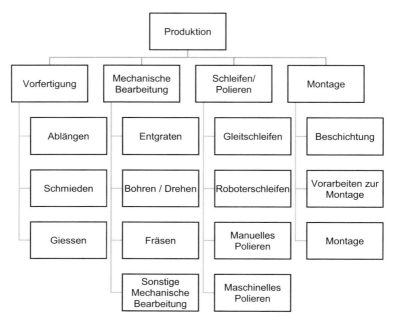

Bild 2.54 Organigramm der Produktion

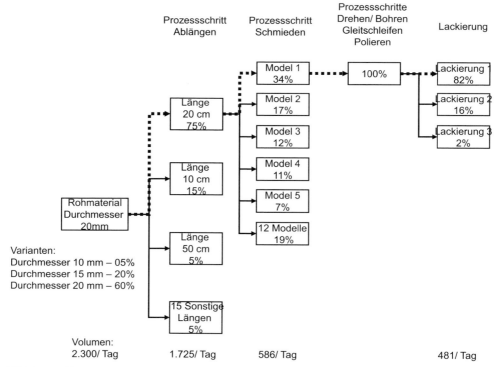

Bild 2.55 Variantenbaum Türgriffe

Der erste bedeutende Schritt in dieser Betrachtung liegt beim Ablängen, bei dem insgesamt 18 Längen entstehen, wovon die meisten jedoch nur ein sehr geringes Volumen haben. Danach folgt das Schmieden, an dem alleine aus der Hauptvariante des Ausgangsmaterials mit einem Durchmesser von 20 mm und einer Länge von 20 cm 17 Modelle entstehen. Bringt man die Zahlen des Variantenbaumes (Bild 2.55) noch mit den Zahlen des Prozessflusses (Bild 2.53) zusammen, so wird die Lackierung durch die hohen Rüstzeiten und der Losgrößen zum zweiten Schwerpunkt. Die Kombination aus diesen zwei Bildern wird als Grundlage dienen für die Bestimmung der Bevorratungsebenen, also der Punkte in der Produktion, wo Bestände aufgebaut werden sollen.

Die zweite Erkenntnis, die aus dem Variantenbaum gezogen werden kann, bezieht sich auf einzelne Produkte. Wird der Fluss der wichtigsten Variante nachverfolgt (in Bild 2.55 durch die gepunktete Verbindungslinie hervorgehoben), so zeigt sich, dass aus 2.300 Stück des Rohmaterials mit einem Durchmesser von 20 mm am Ende 481 Stück/Tag des Hauptproduktes werden. Hier soll die Darstellung helfen, die einzelnen Produkte durch die bereits erfolgte Bestimmung der Lieferzeitklassen später den jeweiligen Bevorratungsebenen zuzuordnen.

Lieferzeitklassen

In der klassischen Bestimmung eines Liefertermins an den Kunden werden zwei Punkte ermittelt:

- Ist die Ware in einem Lager verfügbar und kann aus einem Bestand geliefert werden?
- Wenn es produziert werden muss, wie lange ist die Durchlaufzeit (inkl. Materialbeschaffung, Produktionsdurchlaufzeit) und wann ist es verfügbar?

Aus beiden Punkten wird ein Liefertermin für jeden einzelnen Auftrag bestimmt.

Das Konzept der Lieferzeitklassen geht von der Annahme aus, dass Produkte je nach der Häufigkeit des Bedarfs mit fest definierten Lieferzeiten angeboten werden können. Für jedes einzelne Produkt werden demnach fixe Lieferzeiten hinterlegt und der Kunde erhält bei einer Anfrage sofort einen Liefertermin. Handelt es sich um ein Standard- oder Katalogprodukt, kann eine Lieferzeit von z. B. einem Tag definiert sein. Im anderen Extrem kann es ein Sonderprodukt (z. B. spezielles Material oder Beschichtung) sein, bei dem acht Wochen Lieferzeit gerechtfertigt sind. Dazwischen kann es einzelne Abstufungen geben.

Voraussetzungen für dieses Konzept sind:

- Die Produktion und der Einkauf müssen diese fest definierten Lieferzeiten auch einhalten können. Die Produktion muss so strukturiert sein, dass die einzelnen Lieferzeiten reflektiert und gewährleistet werden können. Der Einkauf muss die Verfügbarkeit der unterschiedlichen Materialien entsprechend absichern.
- Eine strikte Zuteilung der Produkte zu den jeweiligen Klassen muss erfolgen. Zu oft werden Produkte als Standard- oder Katalogprodukt angeboten, obwohl sie nur eine (für die Funktionalität) unwesentliche Abweichung von einem High-Runner darstellen, allerdings einen wesentlich höheren Aufwand in der Produktion verursachen. Vom Vertrieb muss klar definiert werden, welche Produkte, die ein Unternehmen anbietet, in welche Kategorien fallen.

Verbesserungsansatz

Für die detaillierte Bestimmung der Lieferzeitklassen und wie diese in der Produktion umgesetzt werden konnten, mussten die Marktanforderungen in der Produktion reflektiert werden. Der erste Bereich dazu beschäftigte sich mit den Anforderungen des Marktes, die auch die Grundlage für die Organisation der Produktion darstellen sollten. Der Zweite konzentriert sich auf die Fertigung mit dem Ziel, Möglichkeiten zu definieren, diese nach High-Runner bzw. Low-Movern zu unterteilen.

Der Startpunkt war der vertriebsseitige Teil. Die ersten zwei Lieferzeitklassen waren bereits nicht so einfach zu definieren und die Produkte diesen zuzuordnen, wie vom Vertrieb ursprünglich angenommen wurde. Die Problematik, die sich nämlich ergab, war, dass unterschiedliche Märkte auch unterschiedliche Anforderungen hatten. Ein Produkt, das in einem Markt ein High-Runner war, wurde in einem anderen Markt überhaupt nicht verkauft. Auf den ersten Blick waren plötzlich wieder alle Produkte High-Runner. Die Zahlen aller Märkte wurden in einer Tabelle zusammengefasst, um einen bessere Überblick zu bekommen.

Tabelle 2.10 zeigt einen Ausschnitt dieser Auswertung und auch die Herausforderung. Artikel 1 war z. B. das Topprodukt in Markt 1 mit 9,2 % des gesamten Volumens dieses Marktes. Es spielt jedoch keinerlei Rolle in Markt 3. Komplett umgekehrt war die Situation wieder für Artikel 50.

Tabelle 2.10   Ausschnitt aus der Auswertung des Anteils eines jeden Artikels vom Gesamtvolumen eines Marktes

	Markt 1	Markt 2	Markt 3	....	Markt 27	Summe
Artikel 1	9,2 %	6,3 %	0,3 %		1,2 %	12,6 %
Artikel 2	7,3 %	1,4 %	0,5 %		2,4 %	9,2 %
Artikel 3	5,2 %	0,5 %	1,0 %		0,8 %	6,3 %
Artikel 4	3,2 %	5,4 %	1,5 %		2,6 %	4,2 %
....						
Artikel 50	0,7 %	1,5 %	8,4 %		11,3 %	2,4 %
Artikel 51	0,7 %	0,2 %	6,3 %		8,4 %	2,5 %
Artikel 52	0,7 %	0,2 %	1,4 %		2,6 %	2,1 %
Artikel 53	0,7 %	0,1 %	0,2 %		0,1 %	
....						
Artikel 100	0,2 %	1,5 %	0,1 %		0,3 %	0,3 %
Artikel 101	0,2 %	0,3 %	0,0 %		0,1 %	0,1 %
Artikel 102	0,2 %	0,0 %	0,0 %		0,4 %	0,1 %
Artikel 103	0,2 %	0,0 %	0,0 %		0,0 %	0,1 %
....						

Als der Vertrieb jedoch realisierte, welchen Aufwand und besonders, welche Kosten gewisse Produkte in der Produktion verursachten, wurden diese schon etwas kritischer betrachtet. Nach zahlreichen Gesprächen mit Kunden und genaueren Analysen der Absatzzahlen dieser Produkte konnten sich alle Vertriebsbereiche auf eine gemeinsame Definition der High-Runner einigen. Es dauerte annähernd zwei Monate, bis sich alle beteiligten Bereiche auf eine gemeinsame Zuordnung der Produkte einigen konnten. Zur Überraschung vieler Mitarbeiter des Vertriebs spielten einige Produkte für den Kunden und den Gesamtmarkt bei weitem keine so große Rolle, wie sie angenommen hatten. Die High-Runner konnten also der Lieferzeitklasse I (LK I) zugeordnet werden mit einer zugesagten Lieferzeit von 1 Tag plus der jeweiligen tatsächlichen Transportzeit. Besonderes Augenmerk musste noch auf Bestellungen gelegt werden, die eine normale Liefermenge bei weitem übertraf. Es konnte also vorkommen, dass ein Kunde Produkte, die in die LK I eingeordnet wurden, in großen Mengen bestellte. Wie damit umgegangen werden sollte, wird in der Umsetzung gezeigt.

Die nächste Diskussion mit dem Vertrieb und den Kunden drehte sich um die Sonderprodukte. Für die bereits existierenden Low-Mover mit Speziallackierung waren sechs Wochen Lieferzeit zugesagt, die vom Kunden auch akzeptiert wurden. Gab es jedoch auch weitere Produkte, die in diese Klasse fallen würden? Im Katalog wurden Formen für Griffe und Schilder angeboten, die jedoch nur Bedarfe von wenigen Teilen pro Jahr hatten. Da diese Produkte im Katalog geführt wurden, mussten sie innerhalb von einem Tag geliefert werden. Die Folge war, dass für ca. 25 Produkte Bestand existieren musste, der mehrere Jahre an Bedarf deckte. Diese Situation wurde noch verschlimmert durch die Mindestlosgrößen, die im System hinterlegt waren. Wenn sich innerhalb eines Jahres für ein Produkt keine Bewegung ergab, wurden diese bei der nächsten Inventur verschrottet und belasteten durch die Abschreibung das Ergebnis. Diese Produkte wurden aus dem Katalog genommen und ebenfalls der LK IV mit einer Lieferzeit von sechs Wochen zugeteilt. Bei der Umsetzung wurden dementsprechend die Losgrößen überarbeitet. Zusätzlich wurden die Lieferzeitklassen II mit einer Woche und die LK III mit vier Wochen definiert. Die verbleibenden etwa 40 % der Produkte wurden nach strategischen Gesichtspunkten und Marktanforderungen unterteilt. Die letztendliche Definition der Lieferzeitklassen zeigt Tabelle 2.11.

Tabelle 2.11   Zusammenfassung der Lieferzeitklassen

	Lieferzeit	Anzahl Produkte	Anteil an Gesamtvolumen
LK I	1 Tag	102	67 %
LK II	1 Woche	55	17 %
LK III	4 Wochen	52	10 %
LK IV	6 Woche	45	6 %

Die umfangreiche Beschreibung der Ausgangssituation in der Produktion zeigt schon, dass die Umsetzung keine Sache von ein paar Wochen war. Der gesamte Prozess der Analyse bis hin zur kompletten Implementierung für ein Werk mit ca. 600 Mitarbeitern dauerte sieben Monate.

Der erste Schritt der Umsetzung war, die Bevorratungsebenen und Regelkreise für die einzelnen Lieferzeitklassen und Produkte zu entwickeln. In Bild 2.56 sind für geschmiedete Griffe die vier Lieferzeitklassen dargestellt. Ausgangspunkt für die Definition eines Regelkreises und somit der Auslöser für die Produktion ist die Kundenbestellung. Die kleinen Boxen in Bild 2.56 stellen Lager dar, die sich als Bevorratungsebenen in bestimmten Stufen des Prozessflusses befinden. Der Informations- und Materialfluss ist durch Kanban geregelt. Werden also aus einem der Lager Teile entnommen, so geht diese Information mithilfe von Karten an einen definierten Arbeitsschritt, der diese Teile nachproduziert. Diese Vorgehensweise soll etwas genauer anhand der Türgriffe der Lieferzeitklasse I erklärt werden.

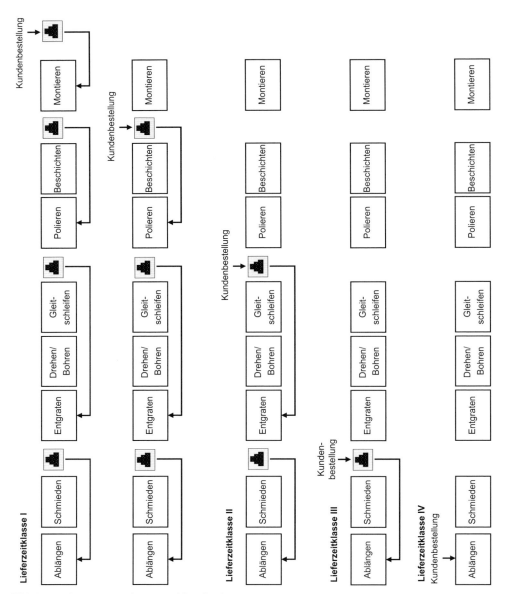

Bild 2.56   Bevorratungsebenen und Regelkreise

In die Lieferzeitklasse I wurden sämtliche Produkte aufgenommen, die innerhalb von einem Tag lieferbar sein müssen. Die Artikel, die einen täglichen Bedarf mit größeren Stückzahlen haben, werden in ein Fertigwarenlager gelegt, aus dem sie direkt an den Kunden geliefert werden können. Über alle Produkte hinweg sind es insgesamt nur acht Fertigprodukte, die in dieses Lager gelegt wurden. Wird ein Behälter geleert, so wird die dazugehörende Karte an die Montage weitergeleitet. In der Montage befindet sich ein Lager mit allen Komponenten der LK I im beschichteten Zustand. Nach Erhalt der Karte beginnt die Montage mit dem Zusammenbau der verbrauchten Menge. Liegt eine Ware nicht im Fertigwarenlager und sie wurde der LK I zugeordnet, so geht ein Fertigungsauftrag für die benötigte Menge in die Montage. Dieser wird noch am selben Tag fertiggestellt und ausgeliefert. Ist ein Behälter mit lackierten Teilen aufgebraucht, so geht die dazugehörende Karte zum Polieren. Ist eine bestimmte Menge an Karten erreicht, so werden die Teile poliert und dann beschichtet. Vor der Beschichtung werden die Teile je nach Beschichtungstyp zusammengefasst, wodurch ein Puffer notwendig ist. Diese Vorgehensweise zieht sich durch die gesamte Fertigung.

Dazu folgt nun ein konkretes Zahlenbeispiel. Die Türgriffgarnitur A hat einen durchschnittlichen Bedarf von 100 Stück pro Tag, wurde der LK I zugeteilt und liegt nicht im Fertigwarenlager. Das heißt, dass alle benötigten Komponenten (Griffe, Schilder und Kleinteile, die Zukaufteile sind) bereits beschichtet im Lager der Montage liegen. Die einzelnen Zahlen für Behälterumfang und Durchlaufzeiten sind in Bild 2.57 dargestellt. Die Behältergröße für Griffe ist demnach in der Montage 120 Stück und vorm Polieren 150 Stück. Dieser Unterschied ergibt sich dadurch, dass die Oberfläche von polierten und beschichteten Teilen wesentlich anfälliger für Beschädigungen ist und daher auch mit mehr Sorgfalt eingelagert werden müssen.

Behältergröße in Kanbanlager (Stück):
Griffe

| | 300 Stück | | 150 Stück | | 120 Stück |

Schilder

| | 500 Stück | | 500 Stück | | 200 Stück |

Durchlaufzeiten (incl. Sicherheitsbestand):

| 4 Tage | | 8 Tage | | 4 Tag | |

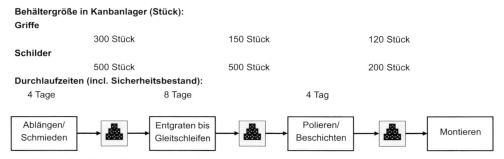

Bild 2.57   Behältergrößen und Durchlaufzeiten

Ein Unterschied im Behälterumfang hat keinerlei Auswirkung auf die Funktionalität von Kanban. Es dürfen zwar immer nur volle Behälter weitergegeben werden, wenn eine Karte einem Behälter entspricht, jedoch muss der Container beim Lieferanten nicht durch eine „Lieferung" vollständig aufgebraucht werden. Zwei Punkte seien aus Bild 2.57 noch besonders hervorgehoben im Vergleich zu Bild 2.53. Erstens, die Durchlaufzeit wurde im Rahmen des Projektes von 41 auf 16 Tage reduziert. Zweitens, Prozessschritte wurden in dieser Darstellung zusammengefasst. Dies soll verdeutlichen, dass z. B. Ablängen und Schmieden nicht mehr als separate Arbeitsschritte gesehen werden, die unabhängig voneinander geplant wurden, sondern, dass Aufträge von einem Kanbanlager zum nächsten fließen.

Aus den Angaben von Bild 2.53 können die benötigten Bestände und damit Anzahl der Kanban errechnet werden (Tab. 2.12). Bei einem Bedarf von 100 Stück/Tag und einer Durchlaufzeit von zwei Tagen vom Polieren über die Beschichtung in die Montage ergeben sich mit den weiteren Angaben für die Türgriffe aufgerundet fünf Karten oder maximal 600 Stück an Bestand. Für die weiteren Regelkreise Gleitschleifen bis Entgraten ergibt sich ein Maximalbestand von 1.050 und für Schmieden/Ablängen von 600 Stück.

Die Griffe werden im Lager der Montage je nach Kundenbestellungen entnommen, bis ein Container mit insgesamt 120 Stück geleert ist (Bild 2.58). Im Schnitt entspricht diese Behältermenge einem Bedarf von 1,2 Tagen. Hier war es natürlich auch wieder von Bedeutung festzustellen, wie stark dieser Bedarf schwankt. Im Abschnitt zur Analyse wurde bereits erwähnt, dass Kunden auch von den Standardprodukten außergewöhnlich große Mengen bestellen konnten. In diesem System wurde durch den Sicherheitsbestand vorgesehen, dass einzelne Kundenbestellungen bis zu 50 Garnituren von diesem Typ durch Kanban abgedeckt werden konnten. Waren die Bestellung größer als 50 Garnituren, so hatte der Vertrieb zwei Möglichkeiten, wie er sich mit dem Kunden einigen konnte.

Tabelle 2.12   Kanban-Berechnung für Griffe

Lieferant	Bedarf Stück/ Tag	Durch- laufzeit (Tage)	Sicherheitsbestand		Container- größe	Anzahl Kanban	Maxi- maler Bestand
			Tage	Menge			
Beschichten/ Polieren	100	4	2	200	120	5	600
Gleitschleifen bis Entgraten	100	8	2	200	150	7	1050
Schmieden/ Ablängen	100	4	1	100	300	2	600

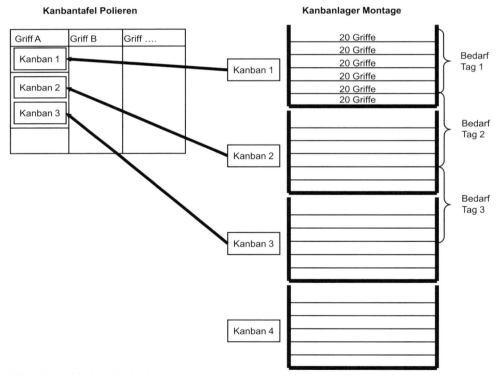

Bild 2.58   Ablauf des Kanbankreislaufes

Entweder wurden für größere Mengen spezielle Lieferzeiten vereinbart und die Bestellungen als Sonderaufträge in die Produktion eingesteuert oder es werden Teillieferungen zu jeweils

50 Stück durchgeführt. Die Erfahrung mit dieser Vorgehensweise hat nach der Implementierung gezeigt, dass die Kunden mit längeren Lieferzeiten für größere Abnahmemengen keinerlei Problem hatten. Nachdem nun ein Behälter geleert war, wurde die Kanbankarte zum Polierbereich geschickt, wo sie in das entsprechende Feld der Kanban-Tafel gehängt wurde. Für dieses Produkt wurden eine grüne, zwei orange und zwei rote Karte bestimmt. Daraus folgt, dass, sobald die zweite Karte an die Wand gehängt wurde, die Produktion zum nächstmöglichen Zeitpunkt gestartet wurde. Dafür mussten entsprechende Teile, bei zwei Karten also 240 Stück, aus dem Kanbanlager vor dem Polieren entnommen und poliert/lackiert werden. Bei einem Verbrauch von 150 Stück wurde eine Karte an die Tafel vor dem Entgraten angebracht und ein weiterer Kreislauf wurde angestoßen.

Für die Umsetzung des Prinzips der Lieferzeitklassen mithilfe von Kanban musste auch die Produktion dementsprechend umstrukturiert werden. Dies hatte Auswirkungen auf die Organisation sowie auch auf das Layout selbst. Das Ergebnis der Umstrukturierung der gesamten Organisation der Produktion ist in Bild 2.59 dargestellt. In Bild 2.54 wurde bereits gezeigt, dass die Produktion nach rein funktionalen Gesichtspunkten organisiert war. Dies führt zu einer Suboptimierung nach der Produktivität der einzelnen Abteilungen und lenkt vom Fokus auf Durchlaufzeiten und Liefertreue ab.

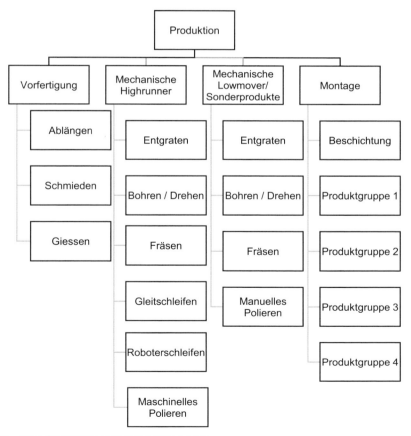

Bild 2.59 Neue Organisationsstruktur der Produktion

Die so genannte Vorfertigung mit Ablängen und Schmieden bzw. Gießen wurde weiterhin als separate Einheit gesehen, da sie von der eigentlichen Kundenbestellung, wenn man von Sonderaufträgen absieht, komplett abgekoppelt ist. Außerdem wurden die Technologien als zu unterschiedlich vom Rest der Produktion gesehen, sodass spezielle technische Kenntnisse für die Leitung notwendig waren. Dies blieb damit auch der einzige Fertigungsbereich, der nicht von dieser Umstrukturierung betroffen war.

Die Prozessschritte vom Entgraten bis hin zum Polieren waren ursprünglich zwischen zwei Meistern nach Fertigungstechnologien aufgeteilt. Die neue Unterteilung erfolgte nach der mechanischen Fertigung von High-Runnern sowie Low-Movern und Sonderprodukten. Anders ausgedrückt wurden eine Trennung der Produkte nach großen Volumen, für die Flexibilität kein ausschlaggebendes Kriterium sind, und kleinen Volumen, die höchste Flexibilität erfordern, durchgeführt. Die größte Herausforderung für diese Neuorganisation war die Aufteilung der existierenden Ressourcen. Welche Anlage sollte welchem Segment zugeordnet werden? Nachdem alle Produkte einer Lieferzeitklasse zugeordnet waren und damit auch die Unterscheidung zwischen High-Runner und Low-Mover getroffen wurde, konnte auch berechnet werden, wie viel Kapazität für jedes Segment benötigt wurde. Das Layout wurde auch entsprechend dieser Zuordnung verändert. Da die Gleitschleifanlagen aus verschiedensten Gründen nicht in den Prozessfluss versetzt werden konnten, wurden sie dem Segment High-Runner zugeordnet und von den Low-Movern als Dienstleister genutzt. Einer der Hauptgründe für die räumlichen Einschränkungen war, dass die Anlagen durch die Schwingungen, die durch den Prozess entstehen, von Präzision erfordernden Arbeitsschritten wie Fräsen eine gewisse Distanz haben mussten.

Die Beschichtung verblieb unter der Kontrolle der Montage, die selbst jedoch ebenfalls neu strukturiert wurde. Es wurden insgesamt vier Produktgruppen definiert, die sich durch unterschiedliche Prozessschritte unterschieden. Zum Beispiel mussten nur einige Produkte gebördelt werden, so wurden diese in einer Gruppe zusammengefasst. Jeder Produktgruppe wurde ein Teamleiter zugeordnet, der für die Einhaltung der Lieferzeiten und Termintreue verantwortlich war.

Diese neue Struktur führte natürlich auch dazu, dass Verantwortlichkeiten und Aufgaben verändert wurden. Die Mitarbeiter erhielten mehr Verantwortung für die Einhaltung der operativen Ziele, die neu definiert werden mussten. Welche Aufträge in welcher Reihenfolge zu bearbeiten sind, wird nun durch die Kanban-Tafel vorgegeben und nicht mehr durch eine Abarbeitungsliste. Sie waren jedoch auch dafür verantwortlich, dass die Qualität gesichert ist und dass Rüstzeiten und Stillstände der Anlagen reduziert werden. Ziele für die Mitarbeiter waren daher die Komponenten des OEE. Andererseits verändert sich der Fokus der Meister. Ursprünglich lag ihre Hauptaufgabe in der Arbeitseinteilung und der Einhaltung der Termintreue. Der zweite Punkt bestand hauptsächlich darin, Prioritäten in der Abarbeitungsliste zu verändern und Aufträge durch die Produktion zu schleusen. In der neuen Organisation waren sie aber dafür verantwortlich, dass die Mitarbeiter alle notwendigen Ressourcen zu Verfügung hatten, um ihre Aufträge zu bearbeiten. Die klassischen Aufgaben der Steuerung in der Produktion wurden fast zur Gänze durch die Selbststeuerung des Kanban übernommen. Operative Ziele für die Verantwortlichen der jeweiligen Bereiche waren die Materialverfügbarkeit beim Kunden (interner, falls der Kunde der nächste Arbeitsschritt ist), die Durchlaufzeiten und der OEE. Da die Mitarbeiter sehr flexibel waren bzgl. ihrer Arbeitszeiten, war die Verwendung der Produktivitätskennzahl Stück/Mitarbeiterstunde angebracht.

Die Layoutänderungen waren in manchen Bereichen substantiell. Wie bereits eingangs erwähnt, blieb die Vorfertigung unangetastet. Es wäre auch nur mit sehr großem Aufwand möglich gewesen, die Pressen mit den gesamten zusätzlichen Anlagen wie einem Wärmeofen zu bewegen. Die Veränderungen in der mechanischen Fertigung und der Montage werden wir uns genauer im nächsten Kapitel ansehen.

Bild 2.60 zeigt eine Zusammenfassung der Veränderungen dieses Projektes. Als Ziel war ursprünglich – im Zusammenhang mit diesem Kapitel – die Reduzierung der Bestände im Fertigwarenlager gesetzt. Die Reduzierung im Fertigwaren- sowohl als auch Halbfertigwaren-lager, dies sind die beschichteten Produkte, die in der Montage gelagert werden, belief sich auf 60 % vom Bestandswert. Das Projektteam hatte jedoch noch ein zweites Ziel, über das bis jetzt noch nichts erwähnt worden war. Die Liefertreue schwankte vor dem Projekt zwischen 85 und 90 %, was diesen Wert zum zweiten Fokus machte. Die Produktion hatte die Liefertreue bereits vor dem Projekt als eine der wichtigsten Kennzahlen und konnte das Ziel von 95 % nie errei-chen. Das Management der Fertigung hatte daher auch ein besonderes Interesse daran, dass das Projekt besonders bei diesem Wert ein Erfolg wird. Die Liefertreue war natürlich auch für den Vertrieb von besonderem Interesse, da die berechtigten Beschwerden der Kunden bezüg-lich der verspäteten Lieferungen bei den Vertriebsmitarbeitern ankamen. Daher war beson-ders diese Kennzahl im gemeinsamen Fokus von Produktion und Vertrieb.

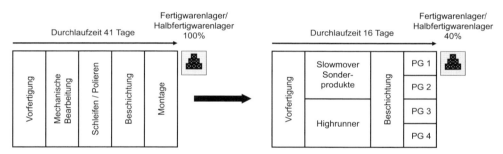

Bild 2.60   Zusammenfassung der Veränderungen

Einen Schritt weiter geht ein Kanbankreislauf, wenn ein direkter Zusammenhang zwischen dem Verbrauch beim Kunden und der Fertigung hergestellt werden kann. Werden also Pro-dukte aus dem Bestand beim Kunden entnommen, so löst dies direkt eine Nachlieferung oder Produktion aus, ohne dass eine Bestellung über den Einkauf beim Kunden und dem Vertrieb beim Lieferanten gehen muss. Dies kann sogar so weit umgesetzt werden, dass der Lieferant selbst die Versorgung vor Ort beim Kunden übernimmt. Häufig findet sich diese Vorgehens-weise bei Großhändlern, die für Kleinteile wie Schrauben oder Kabel die komplette Kontrolle des Kanbankreislaufes übernehmen und direkt in die Produktion des Kunden liefern.

Fallbeispiel 2.6   Der Aufbau eines Just-in-time-Systems für Halbfertigware

Ausgangssituation:

Bei einem Produzenten von medizinischen Geräten wurden in einer Zelle Komponenten produ-ziert, von wo sie in einem Lager für Halbfertigwaren zwischengelagert wurden. Die Fertigung dieser Zwischenprodukte erfolgte in festen Losgrößen und diente zur Auffüllung des Lagerbe-standes.

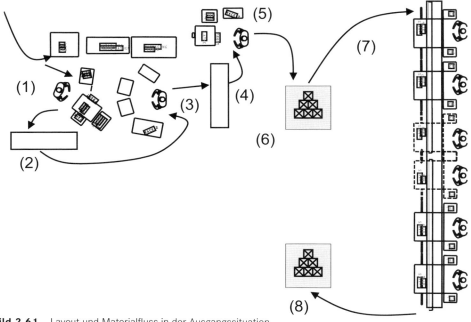

Bild 2.61   Layout und Materialfluss in der Ausgangssituation

Abbildung 2.61 zeigt den Fluss durch die einzelnen Prozessschritte. Die Einzelteile kommen aus dem Rohteilelager zum ersten Arbeitsschritt (1) um danach in einem Puffer (2) abgelegt zu werden. Danach erfolgt Schritt 2 (3) und 3 (5) auch wieder mit einem Bestand dazwischen (4).

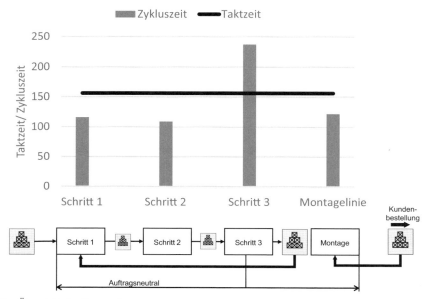

Bild 2.62   Übersicht des Prozessflusses

Die komplettierte Halbfertigware kommt anschließend in das Lager (6), von wo auftragsbezogen die Montagelinie (7) beliefert wird. Diese wurde wiederum ebenfalls durch Entnahmen aus einem Lager per Kanban gesteuert.

Beide Bereiche, die Montagelinie und die Komponentenfertigung, wurden bereits durch Kanbankreisläufe gesteuert. Innerhalb des Fertigungsbereiches mit den drei Zellen waren Puffer notwendig, da

- im Schritt 2 wesentlich höhere Rüstzeiten anfielen als in den anderen, bei denen es relativ einfach war, zwischen Varianten zu wechseln. Es befanden sich daher in dem Puffer mehrere Aufträge, um eventuell längere Rüstvorgänge abfangen zu können.

- der Schritt 3 wesentlich höhere Zykluszeiten hatte. In Schritt 3 musste daher auch in mehr Schichten gearbeitet werden, da ansonsten die Taktzeit, die einschichtig kalkuliert worden war, nicht eingehalten werden könnte.

Vom Management wurde nach der erfolgreichen Umstellung auf Kanban beschlossen, einen Schritt weiter zu gehen. Es sollten sowohl das Fertigwarenlager als auch das Halbfertigwarenlager komplett abgebaut werden. Für die Montage bedeutete dies, dass sie nur noch auftragsbezogen montieren sollte, also auch jederzeit jeden Produktmix fertig könnte. Die Komponentenfertigung sollte entsprechend im selben Mix liefern können.

Verbesserungsansatz:

Just-in-time (JIT)

Die Theorie von JIT ist relativ einfach, es wird etwas erst dann produziert, wenn man es benötigt, und das natürlich in der richtigen Menge und Qualität. Besonders soll dabei das Wort „produziert" hervorgehoben werden. In seiner ursprünglichen Bedeutung ist JIT ein Produktionskonzept, ist also kein Logistikkonzept. Häufig wird es im Zusammenhang mit direkten Lieferungen des Materials in der richtigen Menge und Qualität an die Linie des Kunden verwendet. Dabei handelt sich es allerdings zumeist um das Just-in-Sequenz-Konzept, bei dem die Teile auch in der richtigen Reihenfolge angeliefert werden. Das Ziel von JIT ist letztendlich, die Bestände und damit die Durchlaufzeiten auf das absolute Minimum zu reduzieren (Ohno 1988).

Die Umsetzung von JIT ist allerdings eine gravierende Herausforderung und ist zumeist das Ergebnis von jahrelangen, stufenweisen Veränderungen. Viele der bis jetzt beschriebenen Ansätze finden hier ihre Anwendung und sind Bestandteil von JIT:

- Standardisierung
- Zellen-Layout
- Rüstzeitreduzierung
- Produktionsglättung
- one-piece-flow
- Kanban.

Wie diese einzelnen Komponenten zusammenspielen und sich zu just-in-time verbinden, wird in diesem Fallbeispiel erklärt.

Das grundsätzliche Prinzip, wie die Umsetzung von JIT ermöglicht werden sollte, ist in Bild 2.63 dargestellt. Die drei Arbeitsbereiche der Komponentenproduktion sollten direkt an die Montagelinie gekoppelt werden (1), damit das Lager für die Halbfertigwaren komplett eliminiert werden könnte. Da die Komponenten am ersten Arbeitsplatz in der Linie benötigt wurden, sollte dort natürlich auch die Übergabe der Teile stattfinden. Bevor dies allerdings realisiert werden konnte, mussten erhebliche Veränderungen in den Bereichen der Komponentenfertigung durchgeführt werden.

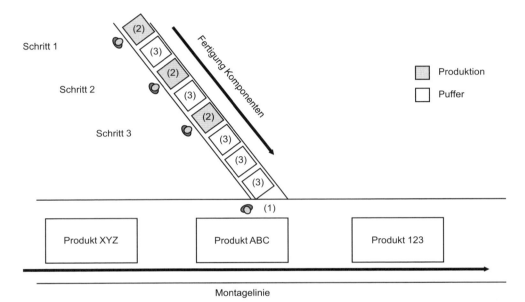

Bild 2.63   Konzept für die Einführung von JIT

Standardisierung ist der erste Baustein bei der Entwicklung einer JIT-Fertigung. Damit das Zusammenspiel zwischen Kunden (Montagelinie) und Lieferanten (Fertigung-Komponenten) funktionieren kann, müssen gewisse Parameter standardisiert werden:

- Taktzeit/Zykluszeit
- Prozessfluss
- Zwischenbestände/Standard-WIP.

Gleichbleibende Qualität des Produktes und Zuverlässigkeit der Lieferungen, die als Voraussetzung eines stabilen Prozesses gelten, werden dabei als Prämisse gesehen, dass solch ein System überhaupt funktionieren kann. Die Montagelinie in diesem Beispiel hatte eine Taktzeit von 156 s, d. h., dass alle 156 s ein Produkt von der Montagelinie laufen musste. Die Komponentenfertigung und damit jeder einzelne Schritt mussten sich natürlich ebenfalls an dieser Taktzeit orientieren.

Im ersten Schritt musste es also ermöglicht werden, dass alle Arbeitsschritte mit derselben Zykluszeit arbeiten müssten. Wie in Bild 2.62 zu sehen ist, sind die Schritte 1 und 2 bereits relativ gut ausgetaktet, Schritt 3 hat allerdings eine wesentlich höhere Zykluszeit. Zwei Ansätze wurden dabei diskutiert:

- Die Kapazität wird verdoppelt und damit die Zykluszeit halbiert.
- Der Prozess wird umgestaltet und auf zwei Arbeitsschritte aufgeteilt.

Es wurde die zweite Variante gewählt, da in beiden Alternativen Umbauten an der existierenden Anlage durchgeführt werden hätten müssen, um Rüsten komplett zu vermeiden. Bild 2.64 zeigt, dass durch diese Maßnahmen eine relativ gute Austaktung der Arbeitsschritte erreicht werden konnte.

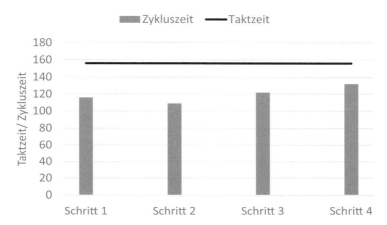

Bild 2.64   Standardisierung: Neues Taktzeit-/Zykluszeitdiagramm

Der zweite Punkt der Standardisierung ist der Prozessfluss. Alle Prozessschritte mussten klar definiert und standardisiert sein, damit die Produkte ohne Stopps durch die Montagelinie fließen konnten. Die einzelnen Arbeitsschritte, die notwendige waren zur Fertigung einer Komponente, mussten also genau im Prozessfluss angeordnet sein ((2) in Bild 2.63).

Der dritte Punkt der Standardisierung sind Zwischenbestände ((3) in Bild 2.63). Es wurde festgeschrieben, wie viele Teile an Bestand zwischen den einzelnen Arbeitsschritten stehen durften und es sollte auch jede Möglichkeit genommen werden, mehr Bestände zu produzieren. Es wurde definiert, dass sich zwischen jedem Arbeitsschritt maximal zwei Produkte befinden dürften und als Puffer zur Montagelinie fünf Stück. Demnach waren die Bestände auf einen Standard-WIP von maximal 12 Stück definiert. Bei einer Taktzeit von 156 s ergibt dies eine Durchlaufzeit von 1.872 s oder knapp über eine halbe Stunde.

Aus dem Prozessfluss heraus kann der nächste Punkt des JIT definiert werden, das Zellen-Layout. Es wurde bereits im vorherigen Punkt ausgeführt, dass die einzelnen Arbeitsschritte im Prozessfluss angeordnet werden sollen. Hier geht es nun um die konkrete Gestaltung des Layouts in Form einer Zelle.

Die Linie ist hauptsächlich geeignet, wenn es wenige Änderungen im Prozessfluss gibt und ein Mitarbeiter an einen Arbeitsplatz gebunden ist. Ziel hierbei ist es durch den Aufbau einer Zelle, die Durchlaufzeiten so gering als möglich zu halten. Der klassische Fall für diese Anwendung findet sich in Montagelinien. Auch in diesem Fall wurde diese Form der Gestaltung gewählt.

Bevor an das Thema der Produktionsglättung gedacht werden kann, mussten die Rüstzeiten eliminiert werden. Wie in der Beschreibung der Ausgangssituation bereits erwähnt, war in diesem Zusammenhang Prozessschritt 2 die größte Herausforderung.

Zellenlayout

In einer Fertigungszelle werden alle benötigten Arbeitsschritte zusammengebracht, um die Grundlage für eine Fließfertigung zu schaffen. Folgende Grundregeln sind bei der Gestaltung einer Zelle zu beachten:

- Das Layout folgt dem Prozessfluss.
- Die Geschwindigkeit der Produktion wird durch die Taktzeit vorgegeben.
- Die Anlagen müssen klein und flexibel sein.
- Die Mitarbeiter müssen mobil und flexibel sein.

Bei der Gestaltung einer Zelle sollte man den Fokus darauf richten, was man damit erreichen möchte. Die wichtigsten Gründe, warum man Fertigungszellen kreieren möchte, sind:

- Zusammengehörende Teile der Prozesse, die zur Herstellung eines Produktes notwendig sind, sollen zusammengeführt werden, um Zwischenbestände und Durchlaufzeiten zu verringern.
- Mehrere Prozessschritte sollen zusammengefasst werden, die für eine Vielzahl von Produkten benötigt werden. Die Zelle soll ein schnelles und flexibles Wechseln zwischen den einzelnen Produkten gewährleisten.
- Es soll Mehrmaschinenbedienung eingeführt werden, wobei die Laufwege der Mitarbeiter so gering als möglich gehalten werden sollen.

Es kann natürlich bei den Beweggründen auch zu Überschneidungen kommen. Auf jeden Fall sollte klar sein, bevor eine Zelle aufgebaut wird, was damit beabsichtigt wird und welches Layout diese Absichten am besten erfüllt. Grundsätzlich stehen drei Varianten eines Zellenlayouts zur Verfügung:

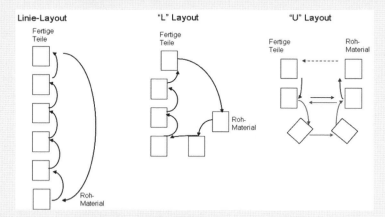

Bild 2.65   Die drei grundsätzlichen Gestaltungsmöglichkeiten einer Zelle

Da es sich bei allen Schritten um relativ einfache Anlagen und Vorrichtungen handelte, war es zwar eine gewisse Herausforderung, doch konnte mit relativ überschaubaren Investitionen auch dies bewältigt werden. Für den Werkzeugbau war es auf jeden Fall der aufwendigste

Schritt, alles so umzubauen, dass jede Variante zumindest mit minimalstem Aufwand für einen Wechsel gebaut werden konnten.

Damit waren alle Voraussetzungen gegeben, um auf eine Produktionsglättung und damit einen one-piece-flow umzustellen. Der Fluss mit einem Stück sollte durch ein Kanban gesteuert werden. Im Abschnitt zur Standardisierung wurden bereits der Standard-WIP erwähnt. Zwischen jedem Arbeitsschritt waren zwei Stellplätze für WIP vorgesehen. Ein Stellplatz war in dieser Kanban-Steuerung das Signal zum Produzieren. Nahm die Montagelinie eine Komponente aus dem Puffer, rutschten die nächsten Teile nach und zogen somit die „Kette" bis zum ersten Arbeitsplatz.

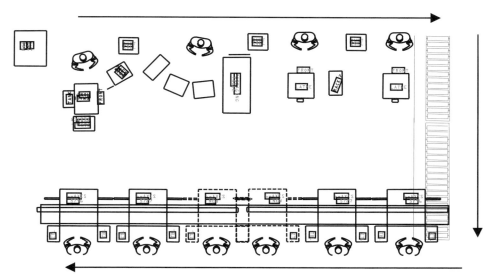

Bild 2.66 Neues Layout mit JIT-Produktion der Komponenten

In Bild 2.66 ist das neue Layout dargestellt, das die JIT-Produktion der Komponenten ermöglichte. Wenn die Fertigung eines Teils links oben im Layout begonnen wurde, kam nach ca. einer Stunde links unten aus der Montagelinie ein fertiges Produkt (sechs Stationen und jeweils ein Stück Standard-WIP nach jeder Station ergibt wie in der Komponentenfertigung 12-mal die Taktzeit). Diese Anordnung wurde letztendlich gewählt, damit beide Abschnitte von vorne, also aus dem mittleren Bereich, mit Material versorgt werden konnten.

Die gesamte Umstellung um von Bild 2.61 zu 2.66 zu kommen dauerte ca. drei Monate. Das Ergebnis war allerdings, dass beide Läger (zumindest für diese Produktgruppe) eliminiert werden konnten und die Durchlaufzeit von ursprünglich im Durchschnitt fünf Arbeitstagen auf eine Stunde reduziert werden konnte.

2.2.3 Punkte zur besonderen Berücksichtigung

Zum Abschluss dieses Abschnittes werden noch einmal einige Punkte besonders hervorgehoben, die bei der Umsetzung der oben beschriebenen Konzepte beachten werden sollten. Keiner dieser Punkte sollte ein Ausschlussgrund für die Einführung einer ziehenden Fertigung sein. Sie müssen jedoch entweder vor der Umsetzung verändert oder geklärt werden:

Unterscheidung zwischen Ausreißer und Schwankungen

Ausreißer sind, wenn eine Bestellung die normale Abnahmemenge um ein vielfaches übersteigt. Die durchschnittliche Menge ist zum Beispiel 100 Stück und eine Bestellung beläuft sich auf 1.000 Stück. Von hohen Schwankungen wird gesprochen, wenn die Summe der Bestellungen an einem Tag kontinuierlich große Abweichungen zum Durchschnitt aufweist. Je stabiler und gleichmäßiger der Bedarf ist, umso günstiger ist dies für die Produktion. Leider spielen dabei weder Kunde noch Markt mit. Je größer also die Abweichungen sind, umso inpraktikabler wird das Prinzip der ziehenden Fertigung vom Lager aus. Ein anderes Thema, das später noch besprochen wird, ist jedoch die Anwendung dieses Prinzips innerhalb der Produktion, also zwischen einzelnen Arbeitsplätzen.

Eine Komponente in der Formel für die Anzahl der Kanban ist der Bedarf. Schwankt dieser stark, würde daraus auch die Menge der Karten stark variieren. Bis zu einem gewissen Grad kann diese durch ein elektronisches System gehandhabt werden. Irgendwann sollte man sich jedoch dazu entschließen, zur reinen Auftragsfertigung überzugehen, also den Kunden nicht aus einem Lager zu beliefern, sondern nur auftragsbezogen zu produzieren. Daraus ergibt sich dann auch, dass es keine Bestände mehr im Fertigwarenlager gibt. Die Sicherheitsbestände verschieben sich ins günstigere Rohmateriallager.

Dieses unregelmäßige Abrufverhalten muss jedoch nicht immer als unveränderbar angesehen werden. Die Frage, die gestellt werden sollte, ist, warum bestellt ein Kunde, wie er bestellt? Es gibt dabei Gründe, die vom Lieferanten beeinflusst werden können und solche, die er nicht beeinflussen kann. Sehen wir uns kurz ein paar Gründe an, auf die der Lieferant Einfluss nehmen könnte.

- Einzelne Kunden vertrauen der Lieferfähigkeit nicht und bestellen daher größere Mengen auf einmal.
- Kunden haben ebenfalls Schwankungen in ihrem Bedarf. Sind die Lieferzeiten des Lieferanten zu lange, um auf diese reagieren zu können, so muss der Kunde größere Mengen vorrätig haben, um lieferfähig zu sein. Kommt es zu einem Ausreißer beim Kunden, wird dieser potenziert an den Lieferanten weitergegeben.
- Der Effekt des Monatsendes kann auch hausgemacht sein. Der Vertrieb hat gewisse Vorgaben, die er erreichen muss bezüglich Verkaufszahlen. Nicht selten kommt es vor, dass der Vertrieb, um diese Zahlen zu erzielen, besondere Anstrengungen am Monatsende macht. Es kommt daher zu größeren Bestellungen am Ende des Monats von einzelnen Kunden, die ansonsten mehrere Einzelbestellungen über einen längeren Zeitraum getätigt hätten.

Die Beziehung zum Kunden spielt hier also eine große Rolle. Es lassen sich sicher einige Kunden finden, mit denen man über ihr aktuelles Abrufverhalten sprechen kann. Der Vorteil für den Kunden liegt dabei auch in der Reduzierung der Bestände, die er selber tragen muss. Produziert und liefert ein Unternehmen geringere Lose, so bedeutet dies selbstverständlich auch geringere Bestände beim Abnehmer.

Auswirkungen auf das finanzielle Ergebnis

Ziel dieses Kapitels ist es, Wege aufzuzeigen, wie Bestände dauerhaft reduziert werden können. Es muss allerdings auch klar sein, dass dies anfangs eine negative Auswirkung auf das finanzielle Ergebnis hat und zwar aus zwei Gründen. Erstens, es liegen z. B. 1.000 Stück im Lager und durch die oben beschriebenen Maßnahmen könnte dieser Bestand auf 500 Stück reduziert werden. Diese Reduzierung kann nur erfolgen, wenn entweder der Abfluss erhöht wird, also mehr verkauft wird, oder den Zufluss gestoppt oder reduziert wird. Jedes Unternehmen würde wahrscheinlich mehr verkaufen wollen, was aber wohl nicht so einfach realisierbar sein dürfte. Der realistischere Weg ist, dass die Produktion gedrosselt werden müsste, bis wir das Lager auf 500 Stück reduziert haben. Zweitens, im Rahmen einer Bestandsreduktion werden häufig alte, obsolete Artikel verschrottet. Diese kommen direkt als Abschreibungen in das Ergebnis, falls sie noch in den Büchern stehen! Es muss also klar sein, dass durch diesen Einmaleffekt das Ergebnis beträchtlich negativ beeinflusst werden kann. Diese zwei Punkte werden im letzten Kapitel noch einmal aufgegriffen.

Delegieren von Entscheidungen

Das Ziehprinzip aus diesem Abschnitt heißt auch selbststeuernde Fertigung. Es werden damit gewisse Aufgaben und Verantwortlichkeiten von der Arbeitsvorbereitung bzw. vom Management in der Produktion an die Mitarbeiter vor Ort übertragen. Das Management verliert damit in einem gewissen Rahmen die Kontrolle darüber, was in Fertigung produziert wird. Ist ihr Management und sind ihre Mitarbeiter bereit und willens für solch einen Schritt? In der Gestaltung des Ablaufes müssen alle Beteiligten und Betroffenen mit einbezogen sein, damit die Einführung ein Erfolg werden kann. Sind jedoch noch keinerlei Ansätze eines kooperativen Zusammenarbeitens zwischen den Hierarchieebenen vorhanden, so wäre dieses Konzept wohl nicht der richtige Weg. Es kann durchaus sein, dass unterschiedliche kulturelle Veränderungen notwendig sind, bevor überhaupt an eine selbststeuernde Fertigung gedacht werden kann.

In diesem Abschnitt wurde gezeigt, was die wichtigsten Ansätze zur Reduzierung von Beständen an Fertigwaren sind. Die Konzepte, die als Werkzeuge verwendet worden sind:

- Rüstzeitreduzierung und damit Losgrößenreduzierung
- Kanban
- Heijunka-Box
- One-piece-flow
- Lieferzeitklassen und die Segmentierung der Produktion
- Just-in-time.

Es sollte bei keinem dieser Konzepte vergessen werden, dass sie kein Allheilmittel sind. Daher wurden auch unterschiedlichste Szenarien dargestellt, in denen sie verwendet werden können. Die Kunst liegt darin, zu entscheiden, in welcher Situation welcher Ansatz verwendet wird. Bereits beim Kanbansystem wurden mehrere Varianten der Anwendung aufgezeigt, da es kein allgemein gültiges Vorgehen gibt.

Eines hatten jedoch alle Fallbeispiele gemein: Die angeführten Unternehmen, Produkte und Fertigungsorganisationen waren auf größere Stückzahlen und sich wiederholende Abläufe ausgelegt. Es wurde bereits in der Einleitung zu diesem Kapitel erwähnt, dass ein Auftragsfertiger weniger ein Problem mit einem Fertigwarenlager haben sollte. Ein Unternehmen, welches in kleinen oder kleinsten Stückzahlen produziert, wird eher eine Herausforderung mit Zwischenbeständen haben. In diesem Kapitel wurden zwar auch immer wieder Bestände in der Produktion erwähnt, da sich diese in verschiedenen Situationen ebenfalls negativ auf das Fertigwarenlager auswirken, doch waren sie nie ein zentrales Thema. Im nächsten Kapitel werden sie es. Es werden daher auch, neben der Fortsetzung einiger Fallbeispiele aus diesem Abschnitt, mehrere Unternehmen betrachtet, die nicht in hohen Stückzahlen produzieren.

■ 2.3   Bestände in der Produktion / Zwischenbestände (WIP)

Als Bestände innerhalb der Produktion bzw. Work-in-process (WIP), werden einzelne Aufträge, die zwischen Arbeitsschritten liegen und auf die Weiterbearbeitung warten, bezeichnet. Eine bestimmt Menge ist einem oder mehreren Aufträgen genau zuzuordnen und liegt nur für einen limitierten Zeitraum, um zum folgenden Prozessschritt zu gelangen. Material, welches in definierten Lägern für Halbfertigware liegt, waren bereits Thema des letzten Abschnittes. Im Gegensatz zu Beständen an Fertig- und Halbfertigwaren ist die Menge und auch der Lagerort oft nicht genau definiert und unterliegt starken Schwankungen. In vielen Fällen kommt es auch vor, dass keine annähernd korrekten Aussagen getroffen werden konnten, wo sich wie viel Zwischenbestände befinden. Der Auswuchs an WIP kann sogar so weit führen, dass es einiger Anstrengungen bedarf, um einzelne Aufträge in dem See der Bestände (Bild 2.67) zu finden.

Es gibt auch für Zwischenbestände zahlreiche Gründe, warum sie in Unternehmen zu finden sind. Dazu noch einmal zum Einstieg die Auflistung aus der Einleitung zu diesem Kapitel:

▪ Mangelnde Kommunikation zwischen den einzelnen Produktionsschritten (es wird nicht das produziert, was der folgende Arbeitsschritt benötigt)

▪ wechselnde Kapazitätsengpässe (je nach Produktionsmix werden Kapazitäten unterschiedlich beansprucht)

▪ Sicherheitsdenken der Mitarbeiter und Führungskräfte vor Ort (die Befürchtung, dass es zu Stillständen kommen kann, wenn nicht ausreichend viele Aufträge vorhanden sind)

▪ Probleme innerhalb des Prozessflusses, die zu zahlreichen Maschinenstillständen führen

▪ Realitäten in der Produktion wie Maschinenstillstände oder Änderungen von Prioritäten, die nicht in der Planung berücksichtigt werden (zahlreiche Aufträge werden frühzeitig oder verspätet freigegeben)

▪ dem verständlicherweise weit verbreiteten Denken, dass in Massen hergestellte Stück billiger sind als in minimalen Losen.

Die einzelnen Punkte können auch zu zwei größeren Gruppen zusammengefasst werden. Einerseits entstehen Zwischenbestände auf natürlich Weise, ohne dass dies durch bewusstes Handeln von Mitarbeitern hervorgerufen wurde. In diese Gruppe passen die mangelhafte Kommunikation und Probleme innerhalb des Prozessflusses. Andererseits kann WIP absichtlich aufgebaut werden. Dies würde zum Beispiel bei wechselnden Kapazitätsengpässen auftreten.

See der Bestände

Ein Los (das Schiff) wird innerhalb des Produktionsflusses (dem See) von einem Arbeitsschritt zum nächsten gereicht, was dem Fahren auf dem See entspricht. Entlang dieses Sees gibt es Hindernisse (Felsen am Grund des Sees) wie Maschinenstillstände oder Qualitätsprobleme. Damit diese Hindernisse den Fluss nicht unterbrechen, gibt es Bestände (der Wasserstand des Sees), die diese abdecken. Falls wir also an einem Prozessschritt z. B. einen Maschinenstillstand haben, so hat dies keine Auswirkungen auf die folgenden Schritte. Wird nun aber der Wasserspiegel (die Bestände) in dem rechten Bild gesenkt, so kann es zu Kollisionen mit den Felsen (ein Maschinenstillstand) kommen.

Bild 2.67 See der Bestände

Der Gedanke des Sees der Bestände soll noch einmal etwas detaillierte mithilfe von Bildern 2.68 und 2.69 erklärt werden, da er zentral ist für das Thema der Zwischenbestände. Vor jedem Prozessschritt befinden sich vier Aufträge, die jeweils eine Stunde Bearbeitung ergeben. Damit liegen vor jeder Anlage 4 h an Beständen.

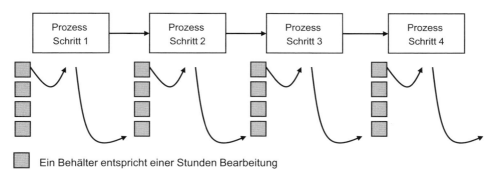

☐ Ein Behälter entspricht einer Stunden Bearbeitung

Bild 2.68 Bestände als Puffer zwischen den Prozessschritten

Wird nun z. B. Schritt 2 gerüstet und der eigentliche Rüstvorgang dauert eine Stunde, so reduzieren sich die Bestände an den folgenden Anlagen um eine Stunde, ohne dass der Fluss abbricht. Nachdem der Rüstvorgang abgeschlossen wurde, bricht das Werkzeug und es kommt zu einem Maschinenstillstand von 2 h, bis der Schaden behoben werden kann. Dieser Stillstand hat immer noch keine Auswirkung auf die folgenden Prozessschritte, da durch die vorhandenen Bestände immer noch weiterproduziert werden kann. Nachdem dies natürlich ein Tag ist, an dem Murphy´s Law wieder zuschlägt, stellt man nach der Reparatur fest, dass es kein Ersatzwerkzeug gibt. Die Werkzeugmacher machen sich sofort an die Arbeit, um das Werkzeug zu reparieren, was 2 h benötigt.

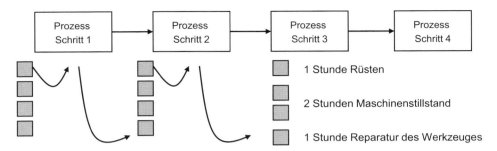

Bild 2.69   Bestände puffern Probleme im Prozessfluss

Eine Stunde dieser Reparatur kann noch durch Bestände abgedeckt werden, nach insgesamt 4 h Stillstand des Prozessschrittes 2 kommt es jedoch auch zum Stillstand von 3 und 4. Von den insgesamt 5 h Stillstand von 2, wird im Endeffekt nur eine Stunde tatsächlich von den anderen Bereichen wahrgenommen, da diese durch Bestände gepuffert werden konnten. Wie groß wird also der Druck sein, eine genaue Analyse der Ursachen und damit auch eine Ursachenbehebung durchzuführen? Wenn der Werkzeugbau innerhalb von einer Stunde das Werkzeug repariert hätte, wäre das Problem überhaupt nicht wahrgenommen worden. Es wäre durch die Bestände – dem See – verdeckt worden. Viele Unternehmen schaffen sich durch die Bestände also eine Illusion einer heilen Welt und akzeptieren bewusst oder unbewusst, dass es Störungen im Prozessfluss gibt. Da die Störungen den gesamten Ablauf nicht unterbrochen haben, können sie auch nicht so bedeutend sein.

Wären die Bestände vor den Prozessschritten nur zwei Stunden groß, so würde dies bereits durch die zwei Stunden Maschinenstillstand zu einem Stopp in den folgenden Arbeitsschritten führen. Die Wahrnehmung des Maschinenstillstandes wäre dann selbstverständlich eine ganz andere in der Produktion. Der Druck, solch ein Problem abzustellen wäre demnach auch wesentlich größer.

Bei dieser Betrachtung wurde noch nicht auf die Auswirkungen auf die Bestände vor dem Prozessschritt 2 besprochen. Falls die Informationen bzgl. des Maschinenstillstands nicht an 1 weitergeleitet werden und dieser auch nicht reagiert, so würden die Bestände vor 2 so lange anwachsen, bis diese Anlage wieder zu produzieren beginnt. Dies ist ebenfalls ein Phänomen, welches häufig in solch einer Situation beobachtet werden kann.

Zwischenbestände, die unbewusst in der Produktion entstehen

Dies sind hauptsächlich solche Bestände, die durch einen Mangel an Kommunikation entstehen. Auf der einen Seite handelt es sich um die Kommunikation innerhalb der Produktion und dabei hauptsächlich zwischen einzelnen Arbeitsschritten. Der interne Lieferant innerhalb des Prozessflusses weiß nicht genau, wann der interne Kunde welches Produkt benötigt. Es müssen dabei nicht einmal Abteilungsgrenzen überschritten werden, dieses Problem kann bereits zwischen zwei Arbeitsschritten auftreten, die zum selben Verantwortungsbereich gehören und auch räumlich kaum getrennt sind. Die Wahrscheinlichkeit ist jedoch wesentlich höher, dass Zwischenbestände unkontrolliert aufgebaut werden, wenn die organisatorische sowie räumliche Distanz steigt.

Auf der anderen Seite betrifft es die Kommunikation zwischen der Produktion und der Arbeitsvorbereitung. Eine Schwachstelle in jeder Arbeitsvorbereitung oder Produktionsplanung liegt darin, dass die Zahlen mit denen diese arbeitet, mit der Realität der Produktion nicht immer übereinstimmen. Bei der ursprünglichen Planung werden falsche Daten verwendet, die Zykluszeit, die die Planung verwendet liegt bei 25 s, tatsächlich liegt sie jedoch bei 32 s. Die Planung verwendet einen Wert von 80 % für die Effektivität einer Anlage, der tatsächliche OEE liegt jedoch bei 55 %. Der Effekt ist, dass die Planung gewisse Kapazitäten und Termine für einen Auftrag vergibt, die von der Produktion nicht eingehalten werden können. Sind Rüstzeiten, die die Planung verwendet, zu niedrig (die Planzeit ist 30 min, die tatsächliche Rüstzeit beträgt 50 min), so wird der Auftrag verspätet gestartet und verschiebt dadurch auch alle folgenden Aufträge. Das Gesetz der großen Zahl, je mehr Aufträge man hat, umso größer ist die Wahrscheinlichkeit, dass sich die Fehler gegenseitig aufheben, trifft hier leider nicht zu. Sobald nämlich nur eine geringe Zahl von Aufträgen verschoben wird, kommt es zu Reaktionen in der Art, dass Aufträge neu geplant werden und damit von vorne begonnen wird. Bis jedoch diese neue Planung durchgeführt wurde, hat sich die Realität in der Produktion schon wieder verändert.

2.3.1   Analyse der Daten

Um die einzelnen Schritte der Analyse zu erklären, wird in diesem Abschnitt ein Beispiel eines Produzenten für Werkzeuge und Werkzeugaufnahmen verwendet. Das gesamte Werk wurde in einzelne Bereiche unterteilt, die sich auf unterschiedliche Produktgruppen spezialisiert haben und die sämtliche Prozessschritte inklusive aller unterstützenden Funktionen wie Qualitätssicherung und Arbeitsvorbereitung beinhalten. Einzig das Härten war ein zentraler Arbeitsschritt, der von allen Bereichen geteilt wurde. Insgesamt gab es fünf verschiedene Abteilungen, wobei vier auf Standardprodukte und eine auf Sonderwerkzeuge und -werkzeugaufnahmen spezialisiert waren. In diesem Abschnitt wird nur der Spezialbereich Thema sein.

Die Produkte und Aufträge, die im Sonderbereich gefertigt wurden, können kaum unterschiedlicher sein. Die Losgrößen schwankten zwischen zwei und 100 Stück, wobei kein Zusammenhang zwischen Bearbeitungszeiten und Stückzahlen bestand. Die Zykluszeiten variierten zwischen den einzelnen Produkten ebenfalls stark, an einigen Anlagen lag die Bandbreite zwischen 30 s und 37 min. Fast alle Produkte benötigten alle Prozessschritte (Drehen, Bohren, Fräsen, Entgraten, Härten, Wuchten). Doch nach Art und Größe der Produkte konnten diese mehrmals durchlaufen werden bzw. konnte auch die Reihenfolge unterschiedlich sein. Es kam also durchaus vor, dass ein Produkt gefräst wurde, dann zum Entgraten kam und dann wieder gefräst wurde. Die tatsächliche Komplexität wird in den einzelnen Schritten der Analyse noch genauer dargestellt. Ein besonderer Störfaktor in diesem Bereich waren die Projektarbeiten. Neben einzelnen Kundenaufträgen für ganz bestimmte Werkzeuge wurden gemeinsam mit Kunden, die hauptsächlich aus der Maschinenbauindustrie kamen, Projekte durchgeführt. Diese wurden fast täglich in die Produktion eingeschoben, ohne mit den normalen Aufträgen koordiniert zu werden.

Welche Produkte werden gefertigt?

Im Sonderbereich musste zuerst ein Verständnis gewonnen werden, welche Art von Produkten gefertigt wurden. Gab es eine Möglichkeit der Gruppierung? Was hatten die Produkte gemeinsam, nachdem man solche Gruppierungen gestalten konnte? Waren es Produktmerkmale, bestimmt Bearbeitungsschritte, benötigte Technologien, Materialien etc., die ein Produkt zu einer Gruppe zuordneten. Gerade wenn man bereits in den Produkten eine hohe Vielfalt und damit eine hohe Komplexität vorfindet, tendieren die meisten Menschen dahin, sich in den Unterschieden zu verlieren. Sie konzentrieren sich zu sehr darauf, festzustellen, wie unterschiedlich die Produkte und Abläufe sind. Der Fokus sollte jedoch darauf liegen, wo Gemeinsamkeiten gefunden werden können. Diese Gemeinsamkeiten sollten dann die Grundlage sein, für die Gestaltung eines Standards, um den herum dann die Abweichungen eingebaut werden können. Der Fokus sollte auf Gemeinsamkeiten liegen und man sollte sich nicht von Anfang an von Unterschieden und Ausnahmen ablenken lassen.

Insgesamt gab es sieben verschieden Produktgruppen, die sich nach der jeweiligen Anwendung (z. B. Werkzeugaufnahmen für Drehmaschinen) unterschieden. Diese Gruppen ließen anfangs noch keinen Rückschluss auf eventuelle Gemeinsamkeiten innerhalb der Produktion erkennen. Der erste Blick fiel daher auf die umsatzstärksten Gruppen. Für die Gewichtung der einzelnen Produktgruppen wurde der Umsatz verwendet. Es ergab sich aus dieser Betrachtung, dass zwei Gruppen bereits 76 % des gesamten Umsatzes der Sonderprodukte ergaben. Den einzelnen Produkten innerhalb dieser zwei Gruppen wurden die Anlagen und Maschinen, an denen sie gefertigt wurden, zugeordnet, was schon die ersten Gemeinsamkeiten zeigte (Tab. 2.13). 55 % des gesamten Volumens wurde z. B. an den Drehmaschinen BOE 180 gefertigt, wohingegen das Fräsen mit der DC40-0 kaum ins Gewicht fiel.

Tabelle 2.13   Zuordnung der Produkte und Anlagen

Arbeitsschritte DR 34 %		Produkte (76 %) Volumen				
		MO 21 %	MI 11 %	TU 6 %	SY 4 %	
Drehen	BOE 180	x	x			
	TNA 500			x		
Tieflochbohren		x	x			
Fräsen	DC40-0				x	
	DC40-A	x	x		x	x
	Hermle	x	x		x	X
DMU	FP X	x		x	x	
	FP 4	x	x	x	x	
Restbearbeitung (Entgraten)		x	x	x	x	x
Schleifen		x	x	x		x
QS		x	x	x	x	x
Montage		x	x	x	x	x

Daher sind auch diese zwei Produktgruppen der bestimmende Faktor, wie sich die weitere Vorgehensweise in Analyse und Implementierung aufbaut wird. Die Gemeinsamkeiten der Produkte innerhalb der Gruppen also auch zwischen ihnen ergaben sich im nächsten Schritt, der Analyse der einzelnen Prozessschritte.

Wie gestaltet sich der Prozessfluss?

Die erste Hürde, die sich bei solch einer Komplexität ergibt, ist die Darstellung des Prozessflusses. Für einzelne Produkte ist dies natürlich einfach durchzuführen. Wenn es jedoch darum geht, für die Gesamtheit der Produkte, zumindest den Ansatz eines gemeinsamen Pfades zu finden, so wird dies schon etwas schwieriger. Im ersten Schritt wurden bereits sieben Produktgruppen identifiziert, von denen zwei ausschlaggebend sind. Dieses Unternehmen verfügte über ein Werkzeug, mit dem anhand der eingeplanten Aufträge die Prozessflüsse dargestellt werden konnten (Bild 2.70).

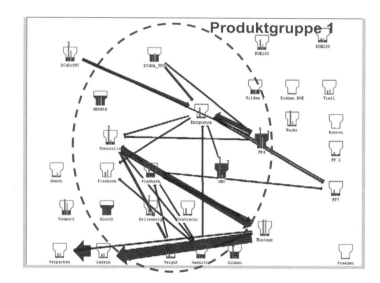

Bild 2.70   Prozessfluss für Produktgruppe 1

In diesem Programm sind sämtliche Prozessschritte des Bereiches hinterlegt, die durch die Symbole mit der jeweiligen Prozessbezeichnung dargestellt sind. Die Verbindungslinien zwischen den einzelnen Prozessschritten stellen die jeweiligen Stückzahlen, die von einem Schritt zum nächsten fließen, dar. Der größte Fluss besteht also zwischen der Montage und dem Lasern sowie hin zur Montage von der Kontrolle. Die Prozessschritte mit der meisten Anzahl an Lieferanten und Kunden (es gehen die meisten Pfeile zu bzw. weg von diesen Schritten) sind die Kontrolle, das Entgraten und das Flachschleifen. Die „Füllung" der einzelnen Symbole stellt die Kapazitätsbelastung durch alle Aufträge, also nicht nur der angeführten Produktgruppe, dar. Ist ein Symbol komplett gefüllt, so ist die Kapazität zu 100 % beansprucht. Für den Sonderbereich ergibt sich, dass die beiden Fräsanlagen (FP4, DMU) die Kapazitätsengpässe sind.

Aus Bild 2.70 lassen sich folgende Gemeinsamkeiten durch diese Darstellung ableiten:

▪ Die eigentlichen Engpassmaschinen, FP4, DMU, und Hermle waren innerhalb dieser Produktgruppe Startpunkt für eine Reihe von Produkten, sollten jedoch für die gesamte Planung des Bereichs der zentrale Punkt sein.

▪ Die Prozessschritte, die besonders häufig durch diese Produkte beansprucht wurden, sind Entgraten, Kontrolle, Montage, Laser und Verpacken. Die Kapazitätsauslastungen dieser Prozesse lagen bei weniger als 50 % und sie konnten als ein Ansatz für eine räumliche Zusammenfassung verwendet werden.

▪ Es gibt eine große Anzahl an Arbeitsschritten, die nicht für diese Produkte benötigt werden. Diese könnten also durchaus räumlich separat aufgestellt werden.

Für die zweite Produktgruppe ist der Prozessfluss in Bild 2.71 dargestellt. In Kombination mit Bild 2.70 lassen sich weitere Rückschlüsse aufstellen:

▪ Sämtliche Drehmaschinen wurden von dieser Produktgruppe verwendet.

▪ Von den beiden Engpassanlagen wurde FP4 als Startpunkt identifiziert. Die Maschine DMU wurde nicht beansprucht.

▪ Die Prozessschritte Entgraten, Kontrolle, Montage, Laser und Verpacken waren auch in dieser Produktgruppe als ein Fluss zu erkennen.

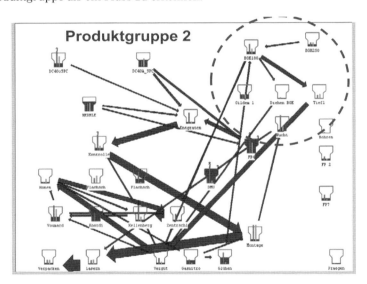

Bild 2.71   Prozessfluss für Produktgruppe 2

▪ Durch die Betrachtung aller sieben Produktgruppen konnten einige Erkenntnisse, die aus den Bildern 2.70 und 2.71 gewonnen wurden, bestätigt werden.

▪ Die Prozessschritte Entgraten, Kontrolle, Montage, Laser und Verpacken stellten einen zusammenhängenden Fluss dar, der von fast allen Produkten durchlaufen wurde. Der Hauptlieferant für das Entgraten war die Fräsmaschine FP4.

▪ Es ergeben sich bestimmte Anlagen, die zum größten Teil nur von einer Produktgruppe beansprucht wurden.

- Andere Maschinen wurden jedoch nur für vereinzelte Produkte aus allen Produktgruppen verwendet.
- Die Fräsmaschinen DMU und FP4 waren die Engpassanlagen und sollten daher der Fokus in der Planung sein.

Wie hoch sind die Bestände innerhalb der Produktion?

Es gibt auch hier wieder dieselben Möglichkeiten, wie bei der Analyse der Bestände an Fertigwaren. Diese reichen von einer Auswertung von Daten innerhalb eines elektronischen Systems bis hin zur manuellen Zählung in der Produktion selber. Der große Unterschied liegt jedoch darin, dass nun die Bestände direkt vor jedem einzelnen Prozessschritt benötigt werden. Speziell für eine elektronische Auswertung kann dies eine Herausforderung sein, da diese Zahlen oft nur für ganze Bereiche verfügbar sind. Eine Aufnahme vor Ort ist also gerade für diese Bestände häufig am akkuratesten. Die Zahlen können auch hier wieder in Reichweite (z. B. fünf Tage Produktionsmenge oder Liefermenge), in Stück, Anzahl an Aufträgen oder in Wert ausgewiesen werden. In diesem Bespiel wurden die Bestände an Aufträgen im Produktionsbereich gezählt und in Kombination mit den Durchlaufzeiten dargestellt (Bild 2.73).

Wie setzt sich die Durchlaufzeit durch die Produktion zusammen?

Beim Thema der Durchlaufzeiten im Zusammenhang mit Zwischenbeständen sind die einzelnen Komponenten wesentlich bedeutender als die gesamte Produktionszeit. Es muss im Ablauf vom ersten bis zum letzten Arbeitsschritt festgestellt werden, wo die größten Zeitanteile liegen und daher auch der Fokus der Verbesserungen sein sollte.

Im ersten Schritt dieser Analyse wurde anhand von Daten aus dem System überprüft, wie die Verteilung der Durchlaufzeiten war (Bild 2.72). Es ergab sich aus dieser Betrachtung, dass die durchschnittliche Durchlaufzeit 15, 37 Arbeitstage betrug. Diese konnte sich jedoch bei einzelnen Aufträgen auf über zwei Monate erhöhen.

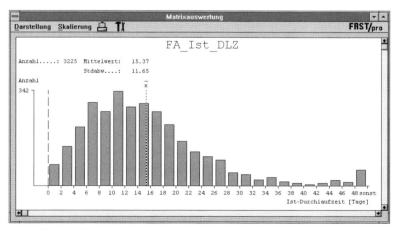

Bild 2.72 Darstellung der Verteilung der Durchlaufzeiten

Es ergaben sich zwei wichtige Fragen aus der Darstellung in Bild 2.72. Wie setzt sich die Durchlaufzeit für den Durchschnittswert zusammen und was sind die Hauptursachen für die Ausreißer, also Aufträge mit Zeiten, die weit über dem Durchschnitt liegen. Im zweiten Schritt wurde die Frage beantwortet, wie sich die gesamte Durchlaufzeit zusammensetzte.

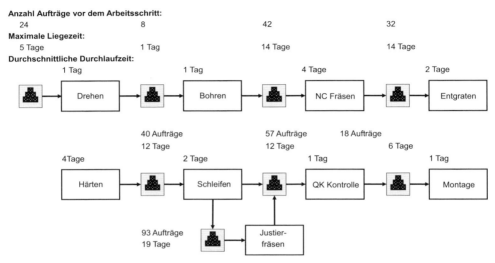

Bild 2.73   Bestimmung der Durchlaufzeiten und Liegezeiten

In Bild 2.73 sind die wichtigsten Arbeitsschritte im Sonderbereich mit der Anzahl der Aufträge, die einem Prozessschritt zugeteilt sind, den einzelnen Durchlaufzeiten und den jeweils maximalen Liegezeiten dargestellt. Das NC-Fräsen und das Härten ergeben demnach die Hauptverursacher von langen Durchlaufzeiten mit gut 50 % der gesamten Zeit.

Die zweite Frage bzgl. der Ausreißer lässt sich bei dieser Betrachtung bereits auch beantworten. Durch ständige Prioritätsänderungen und dem Einschieben der Projekte kam es bei Aufträgen mit einer „niedrigen" Priorität zu langen Liegezeiten. Aufträge könnten zwar innerhalb von wenigen Tagen produziert werden, doch kann dies auch zwei Monate oder mehr dauern. Diese langen Liegezeiten ergaben sich hauptsächlich für solche Aufträge, bei denen der Kunde noch nicht ausreichend Druck gemacht hatte. Der Puffer vor der Härterei findet in Bild 2.73 keine Berücksichtigung, da dieser Arbeitsschritt von allen Bereichen beansprucht und daher auch in einem separaten Thema behandelt wurde. Besonders auffällig ist auch, dass mit höherer Wertschöpfung auch eine größere Anzahl an Aufträgen vor den Arbeitsschritten liegt. Es gab das Bemühen, Aufträge rechtzeitig zu starten, jedoch verloren gewisse Aufträge mit der Zeit an Priorität und blieben immer öfters liegen. Der Arbeitsplatz Justierfräsen war anscheinend für zahlreiche Aufträge ebenfalls eine Stelle, an der sie gerne einmal liegen blieben. Dieser Arbeitsschritt betraf jedoch nur einen relativ geringen Anteil der gesamten Produktionsmenge.

Bei der Analyse der Daten und den Gesprächen mit den Mitarbeitern hat sich eine Vielzahl von Gründen für die langen Durchlaufzeiten der einzelnen Arbeitsschritte ergeben. Deshalb musste noch im Detail für die kritischen Anlagen erhoben werden, was die Hauptgründe für diese waren. Um auf die wichtigsten Ursachen für ein Problem zu kommen, bewährt sich unter anderem ein Werkzeug, das allgemein dem Qualitätsmanagement zugeschrieben wird, dem Fischgräten- oder auch Ishikawa-Diagramm (Imai 1997). Auf die Theorie und die Anwendung des Ishikawa-Diagramms wird genauer im Kapitel zum Qualitätsmanagement eingegangen.

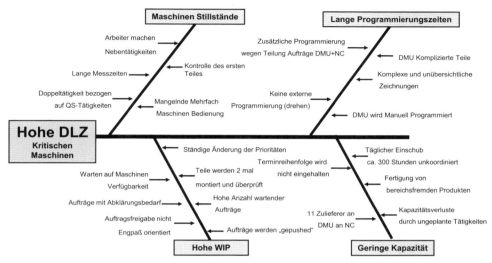

Bild 2.74   Fischgrätendiagramm zur Bestimmung der Gründe für hohe Durchlaufzeiten

Für die Erstellung des Fischgrätendiagramms im Bild 2.74 kamen zwei Maschinenbediener, ein Meister, eine Qualitätsmitarbeiter und ein Arbeitsvorbereiter zu einem kleinen Workshop zusammen, um mithilfe der Moderation eines Beraters die Hauptgründe für die langen Durchlaufzeiten an den kritischen Arbeitsschritten zu sammeln. Durch eine klassische Kartenabfrage gelangte das Team zum Ergebnis, das in Bild 2.74 dargestellt ist.

Die vier großen Themenblöcke, die sich daraus ergaben, waren Maschinenstillstände, lange Programmierzeiten, hohes WIP und geringe Kapazität. Diese wurden zu zwei Gruppen zusammengefasst, die die Projektebereiche „Planung und Steuerung" (untere Hälfte des Fischgrätendiagramms) und Maschinenstillstände (obere Hälfte des Fischgrätendiagramms) ergaben.

Die Aussage einer zu geringen Kapazität wird man immer hören, wenn es zu langen Durchlaufzeiten oder geringen Liefertreuen kommt. In vielen Fällen ist jedoch nicht die vorhandene Kapazität das Problem, sondern wie diese genutzt wird. Genau diese Aussage soll auch der OEE treffen. Um die Aussage zu verifizieren, dass geringe Kapazität eine Hauptursache für die langen Durchlaufzeiten sein sollte, wurde in einem weiteren Schritt die Kapazitätsauslastung innerhalb eines bestimmten Zeitraumes analysiert. Im ersten Ansatz, was noch weit von einer aussagefähigen OEE-Analyse war, wurden alle geplanten Aufträge mit ihren zurückgemeldeten Zeiten auf einer Tagesbasis zusammengerechnet.

Bild 2.75 zeigt als Beispiel die Auswertung für eine Engpassanlage über den Zeitraum von einem Monat. Die Tageswerte wurden dem Zielwert für den OEE von 80 % gegenübergestellt. Die Ausreißer von über 100 % lassen sich damit erklären, dass Aufträge erst nach dem kompletten Abschluss an einer Anlage zurückgemeldet wurden. Wenn ein Auftrag also über zwei Tage produziert wurde, wurde die gesamte Stückzahl erst am zweiten Tag verbucht.

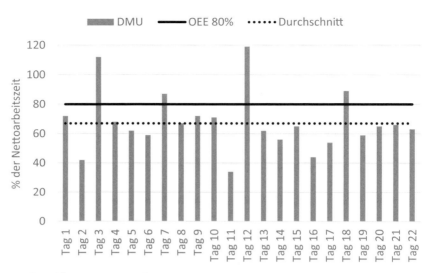

Bild 2.75   Kapazitätsauslastung der Engpassanlage DMU in einem Monat

Daraus ergab sich, dass fast jeden Tag noch ausreichend Kapazität vorhanden sein sollte. Was in diesen Zahlen jedoch nicht berücksichtig wurde, sind die Projektarbeiten, die immer ungeplant eingeschoben wurden und daher natürlich auch die gesamte Produktionsplanung hinfällig machten. An vielen Tagen waren selbst für die Kombination aus geplanten Aufträgen und Projekten immer noch ausreichend Maschinenstunden vorhanden. Es kam jedoch mindestens einmal pro Woche zu einer Spitze, an der die Auslastung die vorhandene Kapazität um mehr als 25 % überstieg und daher zu sofortigen Gegenmaßnahmen in der Arbeitsvorbereitung führten, die die Angelegenheit eigentlich nur noch verschlimmerte. An den „ruhigeren" Tagen wurde dann wieder versucht, die „verlorene" Zeit aufzuholen.

Wie groß ist die Fläche für Bestände und Materialhandhabung?

Bereits in der Einleitung zum Kapitel der Bestände wurde die Problematik der Platzverschwendung durch Zwischenbestände angedeutet. In vielen Produktionsbetrieben ist man sich nicht ganz sicher, ob man in einer Fabrik oder einer Lagerhalle ist. Wenn man dann auch über die Konzepte der ziehenden Produktion zwischen einzelnen Arbeitsschritten spricht, hört man von vielen Führungskräften in der Produktion, dass für so etwas nicht genug Platz vorhanden sei. Eine genauere Betrachtung, womit dieser Platz belegt ist, nämlich mit Beständen, stellt diese Aussagen in Frage. 30 % oder mehr der Fläche in einer Produktionshalle für Bestände ist nicht selten. In vielen Fällen ist es daher durchaus interessant zu zeigen, wie viel Quadratmeter an Produktionsfläche für WIP verwendet werden; und dies speziell wenn dieser Platz für andere Dinge benötigt wird. In diesem Beispiel geht es weniger um direkte Fläche, die eingespart werden könnte, als um die Kommunikation zwischen den einzelnen Arbeitsschritten. Die Regale, in denen die einzelnen Aufträge zwischen den Arbeitsschritten abgelegt wurden, versperrten die Sicht innerhalb der Abteilung und erschwerten daher auch die direkte Kommunikation zwischen diesen.

Bild 2.76 WIP verbraucht wertvolle Produktionsfläche

2.3.2 Maßnahmen zur Reduzierung von Zwischenbeständen

Fallbeispiel 2.7 Sonderfertigung – Einführung eines Pullsystems und die Theorie of Constraints

Aus den Erkenntnissen der Analyse wurden zwei Schwerpunkte für die Verbesserungsmaßnahmen definiert:

- Planung und Steuerung
- Layout und Arbeitsplatzgestaltung.

Diese werden wir nun im Detail in den folgenden Seiten ausführen.

Planung und Steuerung

Die Hauptursachen für Bestände in der Produktion, die aus der Planung heraus verursacht wurden, ließen sich auf folgende Punkte zurückführen:

- Keine Engpass-orientierte Planung

Im ersten Schritt wurde der gesamte Planungsprozess auf die Planung des Engpassbereiches Fräsen ausgelegt. Die ursprüngliche Logik beruhte auf dem Prinzip der Rückwärtsterminierung mit definierten Durchlaufzeiten. Dies bedeutet, dass dem Kunden ein Liefertermin zugesagt wurde, von dem aus anhand der Durchlaufzeiten bestimmt wurde, zu welchem spätesten Zeitpunkt ein Auftrag in der Produktion gestartet werden musste. Sobald jedoch ein Auftrag mit seinem Termin bestätigt war, wurde er in der Produktion freigegeben. Dies konnte dazu führen, dass die Fertigung bereits gestartet wurde, obwohl dies noch nicht notwendig war. Ergebnis war die bereits im Teil der Analyse erwähnte hohe Anzahl von Aufträgen in der Fertigung. Zusätzlich wurden die Kapazitäten des Engpasses Fräsen nicht ausreichend berücksichtigt. Es wurden also Termine vergeben, die rein auf vorbestimmten Durchlaufzeiten beruhten und nicht auf den verfügbaren Kapazitäten des kritischen Prozessschrittes. Dieser Mangel in der Planung konnte hauptsächlich auf den Fakt zurückgeführt werden, dass durch die unterschiedlichen Prozessflüsse je Auftrag nie wirklich bestimmt wurde, was der kritische Engpassfaktor war. Die Flüsse wurden als zu komplex angesehen, als dass ein gemeinsamer Prozessschritt definiert werden konnte. Sicherlich gab es Fälle und Tage in denen die Kapazitäten anderer Prozessschritte höher beansprucht wurden als das Fräsen; solche Umstände sollten dann Fall zu Fall von der Arbeitsvorbereitung bzw. durch die Steuerung vor Ort berücksichtigt werden. Es ging primär darum, eine so weit als möglich stabile Situation für den größten Teil der Aufträge zu schaffen.

Diese Logik wurde in eine Engpass-orientierte Vorwärtsterminierung geändert. Anhand der vorhandenen Kapazität im Fräsen wurde bestimmt, wie viele Aufträge an einem Tag bearbeitet werden konnten bzw. mit Berücksichtigung der vorgelagerten Arbeitsschritte wurde errechnet, wann ein Auftrag beim Fräsen sein konnte. Aus diesen Daten konnte ein Endtermin bestimmt werden, der dem Kunden mitgeteilt wurde. Die Aufträge wurden auch nur nach der in der Planung bestimmten Reihenfolge freigegeben. Dies führt auch zum zweiten Punkt der Hauptursachen im Thema Planung und Steuerung.

- Push in der Produktion

Aus einem traditionellem Push- musste ein Pull-System entstehen. Wie schon erwähnt, wurden Aufträge unkontrolliert in die Produktion gegeben. Auch innerhalb der Fertigung wurde Material an den nächsten Arbeitsschritt weitergereicht, obwohl dieser bereits zahlreiche Behälter in der der Warteschlange hatte.

Theory of Constraints von Goldratt

Dieser Engpass-orientierte Ansatz geht von drei Komponenten aus. Der erste ist der Engpass „drum", der die Geschwindigkeit der Produktion bestimmt. Der Durchsatz durch eine Produktion kann nur so hoch sein, wie der des Engpass-Bereiches, in unserem Fall dem Fräsen. Der zweite Teil ist der Bestand „buffer" vor dem Engpass-Bereich. Im Prozessfluss muss vermieden werden, dass der Engpass zum Stillstand kommt. Durch einen Puffer vor dem Engpass soll verhindert werden, dass der Fluss an Material abreisst und es zu einem Stillstand kommt. Verlorene Zeit in einem Engpass kann nur schwer wieder aufgeholt werden. Die dritte Komponente ist die Kette „rope", die Material vom Engpass aus gesehen von den vorgelagerten Arbeitsschritten zieht. Verbraucht der Engpass Material, so wird es wie durch eine virtuelle Kette von den vorherigen Arbeitsschritten gezogen. Dies ist auch das Grundprinzip des Pull. (Goldratt 1990)

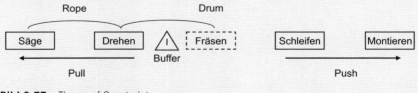

Bild 2.77   Theory of Constraints

Was bedeutet dies für dieses Beispiel? Als Engpass-Faktor wurde das Fräsen bestimmt, vor dem der größte Puffer definiert werden muss. Alle vorgelagerten Prozesse – hauptsächlich Drehen und Sägen – sind durch die virtuelle Kette mit dem Fräsen verbunden. Praktisch ergibt sich daraus, dass Drehen und Sägen nur etwas nachproduzieren, wenn beim Fräsen ein Bedarf war. Da die Flüsse allerdings nicht immer so geradlinig (Sägen, Drehen, Fräsen) waren, stellte dieses Pull-System eine größere Herausforderung dar. Um diesem Umstand Rechnung zu tragen, wurden vor jedem Arbeitsschritt bis zum Fräsen definierte Pufferplätze eingerichtet. Einerseits wurde dadurch ein Pull-System vom Fräsen ermöglicht, andererseits wurden durch die Höhe der Bestände die Schwankungen im Prozessfluss der einzelnen Aufträge berücksichtigt.

Das Drehen als vorgelagerter Prozessschritt zum Fräsen durfte also zum Beispiel erst wieder produzieren, wenn Material aus dem Puffer entnommen wurde. Mögliche Rückläufe vom Fräsen zum Drehen bzw. Aufträge, die nicht oder nicht direkt zum Fräsen mussten, wurden in eigens markierten Stellplätzen gepuffert. Gab es also keinen Abfluss vom Drehen zum Fräsen, so konnten auch andere interne Kunden beliefert werden. Als Konsequenz daraus konnte es auch vorkommen, dass der Arbeitsgang Drehen keine Aufträge zum Fertigen hatte. Die physischen Auswirkungen auf das Layout und die Arbeitsplätze, die sich daraus ergaben, werden noch später behandelt.

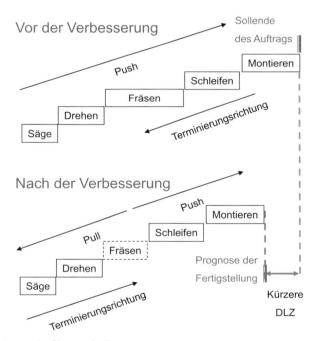

Bild 2.78 Veränderung der Planungslogik

▪ Keine Koordination von Fertigungsaufträgen und Projektaufträgen

Im nächsten Schritt musste einer der größten Störfaktoren beseitigt werden, das ungeplante Einsteuern von Projektaufträgen. Die Entwicklung, die gemeinsam direkt mit den Kunden an Projekten arbeitete, steuerte Projektaufträge in die Produktion ein, die an den gleichen Anlagen wie normale Fertigungsaufträge produziert wurden. Diese Aufträge hatten jedoch eine gesonderte Priorität und wurden auch nicht mit der Arbeitsvorbereitung abgestimmt. Dadurch veränderten sich auch die von der AV verwendeten Parameter – in diesem Kontext hauptsächlich die Kapazität – und die Termine konnten nicht mehr eingehalten werden. Die AV reagierte ursprünglich durch eine Erhöhung der Durchlaufzeiten, um eventuelle Verzögerungen durch Projektaufträge abfangen zu können. Der Effekt auf die Bestände ergibt sich von selbst.

Gemeinsam mit Entwicklung, AV und Produktion wurde daher ein Prozess bestimmt, mit dem die Projektaufträge in die Planung der Fertigung integriert werden konnten. Die Entwicklung musste aus den Änderungen heraus akzeptieren, dass sie nicht mehr nach eigenem Ermessen Aufträge in die Produktion geben konnte. Diese Sub-Optimierung wurde zum Vorteil des gesamten Systems aufgehoben.

▪ Ständige Prioritätsänderung von freigegebenen Aufträgen; keine Einhaltung von FIFO

Der letzte Punkt, der im Rahmen des Projektes umgesetzt wurde, bezog sich auf die ständige Prioritätsänderung von bereits freigegebenen Aufträgen. Die Notwendigkeit, die Reihenfolge zu ändern, wurde alleine schon durch die vorherigen Maßnahmen etwas reduziert. Diese führten bereits zu einer Verringerung der Durchlaufzeiten und mit der damit einhergehenden Straffung des Planungshorizonts nahm die Anzahl der Änderungen in der Reihenfolge ebenfalls ab. Eine der größten Herausforderungen war in diesem Kontext die Einführung eines Einfrierens der Aufträge; ein Auftrag sollte also ab einem gewissen Zeitpunkt nicht mehr verändert werden können. Für diese Festlegung wurde die Mitarbeit des Vertriebs benötigt, da auch berücksichtigt werde musste, was der Kunde akzeptieren würde bzw. was ihm vom Vertrieb verkauft werden konnte. Resultat aus dieser Abstimmung war, dass ein Auftrag, sobald er am ersten Arbeitsschritt zur Produktion kam, nicht mehr verändert werden durfte. Da dies leider in der Praxis nicht immer zu 100 % gewährleistet werden kann, wurden strikte Regeln definiert, wer nach welchen Kriterien einen bereits gestarteten Auftrag noch einmal ändern darf. Damit wurden die Störungen innerhalb der Fertigung zumindest auf ein erträgliches Maß reduziert.

Layout und Arbeitsplatzgestaltung

Die organisatorischen Maßnahmen mussten im nächsten Schritt nun auch physisch an und zwischen den einzelnen Prozessschritten berücksichtig werden. Dazu wurden zunächst die Erkenntnisse aus der Analyse bezüglich einer möglichen Gruppierung von Anlagen verwendet, um ein neues Layout zu gestalten. Die getroffenen Verbesserungen lassen sich folgendermaßen untergliedern:

▪ Räumliche Optimierung der Arbeitsschritte Drehen, Fräsen und Entgraten

▪ Integration der Arbeitsplätze zur Voreinstellung der Werkzeuge und des Programmierens in dem jeweiligen Prozessschritt

▪ räumliche Zusammenfassung der Arbeitsschritte Wuchten, Kontrolle, Montage, Lasern und Verpacken

▪ Aufbau der Pufferplätze zwischen den Arbeitsschritten als Grundlage für ein ziehendes System.

Das Hauptaugenmerk in der Planung wurde auf das Fräsen gelegt, was nun auch der zentrale Punkt im Layout sein sollte. Die Fräsen wurden demnach nach zwei Gesichtspunkten (Übersichtlichkeit und Einbindung der vor- und nachgelagerten Arbeitsschritte) neu aufgestellt. Die gesamte Produktion war vor dem Start des Projekts sehr unübersichtlich und daher gab es auch kaum eine Möglichkeit der Sichtkontrolle bzgl. der Anzahl und dem Fortschritt von Aufträgen vor und zwischen den Anlagen. Es musste also eine Anordnung gefunden werden, um einen übersichtlichen Bereich zu schaffen, der die Fräsen sowie auch deren wichtigsten Lieferanten und Kunden beinhaltete. Dies hatte selbstverständlich Auswirkungen auf das gesamte Layout und benötigte als Vorstufe eine gründliches 5-S – also Aufräumen und Beseitigen von nicht benötigen Dingen.

Bild 2.79 Ausgangssituation: Hohe, unkontrollierte Bestände; unübersichtliches Layout verhindert Sichtkontakt

Zwei weitere Aspekte mussten in der Neugestaltung des Layouts berücksichtig werden, die sich aus dem Ishikawa-Diagramm ergeben hatten. Die Vorbereitung der Aufträge (Voreinstellung und Programmierung) sowie eine mangelhafte Mehrmaschinenbedienung wurden als zwei der Hauptursachen für Stillstände und damit verbundenen ungeplanten Verzögerungen genannt. Die Integration der Vorbereitung in den Bereich und die Möglichkeit der Mehrmaschinenbedienung mussten demnach berücksichtigt werden. Durch die räumlichen Beschränkungen und auch der Notwendigkeit, dass nicht die gesamte Abteilung umgebaut werden konnte, wurden die Vorstellungen nicht zu 100 % realisiert. Es war aber ein großer Schritt in die richtige Richtung. Teil des Aufbaues des neuen Layouts war auch die Definition und Implementierung von Regalen als Zwischenpuffer für das Pull-System.

Parallel dazu wurde ein neuer Bereich mit Wuchten, Kontrolle, Montage, Lasern und Verpacken definiert. Diese Arbeitsplätze waren ursprünglich eher nach dem Platzangebot als nach dem Prozessfluss in der Fertigung verteilt. Was organisch über Jahre gewachsen war, musste nun in eine Struktur gebracht werden. Zwar waren diese Prozesse keine Engpässe, es mussten jedoch alle Aufträge von einem oder mehreren Schritten bearbeitet werden. Hauptaspekt bei der Gestaltung war die Flexibilität, also die Berücksichtigung, dass nicht immer alle Arbeitsschritte benötigt wurden und auch ein neu gebildeter Mitarbeiterpool jederzeit an jedem Arbeitsplatz eingesetzt werden konnte. Die einzelnen Arbeitsplätze wurden zu einem Bereich der Fertigstellung von Aufträgen zusammengefasst.

Fallbeispiel 2.8   Serienfertigung – Anbindung Komponentenfertigung an eine Montagelinie und die Einführung eines Zwei-Behälter-Kanban-Systems

Ausgangssituation:

Dies ist die Fortsetzung des Fallbeispiels zur Einführung einer Heijunka-Box an der Montagelinie von Waschmaschinen und betrifft nun die Anbindung der Fertigung von einzelnen Komponenten, die in der Montage verbaut werden. Das allgemeine Prinzip (Zwei-Behälter-

Kanban), welches angewandt wurde, soll anhand eines Teiles (Kollektor) erläutert werden (Baudin 2004).

Die Ausgangssituation der Komponentenfertigung ist vereinfacht in Bild 2.80 dargestellt. Die Montage ist unterteilt in die eigentliche Montagelinie und einem zentralem Vormontagebereich mit mehreren Arbeitsplätzen (VM). Beliefert wird dieser Bereich einerseits aus dem Lager mit Zukaufteilen und andererseits mit Kunststoffteilen aus dem Pressenbereich. Beide liefern in einen zentralen Puffer (als Dreiecke dargestellt), aus dem sich die jeweiligen Arbeitsplätze selbst mit Material versorgen. Schließt ein Vormontageplatz einen Auftrag für eine Komponente ab, so wird dieser ebenfalls im selben Pufferbereich zwischengelagert. Die Endmontage holt sich je nach Bedarf Material aus diesem Puffer und stellt dieses dann in einem weiteren Puffer an der Montagelinie ab. Die Steuerung der Vormontage erfolgte durch eine Sichtkontrolle der vorhandenen Bestände und einem Abgleich der Planung der Endmontage. Durch diese Vorgehensweise ergaben sich folgende Verschwendungen:

- Hohe Bestände an Komponenten (bis zu mehreren Wochen an vormonierten Komponenten); damit verbunden hoher Platzbedarf für die Puffer

- hoher Steuerungsaufwand für die Montage der Komponenten; inkl. täglichem, physischem Zählen der tatsächlichen Bestände

- hoher Aufwand für Materialhandhabung, da an mehreren Punkten das Material gepuffert wurde und daher mehrmals bewegt werden musste.

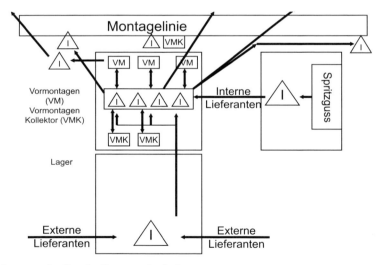

Bild 2.80   Ausgangssituation der Komponentenfertigung

Verbesserungsansatz:

Der prinzipielle Gedanke der Verbesserung war, einen kontinuierlichen Fluss, also weniger Stopps, in die Versorgung der Endmontage mit Komponenten zu bringen. Die Vormontagen sollten dabei so weit als möglich an die Endmontage angekoppelt werden. Es musste demnach einerseits definiert werden, welche Komponenten direkt an der Montagelinie verarbeitet werden konnten; und andererseits, wie diese Bereiche am effizientesten mit Material versorgt werden können.

Die wichtigste Baugruppe, die komplett an die Montagelinie verlagert werden konnte, war der Kollektor. Alle Vorrichtungen und Arbeitsplätze, die für die Vormontage des Kollektors benötigt wurden, sollten in einer Zelle zusammengefasst und an der Linie neu aufgebaut werden. Alle anderen Vormontagen, die zum größten Teil nur mit einem Arbeitsschritt zusammengebaut wurden, konnten in einer Zelle für Kleinbaugruppen mit einem Mitarbeiter kombiniert werden. Eine direkte Integration dieser Arbeitsschritte in die Montagelinie hätte eine komplett neue Austaktung dieser erfordert. Daher wurde der praktikablere Weg dieser Zelle gewählt (Bild 2.81). Für dieses Fallbeispiel ist momentan jedoch nur die Baugruppe der Kollektoren von Bedeutung.

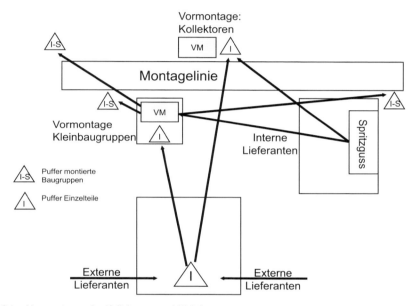

Bild 2.81 Vormontagen der Kollektoren und Kleinbaugruppen

In dieser Vormontage wurden zwei Zukaufteile und verschiedene Teile vom Spritzguss an vier Arbeitsplätzen zum Kollektor verbaut. Diese vier Stationen waren ursprünglich im Vormontagebereich getrennt voneinander und der letzte Arbeitsschritt befand sich direkt an der Montagelinie (VMK in Bild 2.80), was den bereits weiter oben erwähnten, negativen Effekt bzgl. Bestände, Handhabung etc. hatte. Im Aufbau der neuen Arbeitsplätze wurden alle notwendigen Aspekte der Zellenbildung, des Kanban und des One-piece-flow berücksichtigt.

Bild 2.82 zeigt den prinzipiellen Aufbau der Zelle. Die vier Arbeitsplätze (Rohr Schneiden, Rohr Verbauen, Rohr und Ventil Montieren, Montage Kollektor) wurden als kleine U-Zelle im Prozess-Fluss aufgestellt. Großer Vorteil dieser Anordnung ist, dass bei unterschiedlichem Kundenbedarf, die Anzahl der benötigten Mitarbeiter relativ einfach angepasst werden kann. Die einzelnen Arbeitsschritte können entweder von einem, zwei oder vier Mitarbeitern ausgeführt werden, ohne dass irgendwelche Änderungen an der Zelle notwendig wären.

Jeder Schritt hatte eine vorbestimmt Losgröße, die einer Behältergröße von 20 Stück (ca. zehn Minuten Fertigungszeit) entsprach. Anstatt also starr dem One-piece-flow-Prinzip von einer Losgröße von 1 zu folgen, wurde das „One-piece" als ein Behälter definiert. Als nächstes wurden Stellplätze (karierte Boxen in Bild 2.82) an jeder Station bestimmt, die als Signal für den vorgelagerten Arbeitsplatz dienten. Jeder Stellplatz hatte eine Kapazität von zwei Behältern. Entnahm also der Arbeitsplatz „Rohr Verbauen" einen Behälter, so war dies das Signal für „Rohr Schneiden" einen weiteren Behälter zu befüllen. Es war also pro Prozessschritt immer ein Behälter in Bearbeitung und einer im Puffer. Um zu verhindern, dass die Mitarbeiter in ihre alten Gewohnheiten verfallen und unkontrolliert Bestand aufbauen würden, wurde die Anzahl der Behälter limitiert. Dies ergab einen maximalen Bestand von 160 Teilen (zwei Behälter je 20 Teile pro Arbeitsplatz; der erste hat nur Puffer an Komponenten) bzw. 80 min Fertigungszeit. Ziel sollte sicherlich sein, auf einen One-piece-flow zu gehen; dies war jedoch der erste Schritt in die richtige Richtung.

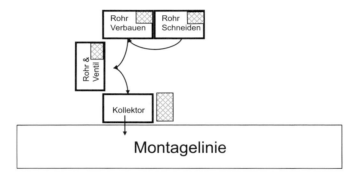

Bild 2.82   Anordnung der Zelle

Als nächstes wurde die Materialversorgung der Zelle verbessert, wozu ein klassisches Zwei-Behälter-Kanban verwendet wurde (Bild 2.83). Jeder Arbeitsplatz wurde mit einem Rollförderer (Bild 2.84) ausgestattet, der eine Ebene für die Versorgung mit vollen und eine für die Entsorgung mit leeren Behältern hat. Der Mitarbeiter entnimmt die Teile direkt aus dem Behälter und verbaut sie. Wenn dieser leer ist, schiebt er ihn in die Ebene für Leergut und ein voller Behälter rutscht automatisch nach. In regelmäßigen Abständen kommt ein Logistikmitarbeiter, sammelt die leeren Behälter ein und bringt in seinem nächsten Rundlauf Volle. Der leere Behälter ist also das Signal für eine Auffüllung und wird durch einen vollen ausgetauscht, daher auch der Begriff Zwei-Behälter-Kanban. Elektronische Lösungen sind hier natürlich auch weit verbreitet. Der leere Behälter wird automatisch eingescannt, was unmittelbar eine Anforderung im Lager auslöst. Die Zeit der Auffüllung kann dadurch drastisch reduziert werden.

Eine weitere Verbesserung im Zusammenhang mit den Zukaufteilen war die Einbindung der Lieferanten. Es wurde eine Vereinbarung bzgl. der Standardisierung der Behälter getroffen, was eine Eliminierung der Einweg-Behälter zur Folge hatte. Die Komponenten werden nun in standardisierten Boxen geliefert, die direkt vom Lager an die Linie gebracht werden können, ein Umpacken daher vermieden wird. Das Leergut wird wieder an den Lieferanten zurückgeschickt.

Vom Prinzip wurde dasselbe System für die Kunststoffteile vom Spritzguss eingeführt. Da die Losgrößen einer Spritzgussanlage bzw. auch die wesentlich geringeren Zykluszeiten nur sehr schwer mit der Montagelinie synchronisiert werden können, konnte es nicht vermieden werden, weiterhin einen Bestand zwischen den Beiden zu haben. Von der Logik her funktioniert der Bestand an Kunststoffteilen genauso wie das Lager. Die Zelle der Kollektoren wird aus dem Spritzgussbereich mit Material versorgt, wobei jeder Behälter einer Karte entspricht. Für die

Spritzgussanlagen wurde ein weiterer Kanbankreislauf definiert, der diese steuert. Es besteht nun also ein Kreislauf zwischen der Kollektorzelle und dem Bestand an Kunststoffteilen, wobei eine Lieferung durch einen Behälter ausgelöst wird. Der zweite Kreislauf besteht zwischen dem Bestand und den Anlagen, bei denen eine Produktion über Karten und die Kanban-Tafel initiiert wird.

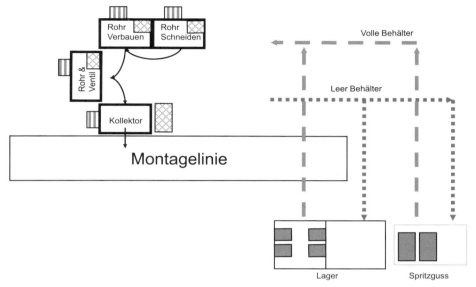

Bild 2.83 Anordnung der Zelle mit Materialversorgung

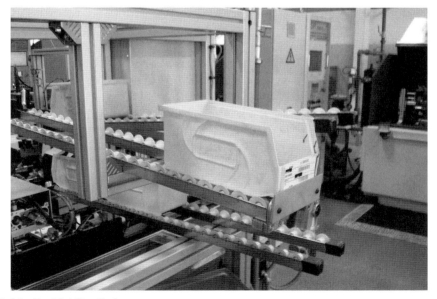

Bild 2.84 Zwei-Behälter-Kanban

Mit diesem Konzept, das für alle Komponenten umgesetzt wurde, konnten sämtliche Arten der Verschwendung, wie sie am Anfang dieses Fallbeispiels aufgezählt wurden, beseitigt werden. Es wurden nicht nur der Bestand und damit auch der Platzbedarf nachhaltig reduziert, es hatte auch unmittelbare Auswirkungen auf die gesamte Planung und Steuerung. Durch die selbststeuernden Prozesse wurde die Notwendigkeit, Teile zu zählen, die Komponentenfertigung zu planen und zu steuern etc. zur Gänze eliminiert. Ein regelmäßiges Audit der Kreisläufe und der verwendeten Parameter war die wichtigste Aufgabe, die in diesem Zusammenhang noch durchgeführt werden musste.

Fallbeispiel 2.9   Projektgeschäft – Einführung eines internen Logistikers

Ausgangssituation:

In diesem Beispiel sehen wir uns an, wie mithilfe eines internen Logistikers (IL) Bestände und Durchlaufzeit drastisch reduziert werden konnten und dies nur als Nebenprodukt eines Projektes zur Produktivitätssteigerung. Folgende Rahmenbedingungen sind für die Ausgangslage interessant:

- Der Bereich der Lackierung dient als Dienstleister für die vorgelagerte Kunststoffproduktion und beliefert die Montage.
- Die einzelnen Abteilungen der Lackierung sind Schleifen, Grundieren, Lackieren und Polieren, die alle zwar im selben Gebäude sind, räumlich allerdings durch relativ weite Distanzen voneinander getrennt sind. Speziell die Lackierung und das Polieren sind über mehrere Punkte im Bereich verteilt. Das Schleifen war jedoch nicht immer der erste Arbeitsschritt.
- Es handelt sich dabei um ein reines Projektgeschäft. Jedes Produkt wird also nur für einen Kunden produziert und über die Dauer des Projektes (kann mehrere Jahr dauern) in unterschiedlichen Stückzahlen und Zeiträumen innerhalb eines Rahmenvertrages geordert.

Die vier Prozessschritte innerhalb der Lackierung agierten relativ unabhängig voneinander und die Priorisierung der Aufträge bzgl. der Reihenfolge wurde nur sehr flexibel gestaltet. Für die Produktionsplanung war die gesamte Lackierung nur ein Prozessschritt in den Arbeitspapieren, der als schwer planbar angesehen wurde und dementsprechend auch mit langen Durchlaufzeiten versehen wurde. Dies hatte zur Folge, dass die Lieferzeiten so weit in der Zukunft lagen, dass sie letztendlich nicht wirklich für die Steuerung vor Ort als Hauptkriterium verwendet wurden.

Wichtiger als die Liefertreue war das Erreichen der Produktivitätsziele. Dadurch wurden auch Aufträge, die diese Zahl positiv beeinflussten, häufiger bevorzugt. Zwischen den einzelnen Abteilungen entstanden so unkontrollierte Bestände (Bild 2.85), die letztendlich auch zu einem Produktivitätsproblem wurden, da Behälter und Gestelle ständig verschoben werden mussten, um an den nächsten Auftrag zu gelangen. Zusätzlich waren die Mitarbeiter der einzelnen Bereiche verantwortlich für den Transport der Aufträge zum nächsten Prozessschritt. Ob dies eine Hol- und Bringschuld war, war auch nicht eindeutig geklärt. Entweder brachte man einen Behälter zur nächsten Abteilung oder man holte sich Arbeit, je nachdem wie es die Situation erforderte. Aus dem ursprünglichen Fokus der Produktivitätssteigerung ergab sich, dass die Mitarbeiter einen gravierenden Anteil ihrer Arbeitszeit damit verbrachten, Material und Behälter zu bewegen. Es musste also der gesamte Materialfluss innerhalb des Bereiches neu definiert werden. Die Entscheidung des Managements war, dass die Mitarbeiter von den nichtwertschöpfenden Tätigkeiten der Materialhandhabung befreit werden sollten und auch eine bessere Organisation der Abarbeitung von Aufträgen erforderlich war. Der Ansatz, der gewählt wurde, war der eines ILs.

Bild 2.85   Unkontrollierte Bestände nach dem Schleifen

Verbesserungsansatz:

   Mizusumashi

Ein interner Logistiker ist unter vielen Bezeichnungen bekannt, wie beispielsweise der ursprünglichen von Toyota „Mizusumashi", Wasserläufer zu Deutsch, oder Bandlogistiker. Der grundsätzliche Gedanke, wie er in seinen Ursprüngen in der Automobilindustrie verwendet wurde, ist die Trennung von wertschöpfenden und nicht-wertschöpfenden Aktivitäten an der Linie, die im Zusammenhang mit der Materialver- und -entsorgung zu sehen waren. Der Mizusumashi übernimmt demnach Aufgaben wie die auftragsbezogene Zusammenstellung des Materials (als Kit-Bildung bezeichnet), die Versorgung der Linie mit allen benötigten Materialien sowie der Entsorgung von Verpackungsmaterial. Der besondere Unterschied zu den herkömmlichen Aufgaben eines Logistikmitarbeiters liegt darin, dass besondere Prozess- und Produktkenntnisse Voraussetzung für diese Tätigkeit sind. Diese Mitarbeiter müssen ganz genau wissen, was sie wohin zu liefern haben; sie müssen also alle Teile und Prozessschritte kennen, um Verwechslungen so weit als möglich ausschließen zu können. In der Regel werden daher sehr erfahrene Mitarbeiter in dieser Position eingesetzt (Reitz 2008).

Zuallererst wurden die Aufgaben des ILs definiert:

▪ Sortieren des Materials, welches vom internen Lieferanten Kunststoffabteilung angeliefert wurde, nach Vorgaben der Steuerung (Liedertermin/Dringlichkeit) und den jeweils ersten Arbeitsschritt zuordnen.

- Transportieren der einzelnen Aufträge von einem zum nächsten Arbeitsschritt. Besondere Bedeutung wurde darauf gelegt, dass der IL darauf zu achten hat, dass die im ersten Schritt festgelegte Reihenfolge der Abarbeitung eingehalten wird.
- Sicherstellen der Versorgung mit Verbrauchsmaterialien (z. B. Farbe für die Lackierung, Schleifpapier für die Schleifabteilung).
- Entsorgen nicht-benötigter Materialien.

Wie aus dieser Liste entnommen werden kann, waren dies teilweise Aufgaben, die tiefgreifende Kenntnisse der Produkte und Abläufe erforderten (z. B. Bestimmung der Reihenfolge der Aufträge). Es wurde daher auch einer der erfahrensten Mitarbeiter des Bereichs für diese Position gewählt. Die tatsächliche Ausgestaltung der einzelnen Punkte wird nun im Detail beschrieben.

Ein Mitarbeiter aus dem Kunststoffbereich transportiert die einzelnen Aufträge aus seinem Bereich zur Lackierung und stellt diese an einem zentralen Punkt beim Eingang ab. Diese Aufträge können verschiedene Prozessschritte in der Lackierung durchlaufen und haben auch verschiedene Prioritäten bzgl. des Liefertermins. In der Ausgangslage war dieser Bereich nur eine Ansammlung an Behältern, aus denen sich die Mitarbeiter ihren jeweils nächsten Auftrag heraussuchen mussten. Es wurde ein „Parkplatz" definiert mit drei verschiedenen Bahnen (Bild 2.86). Bahn 1 dient als Wareneingang aus dem Kunststoffbereich. Der IL stellt die angelieferten Aufträge aus dieser Bahn in der richtigen Reihenfolge in Bahn 2. Die dritte Bahn ist für Material reserviert, welches von der Grundierung zum Schleifen geht. Die Mitarbeiter holen sich ihre Aufträge aus Bahn 2 und 3, wobei die genaue Reihenfolge bereits festgelegt ist.

Bild 2.86   Parkplatz als Wareneingang (linkes Bild) und Haltestelle (rechtes Bild)

Der zweite wichtige Aufgabenbereich des ILs ist der Transport der Aufträge zwischen den einzelnen Arbeitsschritten. Dafür wurden feste Routen mit Haltestellen und einem fixen Zeitplan definiert (Bild 2.87), wobei über den Arbeitstag der ILer verteilt insgesamt sechs verschiedene Routen existierten. Jede Haltestelle wurde auch tatsächlich mit einem Zeichen für eine Haltestelle versehen, das auch einen Fahrplan des Ils beinhaltete. Da diese Position nur in Schicht 1 und 2 besetzt ist, die Produktion jedoch in drei Schichten tätig ist, muss er in seiner ersten Route um 5:30 zuallererst die Aufträge vom ersten Prozess des Schleifens zum Lackieren bringen, um einen Stau zu verhindern. In der sechsten und letzten Route um 21 Uhr wird sichergestellt, dass alle Abteilungen mit ausreichend Arbeit versorgt sind. In den Routen dazwischen ist es außerdem von Bedeutung, die abgeschlossenen Aufträge von der Verpackung zum Versand zu transportieren. Manche Aufträge hatten auch Bearbeitungszeiten von mehreren Schichten je Prozessschritt. Der IL konnte in diesen Fällen auch über Teillieferungen von einer Abteilung zur nächsten entscheiden. Die Begleitpapiere mussten auch dementsprechend angepasst werden, um dies zu ermöglichen.

Route 4 – Start 12:45

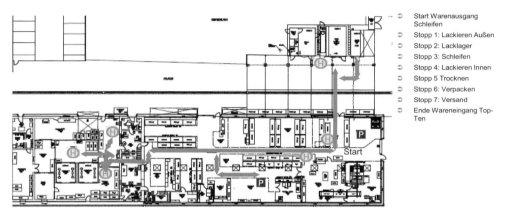

Start Warenausgang Schleifen

Stopp 1: Lackieren Außen

Stopp 2: Lacklager

Stopp 3: Schleifen

Stopp 4: Lackieren Innen

Stopp 5 Trocknen

Stopp 6: Verpacken

Stopp 7: Versand

Ende Wareneingang Top-Ten

Bild 2.87   Definierte Routen mit Haltestellen

Ein weiterer Bestandteil seiner Routen sind auch die Versorgung mit Verbrauchsmaterial und die Entsorgung von nicht benötigten Materialien. In den einzelnen Prozessschritten wurde ein ähnliches Zwei-Behälter-Kanban-System eingeführt wie im vorherigen Fallbeispiel. Schleifen benutzte z. B. verschiedene Arten von Schleifpapier, von denen je nach der Häufigkeit des Gebrauchs eine unterschiedliche Anzahl an Rollen vor Ort verfügbar war. Jede Rolle wurde mit einer Karte versehen, die nach Verbrauch dieser in einen zentralen Briefkasten innerhalb des Bereichs geworfen wurde. Während einer Route sammelte der IL alle Karten ein und lieferte in der folgenden Runde das benötigte Material. Es musste demnach zwischen den einzelnen Routen ausreichend Zeit eingeplant werden, sodass der IR alles benötigte Material zusammenstellen konnte.

Solch ein Konzept kann natürlich nur funktionieren, wenn es klar definierte Spielregeln gibt und sich auch jeder daran hält. Bei der Einführung ist es eine besondere Herausforderung, dass sich alle Beteiligten diszipliniert an die Vorgaben halten. Mitarbeiter der Produktion müssen sich z. B. an die vorgegeben Reihenfolge der Aufträge halten oder dürfen das Material nur in die für ihre Abteilung vorgesehenen Haltestellen bringen. (Bild 2.86). Dem IR kommt dabei ebenfalls große Bedeutung zu, da er die Kollegen unmittelbar auf Verstöße hinweisen muss. Daraus ergibt sich auch, dass für diese Aufgabe nur erfahrene Mitarbeiter in Frage kommen, die den Respekt der Mitarbeiter haben und nicht unmittelbar den Vorgesetzten einschalten müssen, wenn ein Behälter falsch abgestellt wurde. Es dauerte in diesem Fall mehrere Wochen, bis die neuen Abläufe für alle Mitarbeiter zur Routine wurden. Insgesamt wurden folgende Verbesserungen erzielt:

- Reduzierung der Bestände durch eine relativ zeitnahe Weiterleitung der Aufträge von einem Arbeitsschritt zum nächsten
- Erhöhung der Liefertreue durch eine klare Priorisierung der Aufträge am Anfang und der Kontrolle der Einhaltung dieser
- Erhöhung der Produktivität der Produktionsmitarbeiter, da sie keine Aufträge suchen, keine Behälter verschieben und kein Verbrauchsmaterial holen mussten

Diesen Ergebnissen müssen natürlich die Kosten der zusätzlichen Mitarbeiter als Ils gegenübergestellt werden. Alleine die Produktivitätssteigerung in der Produktion ließ keinen Zweifel an der Sinnhaftigkeit des eingeführten Konzeptes.

Fallbeispiel 2.10   Serienfertigung – Einführung eines Supermarktes kombiniert mit einem Bandlogistiker

Ausgangssituation:

In vielen Unternehmen wird wertvolle Produktionsfläche für die Lagerung von Material verwendet. Es handelt sich dabei nicht um Zwischenpuffer, die eine relativ begrenzte Reichweite abdecken, sondern mehr um eine Erweiterung des eigentlichen Lagers. Auch in diesem Fall befanden sich ganze Regalreihen und größere Stellflächen mitten in der Produktion (Bild 2.88). Von manchen Materialien gab es Bestände von mehreren Wochen in der Produktion.

Bild 2.88   Lagerflächen in der Produktion

Die ursprüngliche Begründung für diese Lagerung innerhalb der Produktion hatte zwei Aspekte. Erstens, es sollte eine reibungslose Materialversorgung gewährleistet werden; Stillstände wegen Materialmangels konnten dadurch komplett vermieden werden. Zweitens, der Aufwand für die Logistik wurde gering gehalten. Die Anzahl der Lieferungen vom Lager zur Produktion wurde auf ein Minimum reduziert.

Die negativen Effekte dieser Vorgehensweise wurden allerdings bei dieser Betrachtung nicht im vollen Umfang berücksichtigt:

- Die Bestände im gesamten Wertstrom deckten teilweise mehrere Wochen ab. Ganze Paletten standen im Lager und in der Produktion, obwohl eine Einheit wie eine Schachtel die Versorgung hätte sichern können. Besonders gravierend war die Bestandssituation für Materialien, die in mehreren Bereichen verwendet wurden. Bild 2.89 zeigt beispielhaft diesen Fall für eine

Komponente. Die Anlieferung erfolgte auf Paletten zu je 1.000 Stück (20 einzelne Behälter à 50 Teile). Im Lager waren drei komplette Paletten bei einer Bestandsaufnahme vorhanden. Verwendet wurde dieses Bauteil in drei verschiedenen Fertigungsbereichen, weswegen auch drei Paletten im Lager vorrätig waren. In jeden dieser Bereiche wurde eine komplette Palette geliefert. Die Mitarbeiter der betroffen Stationen entnahmen je nach Bedarf einen Behälter. Das Ergebnis der Bestandsaufnahme in der Fertigung ist in Bild 2.89 zusammengefasst, wobei allerdings nur die vollen Behälter auf den Paletten gezählt wurden. Insgesamt ergab die Zählung eine Menge von 4.800 Stück oder eine Reichweite von 24 Tagen bei einem durchschnittlichen Gesamtbedarf von 200 Stück/Tag für diese Komponente.

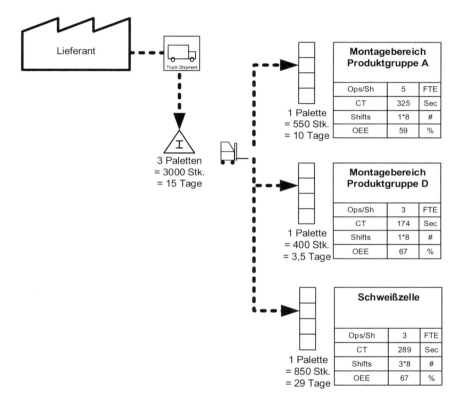

Bild 2.89 Wertstrom für eine Komponente

- Pro Anlieferung konnten maximal zwei Paletten oder Gitterboxen transportiert werden. Im gesamten Werk waren jede Schicht 18 Gabelstapler unterwegs, um die Produktion mit Material zu versorgen und das Leergut zu entfernen. Dieses „Verkehrsaufkommen" führte immer wieder zu kleinen Staus, wenn bis zu vier Gabelstapler an einem Punkt zusammentrafen.
- Die Produktionsmitarbeiter waren für die Versorgung ihrer Arbeitsplätze mit Material aus diesen dezentralen Lagerplätzen verantwortlich. Sie mussten z. B. das Auspacken aus den Paletten und das Zusammenfalten der Kartonagen übernehmen. Dies hatte nicht zu unterschätzende negative Auswirkungen auf die Produktivität einzelner Bereiche. Besonders gravierend war dies in einigen Zellen, in denen mehrere Arbeitsplätze verknüpft waren. Verließ

ein Mitarbeiter seinen Arbeitsplatz, um Material zu holen, so kam es relativ schnell zum Stopp der nachgelagerten Schritte. Eine OEE-Auswertung ergab, dass zwischen 3 und 5 % Verluste an Verfügbarkeit dadurch verursacht wurden.

- In manchen Produktionsbereichen wurden bis zu 50 % der Fläche als Stellplätze genutzt. Nach Berücksichtigung der Fahrwege, Plätze für Werkzeugschränke und aller anderen nicht-produzierenden Flächen ergab sich, dass weniger als 20 % der Werkshalle tatsächlich zur Produktion genutzt wurde.

All diese unterschiedlichen Verschwendungsarten führten dazu, dass das gesamte System der internen Materialversorgung hinterfragt werden sollte. Ein ganzheitlicher Ansatz musste gefunden werden, um die hohe Materialverfügbarkeit mit einem wesentlich geringeren Aufwand zu gewährleisten.

Verbesserungsansatz:

Im ersten Schritt wurde während eines Managementworkshops erarbeitet, wie das Konzept prinzipiell aussehen sollte. Der gesamte Materialfluss wurde dazu in drei Abschnitte und damit Fragestellungen unterteilt:

- Wie soll das Material innerhalb eines Produktionsbereiches gehandhabt werden?
- Wie kommt das Material vom Lager zum Produktionsbereich?
- Wie wird das Material innerhalb des Lagers für den internen Transport vorbereitet?

Ausgehend vom Kunden – dem Produktionsbereich – des Prozesses „Materialversorgung" wurden mögliche Lösungen für die drei Fragestellungen diskutiert. Letztendlich kam das in Bild 2.90 dargestellte Konzept zustande.

Zur ersten Frage nach dem Konzept für die Produktionsbereiche wurden drei Möglichkeiten definiert. Ausgangspunkt dafür war, dass sämtliche dezentralen Lager aufgelöst werden würden.

- Das Material kann direkt an die Anlage geliefert werden. Dies war die bevorzugte Lösung. Dass dies allerdings in der Praxis nicht immer machbar oder sinnvoll wäre, war allen Beteiligten klar.
- Ist eine Direktanlieferung nicht möglich, wird für einen oder mehrere Bereiche ein Supermarkt aufgebaut. Der Unterschied zu den alten, dezentralen Lagern wurde dazu wie folgt beschrieben. (a) Die Reichweiten sollten so gering wie möglich sein. (b) Das Material wird in denselben Behältern von der Logistik zur Verfügung gestellt, wie sie auch in der Produktion verwendet werden. Es soll kein Umpacken in der Produktion geben. Ausnahmen gibt es nur für Schüttgut (Schrauben, Beilagscheiben etc.). (c) Das Auffüllen der Supermärkte erfolgt durch eine Verbrauchssteuerung.

 Supermarkt

Ein Supermarkt ist eine Zwischenstufe vom Lager in die Produktion. Zumeist wird das Material in kleineren Einheiten als im Lager in produktionsnahen Regalen abgestellt. Die Produktionsmitarbeiter selber oder eine für die Materialversorgung verantwortliche Person versorgen die jeweilige Produktionseinheit direkt mit dem Material aus dem Supermarkt.

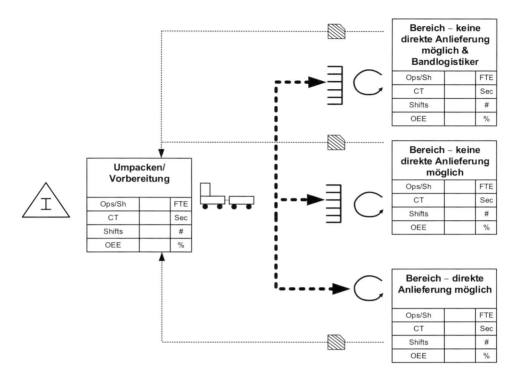

Bild 2.90 Konzept des internen Materialflusses

▪ Bei den Supermärkten wird unterschieden, ob die Produktionsmitarbeiter nach wie vor die Versorgung der Arbeitsplätze übernehmen oder ob es einen Bandlogistiker geben soll. Für jeden einzelnen Bereich und Supermarkt musste anhand des Aufwands und der OEE-Verluste berechnet werden, ob sich der Bandlogistiker begründen lässt. Eine zusätzliche Person für die Materialbewegung muss letztendlich die Verluste der Produktion mehr als kompensieren.

Aus diesen Vorgaben wurde zuerst bestimmt, welche dezentralen Lagerorte abgebaut werden konnten und welchen Einfluss dies auf das Layout haben könnte. Es war vor allem in diesem Zusammenhang interessant, ob dadurch in manchen Bereichen eine Direktanlieferung möglich sein würde. Für viele Produktionseinheiten war es physisch eine Herausforderung, das Material von der Logistik an die Maschine geliefert zu bekommen. Durch den Abbau von Regalen etc. konnten einige Layoutänderungen durchgeführt werden, sodass ein direkter Zugang ermöglicht wurde.

Bild 2.91 zeigt ein Beispiel, wie eine Direktanlieferung an einer Schweißanlage gestaltet wurde. Da sich diese direkt an einem Fahrweg befand, konnten die Behälter vom Logistikmitarbeiter einfach in das Regal geschoben werden. Für Schüttgut wurden Rohre verwendet, in die das Material geleert wurde (linkes Bild). Der Maschinenbediener konnte dann in seinem Arbeitsbereich das Material für jeden Zyklus entnehmen (rechtes Bild). Der Produktionsmitarbeiter hatte dadurch einen minimalen Aufwand für die Materialhandhabung. Die unterste

Regalreihe wurde für das Leergut verwendet. Das Etikett auf dem leeren Behälter scannte der Logistikmitarbeiter beim Abholen ein. Damit erhielt das Lager die Information zum Verbrauch, was noch im Detail weiter unten beschrieben wird.

Bild 2.91 Beispiel Direktanlieferung an eine Schweißanlage

Bild 2.92 zeigt das Beispiel für einen Supermarkt, der ebenfalls vom Logistikmitarbeiter befüllt wurde. Von diesem Supermarkt aus wurden insgesamt 19 Arbeitsplätze eines Montagebereichs mit Kleinteilen versorgt. Die Montageprozesse waren zum größten Teil manuell, weshalb jede Unterbrechung der Arbeit zu Verlusten an Stückzahlen führte. Zykluszeit- und Multimomentaufnahmen hatten belegt, dass Mitarbeiter zwischen 8 und 11 % ihrer Zeit mit Materialbewegung verbrachten hatten. Um diese Verluste zu vermeiden, übernahm ein Bandlogistiker die gesamte Ver- und Entsorgung der einzelnen Arbeitsplätze.

Der Logistikmitarbeiter stellte die Verbindung zwischen dem Lager und dem Supermarkt dar. Der Bandlogistiker übernahm die Verbindung zwischen dem Supermarkt und den einzelnen Arbeitsplätzen. Zu den Hauptaufgaben dieses Mitarbeiters gehörten:

- Auswechseln von leeren Behältern am Arbeitsplatz durch volle Behälter aus dem Supermarkt (2-Behälter-Kanban-System zwischen Supermarkt und Arbeitsplatz)
- Abstellen der leeren Behälter in den entsprechenden Ebenen im Supermarkt für das Rückführen zum Lager
- Auffüllen von Behältern von Klein- und Kleinstteilen (z. B. Schrauben, Muttern) am Arbeitsplatz

Bild 2.92   Beispiel Supermarkt für einen Montagebereich

- Scannen der Etiketten auf den Behältern/Schachteln bei der Entnahme aus dem Supermarkt; das Scannen übermittelte unmittelbar die Information zum Verbrauch an das Lager (mehr dazu weiter unten zu den Veränderungen im Lager)
- Entsorgen von Kartonagen und sonstigem Verpackungsmaterial

Prinzipiell mussten die Produktionsmitarbeiter diese Tätigkeiten übernehmen, wenn ein Bandlogistiker nicht zu rechtfertigen war. Dies ergab sich hauptsächlich an Arbeitsplätzen, wo Mitarbeiter prozessbedingt Wartezeiten hatten und damit die Verluste durch die Materialbewegung tolerierbar waren.

Die zweite Fragestellung im Konzept war, wie das Material vom Lager zum Produktionsbereich kommt. Die wichtigste Vorgabe für dieses Thema sollte sein, dass Stapler in den Produktionsbereichen zur Gänze vermieden werden sollten. Als Hauptgründe gegen Gabelstapler wurden folgende Punkte erarbeitet:

- Die Transportkapazität ist beschränkt. Im Schnitt wurden bei einer Fahrt in die Produktion ein bis zwei Paletten/Gitterboxen transportiert. Außerdem ergaben sich häufig Leerfahrten zurück in das Lager. Im ersten Schritte des Konzeptes wurde auf kleinere Landungsträger gewechselt. Gabelstapler erweisen sich dafür als weniger geeignet.
- Das hohe Verkehrsaufkommen der Stapler führte zu neuralgischen Gefahrenpunkten in der Produktion. An diesen Punkten kam es manchmal zu kleineren Unfällen.
- Speziell im Lager mussten für die Stapler, bedingt durch den eingeschränkten Wendekreis, breitere Fahrwege vorgesehen werden. Zwischen den einzelnen Regalreihen wurde viel Platz verschwendet, um das Ein- und Auslagern zu ermöglichen.
- Die Gabeln führten zu Beschädigungen von Material und Ladungsträgern sowie Regalen und Böden. Dies verursachte in manchen Bereichen nicht unerhebliche Kosten.

Aus der Lösung der Materiahandhabung in der Produktion leitete sich ab, dass ein Routenzug der praktikabelste Ansatz wäre. Als Pilot wurde eine Route definiert, an der das neue Vorgehen getestet wurde. Dieser erste Routenzug (Bild 2.93) sollte nach der Definition der Route und der damit verbundenen Dimensionierung des Materialumfanges insgesamt drei Gabelstapler ersetzen. Eine Fahrt auf dieser Route sollte maximal eine Stunde betragen, womit der Zielwert von zwei Stunden Reichweite in der Produktion ermöglicht werden könnte. Die Erkenntnisse aus dem Piloten sollten so aussagekräftig wie möglich sein. Deshalb wurde sichergestellt, dass die oben erwähnten Varianten der Materialbereitstellung in der Produktion in dieser Route zu finden waren. Es sollte eine Direktanlieferung an die Anlage und das Auffüllen des Supermarktes Teil der Fahrt sein.

Bild 2.93   Routenzug zum Transport von Kleinteilen vom Lager zu den Produktionsbereichen

Die vier Anhänger des ersten Routenzuges wurden nach den jeweiligen Stopps unterteilt. Der Fahrer konnte so stehen bleiben, dass sich der entsprechende Anhänger so nah wie möglich am Ausladepunkt befand. Die Touren sollten so effizient wie möglich gestaltet werden, damit die Zeitdauer gering gehalten werden konnte.

Die wichtigsten Erkenntnisse aus diesem ersten Piloten ergaben:

- Die Dimensionierung der Route war etwas zu optimistisch angesetzt. Der Zielwert von einer Stunde für eine Fahrt konnte auch nach einiger Zeit nicht erreicht werden. Die Fahrtstrecke und die Stopps mussten entsprechend angepasst werden.

- Es mussten kleine, räumliche Anpassungen durchgeführt werden, um die gefahrenfreie Fahrt in allen Bereichen zu gewährleisten. Manche Stellen in der Route waren zu eng oder der Kurvenradius war nicht groß genug.

- Ein Supermarkt musste von der Lage und Strukturierung her angepasst werden. Eine optimale Balance zwischen dem Aufwand des Beladens durch den Fahrer und der Entnahme durch die Produktion sollte gewährleisten werden.

Bevor dieser Pilot gestartet werden konnte, musste auch noch die dritte Fragestellung geklärt werden. Wie wird das Material innerhalb des Lagers für den internen Transport vorbereitet? In diesem Zusammenhang musste zuerst definiert werden, wie die Vorbereitung des Materials gehandhabt werden könnte.

In der Ausgangsituation wurden aus dem Lager zumeist ganze Behälter, Paletten oder Gitterboxen geliefert. Der Staplerfahrer entnahm diese aus dem Regal und transportierte im Regelfall maximal zwei davon in die Produktion. Nun mussten wesentlich kleinere Einheiten in einer größeren Zahl ausgelagert und transportiert werden. Daraus ergaben sich neue Tätigkeiten, für die bestimmt werden musste, von wem und in welcher Vorgehensweise sie durchgeführt werden sollten:

- Wurden Teile in Gitterboxen oder sonstigen größeren Behältern geliefert, mussten sie in kleinere Ladungsträger umgepackt werden.
- Wurden Teile in Behältern geliefert, von denen sich mehrere auf einer Palette befanden, so mussten sie von den Paletten genommen werden.

Einerseits könnten diese Tätigkeiten vom Fahrer durchgeführt werden. Dies würde allerdings die Routenzeiten wesentlich verlängern und damit auch die Zahl der notwendigen Routenzüge. Andererseits könnte es auch von Mitarbeitern des Lagers gemacht werden. Dafür müsste speziell für das Umpacken ein separater Platz im Lager geschaffen werden. Zusätzliches Personal wäre auch bei dieser Variante nötig. Letztendlich ergaben Berechnungen, dass die kostengünstigere Vorgehensweise ist, dass Mitarbeiter aus dem Lager die komplette Vorbereitung übernehmen würden. Der Ablauf folgt dem Konzept in Bild 2.90.

1. (a) Befindet sich in einem Bereich ein Supermarkt, so wird das Etikett am Behälter bei der Entnahme durch den Bandlogistiker oder Produktionsmitarbeiter gescannt. Es wird also ein voller Behälter gescannt. Dadurch wird im Lager automatisch ein neues Etikett für dieses Material gedruckt. Dies gilt als Information für den Lagermitarbeiter, dass er einen neuen Behälter vorbereiten muss. (b) Wird das Material direkt an einen Arbeitsplatz geliefert, so übernimmt der Fahrer das Scannen, wenn er einen leeren Behälter abholt. Im Vergleich zu Situation (a) wird hier ein leerer Behälter gescannt.

2. Der Drucker für die Etiketten befindet sich in einem extra zur Vorbereitung der Routenzüge eingerichteten Bereich (Bild 2.94). Der Mitarbeiter muss unterscheiden, ob das Material umgepackt werden muss oder ob eine ganze Schachtel in die Produktion gebracht wird. Das Lager musste auch entsprechend umstrukturiert werden.

   a) Die einzelnen Regalreihen waren entsprechenden Routen zugeordnet. Für Materialien, die in mehreren Bereichen verwendet wurden, gab es einen eigenen, zentralen Abschnitt.

   b) Mussten einzelne Teile aus einem größeren Behältnis gepickt werden, so wurde die gesamte Palette oder Gitterbox an dem fixen Stellplatz gelagert. Dieser befand sich in der untersten Reihe im Regal (1 in Bild 2.94). Jede einzelne Materialnummer stand immer an derselben Stelle. Die darüber liegenden Reihen wurden für die Bestände zum Nachfüllen verwendet und hatten keine fixen Plätze innerhalb einer Regalreihe (2 in Bild 2.94). Wurde neu angeliefertes Material eingelagert, so wurde der nächste, freie Stellplatz verwendet.

   c) Für Material, welches in den ursprünglichen Behältnissen in die Produktion geschickt wurde, wurde ein eigenes Regal mit Rollenbänder aufgestellt (3 in Bild 2.94). Die Entnahme der Schachtel/Box etc. erfolgte von der Vorderseite und das Auffüllen von der Rückseite

d) Für das Ein- und Auslagern von Paletten etc. wurde ein spezieller Hochregalstapler gemietet, dessen Gabeln zur Seite gerichtet sind. Ein Wendekreis entfällt damit komplett, wodurch die Abstände zwischen den Regalreihen erheblich reduziert werden konnte. Dieser gewonnene Platz wurde für die Vorbereitungszonen gebraucht.

3. Die Mitarbeiter des Lagers entscheiden, wer für welche Routen die Vorbereitung übernimmt. Zu jedem gegeben Zeitpunkt ist es klar, wer welchen Bereich vorbereitet. Der Mitarbeiter sammelt anhand der ausgedruckten Etiketten das benötigte Material ein und bestückt damit die Anhänger des Routenzuges. Die Abfahrtszeiten jeder einzelnen Route sind klar definiert, was als zeitliche Orientierung für den Mitarbeiter gilt, wann das Material vorbereitet sein muss.

4. Der Routenzug kommt nach der Runde in der Produktion an die entsprechende Vorbereitungszone, wo bereits die nächsten Anhänger warten. Die leeren Anhänger werden ab- und die vollen angehängt. Es findet also nur ein Wechsel der Anhänger statt. Der Fahrer kann bereits nach wenigen Minuten im Lager seine Route wieder starten.

Bild 2.94   Vorbereitungszone für einen Routenzug

Die ursprüngliche Zielsetzung für das Projekt sollte die Reduzierung der Bestände sein. Dieses Ziel wurde auch erfüllt. Im Vergleich zu den Zahlen in Bild 2.89 wurde der Bestand im Lager von drei Paletten auf maximal zwei reduziert. Der größere Effekt ergab sich in der Produktion, wo die Bestandshöhe auf maximal einen Tag oder 200 Stück verringert wurde. Diese 200 Stück ergaben sich aus jeweils zwei Behältern á 50 Stück am Arbeitsplatz und im Supermarkt. Die beiden Montagelinien werden aus dem Supermarkt beliefert. Für die Schweißzelle war eine Direktanlieferung möglich, wodurch der Bestand maximal zwei Behälter betrug. Zusätzlich konnten noch folgende positive Effekte erreicht werden:

- Die 18 Gabelstapler wurden durch 6 Routenzüge ersetzt. Leasingkosten konnten damit erheblich reduziert werden. Die personelle Einsparung wurde teilweise durch die Erhöhung der Anzahl an Mitarbeiter im Lager und der Bandlogistiker kompensiert.

- Die Produktivität in einzelnen Bereichen stieg um bis zu 10 %. Dies wurde hauptsächlich mit der Reduzierung von unnötiger Bewegung der Produktionsmitarbeiter erreicht.

- Der Flächengewinn in der Produktion erreicht annähernd 10 %. Zahlreiche dezentrale Lagerpunkte wurden abgebaut, die wichtige Produktionsfläche frei machten.

Fallbeispiel 2.11 Serienfertigung – Verwendung einer Wertstromanalyse

Ausgangsituation:

Wertstromanalysen werden zumeist für einzelne Produkte oder Produktgruppen erstellt. Auch in diesem Fall wurde der Wertstrom in Bild 2.95 für eine Produktgruppe, die ein Zulieferer der Automobilindustrie an einem seiner Standorte produzierte, erstellt. Die einzelnen Kapazitäten wurden entweder mit anderen Produktgruppen geteilt (Schneiden, Pressen, Lackierung) oder waren zu 100 % dieser zugeordnet. Die einzelnen Schritte sind:

- Vom Kunden kommen per EDI (Electronic Data Interface) die wöchentlichen Abrufe, die von der Logistik in einen Wochen- und die entsprechenden Tagespläne übertagen werden. Alle Bereiche (außer Lackierung und Montage) erhalten daraus abgeleitet ihre jeweiligen Pläne, was an den nächsten Schritt geliefert werden muss.

- Das Ausgangsmaterial Stahlrollen wird angeliefert und kommt in ein Lager, in dem Material mit einer Reichweite von drei Tagen liegt. Die Bestellungen werden über die Logistik als Ergebnis der Planung an den Lieferanten geschickt.

- Der erste Arbeitsschritt ist das Zuschneiden von Platten. Da die Losgrößen immer einer Rolle entsprechen, stimmen die Mengen aus den Plänen nie mit diesen überein. Aus einer Rolle können allerdings verschiedene Platten geschnitten werden, die dann in ein Zwischenlager kommen. Aus einer täglichen Zählung des Lagerbestandes und der notwendigen Mengen der Woche bestimmt der Bereichsleiter, was, wann produziert werden muss. Während der Erstellung des Wertstromes war von den drei Varianten für diese Produktgruppe eine Gesamtmenge an 24.537 Stück in diesem Zwischenlager, was bei einer Zykluszeit von 5,8 s einer durchschnittlichen Liegezeit von 48 h entspricht. Berücksichtigt man den OEE, so wären dies 64 h.

- Aus diesen drei Varianten entstehen beim Pressen acht verschiedene Teile, die wieder zwischengelagert werden (Gesamtmenge von 15.249 Stück oder 61 h – Bild 2.96). Die Tagesplanung erfolgt wieder genauso wie beim Schneiden. Allerdings waren hier nicht Rollen sondern Mindestlosgrößen bestimmend über den tatsächlichen Produktionsmix. Die Zykluszeit an den Anlagen liegt eigentlich bei durchschnittlich 43,5 s, bei drei Maschinen wird demnach alle 14,5 s ein Teil fertiggestellt.

- Prozessschritt 3 ist eine Zelle, die zu 100 % nur für diese Produktgruppe arbeitet. Hier werden jeweils zwei Teile entweder vernietet oder verschweißt. Am Ende der Anlagen werden die Teile direkt auf einen Wagen gehängt. Hier entsprach zum ersten Mal die Tagesproduktion auch der eigentlichen Planung. Diese Wagen werden dann, sobald sie mit 252 Teilen behängt wurden, in einen Puffer vor der Lackierung von Mitarbeitern der Zelle geschoben.

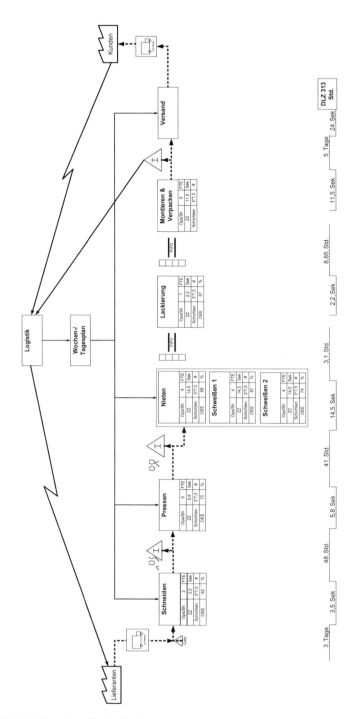

Bild 2.95 Aktueller Wertstrom für eine Produktgruppe

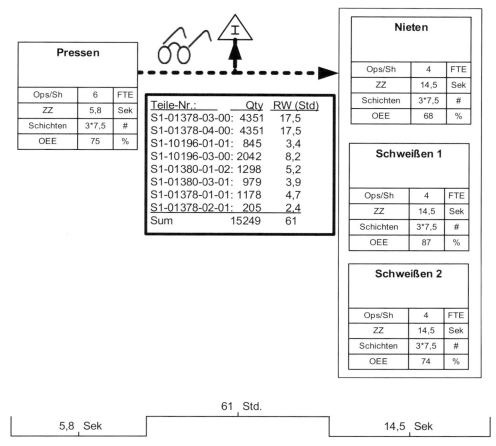

Bild 2.96 Detaildarstellung von Beständen zwischen Pressen und Nieten/Schweißen

- In der Lackierung kommen wieder Teile aus allen Produktgruppen zusammen und stehen in einer FIFO-Bahn, wo sie im Schnitt drei Stunden stehen, bevor sie lackiert werden. Die Durchlaufzeit durch die Lackierung beträgt zwar ca. zwei Stunden, ein Wagen kommt allerdings etwa alle neun Minuten aus der Anlage. Daraus ergibt sich eine Zykluszeit von 2,2 s/Teil.

- Vor dem letzten Arbeitsschritt existiert noch einmal ein Puffer, in dem Material für fast neun Stunden steht. Es werden zum Abschluss noch kleine Montagetätigkeiten durchgeführt und die fertigen Teile werden verpackt. Von dort aus gehen sie in ein Warenausgangslager.

- Im Ausgangslager steht noch fertige Ware mit einer Reichweite von fünf Tagen.

Werden alle Stopps zw. Liegezeiten und die Zykluszeiten zusammengezählt, so ergibt sich eine Durchlaufzeit von ca. 313 h (alle Werte in der Zeitachse unter dem Wertstrom). Von der Anlieferung einer Rolle, bis daraus ein fertiges Produkt aus dem Warenausgang verschickt wird, vergehen also ca. 13 Tage. Dieser Durchlaufzeit stehen wertschöpfende Tätigkeiten (Summe aller Zykluszeiten, tief gestellte Werte in der Zeitachse) von 61,5 s gegenüber, was einem Anteil von 0,0055 % entspricht. Aufgabe war also, über den gesamten Ablauf die Bestände bzw. die Durchlaufzeit zu verringern bzw. den wertschöpfenden Anteil zu erhöhen.

Verbesserungsansatz:

Der größte Anteil an der Durchlaufzeit wurde im Warenausgangslager mit fünf Tagen verursacht. Vom Kunden dieser Produktgruppe wurde ein Bestand von drei Tagen gefordert, es waren demnach zwei Tage zu viel im Lager. Diese zusätzlichen zwei Tage wurden hauptsächlich mit der Instabilität der Produktion begründet. Die Entscheidung wurde demnach getroffen, dass zuerst die Abläufe in der Fertigung verbessert werden sollten, bevor auf die geforderten drei Tage reduziert werden könnte. Im gesamten Wertstrom wurde der Fertigungsbereich Nieten (OEE von 68 %) und Schweißen (Anlage 2 mit einem OEE von 74 %) als der instabilste identifiziert und als erster für Verbesserungen bzgl. des OEE gewählt. Das Schneiden hatte zwar mit 62 % einen geringeren OEE, jedoch ließ sich dies durch das häufige Rüsten erklären, weswegen ein Rüstprojekt definiert wurde.

Die drei Tage Bestand an Rollen wurden zu diesem Zeitpunkt als gegeben hingenommen, da dies ein Thema für den zentralen Einkauf war. Im ersten Schritt sollten alle Themen bearbeitet werden, die innerhalb des Standortes erledigt werden konnten. Der Hauptfokus zur Reduzierung der Bestände fiel demnach auf die 101 h Liegezeit innerhalb der Produktion, was 35 % der gesamten Zeit entsprach.

Um eine strategische Richtung für die Änderungen zu bestimmen, wurde mit dem Management ein Workshop durchgeführt, um einen zukünftigen Wertstrom (Bild 2.97) zu definieren. Die Richtung, die für diese Produktgruppe dabei getroffen wurde, sollte später auch auf alle anderen übertragen werden. Die wichtigste Veränderung bzgl. des Materialflusses war, dass die Planung der Produktion Engpass-orientiert erfolgen sollte. Dies bedeutete, dass nicht mehr alle Fertigungsschritte einen Wochen- und Tagesplan bekommen, sondern nur noch der Engpass sowie das Lager für den Versand. Der Engpass sollte von den liefernden Prozessen ziehen und danach bis zum Versand drücken. In diesem Fall war der Taktgeber das Nieten und Schweißen. Mit den jeweiligen Bereichsverantwortlichen sollte erarbeitet werden, wie dies konkret umgesetzt werden könnte und welche Bestandshöhen für einen reibungslosen Materialfluss notwendig wären.

Für die Bereiche Schneiden und Pressen hatte dies beispielsweise folgende konkrete Konsequenzen:

- Der Lieferant Schneiden hatte für die drei Platten einen Supermarkt, von dem bei Bedarf ein Behälter entnommen wurde. Ursprünglich stimmte der Inhalt eines Behälters nie mit der Losgröße beim Pressen überein. Die Kisten wurden so angepasst, dass zumindest vier verschiedene Füllmengen möglich waren. Dadurch konnte ein Ausgleich zwischen den unterschiedlichen Losgrößen zwischen Schneiden und Pressen getroffen werden. Das Zurückstellen von „angebrochenen" Behältern in den Supermarkt konnte damit auch verhindert werden.

- Als Produktionssteuerung für das Schneiden wurde ein Kanban-Regelkreis definiert. Jeder Behälter war mit einer Karte versehen. Wurde ein Behälter aus dem Supermarkt (Bild 2.98) entnommen, so wurde diese Karte gescannt und beim Schneiden wurde eine Produktionskarte gedruckt, die in eine Kanban-Tafel gesteckt wurde. Der Abteilungsleiter nutzte diese Tafel, wie schon in anderen Fallbeispielen erklärt, zur Steuerung seiner Anlagen. Das Prinzip eines Supermarktes in der Produktion ist, dass der Kunde – in diesem Fall das Pressen – die benötigten Teile entnimmt und diese wie im Supermarkt wieder aufgefüllt werden (Dickmann 2008). Die große Herausforderung bei diesem Supermarkt war die Einhaltung von FIFO und dabei den Handlingsbedarf so gering wie möglich zu halten.

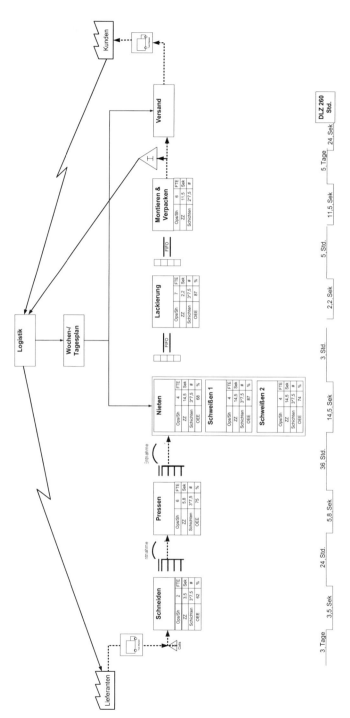

Bild 2.97 Zukünftiger Wertstrom

Bild 2.98   Supermarkt für Platten für alle Produktgruppen nach einer kompletten Implementierung

- Die Pressen wiederrum wurden genauso gesteuert wie das Schneiden. Nieten und Schweißen entnahm gepresste Teile aus dem Supermarkt, in dem sich nun alle neun, gepressten Varianten befanden und verarbeitete diese.

- Als maximale Reichweite für den Supermarkt Schneiden/Pressen wurde eine Schicht/Teilenummer, also insgesamt 24 h bei drei Artikeln festgelegt. Diese Menge konnte je nach Produkt jedoch abweichen, da immer komplette Rollen produziert wurden und daraus aber auch verschiedene Platten entstehen konnten. Für den Start wurde ein pauschaler Wert von einer Schicht gewählt, da alle drei Platten auch für andere Produkte verwendet wurden. Bei einer kompletten Einführung musste die noch einmal überarbeitet werden.

- Beim Supermarkt Pressen/Nieten und Schweißen wurde bei der Dimensionierung nach dem Bedarf an Endprodukten gegangen, da es hier nur noch eine eins zu eins Beziehung zwischen gepresster Platte und diesem gab. Insgesamt kam man auf eine Reichweite von 36 h.

Für die Prozessschritte nach dem Nieten und Schweißen änderte sich nicht viel, da bereits zuvor mit einem FIFO und Push-System gearbeitet wurde. Eine Änderung gab es jedoch, um die Bestände zu limitieren. Ursprünglich waren die Wagen, auf die die Teile gehängt wurden, für fast alle Produktgruppen gleich und die Anzahl im Umlauf war sehr hoch. Für die Produkte im Pilotprojekt wurden die Wagen speziell markiert und durften nur für diese verwendet werden. Die Reichweite für alle Wagen im Kreislauf Nieten und Schweißen, Lackierung sowie Montage und Verpackung wurde auf eine Schicht, also acht Stunden, limitiert. Es konnten also zu keinem Zeitpunkt mehr als acht Stunden an Material in und zwischen diesen Prozessschritten stehen.

Insgesamt wurde durch die Umstellung der Materialflusssteuerung die DLZ von ursprünglichen 313 h auf maximal 260 h reduziert, was 17 % entspricht. Wenn man bedenkt, dass die zwei größten Faktoren nicht berücksichtigt wurden, konnte dies als erster Schritt gesehen werden. Zusätzliche Verbesserungen waren:

- Die Steuerung der Produktionsbereiche vereinfachte sich. Speziell für das Schneiden und die Pressen entfielen das tägliche Zählen und die Feinplanung der Anlagen.

- Mit der alten Systematik kam es immer wieder zu Situationen, dass Fertigungsaufträge nicht abgeschlossen werden konnten, da nicht ausreichend Material verfügbar war. Dies wurde komplett eliminiert.

- Das Fehlen von Material führte auch zu ungeplanten Rüstvorgängen, da z.B. beim Pressen ein Auftrag abgebrochen wurde, um dringend benötigtes Material für den folgenden Arbeitsschritt zu produzieren. Insgesamt ergab sich dadurch ein positiver Effekt auf den OEE.

■ 2.4 Bestände an Zuliefermaterial

Der dritte und letzte Abschnitt des Kapitels zu Beständen widmet sich Materialien, die ein Unternehmen von externen Lieferanten bezieht. In den vorhergehenden Ausführungen und Fallbeispielen wurde immer wieder die Anbindung interner Lieferanten erwähnt. Das Thema Bestände an Zuliefermaterial ist ungleich schwerer zu kontrollieren, da man auf die Kooperation eines externen Beteiligten angewiesen ist. Zur Erinnerung noch einmal die Punkte aus der Einleitung zu diesem Kapitel, was die Hauptursachen für diese Art der Bestände sind:

- Vorgegebene Mindestlosgrößen durch Lieferanten (z.B. Anzahl von gegossenen Teilen, Tonnen an Blechen) aus technologischen sowie wirtschaftlichen Überlegungen

- Preisvorteilen bei größeren Abnahmemengen ausgehandelt durch den Einkauf

- Reduzierungen des administrativen Aufwandes im Einkauf durch eine geringere Anzahl von Bestellungen

- Absicherungen gegen Lieferprobleme oder -engpässe für bestimmte Materialien in Boomzeiten oder auch bei einer geringen Liefertreue des Lieferanten.

Je besser die Beziehungen eines Unternehmens mit seinen Lieferanten sind bzw. je größer das Einkaufsvolumen ist, umso größer sind die Chancen, dass es bei der Bestandsreduzierung zu einer Zusammenarbeit kommt. Je größer die tatsächlichen Vorteile dabei auch für den Zulieferer sind, umso mehr Entgegenkommen kann erwartet werden. Welche „Verkaufsargumente" – außer dem Nutzen der eigenen Einkaufsmacht, wie sie beispielsweise große Konzerne haben und in dem Lieferanten zur Zusammenarbeit gezwungen werden – können von Bedeutung sein:

- Verringerung der Bestände beim Lieferanten durch eine bessere Abstimmung

- Verringerung des administrativen Aufwandes durch eine Vereinfachung der Bestellung/der Abrufe

- Optimierungsmöglichkeiten der eigenen Abläufe durch eine erhöhte Flexibilität bzgl. Mengen und Terminen.

Die meisten Unternehmen haben eine Vielzahl an Lieferanten, die alle für ein unterschiedliches Einkaufsvolumen verantwortlich sind. Veränderungen in der Arbeitsweise mit den Lieferanten mit dem Ziel der Bestandsreduzierung machen im ersten Schritt sicher nur für die wichtigsten von ihnen Sinn. Dies bietet jedoch auch die Chance, gerade mit den Lieferanten, mit denen ein Unternehmen bereits gute Beziehungen hat, neue Abläufe zu testen und Erfahrungen zu sammeln. Diese Erfahrungen können dann auch genutzt werden, um weitere Zulieferer zu überzeugen, dass dies in beiderseitigem Interesse ist.

2.4.1   Analyse der Daten

Für die Ausführungen zur Datenanalyse dient als Grundlage ein Unternehmen, das zum Teil ein Produktions- als auch ein Handelsunternehmen war. Diese Firma produzierte Kupferrohre, die Kunden mit einer Vielzahl an Verschraubungen, Ventilen und anderem Zubehör bestellen konnten. Da sie selbst nur die Rohre produzierten, mussten alle anderen Teile zugekauft werden, um gesamte Systeme anbieten zu können. Die Bandbreite der ca. 11.000 Artikel, die neben den Rohren angeboten wurden, bestand aus einfachsten Verschraubungen mit einem sehr geringen Wert bis zu hochpreisigen Elektronikkomponenten. In diesem Fallbeispiel wird nur auf diese Komponenten eingegangen, also dem Teil des Handelsunternehmens. Wie schon in vorhergehenden Fallstudien war die Bestandsreduzierung nur ein Aspekt der angestrebten Zielsetzungen des Projektes. Das übergeordnete Ziel war eine Produktivitätssteigerung im internen Vertrieb; als Nebenziele wurden die Bestandsreduzierung und Erhöhung der Liefertreue angestrebt.

Mit welchen Lieferanten soll kooperiert werden?

Wie schon in der Einleitung erwähnt, sind sicherlich nicht alle Lieferanten geeignet, noch mag es sinnvoll sein, sie in ein Programm zur Reduzierung von Beständen zu bringen. Es müssen also quantitative (z. B. Einkaufsvolumen) als auch qualitative (z. B. Zuverlässigkeit und Kooperationsbereitschaft) Kriterien gefunden werden, nach denen geeignete Kandidaten ausgewählt werden. Der geeignetste Einstieg für eine quantitative Betrachtung ist in diesem Zusammenhang eine Reihung aller Lieferanten nach ihrem Einkaufsvolumen (siehe Bild 2.99).

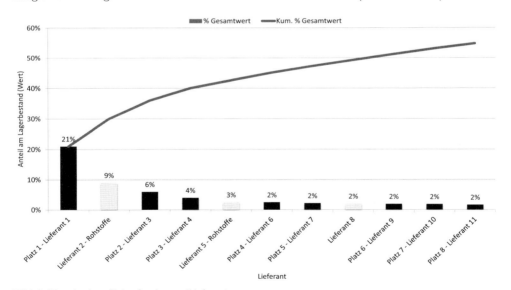

Bild 2.99   Analyse Einkaufsvolumen / Lieferant

Der Fokus der weiteren Schritte liegt dann auf den Firmen mit dem höchsten Anteil. Von den ca. 850 aktiven Lieferanten waren die Top-10 bereits für über 50 % des Einkaufsvolumens verantwortlich. Für dieses Projekt fielen jedoch Lieferant 2 und 5 durch den ersten Filter, da von ihnen Rohstoffe für die Rohrproduktion bezogen wurden. Bei einem eher qualitativen Filter wurde Lieferant 8 ausgeschlossen, da der Einkauf ihn als nicht sehr kooperativ einstufte. Aus dieser ersten Betrachtung heraus wurde beschlossen, dass die Lieferanten 1, 3, 4, 6 und 7 für das Pilotprojekt zur Bestandsreduzierung herangezogen werden sollten. Nachdem alle nicht-relevanten Lieferanten (z. B. Rohstoffe, Verbrauchsmaterialien) aus der Liste genommen wurden, zeigte sich, dass diese kleine Gruppe über 70 % des gesamten Einkaufsvolumens der Handelswaren ausmachte. Von den insgesamt 850 Lieferanten waren im Endeffekt nur knapp unter 100 relevant für Zukaufteile. Das Thema Rohstofflieferanten wurde separat behandelt.

Welche Artikel sind betroffen?

Nachdem die Auswahl der geeigneten Lieferanten getroffen worden war, musste im Detail analysiert werden, welche Artikel von diesem Projekt betroffen waren. Die umfangreiche Tabelle, die dafür erstellt werden musste, beinhaltete im ersten Schritt folgende Zellen:

- Artikelnummer
- Artikelbezeichnung
- Bestellmenge der letzten 12 Monate (in Stück und Euro)
- Bestand zu einem bestimmten Stichtag (in Stück und Euro)
- Reichweite des Bestands in Tagen (Bestandsmenge/durchschnittlicher Bedarf je Tag)

Dieses erste Bild diente hauptsächlich dazu, ein Verständnis zu schaffen, um wie viele Artikel es sich bei den fünf Lieferanten handelte und ob wir damit auch einen ausreichend guten Querschnitt über das gesamte Spektrum abdecken würden. Mit den ausgewählten Zulieferern sollte ja das Pilotprojekt gestartet werden. Von den insgesamt 11.000 Artikeln wurden immerhin ca. 3.500 von diesen fünf Unternehmen gekauft. Beim Bestand sah es auch nicht schlecht aus, ca. 40 % des gesamten Bestandswertes wurden durch diese Artikel abgedeckt. Das Spektrum an Reichweiten war auch so, wie man es erwarten konnte, von null Tagen bis zu über drei Jahren. Die Zahlen für die einzelnen Artikel bestätigten demnach, dass die ausgewählten Lieferanten hervorragend geeignet waren für ein Pilotprojekt.

In welcher Frequenz und mit welchen Mengen wird vom Kunden bestellt? Wie ist das Abrufverhalten?

Nachdem nun die ersten Daten zu den einzelnen Artikeln gesammelt waren, musste ein Verständnis entwickelt werden, wie das Bestellverhalten der Kunden bzgl. der einzelnen Produkte war. Es ist dabei wichtig zu verstehen, ob nur einzelne oder eine Vielzahl an Kunden bestellen und ob dies Bestellungen über kleine oder große Stückzahlen sind. Gibt es außerdem saisonale Schwankungen in den Bestellungen?

Zuerst wurden über alle Artikel die monatlichen Abrufe in Stück der letzten sechs Monate ermittelt und dem durchschnittlichen Bedarf eines Jahres gegenübergestellt. Bei Abweichungen von max. 25 % des durchschnittlichen Bedarfs vom Mittelwert nach oben sowie auch nach unten wurde dieser als stabil angesehen, was für die spätere Betrachtung der Bestandshöhe von Bedeutung war (linke Grafik in Bild 2.100).

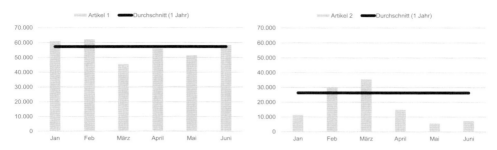

Bild 2.100 Beispiele zur Auswertung des monatlichen Bedarfs

Waren die Abweichungen höher als 25 % (rechten Grafik in Bild 2.100), so wurden später andere Richtlinien für die Bestandshöhe definiert. Dazu mehr weiter unten.

Als Nächstes musste für alle Artikel bestimmt werden, wie häufig sie geordert wurden. Es wurden dabei folgende Klassifizierungen verwendet:

- ABC-Klassen:
  - A-Artikel werden täglich und täglich mehrfach bestellt
  - B-Artikel werden wenigstens zweimal und häufiger in der Woche bestellt
  - C-Artikel werden einmal in der Woche bestellt
- weitere Klassen:
  - D-Artikel werden seltener als wöchentlich bestellt
  - E-Artikel sind reines Projektgeschäft, Versuchsteile, Sonderartikel etc.

Jeder der 3.500 Artikel musste einer dieser Klassen zugeordnet werden. Der Aufwand zur Erhebung und Auswertung aller Daten scheint auf den ersten Blick erheblich zu sein. Die Möglichkeiten, die Excel-Tabellen und Datenbankauswertungen bieten, reduzierten diesen Aufwand auf ein akzeptables Maß. Ein einwandfreies und exaktes Zahlengerüst ist allerdings Voraussetzung für die weitere Vorgehensweise. Wenn an diesem Punkt nicht korrekt gearbeitet wird, so stimmen alle Rückschlüsse bzgl. Bestandsgrößen, Bestellhäufigkeit etc. nicht.

Als weitere Zahl wurde noch der Zeitpunkt der letzten Entnahme analysiert. Dies war besonders von Bedeutung, da ein nicht unerheblicher Anteil der Artikel eine Reichweite von Monaten oder sogar noch länger hatte. Diese Zahl diente zur Kontrolle, welche Produkte eventuell komplett aus dem Sortiment genommen werden konnten.

Die im vorherigen Punkt erstellte Tabelle wurde mit diesem Schritt um folgende Informationen erweitert:

- Monatliche Bestellmengen der letzten 6 Monate
- durchschnittliche Bestellmenge der letzten 12 Monate
- Abweichung der Monatsmengen zum Durchschnitt +/− 25 % ja oder nein
- Zuordnung zur Klassifizierung A, B, C, D, E (Auswertung siehe Bild 2.101)
- Zeitpunkt der letzten Entnahme.

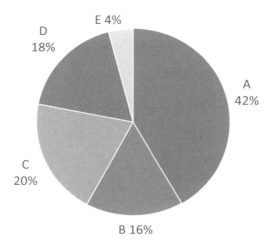

Bild 2.101 Verteilung aller betrachteten Artikel zu den einzelnen Klassen

Wie sieht das Lieferverhalten des Zulieferers aus?

Da nun die Zahlen in Richtung Vertrieb analysiert wurden, mussten auch die Daten des Einkaufs in ähnlicher Weise betrachtet werden. Die zwei wichtigsten Faktoren sind die Mindestbestellmengen und die Wiederbeschaffungszeit. Speziell die erste Zahl war die Hauptursache für Reichweiten im Lager von Monaten oder Jahren. Es gab zahlreiche Produkte, die nur in geringen Mengen nachgefragt wurden, die Mindestlosgrößen jedoch mehrere hundert Stück waren. Dieser Punkt sollte im weiteren Verlauf auch die größten Diskussionen mit den Lieferanten verursachen. Zur Tabelle wurden folgende Zahlen hinzugefügt:

- Mindestbestellmengen beim Lieferanten
- Reichweite der Mindestbestellmenge (basierend auf den Durchschnittsverbrauch der letzten sechs Monate)
- Wiederbeschaffungszeit

Nachdem sich durch die erste Frage gezeigt hatte, dass die Reichweiten bis zu mehrere Jahre waren, wurde dieser Punkt noch einmal im Detail ausgewertet. Diese Auswertung sollte auch als spätere Argumentationshilfe den Lieferanten gegenüber dienen. Bei dieser Analyse wurden der durchschnittliche Bedarf der Mindestlosgröße des Zulieferers gegenübergestellt und dabei sechs Kategorien definiert:

- Kategorie 1: Reichweite </gleich 10 Tage
- Kategorie 2: Reichweite > 10 Tage und </gleich 25 Tage
- Kategorie 3: Reichweite > 25 Tage und </gleich 50 Tage
- Kategorie 4: Reichweite > 50 Tage und </gleich 100 Tage
- Kategorie 5: Reichweite > 50 Tage und </gleich 350 Tage
- Kategorie 6: Reichweite > 350 Tage.

Für einen der Top-Lieferanten ergab sich aus dieser Auswertung, dass zwar 27 % aller Artikelnummern eine Reichweite von unter zehn Tagen hatten, auf der anderen Seite jedoch 19 % ein Jahr oder mehr erreichten. Dieser Punkt sollte speziell für die Diskussionen bzgl. der Losgrößen der Artikel aus den Klassen C, D und E dienen (Bild 2.102).

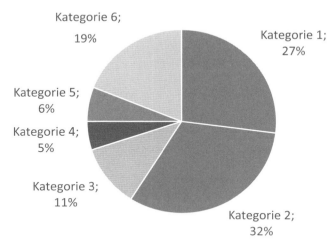

Bild 2.102   Auswertung der Reichweiten (Mindestlosgrößen des Lieferanten im Verhältnis zum Verbrauch)

2.4.2   Maßnahmen zur Reduzierung der Bestände an Zuliefermaterial

Fallbeispiel 2.12   Handelswaren – Lieferzeitklassen zum Kunden und Lieferanten (Fortsetzung Abschnitt Analyse)

Verbesserungsansatz:

In einem früheren Fallbeispiel wurde das Thema Lieferzeitklassen (LZK) bereits behandelt. Dasselbe Konzept wird nun auch für diesen Fall verwendet, wobei es nun über die gesamte Lieferkette vom Produzenten, über die Handelsfirma bis zum Kunden komplett durchgezogen werden soll. Aus der in der Analyse definierten Klassifizierung der Artikel wurden – gemeinsam mit Einkauf und Vertrieb – Lieferzeitklassen entwickelt und die wie folgt definiert:

▪ Lieferzeitklasse 1: (58 % der Gesamtmenge)
  ▪ A- und B-Artikel
  ▪ sofort verfügbar
  ▪ definierte Bestellobergrenzen; werden diese überschritten: manuelle Terminierung
  ▪ Min-/Max-Bestände im Lager mit fixen Bestellmengen zum Lieferanten
▪ Lieferzeitklasse 2: (20 %)
  ▪ C-Artikel
  ▪ eine Woche Lieferzeit
  ▪ Sicherheitsbestand im Lager von max. einer Woche Reichweite

- Lieferzeitklasse 3: (18 %)
  - D-Artikel
  - vier Wochen Lieferzeit
  - kein Lager vor Ort, nach Möglichkeit kein Lager beim Lieferanten
- Lieferzeitklasse 4: (4 %)
  - Lieferzeiten vorab nicht bestimmt.

Für jeden einzelnen Artikel musste nun bestimmt werden, welche Auswirkungen diese Lieferzeitklassen auf Bestellmengen und -häufigkeit sowie natürlich auf die Bestände hatten. Wie schon eingangs erwähnt, hatten die Lieferanten Mindestbestellmengen und fixe Losgrößen. Da dieses Konzept auf fast alle Artikel Auswirkungen zu diesem Punkt hatte, war nach der Berechnung aller Zahlen die Verhandlungen mit den Zulieferern die große Herausforderung.

Die Implementierung des Konzeptes der Lieferzeitklassen unterteilte sich in interne und externe Aufgaben, deren Schwerpunkte folgende waren:

- Interne Umsetzungspakete
  - systemseitige Anpassung des Auftragsmanagement
  - Schulung der Vertriebsmitarbeiter
- Externe Umsetzungspakete
  - Verhandlungen mit den Lieferanten
  - Information der Großkunden.

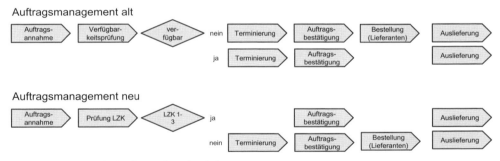

Bild 2.103   Vereinfachte Darstellung des Auftragsmanagements

Die systemseitigen Anpassungen waren letztendlich nicht so gravierend, wie ursprünglich von allen Beteiligten angenommen wurde, obwohl die Logik der Auftragsbearbeitung komplett umgestellt wurde (Bild 2.103). Ursprünglich musste für jeden Artikel die Verfügbarkeit im Lager manuell im System überprüft werden. Da eine Bestellung fast immer aus zahlreichen Positionen bestand – ein Kunde orderte von einigen wenigen bis zu mehreren hundert Artikel auf einmal – stellte dies einen erheblichen Zeitaufwand für die Mitarbeiter des Auftragsmanagements dar. Waren einzelne Artikel nicht sofort verfügbar, so mussten diese mit den im System hinterlegten Wiederbeschaffungszeiten terminiert und die geplanten Liefertermine mit dem Kunden bestätigt werden. Daraus folgte eine Bestellung bei den Lieferanten über die fehlenden Artikel. Zusätzlich musste mit dem Kunden geklärt werden, ob Teillieferungen gewünscht waren, die im Lager verfügbaren Artikel also z. B. sofort und die georderten Produkte zu einem oder mehreren späteren Zeitpunkten versendet werden sollten. Diese Teillieferungen stellten noch einen weiteren Zusatzaufwand für das Auftragsmanagement und das Lager dar.

Die größte Änderung im System lag gleich am Anfang der Auftragserfassung. Im Ablaufdiagramm in Bild 2.104 werden die einzelnen Schritte dargestellt. Das System musste automatisch zwei Punkte überprüfen. Zuerst musste bestimmt werden, in welche LZK jeder einzelne Artikel fällt. Artikel aus LZK 1 würden somit automatisch mit einer Woche Lieferzeit bestätigt.

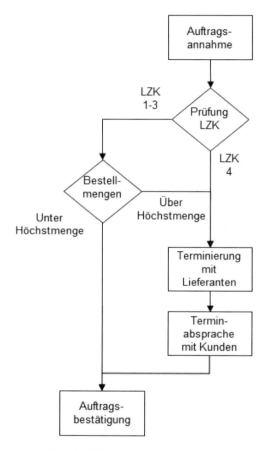

Bild 2.104   Ablaufdiagramm zur Auftragsbestätigung

Da es aber immer wieder Fälle gab, in denen Kunden überdurchschnittliche Mengen bestellten, musste eine zweite Prüfung durchgeführt werden. Alle Berechnungen bzgl. der Bestandshöhen und damit auch der Verfügbarkeit der Artikel beruhten auf Durchschnittswerten. Durch die Sicherheitsbestände konnten Abweichungen von diesem Durchschnitt zu einem gewissen Grad abgefangen werden. Orderte jedoch ein Kunde z. B. einen ganzen Monatsbedarf, so konnte dieser mit den vorhandenen Beständen unmöglich abgedeckt werden, was bereits bei der Berechnung der Anzahl an Kanbans in einem früheren Abschnitt beschrieben wurde. Wurden solche Bestellungen erfasst, so wurden sie vom System automatisch als LZK 4 eingestuft und eine gesonderte Terminierung nach Rücksprache mit dem Lieferanten musste erstellt werden.

Als Höchstmengen für Aufträge, damit sie mit ihrer ursprünglichen LZK bearbeitet wurden, galt der durchschnittliche Wochenbedarf +50 %. Damit dies ohne manuellen Zugriff funktionierte, mussten diese Prüfungen im Programm der Auftragssteuerung aufgenommen werden und die Stammdaten um die LZK und den durchschnittlichen Bedarf erweitert werden.

Nachdem alle Mitarbeiter des Vertriebs in diesem neuen Konzept geschult und auch die Einkäufer der Großkunden informiert waren, sollte sich ein unerwarteter, positiver Effekt einstellen. Durch die Reduzierung der tatsächlichen Lieferzeiten für zahlreiche Artikel und eine drastische Erhöhung der Liefertreue nahm die Anzahl der überdurchschnittlichen Bestellungen ab. Das Vertrauen der Kunden in die Zuverlässigkeit der Lieferungen speziell bzgl. der Termine erhöhte sich, was auch sie veranlasste, regelmäßiger und in kleineren Mengen zu bestellen. Dies hatte wiederum auch eine beruhigende Wirkung auf das gesamte System, da immer weniger Ausnahmen manuell bearbeitet werden mussten.

Bevor es allerdings so weit kam, mussten noch die Lieferanten zu einer Kooperation bewegt werden. Als erstes wurden die fünf betroffenen Lieferanten zu einem Lieferantentag eingeladen, an dem ihnen zuerst in einer Präsentation der grundsätzliche Gedanke des Konzepts erklärt wurde. In Einzelgesprächen zwischen den jeweiligen Einkäufern und den Vertretern des Lieferanten wurden einerseits die wichtigsten Daten besprochen. Anderseits wurde diskutiert, was das Konzept für den entsprechenden Lieferanten bedeuten würde und welche Anforderungen sie hätten, damit es für sie auch interessant sein würde.

Tabelle 2.14   Informationen zur Diskussion mit den Lieferanten

Artikel	Artikel-klassifizie-rung	Bestell-menge in 12 Mon. (Stk.)	Mittelwert monatli-che Bestel-lung (Stk.)	Mindest-losgröße Lieferant (Stk.)	Reichweite Mindest-losgröße (Tage)	Wieder-beschaf-fungszeit (in Tagen)
Artikel 1	A	1.044.243	87.020	24.000	8,0	40
Artikel 2	B	81.200	6.767	2.000	8,6	40
Artikel 3	C	23.629	1.969	4.500	66,3	40
Artikel 4	D	935	78	5.000	1859,0	40
Artikel 5	E	397	33	5.000	4393,9	40

Bei den Daten ging es hauptsächlich darum, mit welchen Herausforderungen die Firma bzgl. Bestände, Lieferzeiten und Liefertreue konfrontiert war. Tabelle 2.14 zeigt beispielhaft für jeweils einen Artikel jeder Klassifizierung, welche Themen der Fokus in der Diskussion waren. Für die zwei Klassen A und B waren es weniger die Mindestlosgrößen sondern die Wiederbeschaffungszeiten von 40 Tagen. Diese waren sicherlich auch ein Thema für die anderen Klassen, doch ging es dort eher um die Losgrößen. Speziell für D und E sind die Reichweiten von über fünf Jahren selbstredend. Beide Zahlen führten natürlich zu einer Diskussion zum Thema Flexibilität der Produktion und Rüstzeiten bzw. Rüstkosten.

Der zweite Punkt auf der Agenda des ersten Gesprächs erforderte schon etwas mehr Kreativität und Verständnis der vorliegenden Veränderungen. Wie konnte das Konzept umgesetzt werden, sodass auch der Lieferant seinen Nutzen daraus ziehen konnte? Nachdem alle Besprechungen mit einem positiven Eindruck abgeschlossen worden waren, kamen alle Beteiligten der Firma zusammen, um die diskutierten Ideen dazu in einem ersten Vorschlag zu vereinigen. Zwei Punkte kamen von allen Teilnehmern:

- Wie konnte der administrative Aufwand beim Lieferanten für Bestellungen reduziert werden?
- Welche positiven Auswirkungen konnten auf die Fertigung bzgl. Produktivität und Stabilität erzielt werden?

Die Antwort zu beiden Fragen ist theoretisch relativ einfach zu beantworten, wenn man die Lieferanten als einen Prozessschritt in der Wertschöpfungskette betrachtet und sie, zumindest gedanklich, wie einen internen Arbeitsschritt sieht. Die A-, B- und C-Artikel waren durchaus für eine Verbrauchssteuerung geeignet und für die D- und E-Artikel musste eine höhere Flexibilität der Produktion erreicht werden. Zwei Fragestellungen waren dabei von Bedeutung. Wie konnte der Lieferant davon überzeugt werden und wie konnte der Informationsfluss bzgl. des Verbrauchs eines Artikels erfolgen.

Von den fünf Zulieferern stimmten zwei relativ schnell zu, vor allem weil sie bereits mit anderen Kunden ähnliche Vereinbarungen hatten und sie von den Vorteilen für sich selber überzeugt waren. Diese beiden Firmen waren auch in der Ausgangssituation weniger die Verursacher von langen Lieferzeiten und hohen Mindestbestellmengen. Auf der anderen Seite war ein Lieferant, der äußerst wenig Entgegenkommen zeigte und keine Notwendigkeit sah, an seinen eigenen Abläufen etwas zu ändern. Die Diskussion mit diesem Unternehmen war auch der Auslöser, dass der Vertrieb sich, nachdem es dazu im Laufe des Projektes schon mehrere Anläufe gegeben hatte, entschloss, eine drastische Produktbereinigung speziell bei den D-Artikeln durchzuführen. Unter dem Gesichtspunkt, dass Losgrößen von 5.000 Stück wie in Tabelle 2.14 für den D-Artikel nicht akzeptabel waren, wurden zwei Ansätze verfolgt:

- Der Artikel wurde komplett aus dem Sortiment genommen, wenn er vom Vertrieb als nicht bedeutend angesehen wurde.
- Die Losgrößen beim Lieferanten wurden reduziert und die erhöhten Stückkosten für einen Rüstvorgang (statt auf 5.000 Stück mussten die Kosten für einen Rüstvorgang nun z. B. auf 100 Stück umgelegt werden) auf den Stückpreis umgelegt, wenn der Artikel bedeutend genug war. Dies galt auch für die meisten E-Artikel.

Die restlichen beiden Lieferanten waren etwas schwerer von den Änderungen zu überzeugen. Sie wollten zwar nichts am Ablauf der Bestellungen ändern, doch zeigten sie sich kompromissbereit, was die Mindestbestellmengen und die Lieferzeiten betraf. Es wurden nicht die Werte erreicht, die ursprünglich geplant waren, doch war es ein weiterer Schritt in Richtung Reduzierung der Bestände. Die Lieferfähigkeit für das Lieferzeitklassensystem wurde durch etwas höhere Bestände erkauft, als ursprünglich erhofft wurde. Bei einem Lieferanten konnte etwas mehr erreicht werden, als er zu einem gemeinsamen Projekt zur Reduzierung der Rüstzeiten einwilligte.

Nachdem mehr oder weniger alle Beteiligten von dem eingeschlagenen Weg überzeugt waren, konnte mit der tatsächlichen Umsetzung aller Maßnahmen begonnen werden. Die Hauptarbeit lag, wie schon weiter oben erwähnt, in den systemseitigen Anpassungen. Nach einer erfolgreichen, mehrmonatigen Phase des Pilotprojektes mit den ersten fünf Lieferanten wurde das Konzept schrittweise auf die wichtigsten 20 Lieferanten, von denen insgesamt nur zwei keinerlei Kooperationswillen zeigten, übertragen. Bestellungen der Artikel dieser beiden Lieferanten und der restlichen, deren Volumen zu gering war, wurden genauso über das Lieferklassensystem abgewickelt, es konnte jedoch keine Reduzierung der Bestände erreicht werden. Die eigentliche Reduzierung wurde durch die Anpassung der Lieferzeiten und der Mindestlosgrößen erzielt, die Lieferklassen reduzierten „nur" den Aufwand für das Auftragsmanagement.

Die Auswirkung der Anpassungen der Lieferzeiten und der Mindestlosgrößen auf die Bestände ist beispielhaft für einige Artikel in Tabelle 2.15 dargestellt.

Tabelle 2.15 Bestandsreduzierung aufgrund von Reduzierung der Wiederbeschaffungszeiten

| Artikel | Artikel-klassifizierung | Zahlen vor Veränderung | | | Zahlen nach Veränderung | | | |
		Wiederbeschaffungszeit (in Tagen)	Ist Bestand zu Stichpunkt (Stk)	Ist Reichweite (Tage)	Neue Wiederbeschaffungszeit (in Tagen)	mittl. Lagerbestand neu (Stück)	mittl. Reichweite neu (Tage)	Bestandsreduzierung in %
Artikel 1	A	40	98.085	22,5	10	55.510	12,8	43 %
Artikel 2	B	40	26.000	76,8	10	4.384	13,0	83 %
Artikel 3	C	40	9.827	99,8	15	3.727	37,9	62 %
Artikel 4	D	40	3.880	994,9	15	2.529	648,5	35 %
Artikel 5	E	40	3.504	2123,6	30	25	15,0	99 %

Für Artikel A und B wurden die Mindestlosgrößen nicht verändert. Für alle C- und D-Artikel wurden diese erheblich reduziert und bei den E-Artikeln wurde auftragsbezogen bestellt, was bei zahlreichen Produkten zu einer Preiserhöhung führte, die auch vom Vertrieb durchgesetzt werden konnte. Die Zahlen zur Bestandsreduzierung waren über alle Produkte ähnlich hoch und stellten einen klaren Erfolg des Konzeptes dar.

Fallbeispiel 2.13 Bestandsreduzierung durch Verknüpfung des tatsächlichen Verbrauches beim Kunden und Lieferungen an Rohmaterial

Ausgangsituation:

Im Fallbeispiel „Einführung einer ziehenden Fertigung mit Standard- und Sonderprodukten" wurde bereits kurz auf die Verknüpfung zwischen dem Verbrauch der Rollen in der Produktion und den Lieferungen eingegangen (Bild 2.105 – Schritt 11 und 12). Diese Thematik soll nun aus der Sicht des Lieferanten betrachtet werden.

Der Lieferant erhält einen Kundenauftrag über eine bestimmte Anzahl an Rollen, die durch die Legierung, Dicke, Breite sowie Gewicht als Mengenabgabe definiert sind. Im ersten Prozessschritt wird das Ausgangsmaterial gegossen und die Rollen auf ein auftragsneutrales Maß gewalzt. Aus einem Halbfertigwarenlager werden diese Rollen auftragsbezogen auf die bestellte Dicke nochmals gewalzt und die Breite geschnitten. Dabei versucht der Lieferant, verschiedene Kundenaufträge miteinander zu kombinieren, um beim Schneiden eine Optimierung einer Rolle zu erreichen. Ist eine Rolle zum Beispiel 100 cm breit und der Kunde bestellt drei Rollen zu 20 cm, so würden 40 cm an Schrott anfallen (von den zusätzlichen cm für die Schnitte abgesehen). Daher wird versucht, diese verbleibenden 40 cm für einen anderen Kunden, der dieselbe Legierung und Dicke benötigt, zu verwenden. Durch diese Optimierung kommt es einerseits zu einem erheblichen Planungsaufwand, um die beste Kombination an Aufträgen zu erstellen, andererseits auch zu längeren Lieferzeiten, um eben diese Optimierung zu ermöglichen. Für die meisten Rollen war daher mit Lieferzeiten von vier bis sechs Wochen zu rechnen, was die Bestände in der Produktion erheblich beeinflusste. Die High-Runner hatte der Lieferant jedoch selbst gelagert und sie konnten innerhalb einer Woche geliefert werden.

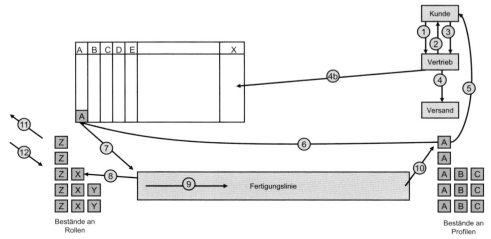

Bild 2.105   Eine ziehende, selbststeuernde Fertigung

Für die Analyse konnten die bereits aus dem ersten Schritt gewonnen Zahlen verwendet werden, da sich die Verknüpfung von Lieferanten und Abnehmer nur auf diesen einen Kunden beziehen konnte. Für jede einzelne Materialnummer wurden der Verbrauch, dessen Verlauf und die aktuellen Bestände ermittelt. Es wurde z. B. von insgesamt acht verschiedenen Materialnummern, die durch ihren hohen Verbrauch als High-Runner definiert wurden, festgestellt, dass diese beim Lieferanten nicht vorrätig waren und daher für jede einzelne Bestellung produziert werden mussten (Tab. 2.16).

Tabelle 2.16   Zusammenfassung der Analyse der Zahlen der Rollen

	Anzahl der Materialnr.	Menge in Tonne	Anteil an Gesamtmenge
High-Runner beim Lieferanten vorrätig	3	1.350	38,6 %
High-Runner beim Lieferanten nicht vorrätig	8	1.520	43,4 %
Low-Mover	12	480	13,7 %
Exoten	7	150	4,3 %

Verbesserungsansatz:

Gemeinsam mit Produktion, Einkauf und dem Lieferanten wurde ein Konzept ausgearbeitet, welches den administrativen Aufwand sowohl beim Kunden als auch beim Lieferanten reduzieren würde. Im ersten Schritt wurden wieder Materialien unterschieden, deren Lieferung durch das Kanbansystem ausgelöst würden, und Rollen, die auf einzelne Bestellungen produziert werden müssten. In die erste Gruppe fallen beide High-Runner aus Tabelle 2.16, in die zweite Gruppe die Low-Mover und Exoten.

Low-Mover haben in diesem Fall einen ständigen, jedoch geringen Bedarf. Der Lieferant erhält Prognosen und konkrete Bestellungen für diese Materialien. Exoten haben einen sehr ungleichmäßigen Bedarf, werden also in sehr unregelmäßigen Zeitabständen und nur für einzelne Produkte benötigt. Für diese erhält der Lieferant nur einzelne Bestellungen, weswegen die Lieferzeiten mit acht Wochen (im Vergleich zu vier Wochen für Low-Mover) auch wesentlich höher sind. Für diese beiden Produktgruppen ändert sich nichts in der Art der Zusammenarbeit zwischen Kunden und Lieferanten.

Für die High-Runner wurde der Ablauf vom Prinzip her aufgebaut wie das bereits funktionierende Kanbansystem in der Produktion. Es mussten die Bedarfe, die Lieferzeiten sowie die Sicherheitsbestände ermittelt werden; die Containergröße entsprach genau einer Rolle (Tab. 2.17).

Tabelle 2.17   Beispiele zur Berechnung der Anzahl der Rollen im Kanbansystem

Materialnr.	Bedarf kg/ Tag	DLZ Tage	Sicherheitsbestand		Durchschnittliches Rollengewicht	Anzahl Rollen	Maximaler Bestand
			Tage	Menge			
Materialnr. 1	1.800	7	2	3.600	1.000	17	17.000
Materialnr. 4	420	14	4	1.680	750	11	8.250

Die Vorgehensweise gestaltet sich wieder folgendermaßen (Bild 2.106):

1. Der Mitarbeiter der Produktion entnimmt eine Rolle aus dem Bestand, der sich in der Nähe der Anlagen befindet. Da das gesamte Kanbansystem elektronisch unterstützt wird, kann der Barcode auf dem Anhänger an der Rolle bei der Entnahme aus dem Bestand gescannt werden. Der Mitarbeiter befördert die Rolle an die Fertigungslinie und verbraucht diese.

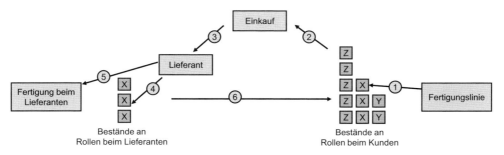

Bild 2.106   Ablauf Lieferung von Rollen

2. Dieser eingescannte Verbrauch wird am elektronischen Kanbanboard (Bild 2.107) im Einkauf angezeigt. Jede Säule entspricht je einer Materialnummer und jedes Feld in einer Säule einer Rolle. Wird eine Rolle aus dem Bestand entnommen und gescannt, so ändert sich die Farbe des entsprechenden Feldes. Der Mitarbeiter im Einkauf hat dadurch einen ständigen Einblick über den tatsächlichen Verbrauch und die Bestände an Rollen.

3. Da der Lieferant nicht direkt an das elektronische Kanbansystem angeschlossen werden konnte (diese Arbeitsweise bestand nur mit diesem einen Kunden), schickt der Einkäufer

jeden Morgen einen Bericht an den Lieferanten mit den verbrauchten Mengen. Die Zahlen in diesem Bericht reflektieren genau die Angaben im Kanbanboard. Es wird dargestellt, wie viele Karten sich im grünen, orangen oder roten Bereich befinden.

4. Der Lieferant hat demnach Informationen über den täglichen Verbrauch von Rollen, die er teilweise im Lager hat und teilweise in geringen Zeitabständen produziert. Für die erste Gruppe wurde die Vereinbarung getroffen, dass der Lieferant mit jeder Lieferung an den Kunden die verbrauchte Anzahl an Karten mitschicken kann, auch wenn der Verbrauch noch im grünen Bereich liegt. Wenn diese Rollen in den orangen Bereich gelangen, so muss er diese Materialien liefern.

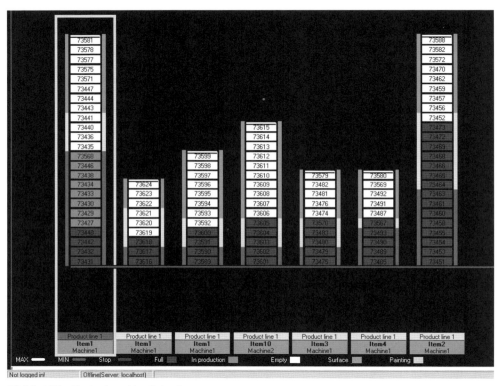

Bild 2.107   Kanbanboard im Einkauf

5. Eine ähnliche Regelung gilt für die zweite Gruppe, die High-Runner, für die er keinen Bestand hat. Grüne Karten können jederzeit produziert werden und mit der nächsten Lieferung geschickt werden. In der Situationsbeschreibung wurde bereits erwähnt, dass eine der besonderen Herausforderungen beim Lieferanten die Optimierung des Schnittes der Rollen ist. Durch diese Vorgehensweise wird dem Lieferanten die Möglichkeit gegeben, jederzeit einzelne Rollen, wenn grüne Karten vorhanden sind, mit anderen Aufträgen zu kombinieren. Dies vereinfacht dessen Optimierungsvorgang erheblich, was auch der größte Vorteil für den Lieferanten an diesem System darstellt. Der Kunde hat zwar keine genaue Kontrolle, wann welche Materialien geliefert werden, doch wird damit die Versorgung mit Rollen eher sichergestellt, als mit der alten Arbeitsweise, bei der es durch den Optimierungsvorgang zu

Verzögerungen in den Lieferungen kommen konnte. Außerdem wurden damit die Lieferzeiten für diese Gruppe an Produkten von vorher vier Wochen auf zwei Wochen reduziert, was dementsprechend auch die Bestände absenkte, dem eigentlichen Ziel im Zusammenhang mit diesem Kapitel.

6. Lieferungen erfolgen zweimal pro Woche. Die Rollen werden in der Produktion eingelagert und gleichzeitig über die Anhänger gescannt. Diese eingescannten Rollen erscheinen im Kanbanboard nun wieder als Bestand auf und der Kreislauf kann von vorne beginnen.

Fallbeispiel 2.14   Bestandsreduzierung durch Reduzierung der Variantenvielfalt von Komponenten

Ausgangsituation:

Dies ist die Fortsetzung vom Fallbeispiel zur Einführung einer Heijunka-Box. Eine der wichtigsten und auch teuersten Komponenten in den Waschmaschinen waren die Motoren. Bei der Produktentwicklung hatte das Thema Standardisierung von Komponenten keine besondere Priorität, weswegen die Anzahl der verwendeten Motoren über die Jahre stark anstieg. Je nach Leistung einer Waschmaschine musste ein Motor anders ausgelegt werden, was allerdings nur eine geringe Anzahl an Varianten verursachte. Zunächst musste analysiert werden, wie viele verschiedene Motoren verwendet wurden und wie hoch deren Bestände bzw. Reichweiten waren (Tab. 2.18).

Tabelle 2.18   Auswertung der Varianten an Motoren

Variante	Bestand (Stück)	Bedarf (Stück/Tagen)	Reichweite (Tagen)
Motor 1	8.237	985	8,4
Motor 2	6.217	214	29,1
Motor 3	4.268	267	16,0
Motor 4	1.267	57	22,2
Motor 5	559	121	4,6
Motor 6	321	341	0,9
...			
Motor 21	28	0	
Motor 22	17	0	
Motor 23	8	0	
Motor 24	7	0	

Insgesamt befanden sich 24 verschiedene Varianten im Lager, wobei allerdings nur noch 19 in den letzten sechs Monaten einen Bedarf hatten. Fünf Varianten waren demnach sogenannte Lagerleichen, die zusammen aber nur 100 Stück von einer gesamten Menge von über 26.000 ergaben. Sie zeigten jedoch, dass es keinen Prozess für die Verwendung von Komponenten beim Ende eines Produktlebenszyklus oder bei Produktänderungen gab. Der Fokus lag zunächst jedoch bei den 19 Varianten, die noch verwendet wurden. Eine weitere, sehr typische Erkenntnis aus dieser Auswertung war, dass es von manchen Typen zu viele und von manchen zu wenige Bestände gab. Motor 2 hatte z. B. fast 30 Arbeitstage an Bestand, bei Motor 6 würde es andererseits innerhalb eines Tages zu einem Produktionsstopp kommen, falls nicht bereits Ware in Lieferung wäre. Dies bestätigte auch ein Problem, dass bereits in der Produktion mehrmals diskutiert worden war, das Fehlen an Komponenten. Es kam schon fast regelmäßig vor, dass eine Type nicht produziert werden konnte, da eine oder mehrere Teile nicht verfügbar waren. Dies wirkte sich natürlich auch unmittelbar auf die Liefertreue aus.

Verbesserungsansatz:

Die Technik bekam nun die Aufgabe, festzustellen, welche Motoren genau dieselben Anforderungen erfüllten und durch eine einzige Variante ersetzt werden könnten. Das Ergebnis dieser Auswertung war, dass insgesamt nur fünf verschiedene Ausführungen benötigt wurden. Motor A ersetzte z. B. sieben verschiedene Varianten mit einem Gesamtvolumen von 1.450 Stück/Tag, was ca. 70 % der Produktionsmenge entsprach (Tab. 2.19).

Tabelle 2.19   Motor „A" ersetzt sieben ursprüngliche Varianten

Variante	Bestand (Stück)	Bedarf (Stück/Tagen)
Motor 1	8.237	985
Motor 4	1.267	57
Motor 6	321	341
Motor 12	56	45
Motor 15	47	22
Motor 23	8	0
Motor 24	7	0
Summe	9.943	1.450

Da es mit den beiden Lieferanten für Motoren Rahmenverträge gab, mussten Verhandlungen eingeleitet werden, um die zukünftigen Lieferungen anzupassen. Das Volumen selber änderte sich kaum für die Zulieferer, da die Gesamtmenge der benötigten Motoren sich nicht änderte. Es gab jedoch zwei Fälle, in denen die ursprünglichen Motoren von einem Lieferanten kamen und nun durch die Variante des anderen ersetzt wurden. Diese hatten jedoch nur ein relativ geringes Volumen, daher kam es zu keinen größeren Diskussionen. Der größte Vorteil für die Lieferanten bei dieser Änderung war, dass bei gleichbleibendem Volumen sich die Anzahl der Varianten reduzierte. Es kam auch zu folgenden Änderungen in der Art und Weise der Bestellungen und Lieferungen:

- Die Frequenz der Lieferungen wurde von einmal pro Woche auf zweimal erhöht. Die Auswirkungen auf die Transportkosten waren dabei äußerst gering. Dies ermöglichte es, mit einem maximalen Bestand von vier Tagen zu rechnen. Für Motor A bedeutet dies, dass der Maximalbestand bei 5.800 Stück liegen würde im Vergleich zu 9.943 Stück bei der Analyse.

- Für jede Variante wurde eine fixe Bestellmenge +/−10 % festgelegt. Für Motor A wurde demnach eine Menge von 3.600 Stück (halbe Woche Bedarf) vereinbart, wobei einen Tag vor Lieferung diese Menge auf max. 4.000 erhöht oder auf 3.200 reduziert werden konnte. Kam es zu stärkeren Abweichungen, so wurde je nach Stückzahlen zu unterschiedlichen Lieferzeiten geliefert. Kam es also zu Ausreißern bei den Kundenbestellungen, die ebenfalls in längeren Lieferzeiten resultierten, so wurden diese auch bei den Lieferungen der Komponenten reflektiert.

Insgesamt kam es zu einer Bestandsreduktion über alle Varianten von ca. 50 %. Die Lagerleichen wurden so weit als möglich verkauft oder, wenn dies nicht möglich war, verschrottet. Um zu verhindern, dass in wenigen Jahren wieder zur selben Situation kommen würde, mussten die Prozesse in der Entwicklung angepasst werden, um eine Standardisierung von Komponenten sicherzustellen. Zusätzlich wurde ein Prozess definiert, wie mit Komponenten verfahren wird, wenn ein Produkt ausläuft oder es zu Änderungen in diesem kommt. Die Ergebnisse des Projektes für die Motoren konnten anschließend auch auf weitere Teile, wie z. B. den Kabelbaum, übertragen werden.

3 Ausschuss und Nacharbeit

■ 3.1 Qualitätskosten in der Produktion

Zu allen Themen in diesem Buch gibt es wahrscheinlich in der Literatur zu den Schlagwörtern Qualität, Qualitätsmanagement, TQM oder Ähnlichem das umfangreichste Angebot. Daher soll noch mehr der Fokus auf Fallbeispielen liegen, die zeigen, wie fokussiertes Vorgehen und teilweise mit recht einfachen Mitteln Lösungen zum Ausschuss oder Nacharbeit gefunden werden können. In manchen Situationen sind umfangreiche Datenanalysen mit dem 6σ-Ansatz notwendig, in anderen reicht es wiederum aus, einfach nur zu beobachten und die richtigen Fragen zu stellen. In den folgenden Seiten soll ein gewisses Verständnis entwickelt werden, was Produktionsverantwortliche, KVP-Mitarbeiter oder andere Nicht-Qualitätsspezialisten mit einfachen Werkzeugen selbst bewerkstelligen können, um Verschwendung in Zusammenhang mit Qualität zu reduzieren. In den Fallbeispielen geht es daher zumeist auch weniger um die Details einer gewissen Lösung als um den Weg dorthin bzw. um das Prinzip des verwendeten Ansatzes zur Verbesserung.

Ein weiterer Aspekt ist, der allerdings in der Literatur auch schon ausreichend beschrieben wurde, allerdings immer noch zu oft ignoriert wird, dass Qualität produziert und nicht kontrolliert wird. In zu vielen Unternehmen wird immer noch mehr Wert auf das Kontrollieren der Ergebnisse eines Prozesses gelegt, als dass diese so stabil gestaltet werden, dass eine Kontrolle theoretisch nicht mehr benötigt werden würde.

Qualität wurde im ersten Kapitel nur kurz als eine der Verlustquellen des OEE erwähnt. Die Auswirkungen und Kosten sind natürlich wesentlich weitreichender als nur die reinen Verluste an Kapazität einer Produktionseinheit. Das Kapitel ist so strukturiert, dass der Materialfluss vom Wareneingang bis zur Produktion nachverfolgt wird und in einzelnen Schritten auf die möglichen Quellen für Verschwendung und deren Kosten eingegangen wird (Bild 3.1). Behandelt werden dabei allerdings nur die Qualitätsthemen, die auch einen Zusammenhang mit der Produktion haben. Kosten des Wareneingangs oder Reklamationen vom Kunden z. B. werden nicht betrachtet. Für die wichtigsten Herausforderungen wird wieder zuerst das Thema Analyse der Daten besprochen und anschließende mit einigen Fallbeispielen aufgezeigt, was Lösungsansätze sein können.

Der Wareneingang hat zwei bedeutende Aufgaben, die das Thema der weiteren Ausführungen sind. Einerseits wird die Eingangskontrolle von Anlieferungen durchgeführt. Dabei geht es zum größten Teil um die Produktivität und wird daher auch nur im Analyseteil behandelt. Andererseits werden nicht-konformes Material, Ware etc. direkt im Wareneingang gesperrt. Aus der Wareneingangskontrolle heraus können Artikel als nicht in Ordnung (niO) eingestuft werden, die daraufhin in ein Sperrlager kommen. Dies kann insofern direkte Auswirkungen auf die Produktion haben, da benötigte Teile nicht verfügbar sind. In dieses Sperrlager können zusätzlich retournierte Artikel aus der Produktion gelangen, die erst dort als niO eingestuft wurden.

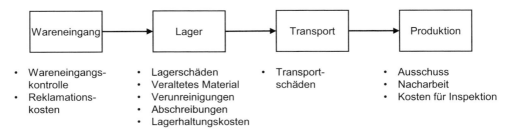

Bild 3.1　Übersicht der auftretenden Qualitätsthemen im Zusammenhang mit der Produktion

Liegt Ware einmal in einem Lager, so können bezogen auf die Qualität zwei größere Kostenblöcke zum Thema werden. Einerseits kann Material beschädigt oder verschmutzt werden, was entweder noch im Lager oder, was schlechter ist, erst in der Produktion bemerkt werden kann. Andererseits gibt es die Möglichkeit, dass Teile altern. Sie können dadurch unbrauchbar werden, wenn ein gewisses Haltbarkeitsdatum abgelaufen ist oder, es hat eine technische Änderung gegeben und alte Varianten dürften eigentlich nicht mehr verwendet werden. Es kann zu Verwechselungen der Varianten kommen und ein „altes" Modell eines Teiles wird verbaut. Die Verschrottung der nicht mehr zu verwendenden Varianten wird allerdings auch häufig in die Qualitätskosten aufgenommen. Ähnliche Aussagen können auch über das Fertigwarenlager getroffen werden, weswegen das Lager in Bild 3.1 auch für dieses steht.

In das Lager und aus diesem heraus wird Material transportiert und dabei können Beschädigungen auftreten, die Kosten verursachen. Teile können kompletter Ausschuss sein oder Rohmaterial kann in einer Weise beschädigt sein, dass nur ein gewisser Prozentsatz verwendbar ist. Auch diese werden in einem kurzen Abschnitt behandelt.

Der größte Abschnitt behandelt zum Abschluss das Thema der Qualität in der Produktion. Bei der Bestimmung der Kosten für Ausschuss in der Fertigung ist die besondere Herausforderung, dass ein Artikel mit fortschreitender Produktion mehr Wertschöpfung erfahren hat und daher auch die Kosten immer höher werden. In vielen Fällen ist die Kostenrechnung nicht so strukturiert, dass nach jedem einzelnen Arbeitsschritt der Wert des Produktes bestimmt werden könnte. Bei der Nacharbeit ist dies schon wesentlich einfacher, da nur die zusätzlichen Kosten (z. B. die Arbeitszeit des Mitarbeiters, der die Nacharbeit durchführt) verrechnet werden müssen. Der dritte große Kostenfaktor in der Produktion ist die Kontrolle selber. Gibt es eigene Mitarbeiter, die z. B. eine 100 %ige Endkontrolle durchführen oder ist sie Bestandteil der Arbeit eines Mitarbeiters der Produktion?

Eine wichtige Kennzahl im Zusammenhang mit Qualität ist für ein Produktionsunternehmen die „Cost of Poor Quality" (COPQ), in der alle Kosten zusammengefasst werden, die durch das Auftreten von Qualitätsmängeln entstehen können. Würde also dieser Mangel – das Abweichen vom gesetzten Standard – reduziert oder eliminiert werden, so würden auch diese Kosten als direkte Folge nach unten gehen.

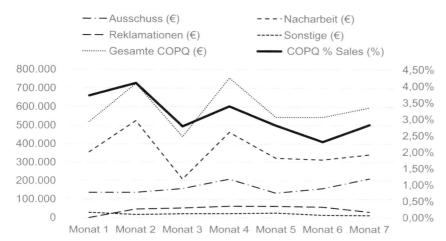

Bild 3.2   Trendkurve der COPQ

In Bild 3.2 werden die wichtigsten Komponenten der COPQ als Trendkurve dargestellt. Neben klassischen Kostenfaktoren wie Ausschuss und Nacharbeit beinhalten die sonstigen Kosten z.B. Personal für temporäre Qualitätskontrollen verursacht durch eine hohe Nacharbeitsrate in einem Bereich. Es gibt auch Unternehmen, die versuchen, Punkte wie Imageschaden oder Verlust von möglichem Umsatz verursacht durch mangelhafte Qualität in diese Berechnung mit einzubeziehen. Sie sind sicher Bestandteil der COPQ, allerdings sind sie auch sehr schwer zu quantifizieren. Mit dieser Kennzahl und dem Trend ergibt sich eine gute Übersicht zu den wichtigsten Qualitätsthemen und die Auswirkung von bestimmten Maßnahmen. COPQ stellt allerdings natürlich nur einen Ausschnitt der gesamten Qualitätskosten dar (Brüggemann 2012).

Das Thema der Kosten wird in diesem Kapitel zu anfangs separat erwähnt und bildet den Einstieg, da es wesentlich vielschichtiger und komplexer ist als bei Produktivität und Kapazität sowie den Beständen. Bei den Fallbeispielen wird auch kurz auf die eigentliche Bewertung der Einsparung, bzw. auf welche Kosten dadurch Einfluss genommen wurde, eingegangen.

■ 3.2   Qualitätsthemen im Wareneingang

3.2.1   Analyse der Daten

Aufwand durch die Eingangskontrolle

Der erste Punkt im Materialstrom, der für dieses Kapitel von Interesse ist, ist der Wareneingang. Je nach Industrie, Bedeutung des Artikels für z.B. die Sicherheit des Produktes, Art und Weise der Zusammenarbeit mit dem Lieferanten oder auch den aktuell existierenden Qualitätsproblemen findet eine mehr oder weniger intensive Eingangskontrolle statt. Gewisse Teile können zu 100 % inspiziert werden, andere wiederum überhaupt nicht. Da die Gründe zahlreich sein können, warum eine Eingangskontrolle in einer bestimmten Intensität durchgeführt wird, muss klar sein, warum was, wie gemacht wird.

Der erste Schritt in der Analyse der Eingangskontrolle ist, zu bestimmen, wie viele der empfangenen Artikel durch die Qualitätskontrolle müssen und welcher Prozentsatz ohne auskommt. In Bild 3.3 wurde der Wareneingang eines Unternehmens der Medizintechnik analysiert. Innerhalb eines Monats wurden 3.265 Lieferscheinpositionen im Wareneingang entgegengenommen. 48 % davon gingen entweder direkt oder über den Zoll ins Lager. Demnach mussten 52 % durch die Qualitätskontrolle inspiziert werden. Diese 52 % wurden im nächsten Schritt nach Erstmuster, Kontrolle nur nach Stichproben und 100 %-Kontrolle unterteilt.

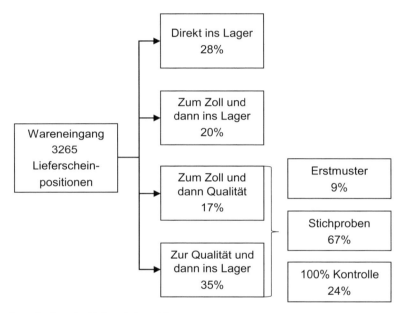

Bild 3.3 Erste Analyse der Lieferscheinpositionen

Die weitere Analyse unterteilt sich in zwei unterschiedliche Bereiche:

- Der Aufwand der für die Kontrolle betrieben wird. Dies würde einer Analyse aus Kapitel 1 nach nicht-wertschöpfenden Tätigkeiten wie Bewegen oder Warten entsprechen, weswegen hier nicht weiter darauf eingegangen wird.
- Der zweite Teil wäre die Frage nach dem Warum. Was sind die Gründe dafür, dass ein Teil zu 100 % kontrolliert wird und ein anderes direkt eingelagert wird. Mit dieser Frage sollen Möglichkeiten ausgelotet werden, ob Stichproben oder gar eine 100 %-Kontrolle für manche Produkte vermieden werden können.

Bei der Freigabe der Erstmuster ist die Frage der Notwendigkeit relativ leicht beantwortet und mit 9 % auch nicht unbedingt die Priorität. Ändern Lieferanten an einem bereits verwendeten Produkt Spezifikationen oder Parameter oder soll ein neues Produkt verwendet werden, so muss der Lieferant Erstmuster, die unter Produktionsbedingungen gefertigt wurden, mit einer standardisierten, umfangreichen Dokumentation einsenden. Die Eingangskontrolle in diesem Unternehmen war für die Freigabe dieser Erstmuster verantwortlich. Die Frage, ob diese stattfinden muss oder nicht, ergibt sich in diesem Fall nicht. Wenn die Erstmuster mit dem Zeitaufwand in Verbindung gebracht werden, so steigt die Bedeutung sicherlich mit dem Fokus auf Produktivität. Durch eine Multimomentaufnahme (Bild 3.4) ergab sich, dass die Mitarbeiter der Eingangskontrolle zu 29 % mit den Erstmustern beschäftig waren.

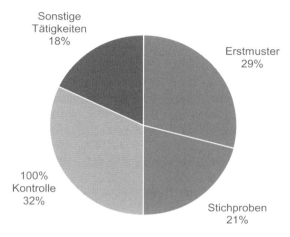

Bild 3.4   Multimomentaufnahme der Mitarbeiter QS-Eingangskontrolle

Interessanter ist in diesem Zusammenhang die Frage zu den Gründen der Stichproben und der 100%-Kontrolle. Folgende Hauptgründe wurden genannt für die 100 %-Kontrolle. Die Mitarbeiter der Abteilung schätzen auch, wie hoch der Anteil an der Gesamtmenge der 100 %-Kontrolle durch den jeweiligen Grund war:

▪ Rechtliche Vorschriften: Bei sicherheitsrelevanten Teilen musste eine 100 %-Kontrolle durchgeführt werden. (ca. 25 %)

▪ Qualitätsprobleme in der Vergangenheit führten zur Notwendigkeit der Kontrolle (ca. 30 %)

▪ Zuverlässigkeit des Lieferanten ist nicht ausreichend (ca. 30 %)

▪ „Weil wir es immer so gemacht haben" (ca. 15 %).

Für die Stichproben ergab sich ein ähnliches Bild, wobei der Schwerpunkt noch mehr auf den negativen Erfahrungen mit gewissen Lieferanten lag. Diese Daten bildeten nun die Grundlage, um zu bestimmen, wo Potenzial zur Reduzierung des Aufwandes der Eingangskontrolle gelegen hat. Könnte z.B. die Anzahl der 100%-Kontrollen um 25 % reduziert werden, so würde dies den gesamten Zeitaufwand um ca. 8 % reduzieren (100 %-Kontrollen ergaben 32 % in der Multimomentaufnahme; 25 % davon sind 8 %). Dies kann dann in eine mögliche Produktivitätssteigerung umgerechnet werden.

Während einer Kontrolle kommt es nun auch vor, dass nicht-konforme Teile gefunden werden. Wenn es klare Regeln mit dem Lieferanten gibt, so ist auch der Ablauf definiert. In den meisten Fällen werden die beanstandenden Artikel ersetzt oder es kommt zu einer sonstigen Art an Kompensation. Die Reklamationskosten, die dabei auftreten, sind zumeist überschaubar und beziehen sich auf den administrativen Aufwand. Wenn es allerdings dadurch zu Störungen in der Produktion kommt (z. B. Stopp einer Produktionseinheit, da das benötigte Material nicht vorhanden ist), so können die Kosten andere Dimensionen annehmen. Allerdings werden diese nur selten den Gesamtkosten der Qualität zugerechnet. Aus den Aufzeichnungen der Produktionstafeln aus den vorherigen Kapiteln ist es in solchen Fällen wichtig, eine Verbindung zwischen Stillständen wegen Materialmangels und den Qualitätsproblemen bei der Eingangskontrolle zu schaffen. Daher ist es auch so bedeutend, dass richtige kross-funktionale Team bei den Produktionsbesprechungen zu haben.

Belegung des Sperrlagers

Im Bereich des Wareneingangs kann sich ein Sperrlager befinden, in dem Teile temporär abgelegt werden sollen, bei denen es zu Beanstandungen gekommen war. Bei der Eingangsprüfung kann z. B. festgestellt werden, dass gewisse Parameter der gelieferten Ware nicht mit der Bestellung übereinstimmen und mit dem Einkauf oder Lieferanten geklärt werden muss, wie weiterverfahren werden soll. Sollen sie an den Lieferanten zurück geschickt werden, sollen sie verschrottet werden? Wer kommt für die Kosten die durch die Abweichung entstanden sind auf? Wie schon erwähnt, soll es sich um eine befristete Sperrung handeln, bis die offenen Fragen geklärt sind. Dabei kann es zu langwierigen Verhandlungen mit dem Lieferanten kommen. Hat ein Unternehmen keinen klar definierten Prozess und keine eindeutigen Verantwortlichkeiten, wer was im Ablauf der Klärung zu tun hat, kann es vorkommen, dass Lieferungen im Sperrlager über Jahre liegen. Die Waren in Bild 3.5 waren z. B. bei einer Bestandsaufnahme bereits seit bis zu acht Jahren im Sperrlager und niemand wusste, was damit gemacht werden sollte. Neben dem klassischen „Staubtest", einer Überprüfung der Dicke der Staubschicht, kann es sinnvoll sein, die Daten der Waren in einem Sperrlager zu analysieren, um die Auswirkungen der Mängel des Beanstandungsprozesses zu belegen.

Bild 3.5   Lieferung im Sperrlager liegt seit acht Jahren

Es können bei der Datenanalyse zwei Dinge von Bedeutung sein, der Wert der Ware im Lager und der belegte Platz. In Tabelle 1.1 wurden Gruppen nach der Liegezeit im Sperrlager gebildet und dann alle Waren nach ihren Anteilen am Gesamtwarenwert bzw. nach der Anzahl der belegten Stellplätze zusammengefasst. Alle Waren, die z. B. seit maximaler einer Woche im Sperrlager sind, ergeben 34 % vom gesamten Wert und belegen 18 Stellplätze.

Tabelle 3.1 Auswertung der Artikel nach Liegezeit bzw. Wert und Anzahl der Stellplätze

	Wert (%)	Anzahl Stellplätze
< 1 Woche	34	18
1 – 2 Wochen	19	11
2 – 4 Wochen	13	10
4 – 8 Wochen	6	8
8 – 26 Wochen	7	3
> 26 Wochen	21	9

Eine Zielsetzung aus dieser Auswertung könnte nun für ein Projekt sein, dass der Wert des Bestandes nachhaltig um 30 % reduziert werden sollte. Bei dieser Betrachtung ist allerdings auch sehr wichtig zu klären, wie viel davon tatsächlich als Cash-Flow wieder ins Unternehmen zurückkommt, indem die Ware z. B. dem Lieferanten in Rechnung gestellt werden kann oder ob es einfach nur abgeschrieben werden muss. Bei der zweiten Möglichkeit kann schon einmal mit dem Widerstand des Controllings gerechnet werden, da dies natürlich einen negativen Effekt auf das Ergebnis hat. Leichter fällt es schon, wenn die Anzahl der Stellplätze das Ziel sind. Wird Platz im Lager benötigt, so ist dies eine der zahlreichen Möglichkeiten, dies zu erreichen.

Es spielt jedoch keine Rolle, welche der beiden Zielsetzung verfolgt wird. Falls die Kontrolle über das Sperrlager zweifelhaft ist, sollte der Prozess der Bearbeitung von Sperrungen auf jeden Fall betrachtet werden. Es sollte in der Zukunft vermieden werden, dass Artikel unnötig lange im Sperrlager liegen.

3.2.2 Maßnahmen im Wareneingang

Fallbeispiel 3.1 Verwendung eines Sperrlagers

Ausgangssituation:

Das vorliegende Sperrlager eines Unternehmens der Medizintechnik befand sich im Rohmateriallager, welches von den Mitarbeitern des Wareneinganges verwaltet wurde. Sie waren sowohl für die Ein- als auch Auslagerung aller Materialien verantwortlich. In dem Sperrlager befanden sich demnach Waren, die die Eingangsprüfung nicht bestanden hatten und Klärungsbedarf mit den Lieferanten herrschte, als auch Materialien, die von der Produktion gesperrt worden waren und ebenfalls auf Klärung warteten.

Nachdem die notwendigen Unterlagen von den QS-Mitarbeitern des Wareneinganges oder der Produktion ausgefüllt worden waren, gingen diese an den Einkauf. Der jeweils verantwortliche Sachbearbeiter musste daraufhin die weitere Vorgehensweise mit dem Lieferanten klären. Da es allerdings weder einen definierten Prozess noch Vorgaben bzgl. des zeitlichen Verlaufs dafür gab, blieben die Fälle teilweise über Monate unerledigt. Es lag einzig und alleine im Ermessen des Einkäufers, wie dringend eine Reklamation behandelt wurde. Nur wenn Material von der Produktion unmittelbar benötigt wurde oder der Einkaufswert hoch war, wurde mit einer gewissen Dringlichkeit an einem Fall gearbeitet. Die Folge war, dass der Platzbedarf des Sperrlagers über die Zeit immer größer wurde und manche Lieferungen über Jahre dort lagen.

Das Unternehmen erwartete für die kommenden Jahre einen stetigen Anstieg des Umsatzes und wollte Möglichkeiten ausloten, wie das existierende Lager ohne Erweiterung die Erhöhung des Volumens aufnehmen könnte. Da die Stellplätze im Lager bereits zwischen 90 bis 95 % belegt waren, musste eine Reduzierung der existierenden Bestände erfolgen. Ein Ansatzpunkt lag in der Reduzierung des Sperrlagers.

Aus der Analyse aller Materialien, konnten drei Schlüsse gezogen werden (Tab. 3.2), was eine längere Liegezeit wahrscheinlicher machte. Die Erklärung wurde von den Beteiligten auch sofort mitgeliefert:

- Eine Klärung dauert mehr als zwei Wochen (Konsequenz bei der Nachverfolgung fehlt).
- Es werden kleine Regalplätze belegt (je weniger Platz, umso weniger die Dringlichkeit).
- Die Sperrung erfolgte in der Produktion (die Angaben der Produktion zur Begründung der Sperrung sind oft nicht ausreichend).

Tabelle 3.2 Auswertung der Artikel nach Liegezeit und Anzahl der Stellplätze

Liegezeiten	Gesperrt im Wareneingang			Gesperrt in der Produktion		
	Paletten-plätze	Regal-plätze groß	Regal-plätze klein	Paletten-plätze	Regal-plätze groß	Regal-plätze klein
< 1 Woche	4	6	12	2	2	1
1 – 2 Wochen	2	3	15	4	3	2
2 – 4 Wochen	0	2	7	0	0	2
4 – 8 Wochen	0	0	3	0	0	0
8 – 26 Wochen	1	0	6	2	1	0
> 26 Wochen	1	3	11	4	7	11

Zusammenfassend ergaben sich im Ablauf einer Sperrung folgende Schwachstellen:

- Der Einkauf hatte keine klaren Zeitvorgaben für die Bearbeitung einer Sperrung.
- Es gab keine Eskalationsstufen, wenn es zu gravierendem Widerstand von Seiten der Lieferanten bei der Klärung kam.
- Es gab kein Hilfsmittel zum Nachverfolgen einer Sperrung, weswegen es auch nicht transparent war, in welchem Bearbeitungsstatus sie sich befand.
- Die Informationen aus der Produktion zum Grund für eine Sperrung waren häufig nicht ausreichend, um eine Reklamation beim Lieferanten einzureichen.

Verbesserungsansatz:

Aus der Analyse heraus wurde abgeleitet, dass ein Prozess mit klaren Regeln und Verantwortlichkeiten definiert werden musste. Bild 3.6 zeigt einen groben Überblick über den Prozess für Sperrungen, die durch die Produktion initiiert wurden. Von den einzelnen Schritten her hat sich im Prinzip keine besondere Veränderung ergeben, außer dass der Prozess zum ersten Mal dokumentiert wurde. Die großen Veränderungen lagen hauptsächlich in neuen Regeln und Vorgaben bzw. in der Verwendung einer Datenbank zum Nachverfolgen des Status einer Beanstandung. Der Einkauf wurde stärker in die Pflicht genommen, die Klärung mit dem Lieferanten schneller voranzutreiben. Von Vorteil war sicherlich, dass im Einkauf die Einsicht vorherrschte, dass das Thema bisher zu wenig konsequent verfolgt wurde.

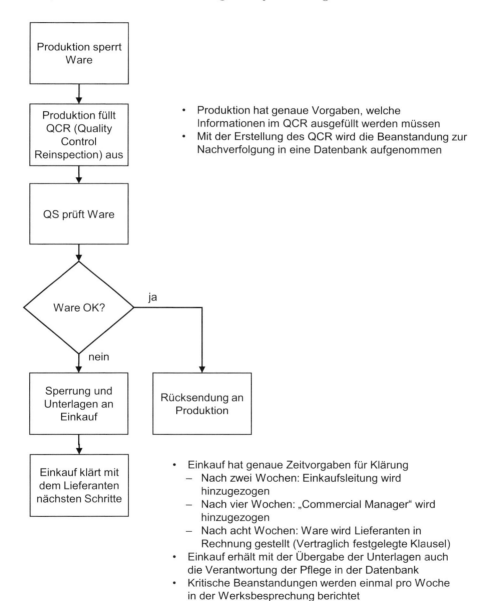

Bild 3.6   Prozess für gesperrte Ware aus der Produktion

Mit diesen Veränderungen sollte sichergestellt werden, dass der Umfang des Sperrlagers in der Zukunft nicht weiter anwachsen würde. Es mussten allerdings auch – das Ziel war immer noch, Platz zu schaffen – Entscheidungen zu den existierenden Beständen getroffen werden.

- Bei Materialien aus der Produktion war der Hauptgrund für die langen Liegezeiten, dass die Informationen für die QS nicht ausreichend waren, um eine Entscheidung zu treffen. In einer Sonderaktion wurde gemeinsam von Produktion und Qualität jede Ware, die länger als acht Wochen im Lager war, kontrolliert und beschlossen, ob sie freigegeben werden könnte oder verschrottet werden müsste.

- Waren Artikel seit mehr als acht Wochen gesperrt und der Lieferant war bereits kontaktiert, so wurde auf Abteilungsleiterebene versucht, eine einvernehmliche Lösung zu finden. Gelang dies nicht und ansonsten konnte keine weitere Verwendung mehr gefunden werden, kam es zu einer Entsorgung.

- Für alle anderen Waren mit einer Liegezeit zwischen einer und vier Wochen wurde dem Einkauf eine Frist von zwei Wochen eingeräumt, um diese zu klären.

Mit der teilweise doch sehr konsequenten Vorgehensweise bei der Erledigung der „Altlasten" sollte auch klar kommuniziert werden, dass dies ein Neustart für dieses Thema sein sollte und dass das Management die rasche Reduzierung von Sperrungen ernst nahm.

■ 3.3   Qualitätsthemen im Lager und beim Transport

3.3.1   Analyse der Daten

Bei eingelagerten Waren kann es aus unterschiedlichsten Gründen zu einer mangelhaften Qualität kommen. Einige der Wichtigsten dafür können sein:

- Beschädigungen beim Ein- oder Auslagern
- Verunreinigungen durch eine unsachgemäße Lagerung
- Unbrauchbarkeit durch das Erreichen eines Ablaufdatums
- Unbrauchbarkeit durch technische Änderungen.

Die ersten zwei Punkte lassen sich am einfachsten durch Sichtkontrollen bestimmen. Während der Analyse für ein Projekt in einem Lager, egal welche Zielsetzung damit verfolgt werden soll, sollte der Startpunkt ein Rundgang sein. Dadurch können bereits die ersten Eindrücke gesammelt werden bzgl. Beschädigungen oder Verunreinigungen (Bild 3.7). Die Dicke der Staubschicht auf Schachteln oder anderen Behältern ist häufig ein guter Indikator, wie lange manches Material bereits eingelagert ist.

Ein Blick auf das Datum auf Etiketten oder andere Hinweise zum Einlagerdatum können hilfreich sein (Bild 3.8). Dies sind natürlich nur qualitative Informationen, können aber bereits erste Hinweise sein, wie lange sich Material im Lager befindet. Im Zusammenhang mit Qualität kann dies problematisch bzgl. Punkt drei und vier in der obigen Auflistung sein. Es kann auch eine Aussage zur Einhaltung von FIFO ermöglichen, wenn z. B. mehrere angebrochene Behälter mit unterschiedlichem Wareneingangsdatum versehen sind.

Bild 3.7   Erste Eindrücke zu Verunreinigung und Beschädigungen während eines Rundganges

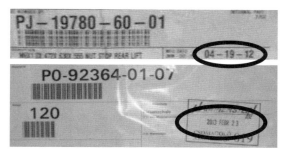

Bild 3.8   Datumsangaben auf eingelagerten Materialien

Die Unbrauchbarkeit gewisser Materialien durch das Überschreiten eines Ablaufdatums bzw. durch technische Änderungen ist wieder ein anderes Thema und eine Datenanalyse kann und sollte unter gewissen Umständen durchgeführt werden. Für das Ablaufdatum kommt es zumeist auf die Industrie an, ob dieses von Bedeutung ist oder nicht. In der metallverarbeitenden Industrie mag es kaum eine Rolle spielen, in der Pharma- oder Lebensmittelbranche jedoch auf jeden Fall, wo dieses Datum zumeist auch ganz penibel nachverfolgt wird. Voraussetzung für eine lückenlose Analyse ist die Verfügbarkeit der Haltbarkeit entweder im System des Bestandsmanagement, des Einkaufs oder eventuell in den Stammdaten.

Es sollte allerdings nicht ausgeschlossen werden, dass auch in weniger sensiblen Branchen das Ablaufdatum zu einem Qualitätsproblem werden kann. Bei einem Produzenten von Landwirtschaftsmaschinen wurden z. B. solche Mengen an Schweißelektroden gekauft, dass der Bestand für Jahrzehnte reichte. Was allerdings nicht bedacht wurde, war, dass diese Elektroden auch ein Ablaufdatum hatten. Mit der Zeit entstanden immer mehr Qualitätsprobleme mit den Schweißnähten, die sich anfangs niemand erklären konnte. Erst durch ein Projekt im Lager zur Bestandsreduzierung kam das Thema zum Ablaufdatum der Elektroden auf. Es stellte sich tatsächlich heraus, dass diese für die schlechter werdende Qualität verantwortlich waren. Die vermeintliche Einsparung im Einkauf durch die großen Mengen stellte sich letztendlich als teures Unterfangen heraus, da neben den Kosten für die Qualitätsmängel nun auch die restlichen Kisten an Elektroden verschrottet werden mussten.

Viele Unternehmen, speziell wenn sie Serienfertiger sind oder in großen Stückzahlen produzieren, haben einen klar definierten Prozess zum Änderungsmanagement. Wird z. B. durch die Produktion eine Änderung am Produkt initiiert, so gibt es ganz klar dokumentierte Schritte, was von wem wann gemacht werden muss bis zur tatsächlichen Umsetzung. Ein wichtiger Punkt, der allerdings in vielen Fällen in diesem Prozess nicht so eindeutig beschrieben ist, ist der Umgang mit den Altbeständen an Teilen, die geändert wurden.

Ein simples Bespiel ist, dass eine Schraube durch eine kostengünstigere Variante ersetzt werden soll. Diese bestimmte Schraube ist kein Standardprodukt und kann für keinen anderen Artikel verwendet werden. Ist die Änderung freigegeben und die Fertigung erhält die ersten Lieferungen für die Produktion, ist der Normalfall, dass immer noch gewisse Mengen von der alten Schraube vorhanden sind. Die Fragestellung ist nun, was soll mit diesen Restmengen geschehen?

- Soll die endgültige Umstellung verzögert werden, bis alle Altbestände aufgebraucht sind? Wenn die Änderung eine Kundenanforderung ist oder aus Qualitäts- bzw. Sicherheitsaspekten geschieht, ist dies wohl keine Option.

- Sollen sie „inoffiziell" weiter verwendet werden, bis sie komplett aufgebraucht sind? Die Produktion würde dann eventuell nicht entsprechend der Zeichnung arbeiten, was definitiv ein Qualitätsproblem ist.

- Sollen sie verschrottet werden? Diese Kosten sollen meistens vermieden werden, da dies die ursprüngliche Berechnung der Einsparungen durch die neuen Schrauben belasten würde. Bei Schrauben vielleicht nicht das gravierendste Thema, bei anderen Komponenten kann dieses sicher von größerer Bedeutung sein.

- Sollen die Restbestände im Lager weiterhin geführt werden? Dies ist nun genau der Fall, der etwas mehr im Detail betrachtet wird.

Wird bei einem Teil eine Änderung durchgeführt, mag dies das Design, Material, Lieferanten oder anderes betreffen, so wird in den meisten Fällen keine neue Artikelnummer vergeben, sondern die Nummer wird mit einem Index versehen. In Bild 3.8 (linkes Bild) bezeichnen die letzten zwei Ziffern der Artikelnummer PJ-19780-60-01 den Index. Dieses Teil ist demnach die ursprüngliche Ausführung. Würde es eine Änderung geben, so hätte die neue Artikelnummer als die letzten beiden Ziffern 02. Im Laufe eines Produktlebenszyklus kann es zu häufigen Änderungen kommen und ein Anstieg dieser Ziffer auf fünf oder zehn ist keine Seltenheit.

Werden nun die Bestände analysiert, so ist einer der Punkte, die beachtet werden müssen, ob es einzelne Artikel mit unterschiedlichen Indexständen gibt. In Tabelle 3.3 wurden die Bestände z. B. nach Reichweite und der letzten Bewegung (Ein- oder Auslagerung) analysiert. Artikel PJ-18562-60 liegt nach dieser Auswertung mit drei verschiedenen Veränderungsstufen im Lager. Stufe 1 und 2 hatten demnach auch, wie es sein sollte, keinen Bedarf hinterlegt und die letzte Bewegung liegt einige Zeit zurück.

Es gibt allerdings auch Unternehmen, die eine komplett neue Artikelnummer bei einer Änderung vergeben, was eine Analyse etwas schwieriger macht. Falls ein Artikel über die Bezeichnung eindeutig identifizierbar ist, so kann die Auswertung über diese erfolgen. Ist auch dies nicht möglich, so kann bei Artikeln ohne Bedarf hinterfragt werden, ob die Möglichkeit besteht, dass diese eine frühere Variante eines in Verwendung befindlichen Teils sind.

Rein aus dem Aspekt der Qualität kann der Grund für solch eine Auswertung sein, dass es zu einer Beanstandung wegen der Verwendung einer alten Variante eines Produktes gekommen war. Wurde das falsch verwendete Teil in der Produktion entdeckt, so ist der Schaden zumeist überschaubar. Kam es allerdings erst beim Kunden auf oder, was noch viel gravierender ist, wurde nach einem Unfall entdeckt, dass eine Komponente nicht der Zeichnung entsprach, kann dies ein ernsthaftes Problem darstellen.

Tabelle 3.3   Auswertung der Artikel nach Reichweite und letzter Bewegung

Artikelnummer	Bestand (Stk.)	Bedarf/Tag (Stk.)	Reichweite (Tagen)	letzte Bewegung
PJ-19780-60-01	1.523	124	12,3	17.04.2014
PJ-18562-60-01	54	0	0,0	23.10.2011
PJ-18562-60-02	163	0	0,0	15.09.2013
PJ-18562-60-03	1.178	211	5,6	15.04.2014
PJ-19562-50-01	543	218	2,5	15.04.2014
PJ-17444-60-01	200	17	11,8	11.04.2014

3.3.2   Maßnahmen im Lager und beim Transport

Fallbeispiel 3.2   Design von neuen Lager- und Transporteinheiten zur Reduzierung von Beschädigung am Rohmaterial

Ausgangssituation:

Ein Produzent von Blechen stellte bei einem Benchmark mit ähnlichen Unternehmen fest, dass die Qualitätskosten und speziell die Ausschussrate in der Produktion wesentlich höher waren als bei vergleichbaren Firmen. In der Gießerei wurden Rohbänder (coils) produziert, die anschließend im Walzwerk auf spezifische Dicken gewalzt und dann eingelagert wurden. Aus diesen wurden im abschließenden Prozessschritt Schneiden die bestellten Bleche gefertigt. Eine Zusammenfassung der Auswertung des Ausschusses (Bild 3.9) ergab, dass 11 % auf Materialfehler zurückzuführen waren.

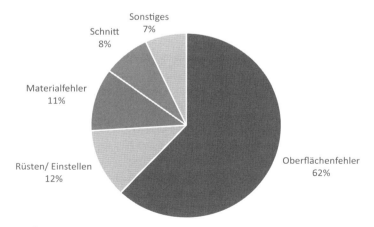

Bild 3.9   Zusammenfassung der Ausschussgründe im Schneiden

Die Hauptursache für diese Materialfehler waren Beschädigungen, verursacht beim Transport oder der Handhabung des Materials (Bild 3.10). Entweder wurde das Band beim Aufnehmen an der Innenseite (rechtes Bild) beschädigt oder es kam zu einem Zusammenstoß mit einem anderen Objekt (linkes Bild). In beiden Fällen musste zumeist die gesamte Länge des Bandes als Ausschuss verbucht werden. In wenigen Ausnahmen konnte der beschädigte Teil abgeschnitten und die restliche Breite verwendet werden. Der Vorteil gegenüber anderen Industrien war allerdings, dass das beschädigte Material zu 100 % wieder in den Prozessfluss gelangte und nochmal verarbeitet werden konnte.

Der Hauptkostenfaktor, der bei dieser Art von Ausschuss relevant ist, ist die Kapazität der Anlagen. Die Prozessschritte vor der Entstehung des Ausschusses waren die Gießerei und das Presswerk, zwei Produktionsbereiche, die einen besonders hohen Fixkostenanteil haben. Werden demnach an diesen Anlagen Produkte hergestellt, die im weiteren Verlauf beim Transport beschädigt werden, so ist dies eine besonders drastische Verschwendung.

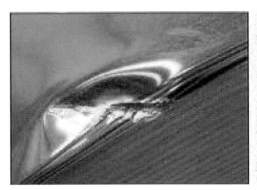 

Bild 3.10   Beschädigungen des Materials durch Transport

Mit 62 % waren die Oberflächenfehler die Hauptverursacher für Ausschuss. Die Gründe dafür waren mannigfaltig und reichten von Kratzer durch das Handling der Bleche bis hin zu Flecken, verursacht durch Prozess- und Materialfehler. Die Beseitigung dieser Mängel war teilweise eine besonders große Herausforderung. Daher wurden auch die relativ einfachen Schäden durch den Transport und die Lagerung in die Projektarbeit zur Reduzierung der Qualitätskosten aufgenommen.

Der Hauptgrund für die Beschädigung der Bänder lag in der Art der Lagerung. Bei Produkten wie „Coils" (groß und schwer) gibt es immer zwei besondere Herausforderungen – wie können sie ohne großen Aufwand und Beschädigung bewegt werden und wie kann FIFO gewährleistet werden. Die Lagerung nach dem Walzen erfolgte hauptsächliche nach dem Aspekt der optimalen Nutzung des verfügbaren Platzes (Bild 3.11). Materialhandhabung und Qualität waren ursprünglich nicht die vorrangigen Themen.

Verbesserungsansatz:

Die Kosten für den Ausschuss alleine waren schon Grund genug, die Art der Lagerung zu hinterfragen. Durch eine Analyse zur Produktivität und der Bestände wurde dies noch untermauert. Das Materialhandling alleine sollte ein großes Potenzial für eine Produktivitätssteigerung sein, auch die Bestandsreduzierung war ein interessanter Ansatz. Je weiter eine Rolle in

Bild 3.11 im mittleren Bereich war, umso größer war das Risiko, dass sie für längere Zeit keine Bewegung hatte. Es konnte dadurch geschehen, dass Rollen aus diesen „kritischen" Bereichen Jahre lagen. Es war anscheinend für die Produktion einfacher, ein neues Band zu produzieren, als ein bereits vorhandenes zu suchen und aus dem Bestand zu nehmen.

Bild 3.11   Lagerung der Bänder in der Produktion

Die Lösung waren neue Lager- bzw. Transportgestelle, die einfacher mit einem Stapler aufzunehmen und zu bewegen waren (Bild 3.12). Der Platzbedarf durch diese neuen Gestelle erhöhte sich zwar, doch wurde dies durch eine Reduzierung der Bestände kompensiert. Wie schon weiter oben erwähnt, waren zahlreiche Altbestände im Bandlager. Nachdem im Rahmen der Einführung der Gestelle auch die gesamte Organisation des Lagers zur Einhaltung von FIFO umgestellt wurde, konnte ausreichend Platz gewonnen werden.

Bild 3.12   Neue Ladungsträger für die Bänder

Fallbeispiel 3.3   5-S im Rohmateriallager zur Reduzierung von Ausschuss

Ausgangssituation:

Ein weiteres Qualitätsthema aus dem Fallbeispiel 3.2 ergab sich in der Gießerei selbst. Als Ausgangsmaterial wurden sehr viele recycelte Metalle verwendet, entweder rückgeführt aus der eigenen Produktion oder zugekauft von Schrotthändlern. Ein wichtiger Zeitfaktor war daher beim Rüsten das Mischen des Materials zum Erreichen der richtigen Legierung Es wurden ständige Versuche und Studien durchgeführt, um diese Zeiten zu reduzieren, da der Vorgang wesentlich länger als üblich dauerte. Es konnte allerdings nie bestimmt werden, warum das Rüsten so lange dauerte. Die Lösung wurde erst durch ein ursprünglich völlig anderes Thema gefunden.

Bild 3.13   Fehlendes 5-S im Rohmateriallager

Eine Multimomentaufnahme der Mitarbeiter des Rohmateriallagers machte deutlich, dass die Haupttätigkeiten im Suchen von Material und im Verschieben von Behältern bestanden. Verursacht wurde dies durch den Mangel an Struktur und Organisation im Lager bzw. durch das komplette Fehlen von 5-S. Container waren kaum oder nicht beschriftet, es gab keine klar definierten Stellplätze etc. Eine detaillierte Aufnahme der Bestände zeigte auch, wie viele Behälter von jedem einzelnen Material sich wo befanden (Bild 3.14). Dadurch war es endgültig klar, dass der gesamte Bereich aufgeräumt werden müsste. Als Konsequenz der Analyse wurde ein 5-S-Projekt definiert.

Was allerdings während der Analyse und der daraus folgenden Definition eines 5-S-Projektes den Beteiligten nicht bewusst war, war die Auswirkung des Fehlens von 5-S auf die Qualität in der Gießerei. Die sollte erst im Laufe der Umsetzung aufkommen.

Verbesserungsansatz:

Im ersten Schritt von 5-S Seiri, wurden alle Dinge entfernt, die nicht mehr gebraucht wurden. Dadurch wurde auch ausreichend Platz geschaffen, um den zweiten Schritt zu starten. Im Seiton wird alles geordnet und gekennzeichnet. In diesem Fall wurden der Lagerbereich für das Rohmaterial neu sortiert, alte, beschädigte Container ausgewechselt und die jeweiligen Abschnitte sauber gekennzeichnet (Bild 3.15).

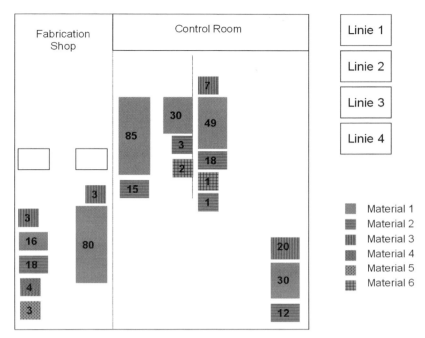

Bild 3.14   Schematisches Layout des Rohmateriallagers mit Standort und Anzahl an Behältern

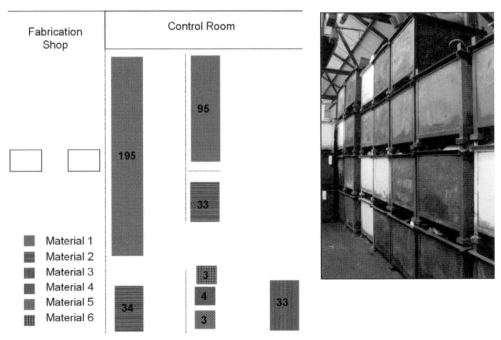

Bild 3.15   Neues schematisches Layout nach den 5-S-Maßnahmen

Im Zuge dieses Umräumens fiel einem Mitarbeiter der Qualitätsabteilung auf, dass in einigen Behältern das Material nicht sortenrein war. Durch das unsachgemäße Stapeln der Container, der Beschädigung dieser und vor allem der fehlenden räumlichen Trennung dürfte es immer wieder passiert sein, dass Material aus einer Kiste in eine andere gefallen war. Da der Inhalt eines Containers ohne weitere Kontrolle in den Schmelztiegel in der Gießerei geleert wurde, bemerkte niemand diese Verunreinigung. Folge war, dass z. B. angenommen wurde, dass zu 100 % Material 1 geschmolzen wurde, allerdings auch geringer Anteil einer anderen Legierung vorhanden waren. Dies war mitunter einer der Gründe für die Qualitätsprobleme in der Gießerei. Nachdem die ersten Schritte von 5-S im Rohmateriallager umgesetzt worden waren, gingen die Ausschussraten auch merklich nach unten.

Die Maschinenstundensätze einer Anlage, die in einer Gießerei sehr hoch sein können, werden in so einem Fall häufig für die finanzielle Bewertung solch einer Verbesserung verwendet. Falls es sich um eine Engpassanlage handelt und jedes zusätzliche Kilogramm, das produziert auch verkauft werden kann, so ist ein praktikabler Ansatz die Verwendung des Deckungsbeitrags.

Fallbeispiel 3.4   Änderung des Prozesses „Engineering Changes" zur Vermeidung von Beständen mit altem Indexstand

Ausgangssituation:

Bei einem Produzenten von Elektronikkomponenten gab es einen klar definierten Prozess zum Änderungsmanagement. Die Vorschläge für Veränderungen kamen hauptsächlich vom Engineering oder der Produktion und betrafen alle klassischen Themen von Kosteneinsparungen bis zur Qualitätssicherung. Es war allerdings den einzelnen Werken überlassen, wie sie mit Altbeständen verfahren. Erst durch einen besonderen Vorfall in der Produktion kam es zu einer Revidierung dieser Vorgehensweise.

In einem Werk gab es die interne Regelung, dass bei Änderung wegen Qualitäts- oder Sicherheitsaspekten sofort auf die neuen Komponenten umgestellt und die Altbestände verschrottet oder einer anderen Nutzung zugeführt werden mussten. War der Grund für eine Änderung allerdings eine Kosteneinsparung, so wurden die Bestände der alten Versionen weitergeführt, um durch Sonderabschreibungen wegen einer Entsorgung das Ergebnis nicht negativ zu beeinflussen. Bei einer Komponente gab es drei verschiedene Versionen im Lager, die äußerlich nicht voneinander zu unterscheiden waren. Es musste einmal passieren, dass von der Logistik ein falscher Behälter mit einer alten Version an eine vollautomatische Montagelinie gebracht wurde. Als in der Endkontrolle mehrere Produkte hintereinander mit demselben Fehler ausgeschieden wurden, kam es zu einem Stopp der Linie.

Im Rahmen einer größeren Veränderung wurden mehrere Komponenten durch neuere Varianten ersetzt. Durch deren Wechselwirkung kam es dazu, dass bei der Verwendung dieser falschen Version das gesamte System nicht mehr funktionierte. Jedes einzelne Teil für sich funktionierte allerdings einwandfrei, was die Suche nach dem Fehler erschwerte. Die Nachforschungen dauerten einige Stunden, bis endlich die falschen Komponenten entdeckt wurden. Der entstandene Schaden dadurch war nicht nur der Stopp der Linie für eine halbe Schicht, sondern auch die Nacharbeit an über 50 bereits voll montierten Produkten. Durch diesen Zwischenfall kam die Forderung vom Qualitätsmanagement, den Prozess der „Engineering Changes" hinsichtlich der Auswirkungen von Änderungen auf Bestände neu zu überdenken.

Verbesserungsansatz:

Zuerst wurde eine Bestandsaufnahme durchgeführt, um festzustellen, für wie viele Artikel im Lager es mehrere Varianten gab und wann die letzten Auslagerungen dieser waren. Von den insgesamt ca. 8.000 aktiven Artikeln gab es 48, von denen es zumindest eine weitere Version gab. 0,6 % von der gesamten Komponentenvielfalt scheint ein sehr geringer Anteil zu sein, doch kann die Auswirkung bereits eines Falles gravierende Konsequenzen haben. Die Kosten für den Ausfall einer halben Schicht waren zumindest schon höher als die Verschrottung aller Komponenten gekostet hätte. Diese letzte Bewegung wurde dann mit dem Datum der Implementierung der Veränderung verglichen, also dem Datum, ab dem diese Komponente nicht mehr verwendet werden hätte dürfen (Tab. 3.4). Daraus ergab sich, dass anscheinend fünfmal, inklusive dem bereits aufgetauchten Fall, eine falsche Variante verbaut wurde.

Tabelle 3.4   Auswertung der Artikel nach Bewegung nach Implementierung der Veränderung

Anzahl Varianten	Anzahl Artikel	mit Auslagerung nach Änderung
2	36	3
3	9	1
4	2	0
5	1	1

Bei weiteren Nachforschungen ergab sich, dass eine Komponente bereits zu einem erheblichen Nacharbeitsaufwand in der Produktion geführt hatte. Ein Verbindungsstück zwischen zwei Komponenten konnte auf das eine Teil montiert werden, wenn dieses jedoch mit der anderen Komponente zusammengesetzt werden sollte, passte es nicht. So wurde das falsch verbaute Teil erst nach einigen Schritten in der Produktion entdeckt. Das Los von 200 falsch verbauten Produkten musste manuell komplett zerlegt werden, um die wichtigsten, hochwertigen Teile wieder verwenden zu können.

Für die drei anderen Artikel bestätigte die QS, dass sie wahrscheinlich verbaut und ausgeliefert wurden, es allerdings keinerlei Auswirkungen auf die Sicherheit oder Funktionalität geben könnte.

Nach dieser Auswertung und den erlangten Erkenntnissen sperrte die QS alle noch im Lager befindlichen, alten Varianten der 48 Artikel. Der Einkauf erhielt die Aufgabe, die Lieferanten zu kontaktieren, ob es Möglichkeiten einer Rücksendung gab. In einigen Fällen war dies sogar möglich. Einige Artikel wurden in das Ersatzteillager umgelagert und einige mussten im Endeffekt verschrottet werden. Damit wurden die Altlasten beseitigt und ein neuer Prozess sollte verhindern, dass es neuerlich zu solchen Fällen kommen könnte.

Bild 3.16 stellt die Erweiterung des bereits existierenden Prozesses der Engineering Changes dar. Ziel des Prozesses sollte es sein, sicherzustellen, dass nur noch eine Version eines Produktes im Lager sein konnte und dass die Altbestände so sinnvoll als möglich verwendet werden könnten. Logistik (intern) und Einkauf (extern) hatten die Aufgabe zu prüfen, ob bei Änderungen, die nicht aus Qualitäts- oder Sicherheitsgründen initiiert wurden, die betroffenen Teile anderweitig verwendet werden könnten. Die Logistik sollte z. B. prüfen, ob ein Teil in einem anderen Standort verwendet werden könnte oder ob Bestandteile als Rohmaterial in den Prozess zurückgeführt werden könnten. Der Einkauf sollte z. B. bei den Lieferanten prüfen, ob es Möglichkeiten einer Rücksendung geben könnte.

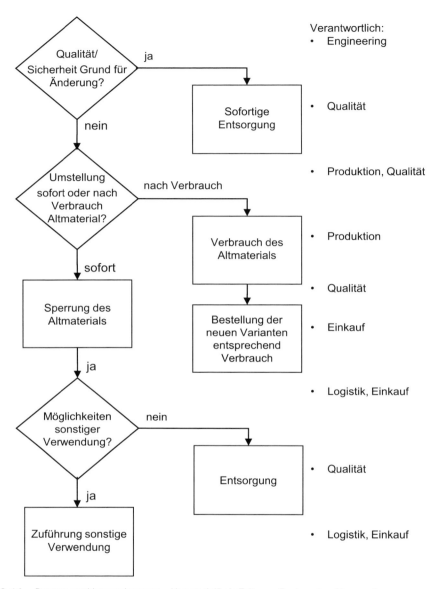

Bild 3.16   Prozess zur Verwendung von „Altmaterial" als Teil von „Engineering Changes"

Nachdem die zusätzlichen Schritte des Prozesses umgesetzt worden waren, wurden auch die Bestände der anderen Werke des Unternehmens überprüft. Wenig überraschend war die Situation nicht wesentlich anders und es musste ebenfalls eine Bereinigung der Altbestände durchgeführt werden. Es gab sogar einen Fall, bei dem es beim Kunden zu einer Reklamation gekommen war. Durch Zufall bemerkte der verantwortliche Produktmanager beim Kunden, dass eine Abweichung zu den vorherigen Lieferungen vorlag. Bei einer genauen Kontrolle der Ware wurde dann festgestellt, dass eine alte Variante eines Bauteils eingebaut worden war.

■ 3.4   Qualitätsprobleme in der Produktion

Aus der Analyse heraus wird sich zumeist eine Vielzahl an Gründen für Qualitätsmängel ergeben, wobei durch die Pareto-Analyse ein Fokus für die Verbesserungen bestimmt wurde. Das Ishikawa-Diagramm, welches im folgenden Abschnitt genauer erklärt wird, zeigt allerdings auch, dass sich die vielen Gründe zum größten Teil in vier Gruppen wiederfinden, die auch die Struktur des Abschnittes der Verbesserungsmaßnahmen vorgeben sollen:

- Material:
  - Rohmaterial/Komponenten können mit fremden Stoffen verunreinigt oder beschädigt sein, da die Arbeitsplätze nicht sauber bzw. nicht ordentlich gehalten werden (Fallbeispiel 3.5).
  - Die Qualität des Materials von externen Lieferanten entspricht nicht den Anforderungen (Fallbeispiel 3.6).
  - Luftfeuchtigkeit, Außentemperatur etc. können die Eigenschaften von Materialien unterschiedlich beeinflussen. Sind diese Faktoren nicht ausreichend berücksichtigt bzw. unter Kontrolle, kann es Auswirkungen auf die Qualität haben (Fallbeispiel 3.7).
- Maschine:
  - Werkzeuge oder Vorrichtungen können durch Unordnung beschädigt sein und können daher Qualitätsmängel verursachen etc. (Fallbeispiele 3.8 und 3.9).
  - Die Möglichkeiten der Produktion werden im Produktdesign nicht ausreichend berücksichtigt, wodurch erhöhter Ausschuss/Nacharbeit bereits vorab „designt" wurde (Fallbeispiel 3.10).
- Mensch:
  - Mitarbeiter sind nicht ausreichend geschult und verursachen z.B. durch Bedienfehler Qualitätsmängel (Fallbeispiel 3.11).
  - Die Leistung der Mitarbeiter unterliegt Schwankungen und es kommt zu unbeabsichtigten Fehlern (Fallbeispiel 3.12).
- Methode:
  - Die verwendeten Messmittel sind fehlerhaft und zeigen falsche Ergebnisse an (Fallbeispiel 3.13).
  - Ähnlich wie bei den Maschinen kann es auch bei der Methode (wie z.B. etwas montiert werden muss) bereits in der Designphase bestimmt worden sein, dass die Prozesse zu fehleranfällig sind (Fallbeispiel 3.14).
  - Die Arbeitsanweisungen oder Vorgaben sind nicht klar definiert und es unterliegt dem Urteil des Mitarbeiters, was Qualität ist.

Neben den eigentlichen Ursachen für Ausschuss und Nacharbeit können Qualitätskosten auch in die Höhe getrieben werden, da die Mängel zu spät erkannt werden. Zwei wesentliche Punkte, die dazu führen können, sind:

- Informationsfluss: Die eigentliche Ursache für Qualitätsprobleme liegt in einem anderen Bereich als sie letztendlich entdeckt werden. Durch einen mangelhaften Informationsfluss werden diese allerdings nicht oder zu spät abgestellt (Fallbeispiel 3.15).

- Organisation: Die existierenden Abläufe rund um das Thema Qualität sind nicht effektiv genug zum Abstellen von Mängeln (Fallbeispiel 3.16 und 3.17) .

3.4.1 Analyse der Daten

Produktionstafel und Pareto

Im Kapitel zu Kapazitätsverlusten wurde bereits im Detail darauf eingegangen, dass eine der größten Herausforderungen darin liegt, den richtigen Fokus zu finden. Mit den Produktionstafeln wurde ein Werkzeug vorgestellt, mit deren Hilfe die notwendigen Daten gesammelt werden können, aus denen ein Pareto der Maschinenstillstände entsteht. Dieses gilt als Grundlage für die konzentrierte Reduzierung und Eliminierung von Störungen. In derselben Weise funktionieren die Tafeln und der damit verbundene Ablauf auch für Ausschuss und Nacharbeit. Der Vollständigkeit halber deswegen nur noch einmal ein kurzer Überblick.

In die Produktionstafel (Bild 3.17) werden in definierten Zeitabständen (stündlich in diesem Fall) die Vorgaben bzgl. des zu produzierenden Volumens eingetragen. Kommt es zu Abweichungen, so müssen diese begründet werden. Die wichtigsten Ausschussgründe werden in der Tafel vorgegeben und zur leichteren Auswertung mit einem Code bezeichnet. Da immer nur die wichtigsten Ausschussgründe im Fokus der Aktivitäten sein sollen, sind auch nur diese als eigene Punkte auf der Tafel. Am Ende der Schicht oder des Tages werden die Zahlen dann in eine Datenbank übertragen. An diesem Punkt soll noch einmal davon abgeraten werden, diese Tafel in elektronischer Form zu installieren und die Datenerfassung automatisch ablaufen zu lassen. Es geht dabei ein wichtiger Aspekt verloren, dass sich die Mitarbeiter vor Ort durch das manuelle Eintragen der Daten nämlich auch mit diesen beschäftigen. Zu oft wurde eine rein elektronische Darstellung und Erfassung allmählich ignoriert, da sie von den Mitarbeitern nicht gepflegt werden mussten.

Time	Pieces				Scrap (pieces)							
	hr.		accum.		LA Spindel Drive noise	WPC Failure ()	material problems	M6x14 Screw screwing not ok electrical	BTA noise	Type Change	Optical Test Station basic position not ok	Others
	Plan	Actual	Plan	Actual								
Code					21	57	25	26	5	49	33	59
Teamleader				Date								
5-6	100	90	100	90	5	1	3					1
6-7	100	92	200	182	2	2		2	1			1
7-8												

Bild 3.17   Produktionstafel mit Fokus auf Ausschuss

Die für die Beseitigung von Ausschussgründen verantwortlichen Personen können nun über die Daten, die auf der Produktionstafel gesammelt und in die Datenbank eingegeben wurden, regelmäßig ein Pareto-Diagramm erstellen. Dieses gibt den Fokus für die nächsten Verbesserungsmaßnahmen vor. Durch die ersten drei Gründe konnten bereits über 50 % des Ausschusses fast zur Gänze eliminiert werden. Verschwindet ein Ausschussgrund oder wird er so gering, dass er kaum mehr Bedeutung hat, so rückt der nächst größere nach und der größte aus den „Sonstigen" wird explizit aufgezeichnet.

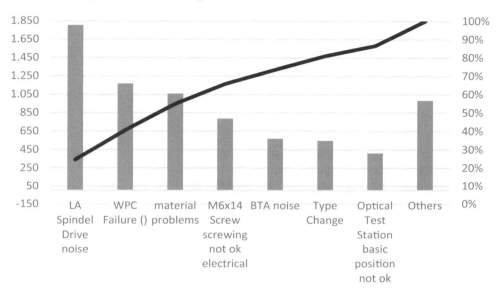

Bild 3.18   Pareto-Diagramm als Auswertung der Aufzeichnungen der Produktionstafel

Qualitätsmatrix

Die Produktionstafeln des vorherigen Punkts werden allerdings immer nur jeweils für eine Produktionseinheit (Anlage, Montagelinie, Fertigungszelle etc.) erstellt, bieten also nur ein Bild für diesen in sich abgeschlossenen Bereich. Sinn und Zweck dieses Ansatzes ist es ja auch, die Verluste an genau dieser einen Anlage zu bestimmen. Bei Qualitätsproblemen kann es allerdings komplexer werden und es muss zuerst definiert werden, wo oder wann welches Produkt den größten Ausschuss verursacht. Dazu kann die Qualitätsmatrix, die sich aus der Policy-Deployment-Matrix (auch bekannt als Hoshin-Kanri-Prozess) ableitet, verwendet werden (Hoshin 2013).

Die Matrix besteht aus vier Abschnitten, wobei für die Datenerhebung der Ausschussgrund, das Produkt und die Linie aus Bild 3.19 relevant sind. In die eigentliche Y-Achse werden die einzelnen Ausschussgründe eingetragen, in die linke X-Achse die Produkte und in die rechte X-Achse die Arbeitsplätze. Die Belegung speziell der X-Achsen kann sehr individuell gestaltet werden. In Bild 3.19 wird eine Beziehung zwischen dem Produkt und den jeweiligen Linien unterstellt. In diesem kleinen Ausschnitt der Matrix haben z. B. Linie 3 mit 1.237 Stück Ausschuss und Produkt 1 mit 245 Stück den höchsten Anteil an Ausschussgrund „Außendurchmesser zu groß/klein". Es muss demnach eine Lösung für diesen Grund zuerst mit einem

Fokus auf Linie 1 gefunden werden und erst im zweiten Ansatz für Produkt 1. Ausschussgrund 5 tritt z. B. hauptsächlich bei Produkt 3 an Linie 2 auf. Für diesen Grund muss also eine Lösung nur für diese Kombination gefunden werden.

0	64	0	26	133	Grund 5	133	0	127	6
0	1	0	24	137	Grund 4	137	7	104	26
14	40	12	13	271	Grund 3	271	60	133	78
11	4	15	42	272	Grund 2	272	64	52	156
101	39	176	245	2199	Aussendurchmesser zu groß/ klein	2199	516	446	1237
Produkt 4	Produkt 3	Produkt 2	Produkt 1		Ausschussgrund / Produkte / Linien / Ursache		Linie 1	Linie 2	Linie 3

Bild 3.19   Auszug einer Qualitätsmatrix

Statt den Produkten könnten z. B. auch Schichten in eine X-Achse eingetragen werden. So könnte die Zielsetzung sein, festzustellen, ob an gewissen Anlagen eine Schicht mehr Ausschuss produziert als eine andere. Eine andere Kombinationsmöglichkeit wäre Anlage und Rohmaterial, um zu analysieren, ob gewisse Materialien an bestimmten Anlagen zu mehr Ausschuss führen als an anderen. Es bieten sich demnach unzählige Möglichkeiten, um den richtigen Fokus für die Verbesserungen der Qualität zu finden. Je nach Anzahl der Produkte, Maschinen etc. kann diese Matrix auch größere Ausmaße annehmen. Ausdrucke, die mehrere Meter lang sein können, sind keine Seltenheit.

Die Ergebnisse dieser Auswertung sind anschließend die Basis für den vierten Abschnitt in der Matrix – die Ursachen. Für jeden relevanten Ausschussgrund müssen die Ursachen ermittelt werden und in die Y-Achse nach unten eingetragen werden. Ein typisches Werkzeug, welches dafür verwendet wird, ist das Ishikawa-Diagramm.

Da das Ishikawa-Diagramm ursprünglich als Qualitätswerkezug konzipiert worden war, ist es auch in diesem Zusammenhang standardisierter als z. B. in der Verwendung in Kapitel 2. Ursprünglich wurden vier Bereiche definiert, die als Hauptursachen (4-M: Mensch, Maschine, Material, Methode) für ein Qualitätsproblem in Frage kommen könnten. Diese wurden über die Jahre mit den Faktoren Management, Mitwelt, Messung (die drei weiteren M's) und Geld auf acht Faktoren erweitert (Schmidt 2009).

Es wird also zuerst für den Grund „Außendurchmesser zu groß/klein" aus der Qualitätsmatrix ein Ishikawa-Diagramm erstellt (Bild 3.20). Der erste Themenblock ist die Maschine, weswegen mit den 5-Warum-Fragen ermittelt wird, warum durch die Anlage die Außendurchmesser manchmal nicht den Spezifikationen entsprechen.

Frage 1: Warum entsprechen die Außendurchmesser nicht immer den Spezifikationen?

Antwort 1: Weil die Wiederholbarkeit an der Anlage nicht gewährleistet ist.

Frage 2: Warum ist die Wiederholbarkeit nicht gewährleistet?

Antwort 2: Weil die Lager verschlissen sind und ausgewechselt werden müssten.

Frage 3: Warum wurden die Lager nicht ausgewechselt?

Antwort 3: Weil die Wartungszyklen nicht eingehalten wurden.

An diesem Punkt kann natürlich entschieden werden, die Instandhaltung anzuweisen, die Wartungszyklen einzuhalten. Es besteht allerdings auch die Möglichkeit, noch tiefer in die Materie zu tauchen.

Frage 4: Warum werden die Zyklen nicht eingehalten?

Antwort 4: Es ist nur eine geringe Zahl an Lagern vorrätig, die für Notfälle vorgehalten werden.

Frage 5: Warum sind nur wenige Lager vorrätig?

Antwort 5: Die Anlagen sind veraltet und die Lager werden nicht mehr produziert.

Dies könnte dann zur Entscheidung führen, dass alternative Lager gesucht werden müssen, um genügend Vorrat zu haben, um die Wartungszyklen einhalten zu können.

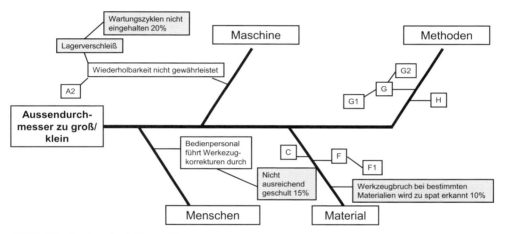

Bild 3.20   Struktur des Ishikawa-Diagramms

Für den Menschen wurde z.B. ein Grund darin gefunden, dass Mitarbeiter selbstständig Maßkorrekturen durchführten, ohne die dafür notwendigen Schulungen zu haben. So wurden für alle vier Faktoren durch ein kleines Projektteam bestimmt, was die jeweiligen Gründe für die Maßabweichungen waren. Zum Abschluss wurde noch geschätzt, zu wie viel Prozent jeder Grund zu diesem Ausschuss geführt hatte. Bei den Wartungszyklen wurde z.B. geschätzt, dass sie zu ca. 20 % dafür verantwortlich waren.

Die Ergebnisse aller Ishikawa-Diagramme wurden nun, wie schon weiter oben erwähnt, in die untere Y-Achse der Matrix übertragen (Bild 3.21). Die Thematik der Wartungszyklen trat demnach nur an Linie 3 auf, während die Ursache der Maßkorrekturen für Linie 2 nicht relevant war. Dafür lässt sich der dritte Grund (Werkzeugbruch bei bestimmten Materialien) für den Außendurchmesser eindeutig auf Linie 3 beschränken und kommt nur bei bestimmten Produkten vor.

Ziel dieser Vorgehensweise ist es einerseits, für jeden einzelnen Arbeitsplatz die wichtigsten Inhalte für Verbesserungen zu definieren. Es gibt eine transparente Übersicht, wo welche Maßnahmen notwendig sind. Ohne diese Matrix wäre z.B. eventuell unabhängig voneinander an den Linien 2 und 3 am Punkt 1.b gearbeitet worden. Auch bei 1.c wäre es möglicherweise nicht zu dem Rückschluss gekommen, welche Materialien betroffen sind. Andererseits können so über mehrere Bereiche hinweg Arbeitspakete erstellt werden. Schulungsmaßnahmen wie in 1.b waren auch bei anderen Ausschussgründen notwendig und so konnte daraus ein Konzept erarbeitet werden. Dasselbe traf auch auf die Wartungsmaßnahmen zu.

Produkt 4	Produkt 3	Produkt 2	Produkt 1				Linie 1	Linie 2	Linie 3
14	40	12	13	271	Grund 3	271	60	133	78
11	4	15	42	272	Grund 2	272	64	52	156
101	39	176	245	2199	Aussendurchmesser zu groß/ klein	2199	516	446	1237
Produkt 4	Produkt 3	Produkt 2	Produkt 1		Ausschussgrund / Produkte / Linien / Ursache		Linie 1	Linie 2	Linie 3
					1. Aussendurchmesser zu groß/ klein	2199			
x	x	x	x		1.a Wartungszyklen nicht eingehalten				x
x	x	x	x		1.b Mitarbeiter nicht ausreichend geschul für Masskorrekturen		x		x
x		x			1.c Werkzeugbruch bei bestimmten Materialien			x	
					2. Grund 2	272			
x	x	x			2.a Grund 2a			x	
x			x		2.b Grund 2b		x		x

Bild 3.21   Zusammenführung Qualitätsmatrix und Ishikawa-Diagramme

FPY – First Pass Yield

Eine weitere Betrachtungsweise in der Analyse kann darauf abzielen, festzustellen, wo in einem Prozessfluss mit mehreren Schritten die größten Verluste liegen. Die Kennzahl FPY besagt, wie viel eines Einsatzfaktors, der am Anfang in den Prozessfluss gegeben wird, am Ende ohne jegliche Nacharbeit als einwandfreier Output herauskommt. Im Gegensatz dazu wird beim FTY (First Time Yield) die Nacharbeit nicht heraus gerechnet, ein nachgearbeitetes Teil wird also auch als Gutteil betrachtet (Benes und Groh 2012). An einem einfachen Bespielen soll dabei die Vorgehensweise erklärt werden.

In Bild 3.22 wird der vereinfachte Prozessfluss für profilierte Kupferteile dargestellt. In der Gießerei werden aus dem Rohmaterial Bolzen gegossen, wobei 12 % Ausschuss durch Anläufe, Verunreinigungen etc. entstehen. Im zweiten Prozessschritt Pressen werden die Bolzen zu Spulen verarbeitet. Danach kommen sie zum Ziehen, wo Spulen zum benötigten Profil umgeformt und die notwendige Länge geschnitten wird. Diese Stangen müssen anschließend noch „gerichtet" werden, damit sie vom Kunden weiterverarbeitet werden können. Beim letzten Arbeitsschritt kann es noch zu zusätzlicher Nacharbeit kommen.

Die Kennzahl FPY würde nun besagen, dass aus 100 kg Rohmaterial nur 88 kg Bolzen entstehen, aus diesen wiederrum nur 81,84 kg Spulen (88 kg * 0,93 Gutteilquote), 76,93 kg an Profilen (81,84 * 0,94) sowie 68,85 kg an Endprodukten (76,93 * 0,895). Im Vergleich dazu würde beim FTY die Nacharbeit nicht abgezogen werden und es würden 75,77 kg oder % als Kennzahl stehen. FPY sagt demnach aus, dass aus 100 kg am Anfang des Prozesse 68,85 kg Endprodukte ohne Ausschuss oder Nacharbeit entstehen. Rückwärts betrachtet bedeutet dies natürlich auch, dass für 100 kg Endprodukte 132 kg Rohmaterial bei einem FTY von 75,77 % in der Gießerei benötigt werden. Diese Betrachtung ist auch von sehr großer Bedeutung für die Produktionsplanung, da diese Verluste auch berücksichtigt werden müssen. Die Kapazität und das zu produzierende Volumen der Gießerei muss entsprechend der Ausschussraten höher sein als die des Richtens.

Bild 3.22   Prozessfluss mit einzelnen Ausschuss- und Nacharbeitszahlen

Die Berechnung erfolgt genau gleich, auch wenn es sich um andere Maßeinheiten als Kilogramm handelt. Werden z. B. in einer Montagelinie zahlreiche verschiedene Komponenten verbaut, so kann über die gesamte Wertschöpfungskette für alle wichtigen Teile der FPY bestimmt werden. Teil A durchläuft z. B. drei Prozessschritte bevor es montiert wird und über die gesamte Prozesskette würde sich ein FPY von 81,7 % ergeben (0,98*0,965*0,92*0,94). Es kann auch sein, dass die Montagelinie aus zahlreichen einzelnen Arbeitsplätzen besteht, so könnte diese Berechnung auch über alle Schritte innerhalb der Linie durchgeführt werden.

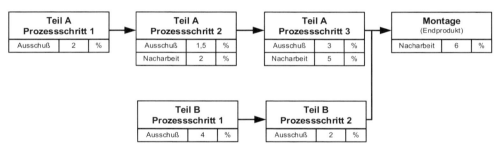

Bild 3.23   Prozessfluss mit einzelnen Ausschuss- und Nacharbeitszahlen für zwei Komponenten

Die so ermittelte Übersicht soll helfen, zu bestimmen, wo in einer gesamten Prozesskette der größte Hebel für Verbesserungen liegt und wo damit die ersten Maßnahmen ansetzen sollen.

Lücken in den Aufzeichnungen

Auf eine ganz besondere Lücke in vielen Aufzeichnungen speziell zur Nacharbeit sei noch hingewiesen. Häufig wird Nacharbeit durch die direkten Mitarbeiter, also z. B. Maschinenbediener, durchgeführt und wird als integraler Bestandteil der Arbeit des Fertigungsbereiches gesehen. Sie wird also nicht als die Verschwendung angesehen, die sie eigentlich ist. Wenn daher Zahlen zur Nacharbeit analysiert werden, muss immer geklärt werden, ob auch wirklich alle Tätigkeiten in den Statistiken erfasst wurden.

In einem Unternehmen wurde in der Schweißabteilung z. B. alles, was intern bearbeitet wurde, nicht als Nacharbeit betrachtet. Es gab sogar einen Mitarbeiter, der seinen eigenen Arbeitsplatz hatte und nichts anderes machte als Nacharbeit. Die besondere Problematik dabei war, außer dass die Kostenbetrachtung lückenhaft war, dass vor allem eine gezielte Definition an

Gegenmaßnahmen unmöglich war. Offiziell existierte für die Qualitätssicherung die Nacharbeit nicht und der zusätzliche Mitarbeiter ging als eine weitere Zahl in den sogenannten „Abweichungen vom Standard" unter.

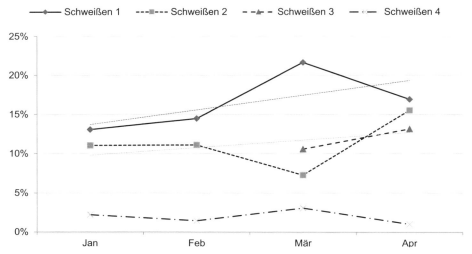

Bild 3.24   Trend Nacharbeit an vier Schweiß-Arbeitsplätzen

Dank brauchbarer Aufzeichnungen der Schweißabteilung konnte über mehrere Monate nachvollzogen werden, in welchem Umfang Nacharbeit im eigenen Bereich durchgeführt wurde. Die exemplarische Auswertung, die manuell für die Aufschriebe durchgeführt werden musste, ergab, dass zwischen 10 und 20 % aller Teile nachgearbeitet werden mussten (Bild 3.24). Dieses Ergebnis überzeugte auch den größten Skeptiker, dass „interne" Nacharbeit ein sehr großes Potenzial darstellte.

Bild 3.25   Nacharbeitsplatz Lackieren

In einem anderen Fall gab es nach einer Lackierung einen eigenen, dieses Mal sogar offiziellen Nacharbeitsplatz (Bild 3.25), um Lackfehler auszubessern. Hier war wieder die Problematik, dass es keine Aufzeichnungen zum Umfang der Nacharbeit gab. Über mehrere Wochen wurden die Mitarbeiter angehalten, Aufschriebe über die Anzahl der nachgearbeiteten Stückzahlen zu führen. Auch hier mussten über 10 % aller lackierten Teile mit einem Spray ausgebessert werden.

3.4.2   Maßnahmen in der Produktion

Fallbeispiel 3.5   Material – Anwendung von 5-S zur Reduzierung von Beschädigungen

Ordnung und Sauberkeit sind Grundvoraussetzungen für die Fertigung von qualitativ einwandfreien Produkten. Umso überraschender ist es, wie sehr die einfachsten Prinzipien in diesem Zusammenhang missachtet werden. Qualitätsmängel werden z. B. durch Verschmutzung von Material verursacht, welches nicht mit ausreichender Sorgfalt in der Produktion gehandhabt wird. In einem Umfeld, in dem nicht einmal die Grundlagen des 5-S eingehalten werden, fehlt es den Mitarbeitern häufig am Verständnis, wie ein ordentlicher Arbeitsplatz mit der Qualität des Produktes zusammenhängt. Letztendlich liegt es allerdings in der Verantwortung des Managements, das richtige Umfeld für die Einhaltung von 5-S zu schaffen und auch einzufordern.

Ausgangssituation:

Bei einem Produzenten von Maschinenkomponenten kam es im Bereich der Schleifabteilung zu ungewöhnlich hohen Ausschuss- und Nacharbeitsraten. Die Zahlen der Analyse hatten ergeben, dass ein großer Teil allerdings in der vorgelagerten spanabhebenden Bearbeitung (dunkle Balken in Bild 3.26) verursacht wurde. Insgesamt waren es 48 %, die auf den internen Lieferanten zurückzuführen waren.

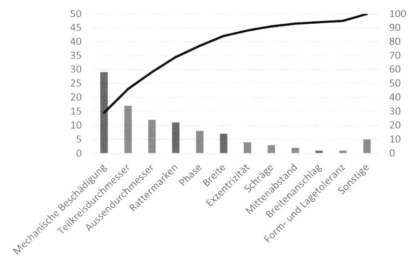

Bild 3.26   Pareto der Ausschussgründe im Schleifen

Bei einer genaueren Betrachtung der Prozesse in der spanabhebenden Bearbeitung war es auch relativ schnell klar, was die Ursachen für diese Zahlen waren (Bild 3.27). Bei dem Zustand, in dem sich die jeweiligen Anlagen befanden, war es keine Überraschung, dass alleine 29 % der Ausschussgründe auf mechanische Beschädigungen zurückzuführen waren. Der größte Teil dieser Beschädigungen waren tiefe Kratzer, die durch die Späne, die sich sowohl in den Maschinen als auch in allen Behältern befanden, verursacht wurden. Die Mitarbeiter hatten auch kein Verständnis, welche Auswirkungen dies auf das Produkt und den folgenden Arbeitsschritt hatte.

Bild 3.27   Verunreinigte Arbeitsplätze führen zu Ausschuss

Verbesserungsansatz:

Dem gesamten Bereich wurde ein komplettes 5-S-Programm verordnet. Nach einer gründlichen Reinigung aller Anlagen wechselte die Instandhaltung auch sämtliche beschädigten Maschinenkomponenten aus, die für weitere Ausschussgründe verantwortlich waren. Der Hauptgrund für die Beschädigung waren allerdings ebenfalls die übermäßig verunreinigten Arbeitsplätze. Späne hinterließen bei bereits bearbeiteten Teilen so tiefe Kratzer, dass sie selbst beim anschließenden Schleifen nicht entfernt werden konnten.

Wichtiger für die nachhaltige Verbesserung der Situation waren allerdings das Erstellen eines Reinigungsplanes, die Schulung der Mitarbeiter und das Einführen eines strikten Audits. Zu oft lösen sich die Effekte eines 5-S-Projektes wieder auf, wenn es bei einmaligen Aktionen bleibt und nicht grundsätzlich die Einstellung zu Sauberkeit und Ordnung verändert wird. Im Reinigungsplan (Bild 3.28) wurde definiert, in welcher Schicht welche Maßnahme durchzuführen sei und jeder einzelne Punkt musste vom Mitarbeiter abgezeichnet werden.

Reinigungsplan Anlage XX															
Maschinennr.															
Woche				Kontrolle durch:											
Aufgabe	Montag			Dienstag			Mittwoch			Donnerstag			Freitag		
	1	2	3	1	2	3	1	2	3	1	2	3	1	2	3
Späne aus Innenraum absaugen															
Späne um Maschine kehren															
Spannbacken reinigen															
….															
Werkezuge reinigen und einölen															

Bild 3.28   Ausschnitt aus dem Reinigungsplan

Alle Mitarbeiter wurden geschult, was, wie und vor allem warum gereinigt werden musste. Teil dieser Schulung war vor allem, ein Verständnis bei den Mitarbeitern zu entwickeln, wie wichtig dieses Programm für die Qualität der Produkte war. Daher war auch Teil des Trainings, den Mitarbeitern zu zeigen, welchen Einfluss sie auf den nächsten Arbeitsschritt, das Schleifen, hatten.

Um auch die Nachhaltigkeit zu gewährleisten wurde ein regelmäßiges Audit eingeführt. Speziell in den ersten Wochen wurde in kürzeren Zyklen überprüft, wie die Maßnahmen eingehalten wurden. Dafür wurde auch ein Auditplan erstellt, nach dem alle fünf Punkte von 5-S regelmäßig bewertet werde sollten (Bild 3.29). In diesem Fall wurde die deutsche Abwandlung mit den 5-As verwendet (Aussortieren, Aufräumen, Arbeitsplatz sauberhalten, Anordnung zum Standard Machen, Aufrechterhalten). Ein Mitarbeiter aus der Qualitätskontrolle führte das Audit durch und vergab für jeden einzelnen Unterpunkt eine Bewertung von eins bis fünf. Aus diesen Einzelbewertungen wurde ein Prozentsatz der maximal erreichbaren Punktezahl errechnet.

5A Audit	Abteilung:		Durchgeführt von:						
	Datum:		Ergebnis:						
	Ergebnis letztes Audit:			Bewertung					Ergebnis je
	Zu überprüfen	Beschreibung	0	1	2	3	4		Punkt
		1. Aussortieren							
1.1	Material	Ist nicht benötigtes Material im Arbeitsbereich							%
....									
		2. Aufräumen							
2.1	Werkzeuge	Sind Werkezuge an ihren markierten Plätzen							
2.2	Material	Ist alles Material an den markierten Plätzen							%
....									
		3. Arbeitsplatz sauber halten							
3.1	Maschine	Sind alle Späne entfernt							%
3.2	Maschine	Sind die Ölwannen entleert							
		Gesamtpunktezahl							%

Bild 3.29 Ausschnitt aus dem Auditformular

Die fünf Einzelergebnisse wurden in einem Netzdiagramm, welches zumeist für die visuelle Darstellung solch eines Audits verwendet wird, zusammengefasst (Bild 3.30).

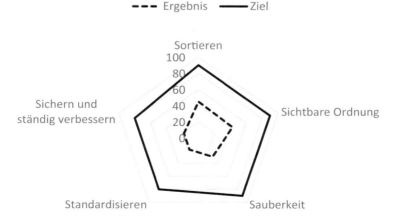

Bild 3.30 Netzdiagramm zur Darstellung des Auditergebnisses (Ergebnis des ersten Audits)

Für jeden einzelnen Punkt wurde auch ein Zielwert definiert, wobei die Abteilung für das Erreichen der ersten drei „S" einen Monat Zeit hatte. Dieses wurde anfangs wöchentlich auf den neuesten Stand gebracht und im Bereich ausgehängt. Nachdem sich nachhaltig wesentliche Verbesserungen gezeigt hatten, wurde die Frequenz auf einmal pro Monat reduziert.

Das Ergebnis des ersten Audits war für die gesamte Abteilung ein ziemlicher Schock. Es bewirkte allerdings, dass die Zielwerte noch vor dem Ablauf der Frist erreicht wurden. Als direktes Ergebnis daraus gingen die Ausschussraten in der Schleifabteilung auch um ca. 30 % nach unten.

Fallbeispiel 3.6   Material – Kooperation mit Lieferanten zur Reduzierung von Nacharbeit

Bei Analysen von Ausschuss- oder Nacharbeitsgründen ist sehr oft ein wichtiger Punkt die Qualität von Zukaufteilen. Zwar sollte der größte Teil von nicht-konformen Artikeln bereits im Wareneingang entdeckt werden, doch kann dies selbst bei einer 100%-Kontrolle nicht immer lückenlos funktionieren. Einige Beispiele für Ursachen von Qualitätsmängeln, die erst in der Produktion entdeckt werden, sind:

- Materialfehler: Bei gegossenen Teilen werden z.B. Lunker erst bei der spanabhebenden Bearbeitung entdeckt.
- Funktionsfehler: Mängel werden erst im eingebauten Zustand entdeckt, können also von der Eingangskontrolle nur sehr schwer entdeckt werden.
- Toleranzketten: Die gegenseitige Wirkung und die Zusammenhänge von Toleranzen einzelner Komponenten wurden nicht ausreichend berücksichtigt. Das Einzelteil mag korrekt sein, in Extremfällen von Toleranzen kann das System aber nicht mehr einwandfrei funktionieren (z.B. kam es durch eine Spindel beim elektrischen Antriebs eines Autositzes zu einem erhöhten Geräuschpegel durch solch einen Fall).
- Standards: Gewisse Standards sind nicht eindeutig an den Lieferanten kommuniziert und es führt daher zu Nacharbeit (siehe folgendes Fallbeispiel).

Viele Unternehmen haben spezielle Programme zum Lieferantenmanagement und -bewertung, um gemeinsam mit ihren Zulieferern die Qualität der Produkte sicherzustellen. Trotzdem kommt es auch in solchen Betrieben, die hervorragende Programme haben, immer wieder zu Mängeln von Zukaufteilen. Sehr oft liegt dies allerdings auch nicht an dem Kooperationswillen des Lieferanten, sondern an den eigenen internen Prozessen.

Ausgangssituation:

Zu denselben Ursachen für Abweichungen vom Standard, die es in der eigenen Produktion gibt, kommen noch die dazu, die durch die Vorbereitung für oder durch den eigentlichen Transport zustande kommen. In diesem konkretem Beispiel geht es darum, dass die Mitarbeiter beim Lieferanten angenommen hatten, dass sie das Produkt für den Transport besonders schützen müssten und dadurch Nacharbeit beim Kunden verursachten.

Das Produkt ist eine Spindel, die das Bewegen eines automatisch verstellbaren Autositzes nach vorn und hinten ermöglicht. Für die Funktionalität des Sitzes muss die Spindel eingefettet werden und in den Arbeitsplänen ist natürlich auch ein Arbeitsschritt dafür vorgesehen. Beim Lieferanten war dieser Punkt allerdings nur als „Einfetten" in den Arbeitsplänen und es wurde nicht weiter definiert, wie das Resultat dieses Einfettens aussehen sollte. Da die Mitarbeiter beim Lieferanten die Funktionalität des Produktes nicht kannten, wurde nach „bestem Wissen und Gewissen" eingefettet. Das Ergebnis beim Lieferanten und der eigentliche Sollzustand sind in Bild 3.31 dargestellt.

Bild 3.31   Einfetten Ist (linkes Bild) vs. Soll (rechtes Bild)

In der Montagelinie verursachte dieses Extra an Fett allerdings Nacharbeit, da es zu viel war und auch weiter in der Wertschöpfungskette zu Reklamationen führte. Jede einzelne Spindel musste also wieder vor dem Einbau gereinigt werden, was als Nacharbeit einzustufen ist.

Verbesserungsansatz:

Wie schon eingangs erwähnt, sind in den meisten Fällen für die Qualitätsprobleme bei Zukaufteilen dieselben Gründe zu finden wie in der eigenen Produktion. In diesem Zusammenhang ist es auf den Punkt „Methode" zurückzuführen, da in den Standards nicht genau beschrieben wurde, wie der Arbeitsschritt „Einfetten" durchzuführen sei oder wie das Ergebnis auszusehen hat. Nachdem das Thema als Nacharbeit identifiziert wurde, wurden mit Lieferanten auch dieselben Standards für das Einfetten definiert, die für die eigene Produktion verwendet werden. Die Nacharbeit konnte damit komplett eliminiert werden.

Nachdem Lieferanten, wie schon eingangs erwähnt, mit denselben Ursachen für Qualitätsmängel zu kämpfen haben wie die eigene Produktion, haben sie einen gewissen Nachteil. Die Auswirkungen der Mängel werden erst relativ spät erkannt und dadurch können auch die Maßnahmen zur Behebung nicht zeitnah durchgeführt werden. Es kann sogar so weit führen, dass eine Erkennung erst durch die Reklamationen des Kunden möglich ist.

In einem anderen Fall hatte bei Gussteilen von einem Lieferanten die spannabhebende Fertigung das Problem mit Lunker (bei der Erstarrung gegossener Teile entstandene Hohlräume). Diese verursachten nach dem Fräsen Beanstandungen der Oberfläche und führten zu Ausschuss, der sich in einer Größenordnung von 15 bis 20 % bewegte. Da es sich bei dem Lieferanten um eine kleine, lokale Firma handelte, wurden sie erst durch die Reklamationen durch den Kunden auf dieses Thema aufmerksam. Durch ein gemeinsames Projekt zur Eliminierung dieses Ausschussgrundes konnte das Problem beseitigt werden.

Fallbeispiel 3.7   Material – Kontrolle der Umweltbedingungen

Ein häufig unterschätztes Thema ist der Einfluss von Umweltparametern auf die Eigenschaften von Materialien. Die zwei wichtigsten dabei sind Temperatur und Luftfeuchtigkeit. Allerdings können sich nicht nur die Eigenschaften von z. B. Kunststoffen bei Temperaturschwankungen ändern, die dann je nach Jahreszeit zu unterschiedlichen Ausschussraten führen, wenn dies nicht berücksichtigt wird. Es können auch bei der Verwendung von verschiedenen Stoffen Mängel auftreten, wenn ihr unterschiedliches Verhalten bei Temperaturänderungen nicht berücksichtig wird. So kam es bei einem Automobilzulieferer in Brasilien zu dem Fall, dass die Scheiben der Rückwandtür bei starker Sonneneinstrahlung regelrecht explodierten. Die drei wichtigsten Komponenten waren die Tür selber aus Kunststoff, die Scheibe aus Glas und der Klebstoff. Die Tür und die Scheibe wurden in der Produktion, die nicht klimatisiert war, gepuffert und hatten daher „Außentemperatur", die im Sommer sehr hoch sein konnte. Der Klebstoff allerdings wurde bei ca. 20° gelagert und der Verbau fand auch in einem klimatisierten Raum statt. Wenn die Außentemperaturen also sehr hoch waren, entstanden in der Scheibe solche Spannungen, dass sie letztendlich bei starker Sonneneinstrahlung nachgab.

Ausgangssituation:

In einem Verpackungsbereich eines Unternehmens mussten Flaschen und Beutel bedruckt werden. Insgesamt gab es in der Abteilung 19 Drucker, die alle Störungen am Druckbild hatten. Dies führte einerseits zu Ausschuss, da die bedruckten Verpackungen mit dem schlechten Druckbild nicht verwendet werden konnten. Andererseits konnten die Flaschen zumeist nachgearbeitet werden, indem der Druck entfernt wurde und diese erneut bedruckt werden konnten. Zusätzlich kam es zu erhöhten Stillständen, da die Drucker nach dem Auftreten des Fehlers komplett gereinigt werden mussten.

Bild 3.32   Korrektes Druckbild (links) und Behälter für Material zur Nacharbeit (rechts)

Mit Mitarbeitern aus dem Bereich und der Qualitätsabteilung wurde ein Ishikawa-Diagramm erstellt, um die Ursachen für die Störungen am Druckbild zu definieren. (Bild 3.33). Als Hauptpunkt wurde erarbeitet, dass es im Sommer zu vermehrten Störungen kam, da durch die erhöhten Temperaturen die Viskosität der Tinte nicht mehr ausreichend war. Von den Teilnehmern des Workshops wurde geschätzt, dass ca. 30 % der Störungen aus diesem Grund verursacht wurden (siehe rechte, untere Ecke im Bild 3.33).

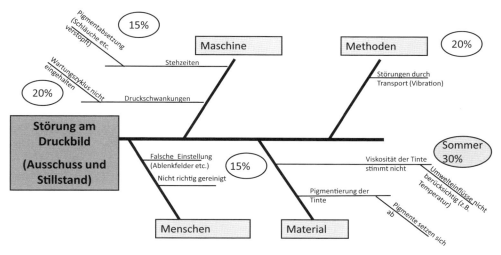

Bild 3.33 Ishikawa-Diagramm mit den wichtigsten Gründen für Ausschuss und Stillstand

Verbesserungsansatz:

Die Verbesserung zu diesem einen Punkt war offensichtlich und auch relativ einfach umzusetzen. An alle Drucker wurden Gebläse angebracht, die so viel Kühlung ermöglichten, dass dieser Grund so gut wie komplett eliminiert wurde.

Fallbeispiel 3.8   Maschine – Anwendung von 5-S zur Reduzierung von
              Beschädigungen

Wie schon beim Material kann es auch an den Anlagen und Vorrichtungen durch Verunreinigungen und unzureichender Ordnung zu Qualitätsmängeln kommen.

Bild 3.34 Verschmutzung als Quellen für Qualitätsmängel

In diesem Fall handelt es sich um einen Produzenten von Profilstangen. Der Prozess ist einfach erklärt. Stahlrollen (Coils) werden in einer Ziehanlage mit abschließender Säge zu Profilstangen umgewandelt. In jeder Ziehanlage befinden sich bis zu 30 Rollen, durch die schrittweise das Stahlband in seine Form gebracht wird. Die Anlagen, an denen die Top-Produkte gefertigt wurden, hatten Kassetten an Rollen, die durch einen einfachen Wechsel im Rüstvorgang getauscht werden konnten. Bei allen anderen Maschinen musste jede einzelne Rolle gewechselt werden, was zu Rüstvorgängen von bis zu 24 Stunden führen konnte. Die ursprüngliche Intention war, die Rüstzeiten zu reduzieren. Allerdings stellte sich im Laufe der Projektarbeit heraus, dass die Lagerung der Rollen (Bild 3.35) eigentlich ein gravierendes Qualitätsthema war.

Bild 3.35   Lagerung der Rollen vor der Verbesserung

Die Beschädigung und Verunreinigung der Rollen führte beim ersten Lauf der Anlage nach dem Wechsel häufigen zu einem Oberflächenmangel, wodurch das Material durch die Qualitätssicherung nicht freigegeben wurde. Daraus resultierte ein Ausbau der Rollen und deren Reparatur, was selbstverständlich die gesamte Rüstzeit wesentlich verlängert. Das eigentliche Qualitätsthema in diesem Fall war allerdings auch, dass der Verbrauch an Material stieg, was bei solch einer Anlage nicht unerheblich sein konnte. Dieser Ausschuss würde sich natürlich unmittelbar im FPY bemerkbar machen.

Verbesserungsansatz:

Die Idee zur Verbesserung der Situation war einfach, die Umsetzung nicht ganz so einfach. Allen Teilnehmern des Workshops war klar, dass von den 5-S der zweite Punkt Seiton (Ordnen der verbliebenen Dinge) umgesetzt werden musste. Die Herausforderung war allerdings, wie die Rollen übersichtlich organisiert werden könnten und vor allem, wo die Lagerung möglich sei. Bild 3.36 zeigt zumindest, wie die Lagerung strukturiert wurde. Durch diese Form der Aufbewahrung der Rollen wurden die Beschädigungen und Verunreinigungen so weit wie möglich eliminiert. Zusätzlich wurde in dem neuen Standard für einen Rüstvorgang auch aufgenommen, dass die Werkzeuge vor dem Einbau inspiziert werden müssten. Durch diese Maßnahme ging nicht nur die Rüstzeit zurück – in diesem Zusammenhang war das Suchen nach den richtigen Rollen eine gravierende Verschwendung –, sondern auch der Materialverbrauch.

Bild 3.36 Lagerung der Rollen nach der Verbesserung

Fallbeispiel 3.9 Maschine – Anwendung der 5-Warum-Fragen zur Identifikation von Beschädigungen von Anlagen und Vorrichtungen

Nicht selten ist die Auswirkung eines Fehlers erst viel später in der Produktion zu bemerken, als sie verursacht worden ist. Da der mit Ausschuss oder Nacharbeit betroffene Arbeitsplatz nicht der Verursacher ist, ist es für diesen natürlich auch unmöglich, selber korrektive Maßnahmen ergreifen zu können. Falls ein Unternehmen keine klar definierten Prozesse hat, wie mit solchen Herausforderungen umgegangen wird, ist der Bereich zumeist auf sich selbst gestellt und muss mit dem zusätzlichen Aufwand leben.

Ausgangssituation:

Im Rohbau (Fertigung der Karosserie) eines Werkes eines Automobilkonzerns wurden an einem Schweißroboter mehrere Blechteile verschweißt, die im weiteren Verlauf im Motorinnenraum verbaut wurden. Zwei Komponenten, die an diesem Prozessschritt verarbeitet wurden, waren Halter mit jeweils einem Langloch. Diese Teile wurden so in die gesamte Konstruktion verschweißt, dass sie übereinandergelegt ein Loch ergeben sollten, in dem in der Montage der Tank für das Scheibenwischerwasser verschraubt werden sollte (Bild 3.37, linkes Bild). Beim Montieren des Wassertanks kam es allerdings immer wieder zu einem erschwerten Verschrauben, da die Löcher eher ellipsenförmig waren (Bild 3.37, rechtes Bild).

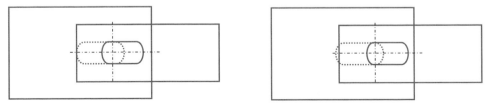

Bild 3.37   Vergleich korrekte Überlappung der Langlöcher (links) vs. Inkorrekt

Da das Loch innerhalb des Motorraumes kaum mehr sichtbar war, war es auch nicht klar ersichtlich, dass es diese Abweichungen gab. Für die Mitarbeiter war nur von Bedeutung, dass es manchmal zu zusätzlichen Aufwand beim Verschrauben kam, der letztendlich zu ergonomischen Problemen führte. Mehrere Versuche, mit anderen Werkzeugen die Montage auch bei einem ellipsenförmigen Loch zu erleichtern, scheiterten am Platzmangel im Motorraum. Selbst wenn diese Versuche gelungen wären, hätte das nicht die eigentliche Ursache beseitigt. Der zusätzliche Aufwand fällt eindeutig in die Rubrik Nacharbeit, da es zu einem Abweichen vom Standard kam.

Verbesserungsansatz:

Als es zu einer Diskussion zwischen Produktion und Qualität zu diesem Thema kam, wurde die erste richtige Frage gestellt:

1. Warum: Warum kann einmal mit normaler Kraft geschraubt werden und warum hat der Mitarbeiter manchmal einen größeren Aufwand?

   Etwa eine Stunde lang wurde der Arbeitsplatz beobachtet und jedes Mal, wenn das Verschrauben besonders schwierig war, wurde das Loch genau kontrolliert. Dabei wurde zum ersten Mal diese Abweichung bemerkt.

2. Warum: Warum ist das Loch einmal kreisförmig, so wie es sein sollte, und warum manchmal nicht?

   Die Antwort darauf war, dass die Überlappung der Langlöcher manchmal korrekt war und dann wieder nicht.

3. Warum: Warum kam es zu diesen Unregelmäßigkeiten?

   Es wurden daraufhin im Rohbau die verschweißten Teile kontrolliert. Wenn die Langlöcher an ihren äußeren Toleranzen waren, kam es im Extremfall zu diesen Abweichungen.

4. Warum: Warum führte diese Konstellation der Toleranzen zu ellipsenförmig Löchern?

   Die zwei Teile wurden nicht 100%ig korrekt verschweißt, sondern waren nur um ein Zehntel verschoben. Solange die Löcher nicht an der unteren Toleranzgrenze der Länge waren, wurde dieser Mangel durch die Form des Langloches ausgeglichen.

5. Warum: Warum kam es zu diesen Verschiebungen bzw. Abweichungen von der Zeichnung?

   Die Vorrichtung zur Aufnahme der Teile am Schweißroboter war leicht verzogen, was bereits durch einen leichten Schlag verursacht worden sein könnte.

Die simple Lösung für diese Abweichung war demnach die Reparatur der Vorrichtung. Wenn von Anfang an die richtigen Fragen gestellt worden wären, hätten Kosten wie Krankheitsfälle – verursacht durch das erschwerte Schrauben oder die fehlgeschlagenen Versuche, alternative Schraubwerkzeuge zu finden – vermieden werden können.

Fallbeispiel 3.10   Maschine – Mangelnde Prozessfähigkeit von Anlagen und Design for Manufacturability

Anlagen können nicht immer die Qualität produzieren, die eigentlich gefordert ist. Einerseits können Mängel durch Beschädigungen der Vorrichtungen oder Maschinen auftreten, was schon zum Teil in den vorherigen Fallbeispielen erörtert wurde. Allerdings kann es auch sein, dass bereits vom grundsätzlichen Design der Maschine gewisse Anforderungen nicht erfüllt werden können, es geht also um die Prozessfähigkeit. Ausschuss oder Nacharbeit sind schon „vorprogrammiert". Durch typische Kaizen-Projekte können dann nachträglich in einem gewissen Umfang Korrekturen durchgeführt werden, die eigentlich nicht notwendig sein sollten. Natürlich kann es auch sein, dass sich Anforderungen über die Zeit geändert haben und das ursprüngliche Design der Anlage nicht dafür ausgelegt war. Auch in diesem Fall kann mit dem strukturierten Input von Mitarbeitern noch viel behoben werden.

Ausgangssituation:

In diesem Fallbeispiel wurden Profile aus Metallbändern gefertigt. Innerhalb einer Anlage wurden Löcher in das Band gestanzt, durch Rollen zu einem Profil umgeformt und auf die richtige Länge geschnitten. Vor dem Auswurf wurden die Maße, unter anderem die Position der Löcher, automatisch kontrolliert. Die Fertigung war nach den einzelnen Produktgruppen wie Industrie und Gebäudetechnik strukturiert. Dies war insofern auch wichtig, da die Ansprüche an die Maßgenauigkeit bei den meisten Industrieprodukten höher waren als bei der Gebäudetechnik. Entsprechend waren auch die Anlagen konzipiert.

Aufträge liefen so lange an einer Maschine, bis die notwendigen Stückzahlen erreicht wurden. Ausschuss wurde dabei automatisch nach der Kontrolle ausgeworfen und landete in einem Schrottbehälter. Informationen und Daten bzgl. des Ausschusses waren nicht sehr aussagekräftig. Es wurde zu jedem einzelnen Auftrag nur aufgezeichnet, wie viele Kilogramm an Profilen verschrottet werden mussten. Die Kennzahl, die daraus erstellt wurde, war die tägliche Menge an Ausschuss.

Im ersten Ansatz einer Analyse der Daten wurde ermittelt, wie hoch der Anteil an Ausschuss je Auftrag war. Das Gesamtgewicht je Fertigungslos war hinterlegt und stellte zusammen mit den Stückzahlen die Auftragsgröße dar. Aus den Aufzeichnungen der Produktion musste manuell ermittelt werden, wie viel Kilogramm vom Ausgangsmaterial Band für einen Auftrag verbucht worden waren. Die Fragestellung war also, wie viel Kilogramm an Rohmaterial wurden für 100 kg Profil verwendet. Das Ergebnis war für alle mehr als ernüchternd (Tab. 3.5). Aus einem Vergleich von ca. 50 Aufträgen ergab sich, dass durchschnittlich 28 % mehr Material eingesetzt wurde als letztendlich einwandfreie Profile entstanden.

Tabelle 3.5   Ausschnitt aus der Auswertung eingesetztes Material vs. Auftragsmenge

Artikelnr.	Auftragsmenge (kg)	Eingesetztes Material (kg)	Mehrmenge (%)
650-165243	200	320	60%
650-428572	50	62	24%
750-112353	175	240	37%
650-418665	120	144	20%

Neben dem Ausschuss in der Kontrolle gab es auch in der Produktion mehrere Verlustquellen, wovon die größten das Rüsten bzw. der Anlauf und Stanzfehler waren. Dies waren allerdings nur qualitative Aussagen der Produktionsmitarbeiter, mit Zahlen konnte dies nicht belegt werden. Das Material selber wurde an den Lieferanten zum Recyceln zurückgeschickt, wodurch der größte Kostenfaktor die Verluste an Kapazität bzw. sich daraus ergebende Überstunden war. Da die Zahlen aus der Fertigung zur Produktivität genauso aussagekräftig waren wie bei den Ausschusszahlen, wurden diese Überstunden allerdings nie zu einem Thema.

Nachdem es keinen Zweifel mehr gab, dass die Ausschussthematik größer als angenommen war, wurden Produktions- und Bereichstafeln implementiert, um die notwendige Transparenz zu schaffen. Aus den so gewonnen Daten wurde eine Qualitätsmatrix erstellt. In diese Matrix wurde die Mehrmenge (% von Auftragsmenge) je Ausschussgrund bezogen auf die Produktgruppen (Industrie Ind. und Gebäudetechnik GT sind abgebildet) und die Linie, an der das jeweilige Produkt gefertigt worden war, eingetragen. Es konnten daraus mehrere Schlüsse gezogen werden. Erstens, die Produkte aus der Gebäudetechnik Gruppe 1 und 2 hatten den höchsten Ausschuss durch unzureichende Maßgenauigkeit. Diese Produkte wurden hauptsächlich an Linie 3 gefertigt, wodurch sich dieser hohe Wert erklären ließ. Zweitens, Linie 7 hatte den höchsten Ausschuss beim Rüsten. Drittens, Linie 2 verursachte die meisten Stanzfehler. Der zweite und dritte Grund konnten relativ schnell mit Instandhaltungsmaßnahmen behoben werden. Der erste Punkt verursachte allerdings einiges Unverständnis, da die Ansprüche in der Gebäudetechnik, was die Maßgenauigkeit betraf, eigentlich geringer sein sollten als in der Industriesparte. Die Linie 3 wurde auch extra für diese Produktgruppe gewählt, da sie als älteste Anlage die geringste Maßgenauigkeit hatte.

								Prozent Merhmengen					
23		39	40	15		20	22	**Gesamt**	16	18	34		26
1		2	1	1		3	2	**Sonstige**	2	2	0		1
0		0	2	1		1	0	**Oberflächenfehler**	1	1	2		1
1		2	0	2		2	1	**Beschädigte Rolle**	0	1	1		1
2		1	1	0		3	2	**Stanzfehler**	1	4	1		2
8		3	4	6		3	5	**Rüsten/ Anlauf**	4	3	3		10
11		31	32	5		8	12	**Maßgenauigkeit**	8	7	27		11
G T		G T	G T	Ind.	⋮	Ind.	Ind.	**Ausschussgrund** / **Produktgruppe** — **Fertigungslinie**	L i n i e	L i n i e	L i n i e	⋮	L i n i e
P G 6		P G 2	P G 1	P G 7		P G 2	P G 1		1	2	3		7

Bild 3.38   Ausschnitt aus der Qualitätsmatrix

Bei einer genaueren Analyse von Ausschussteilen von Linie 3 stellte sich heraus, dass diese eigentlich kein Ausschuss waren. Da die Einhaltung der Maße, die zum Ausschuss geführt hatten, an den anderen Linien keinerlei Problem dargestellt hatten, wurde beim Design der neuen Produkte der GT auch kein besonderes Augenmerk darauf gelegt. Teilweise wurden sogar existierende Zeichnungen von Industrie-Produkten übernommen und angepasst, auch dabei wurden die Toleranzen für diese Maße nicht angepasst. Diese Toleranzen waren allerdings auf den Zeichnungen und damit auch ausschlaggebend für die Produktion. Es wurden demnach eigentlich gute Teile als Ausschuss ausgeworfen, da in den Zeichnungen engere Toleranzen angegeben waren als notwendig. Die Begründung der Techniker war, dass dieses Maß als nicht besonders wichtig für die Funktionalität eingestuft wurde und sie nicht wussten, dass dieses für die Anlage ein Problem sein würde.

Dieser eine Fall löste eine Kette an Diskussionen aus, da die Produktion anscheinend mehrere Fälle hatte, in denen sie vor großen Herausforderungen beim Einhalten von Toleranzen stand. Es wurden tatsächlich noch weitere Beispiele gefunden, bei denen es zu überhöhten Ausschussraten gekommen war, da die Toleranzbreiten wesentlich geringer waren, als eigentlich gefordert. Besonders kritisch war ein Winkel, mit dem die Fertigung die größten Schwierigkeiten hatte, die Toleranzen einzuhalten. Bei diesem stellte sich heraus, dass dieser keinerlei Auswirkung auf die Funktionalität hatte und die Toleranz rein willkürlich gesetzt wurde. Dies war eine Folge des geringen Wissens bzgl. der Prozessfähigkeit der Anlagen bei einigen Mitarbeitern der Entwicklungsabteilung.

Verbesserungsansatz:

Ein gravierender Anteil der Lebenszykluskosten eines Produktes wird bereits in der Designphase bestimmt, unter anderem ein nicht unerheblicher Teil der Kosten in der Produktion. In der Entwicklung wird das Material definiert und damit, ob z. B. ein Teil aus Kunststoff und daher im Spritzgussverfahren oder aus Stahl und damit in einem Bearbeitungszentrum gefertigt werden muss. Der Aufbau von montierten Produkten hat einen erheblichen Einfluss auf den späteren Montageaufwand. Engere Toleranzen können präzisere Fertigungstechnologien erfordern oder resultieren in höheren Ausschusskosten. Dies sind nur einige wenige Punkte, die in dieser frühen Phase eines Produktlebenszyklus beeinflusst werden. Nicht immer haben allerdings die Personen, die letztendlich diese Kosten in ihrem Ursprung bestimmen, auch das nötige Wissen oder die Erfahrung mit den jeweiligen Produktionsprozessen. Um es mit den Worten eines Meisters in einem Montagebereich auszudrücken: „Der Techniker, der das hier verbrochen hat, soll sich einmal an die Linie stellen und versuchen, das Teil zu montieren!" Einerseits kann nicht erwartet werden, dass jeder Designingenieur das passende Wissen zu jedem Produktionsverfahren im Unternehmen hat. Andererseits wird die Produktion in vielen Firmen aber nicht entsprechend in die Entwicklungsphase mit einbezogen, um diesen Mangel auszugleichen. Genau hier setzt die Idee des Designs for Manufacturability an.

 Design for Manufacturability (DFM)

Das Ziel von DFM ist, Produkte zu entwickeln, die einfach und günstig zu produzieren sind. Dies soll durch eine integrierte Produkt- und Prozessentwicklung geschehen, in die unter anderem auch die Produktion mit eingebunden wird. Wichtige Werkzeuge, die im DFM verwendet werden, sind:

- Designrichtlinien und Zeichnungsvorlagen
- Prozessspezifikationen
- Richtlinien und Vorgaben zur Prozessfähigkeiten von Anlagen etc.

Ansätze, um das eingangs erwähnte Ziel zu erreichen sind im DFM:
- Reduzierung der Anzahl der Teile
- Verwendung eines modularen Designs
- Verwendung von Standardkomponenten
- Teile mit mehrfacher Anwendungsmöglichkeit entwickeln
- Design soll einfache Produktionsverfahren ermöglichen etc.

Als Konsequenz der gewonnen Erkenntnisse aus der Analyse der Ausgangssituation wurde beschlossen, dass die Produktion in die Produktentwicklung besser miteingebunden sein müsste und dass bessere Vorgaben für die Entwicklung bzgl. der Prozessfähigkeiten benötigt wurden.

Fallbeispiel 3.11 Mensch – Verwendung der Qualifikationsmatrix und Standards

Die Anforderungen an die Mitarbeiter in der Produktion werden immer größer und damit steigt auch ihr Einfluss auf die zu produzierende Qualität. Für die Unternehmen besteht dabei die Herausforderung bzw. stehen sie auch in der Pflicht, die Lücken zwischen Qualitätsanforderungen und dem Angebot zu schließen. Eine ganz grundlegende Voraussetzung für das Produzieren von fehlerfreier Qualität ist also, dass den Mitarbeitern ausreichend Schulungen angeboten werden, damit sie den Anforderungen des Arbeitsplatzes gerecht werden. Eine bedeutende Komponente davon ist auch, dass Prozesse so weit als möglich standardisiert und dokumentiert sind bzw. dass den Mitarbeitern ausreichend Informationen in Form von z. B. Einstellparametern, Tabellen etc. zur Verfügung gestellt werden.

Ausgangssituation:

Ein Unternehmen, das Rohre für die Industrieanwendung produziert, hatte in dem Bereich der Umformung hohe Ausschussraten, die es zu reduzieren galt. Dieser Bereich stellte Rohre aus Stahlbändern her, bei denen es sich hauptsächlich um Sonderanfertigungen mit kleinen Stückzahlen handelte. Die Bänder wurden an Umformmaschinen zu Rohren gebogen und abschließend verschweißt. Es kam sowohl beim Rüsten als auch in der Produktion zu Fehlern in der Schweißnaht, die zum Ausschuss führten (Bild 3.39).

Im ersten Schritt der Analyse wurde festgestellt, dass sich der erhöhte Ausschuss auf gewisse Materialstärken des Bleches und auf bestimmte Durchmesser der Rohre konzentrierte. Dadurch konnte ein Rückschluss auf einzelne Anlagen gezogen werden, an denen diese Kombinationen an Durchmesser und Wandstärke gefertigt wurden. Im nächsten Schritt ergab es sich allerdings auch, dass die meisten Mängel in einer Schicht verursacht wurden. Diese eine Schicht war mit den unerfahrensten Mitarbeitern besetzt und die betroffenen Anlagen erforderten allerdings das höchste Maß an Erfahrung beim Ein- und Nachstellen, um eine gleichmäßige Qualität der Schweißnaht zu erzielen.

Bild 3.39   Ausschuss durch schadhafte Schweißnaht

Verbesserungsansatz:

 Qualifikationsmatrix

Die Qualifikationsmatrix ist ein einfaches Werkzeug, um den Qualifikationsbedarf eines Arbeitsplatzes den jeweiligen Kenntnissen der Mitarbeiter gegenüberzustellen. Aus dieser Gegenüberstellung werden zwei Punkte abgeleitet:

- Schulungsbedarf für jeden einzelnen Mitarbeiter
- Einsatzmöglichkeit der Mitarbeiter an den einzelnen Arbeitsschritten.

Zur Reduzierung der Ausschussraten wurden zwei Ansätze gewählt, das Erstellen einer Qualifikationsmatrix und das Standardisieren von Einstellparametern.

- Erstellen einer Qualifikationsmatrix und daraus abgeleitet ein Schulungsprogramm

Die erste wichtige Erkenntnis der Analyse war, dass es zu wenig Transparenz des vorhandenen Wissens- und Erfahrungsstandes der Mitarbeiter gab. Dadurch konnten die Schichten auch nicht ausgeglichen mit ausreichender Qualifikation besetzt werden. Die Notwendigkeit der Erstellung einer Qualifikationsmatrix (Bild 3.40) wurde daher von niemandem angezweifelt. Die Umsetzung gliederte sich in folgende Schritte:

- Definition der notwendigen Kenntnisse und Qualifikationen
- Ermittlung des aktuellen Standes jedes einzelnen Mitarbeiters bzgl. seiner Kenntnisse und Qualifikationen
- Erstellung eines Schulungsplanes und Durchführung der Schulungen zum Erreichen des notwendigen Qualifikationsniveaus jedes Mitarbeiters.

Für die Definition der notwendigen Kenntnisse und Qualifikationen waren hauptsächlich die Meister und Vorarbeiter mit dem Input ihrer erfahrensten Mitarbeiter verantwortlich. Wenn es um speziellere Abschnitte, wie z. B. Instandhaltungsthemen, ging, wurden auch die Vorgesetzen aus diesen Bereichen mit einbezogen. Bei der Einschätzung des Wissenstandes jedes einzelnen Mitarbeiters waren ebenfalls die Bereichsverantwortlichen federführend, es wurden allerdings auch Rücksprachen mit den jeweils Betroffenen gehalten. Vier verschiede Einstufungen wurden dabei verwendet, die jeweils eine Punktzahl hinterlegt hatten:

- Einarbeitung begonnen (1)
- braucht noch Übung (2)
- beherrscht Tätigkeit voll (3)
- kann andere einarbeiten (4).

Arbeitsplätze:		Umformanlagen 1 - 5															
		Rüsten				Produktion				IH				Sonstiges			
MitarbeiterInnen:		Auftrag und Arbeitsplan besorgen (evtl. aus SAP)	auftragsbezogene Werkzeuge bereitstellen und einbauen	Einstelltabellen lesen und Anlage entsprechend einstellen	...	Qualitätsvorschriften einhalten (gemäß Prüfung zur Erstabnahme)	Abweichungen erkennen und Anlage nachstellen	Rückmeldung in SAP	...	Verschleißteile wechseln	vorbeugenden Wartung und Betriebsmittel besorgen	Ersatzteilbedarf klären und weiterleiten	...	Schichtübergabe	Dokumentation der Maschinen und Produktionsdaten	Ordnung und Sauberkeit	...
Soll:		19	19	19	19	19	19	19	19	19	19	19	19	19	19	19	19
Ist:		5	6	5	5	6	5	5	5	5	3	5	3	4	4	5	4
Mitarbeiter 1	Schicht 1	1	2	1	1	2	1	1	1	2	1	2	1	2	1	1	1
Mitarbeiter 2		4	4	4	4	4	4	4	4	3	2	3	2	2	3	4	3
Mitarbeiter 3																	
Mitarbeiter 4																	
Mitarbeiter 5																	

Bild 3.40 Ausschnitt aus der Qualifikationsmatrix

Für jeden einzelnen Punkt in der Qualifikationsmatrix wurde ein Sollwert definiert, der in allen Schichten erreicht werden musste. In Bild 3.40 musste z. B. ein Sollwert von 19 erfüllt sein, d. h. dass alle Mitarbeiter dieser Schicht zusammen mindestens 19 Punkte erreichen mussten. Dadurch sollte gewährleistet werden, dass jede Schicht ausreichend mit einem Minimum an Wissen besetzt war. Es sollte allerdings auch vermieden werden, dass sich alle erfahrenen Mitarbeiter in einer Schicht befinden. Jede Schicht sollte also ein ähnlich – am besten – hohes Niveau erreichen.

Das Ergebnis der Beurteilung aller Mitarbeiter setzte dann auch den Fokus der ersten Schulungsmaßnahmen. Beginnend mit Fähigkeiten, die die geringste gesamte Punktezahl erhalten hatten, wurden schrittweise die ersten Trainings erstellt und durchgeführt. Ziel war es, innerhalb von vier Wochen die größten Diskrepanzen zwischen Qualifikationsanforderung und -stand zu beseitigen. Damit sollte erreicht werden, dass in jeder Schicht innerhalb dieses Zeitraums das Qualifikationsniveau der anwesenden Mitarbeiter ausreicht, um alle Qualitätsmängel zu erkennen und zu beseitigen. Als Übergangslösung wechselten Mitarbeiter in andere Schichten, um einen temporären Ausgleich zu schaffen bzw. um auch Schulungen durchführen zu können.

- Standardisierung von Einstellparametern

Der zweite Ansatz war das Erstellen von Tabellen für die Einstellparameter. Erfahrene Mitarbeiter wussten, welche Parameter die Qualität der Schweißnaht beeinflussten und was an der Anlage nachgestellt werden musste, um zum gewünschten Ergebnis zu kommen. Diese Erfahrungswerte wurden mit Unterstützung der Technik zu Tabellen und Standards zusammengefasst, um Richtwerte für alle Mitarbeiter zu schaffen. Diese waren unter anderem auch Grundlagen für die Schulungsunterlagen, die erstellt wurden.

Fallbeispiel 3.12a Mensch – Verwendung von Poka Yoke zur Fehlervermeidung

Auch nach den allerbesten Schulungen wird es sich kaum vermeiden lassen, dass Mitarbeiter Fehler machen. Über eine Schichtzeit von acht Stunden kann man nicht erwarten, dass jeder immer zu 100 % konzentriert arbeitet und keine noch so kleinen Fehler geschehen. Gerade für die kleinen Dinge, die jederzeit möglich sind, kann Unterstützung geboten werden.

Ausgangssituation:

Bei einem Unternehmen des Vorrichtungsbaus bestand eine der Standardkomponenten aus zwei Hälften, die fast identisch waren. Beide Teile wurden in derselben Zelle bearbeitet, benötigten allerdings teilweise unterschiedliche Bearbeitungsschritte. Die linke Seite benötigte z. B. eine spezielle Bohrung mit einem Gewinde, die andere nicht. Bild 3.41 zeigt den Prozessfluss für beide Hälften. Es kam immer wieder zu Verwechslungen und das rechte Teil wurde z. B. mit der oben erwähnten Bohrung und dem Gewinde versehen. Es sollte eine Möglichkeit gefunden werden, diese Fehler so weit als möglich zu eliminieren.

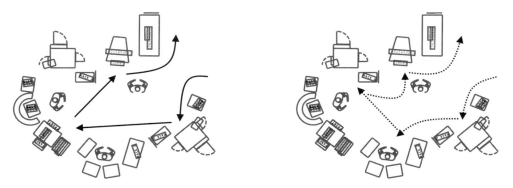

Bild 3.41 Prozessfluss für linke und rechte Komponente

Verbesserungsansatz:

Der Prozessschritt vor der Zelle war das Fräsen mehrerer Flächen des Teils, durch die auch die Variante bestimmt wurde. Zum Abschluss dieser Arbeit wurde jedes Produkt mit einem 2D-Code versehen (Bild 3.42), der es als linke oder rechte Hälfte identifizierte. Jeder einzelne Arbeitsplatz in der Zelle wurde mit einem Leser ausgestattet, der diesen 2D-Code lesen konnte. Legte der Mitarbeiter einen Artikel in die falsche Anlage oder Vorrichtung, so kam es zu einer Fehlermeldung. Dadurch konnte eine Verwechslung sicher vermieden werden.

Poka Yoke

Poka Yoke zählt wohl zu den bekanntesten Konzepten aus dem Werkzeugkasten des Toyota-Produktionssystems. Übersetzt bedeutet es „unglückliche Fehler vermeiden". Es wird dabei davon ausgegangen, dass Menschen Fehler machen und dass diese mit einfachsten Hilfsmitteln vermieden werden können. Zwei typische Beispiele für Poka Yokes sind:

- Vorrichtungen werden so gestaltet, dass ein Teil nicht verkehrt eingelegt werden kann.
- Ein Teil hat eine bestimmte Ausprägung (z. B. ein extra Loch), sodass es nur in einer Richtung mit einem anderen (das z. B. einen Stift hat, der in das Loch passt) verbaut werden kann.

Der ursprüngliche Gedanke von Poka Yoke war es, dass Fehler vermieden werden. Allerdings gibt es auch Situationen, in denen es sinnvoller ist, einen begangenen Fehler sofort aufzuzeigen, das Weiterleiten des fehlerhaften Teiles also zu verhindern. Eine simple Vorrichtung könnte z. B. überprüfen, ob bei einem Montagevorgang alle Komponenten verbaut wurden. Fehlt eine, so kommt es zu einer Fehlermeldung. Dies ist die zweite Art eines Poka Yoke (Shingo 1986).

Bild 3.42   Verwendung eines 2D-Codes als Poka Yoke

Fallbeispiel 3.12b   Mensch – Verwendung von Poka Yoke zur Fehlervermeidung

Ausgangssituation:

An einer Montagelinie für elektronische Komponenten wurde zur Reduzierung der Bestände und Durchlaufzeiten das Konzept der Produktionsglättung eingeführt. Es wurden also nicht mehr Losgrößen von mehreren hundert Stück mit Stunden an Laufzeiten produziert, sondern die maximale Stückzahl wurde auf zehn beschränkt. Vor der Umstellung musste die Linie immer gerüstet werden, wobei die Hauptaktivität dabei der Austausch der zu verbauenden Materialien war. Um den Wechsel von einer Komponente auf eine andere ohne Rüstvorgänge zu ermöglichen, mussten entsprechend alle Varianten der Teile an einem Arbeitsplatz verfügbar sein. So konnten sich an einer Station bis zu fünf verschiedene Ausführungen von z. B. Steckern oder Kabeln befinden. Konsequenz daraus war, dass es immer wieder zu Verwechslungen kam und die falschen Varianten verbaut wurden. In der Endkontrolle wurden diese Fehler entdeckt und es kam zu Nacharbeit. Die Möglichkeit der Verwendung der falschen Teile musste also weitestgehend ausgeschlossen werden.

Verbesserungsansatz:

Für solch eine Fehlerquelle gibt es zwei klassische Ansätze eines Poka Yokes

- Eingelesene Barcodes auf Arbeitspapieren lösen das Öffnen eines Materialfaches aus, sodass nur der korrekte Artikel entnommen werden kann.
- Eine Lampe zeigt an, aus welchem Fach das Teil entnommen werden soll.

In diesem Fall wurde die Entscheidung für den zweiten Ansatz getroffen. Da jede Komponente am Anfang der Linie mit einem Aufkleber mit einem Barcode zur Nachverfolgung versehen wurde, konnte bereits zu diesem Zeitpunkt die Variante durch einen Scanner bestimmt werden. Mit der Anzahl der Paletten zwischen dem Anfang der Linie und dem jeweiligen Arbeitsplatz konnte errechnet werden, wann welche Palette an welchem Arbeitsplatz sein musste. Dadurch konnte bestimmt werden, welche Palette an welchem Arbeitsplatz welche Teile benötigte. An den einzelnen Fächern waren Lichter angebracht, die anzeigten welche Variante von z. B. einem Kabel nun verwendet werden sollte.

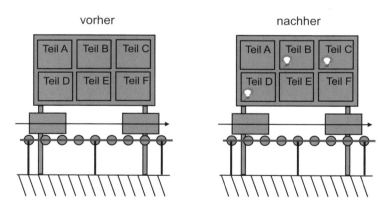

Bild 3.43 Lichter zeigen an, welche Teile verbaut werden sollen

Fallbeispiel 3.12c Mensch – Verwendung von Poka Yoke zur Fehlervermeidung

Ausgangssituation:

Bei einer Anlage, die Kunststoffteile bearbeitete, wurden in die Vorrichtung Führungsbolzen eingesetzt, die sicherstellen sollten, dass die Produkte präzise ausgerichtet sind. Allerdings konnten diese Bolzen verkehrt eingelegt werden. Eine Seite hatte einen Konus und eine nicht

(Bild 3.44). Insgesamt mussten bei jedem Rüstvorgang fünf Bolzen gewechselt werden. War einer verkehrt eingesetzt, kam es nur selten zu Beschädigungen. Bei zwei falsch eingesetzten Bolzen wurde einige Prozessschritte später eine Beschädigung des Führungsloches festgestellt, was zum Ausschuss führte. Dank des geringen Puffers zwischen den einzelnen Arbeitsschritten, wurde der Fehler relativ schnell entdeckt und behoben. Nachdem allerdings die Reduzierung des Ausschusses stärker in den Fokus gelangte, wurden auch kleinere Fehler, die einfach zu beseitigen waren, angegangen.

Verbesserungsansatz:

Beide Seiten des Bolzens wurden mit einem Konus versehen, damit dieser nicht verkehrt eingesetzt werden konnte.

Bild 3.44   Führungsbolzen vorher und nachher

Fallbeispiel 3.13   Methode – Standardisierung des Messmittelmanagements

Wird ein vermeintlicher Qualitätsmangel entdeckt, so muss es sich nicht unbedingt auch wirklich um einen handeln. Gängige Beispiele für Gründe, die zu Abweichungen zwischen dem geprüften und dem tatsächlichen Wert führen können, sind:

- Messmittel sind nicht richtig kalibriert
- Messmittel sind beschädigt
- Umweltfaktoren führen zu falschen Ergebnissen.

Teile werden also durch Fehler in den Messmitteln oder den Ergebnissen der Messung als Ausschuss oder Nacharbeit deklariert, obwohl sie eigentlich i.O. sind.

Ausgangssituation:

Das Unternehmen in diesem Beispiel stellte Komponenten aus Kupfer für die Maschinenbauindustrie her. Vom Gießen der Rohteile bis hin zur spanabhebenden Bearbeitung zum fertigen Produkt wurde in einem Werk der gesamte Wertstrom durchlaufen. Speziell im letzten Bereich der spanabhebenden Bearbeitung waren die Ansprüche bzgl. der Toleranzen und Maßhaltigkeit bzw. der Oberflächen sehr hoch. Aus diesem Grund waren sämtliche Anlagen und Maschinengruppen mit zahlreichen Messmitteln ausgerüstet. Die Einsteller waren im Ablauf der

Rüsttätigkeiten auch für die Messungen der ersten Teile zur Freigabe verantwortlich, die endgültige Entscheidung dazu sollte durch fliegende Kontrollen der QS erfolgen. Diese zusätzliche Kontrolle und Bestätigung der Ergebnisse der Messungen wurde allerdings nur bei Abweichungen durchgeführt. Die Maschinenbediener mussten jedes Teil vermessen und entsprechende Prüfprotokolle ausfüllen.

In zahlreichen Fällen wurde allerdings festgestellt, dass Teile, die in der Produktion freigegeben wurden, bei späteren Stichproben in der QS als nicht in Ordnung eingestuft wurden; bzw. gab es natürlich auch die umgekehrten Fälle. Um ein besseres Verständnis dieser Situation zu erlangen, wurden über mehrere Wochen verstärkt Gegenkontrollen von Messungen in der Produktion durch QS-Mitarbeiter durchgeführt und die Ergebnisse gesammelt. Bild 3.45 stellt die Zusammenfassung dieser Überprüfung in Form einer Qualitätsmatrix dar.

						Abweichungen					
1	14	0		8	3	Produktion i.O. & QS n.i.O.	2	11	1		2
2	22	1		19	2	Produktion n.i.O. & QS i.O.	4	28	3		4
						gleiche Ergebnisse					
6	12	8		11	23	Produktion n.i.O. & QS n.i.O.	28	15	11		6
58	117	56		98	122	Produktion i.O. & QS i.O.	157	121	76		38
Anlage 21	Anlage 20	Anlage 19	⋮	Anlage 2	Anlage 1	Messergebnis / Anlage / Maß	Maß 1	Maß 2	Maß 3	⋮	Maß 8

Bild 3.45   Auszug aus der Qualitätsmatrix

Für jede betroffene Anlage und jedes gemessene Maß wurde dabei unterschieden, ob die Messergebnisse zwischen Produktion und QS übereinstimmten oder nicht. Dabei stellte sich heraus, dass es bei einigen Maschinen und Maßen verstärkt zu Abweichungen gekommen war. Bei Anlage 2 wurden z. B. in der Produktion 19 Messungen als nicht in Ordnung eingestuft, in der QS wurden diese allerdings als i.O. gemessen. Bei den Maßen, die die größten Abweichungen hatten, konnte dadurch auch ein Bezug zu den verwendeten Messmitteln gezogen werden. Es wurde daher im nächsten Schritt auch eine Aufnahme aller Messmittel in der Produktion durchgeführt (Tab. 3.6).

Tabelle 3.6   Zusammenfassung der Aufnahme der Messmittel in der Produktion

	Meßschieber	Meßuhren	Endmaßsätze
Anzahl soll	137	253	3
in Ordnung	73	98	0
Reparaturen notwendig	27	23	0
nicht auffindbar	27	61	0
zur Prüfung außer Haus	0	46	0
nicht brauchbar	10	26	0
nicht vollständig	na	na	3

Durch den Zustand einiger Messmittel war es nicht überraschend, dass es zu solchen Abweichungen in den Messergebnissen gekommen war. Zusätzlich waren auch die Messtische in desolatem Zustand, da sie verrostet, abgeschlagen und nicht geprüft waren (Bild 3.46).

Bild 3.46   Beispiel für Messtische, z. T. verrostet

Die zusätzlichen Qualitätskosten konnten nachträglich nicht quantifiziert werden, allerdings gab es Übereinstimmung, dass durch die Messfehler und Abweichungen in den Ergebnissen folgende Kostenblöcke beeinflusst wurden:

- Teile wurden nachgearbeitet oder wurden als Ausschuss deklariert, die eigentlich i.O. waren.
- Es kam zu zusätzlicher Nacharbeit am Ende der Produktion durch Teile, die ursprünglich als i.O. ausgewiesen wurden.
- Mehrfache Tests oder Messungen mussten durchgeführt werden, da es zwischen Produktion und QS zu unterschiedlichen Messergebnissen kam.

Eine weitere Ursache, die in der Diskussion über die Abweichungen entstand, war, dass in der Produktion und in der QS teilweise unterschiedliche Messmethoden für ein und dasselbe Maß verwendet wurden. Auch zwischen einzelnen Personen an denselben Messmitteln kam es zu verschiedenen Ergebnissen.

Verbesserungsansatz:

Zahlreiche Messmittel in der Produktion konnten weder bei der Wiederholbarkeit noch bei der Reproduzierbarkeit, den zwei wichtigsten Faktoren in diesem Zusammenhang, die notwendigen Ergebnisse liefern. Ein besonders großes Manko war allerdings auch, dass Produktion und QS teilweise mit unterschiedlichen Messsystemen arbeiteten. Es wurden daraus drei Schwerpunkte für Verbesserungen definiert:

- Reparatur aller Messsysteme und Einführung eines Kontrollplanes
- Definition von Standards und Schulung der Mitarbeiter
- Vereinheitlichung der Messsysteme zwischen Produktion und QS.

Die Ergebnisse der Analyse in Bild 3.45 setzten den Schwerpunkt für die erste Welle der Reparaturen der einzelnen Messsysteme. Entweder konnten sie soweit wieder eingestellt werden, dass sie allen Anforderungen entsprachen, oder sie mussten ersetzt werden. Dabei wurde auch ein Ablauf definiert, dass alle Mitarbeiter, die mit den jeweiligen Messsystemen arbeiteten, diese in einer Testreihe zur Wiederholbarkeit und Reproduzierbarkeit prüfen mussten. Ein Plan für eine kontinuierliche Überprüfung der Ergebnisse wurde durch die QS definiert, die auch die Verantwortung für die Ausführung hatte.

Streuung von Messergebnissen

Bei der Zuverlässigkeit und Streuung von Messergebnissen mit einem Messsystem werden fünf verschiedene Faktoren berücksichtigt (Pande 2000):

- Genauigkeit: das selbe Teil wird mehrmals geprüft und die Abweichungen zwischen den einzelnen Messungen und dem „wahren" Wert ergeben die Genauigkeit

- Wiederholbarkeit: der selbe Prüfer misst das Teil mehrmals und die Abweichungen zwischen den einzelnen Messungen ergeben die Wiederholbarkeit

- Reproduzierbarkeit: bei der Prüfung werden entweder Prüfer, Ort oder Messmittel (desselben Typs) variiert und damit die Reproduzierbarkeit getestet

- Stabilität: es werden unter den gleichen Voraussetzungen mehrere Messserien durchgeführt und von jeder der Mittelwert gebildet, die Abweichung der Mittelwerte ergibt die Stabilität

- Linearität: es kommt zu mehreren Serien an Messungen unter gleichen Voraussetzungen und durch denselben Prüfer. Dabei werden die Abweichungen von Einzelmessungen und Mittelwerten betrachtet.

Eine der Hauptursachen für den schlechten Zustand der Messmittel war auch, dass die Mitarbeiter keine ausreichende Schulung im Umgang mit diesen hatten. Das Bewusstsein, dass diese auch notwendig waren für die Produktion von Qualität, war außerdem nicht besonders ausgeprägt. Neben einem Schulungsplan zu allen Messverfahren musste auch ein besseres Verständnis zum Thema Qualität geschaffen werden.

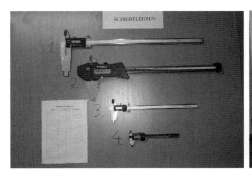 

Bild 3.47 Erster Ansatz für 5-S der Messmittel

Ein ganz anderes Thema war allerdings, dass zwischen der Produktion und der QS mit unterschiedlichen Messsystemen und -methoden für dieselben Messungen gearbeitet wurde. Sämtliche Prüfpläne mussten demnach kontrolliert werden, um festzustellen, wo es zu Abweichungen kam. Allerdings zeigt dies auch auf, dass in der QS-Abteilung ein gewisses Umdenken notwendig war. Die Einstellung war, dass die Qualitätsabteilung in der Lage sein müsste, bessere und präzisere Messungen durchführen zu können als die Produktion. Die Kluft zwischen QS und Produktion aufzubrechen, war sicherlich die größte Herausforderung.

Fallbeispiel 3.14 Methode – Input der Produktion zur Verbesserung der verwendeten Methoden

Wie schon bereits bei Maschinen beschrieben, kann es auch bei den verwendeten Methoden zu einer Diskrepanz kommen zwischen der Prozessfähigkeit, wie sie in der Konstruktion angedacht war und der Realität der Produktion. Die Mängel in der Qualität sind also schon in der Auslegung der Methoden vorgegeben.

Ausgangssituation:

In einer Presse wurden Bolzen erhitzt und zu Rohren umgeformt. Nach der Umformung wurden sie sofort durch eine Sprühanlage abgekühlt, die nur von oben besprühte. Als neue Rohrdimensionen in das Produktionsprogramm aufgenommen wurden, wurde geklärt, ob die Presse diese fertigen könnte oder nicht. Die Presse selber stellt sich im Nachhinein auch nicht als problematisch dar, sondern das Kühlsystem. Die Rohre mit den neuen Dimensionen kamen teilweise leicht verkrümmt (links in Bild 3.48) aus der Anlage und mussten anschließend in eine Richtanlage, um begradigt zu werden.

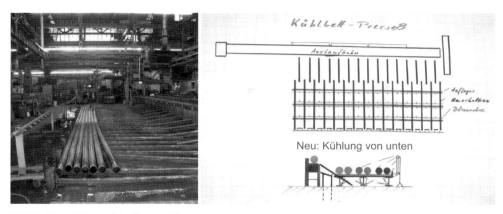

Bild 3.48 Kühlung nicht für neue Dimensionen ausgelegt und die neue Kühlung

Verbesserungsansatz:

In einem typischen Kaizen-Projekt wurde gemeinsam mit Produktionsmitarbeitern, Qualität und Technik bestimmt, dass die Methode der Kühlung nicht ausreichend war, um das Verbiegen der Rohre zu verhindern. Im Team wurde eine neue Kühlung erarbeitet, die die Rohre von oben und unten besprühen sollte. Damit konnte letztendlich die Notwendigkeit des Richtens komplett eliminiert werden.

Fallbeispiel 3.15 Informationsfluss – Einführung von Standards und Rückmeldung an internen Lieferanten

Der Informationsfluss zwischen einzelnen Bereichen der Produktion ist in vielen Betrieben ein Punkt, der sehr großes Verbesserungspotenzial hat. Ein Verursacher von Ausschuss kann allerdings nur aktiv werden, wenn er von seinen internen Kunden auch die Information bekommt, dass es diesen gibt. Alleine die Verbesserung des Informationsflusses kann die Basis für die Eliminierung von Qualitätskosten sein.

Ausgangssituation:

Ein Produzent von Kunststoffplatten hatte zwei völlig getrennte Fertigungsbereiche, die Produktion und die Lackierung. Im ersten wurden die Platten gefertigt, deren Oberflächen anschließend im zweiten veredelt wurden, was Schritte wie Schleifen, Lackieren und Polieren beinhaltete. Alle Prozesse in der Lackierung waren rein manuell und sehr zeitaufwendig. Im Rahmen einer Analyse wurden daher über den gesamten Bereich Multimomentaufnahmen durchgeführt. Das Ergebnis war selbst für den Verantwortlichen der Lackierung überraschend (Bild 3.49). Mit 12 % war der Anteil an Nacharbeit im Schleifen wesentlich höher als angenommen. Bei insgesamt 27 Mitarbeitern waren immerhin mehr als drei nur mit Nacharbeit beschäftigt.

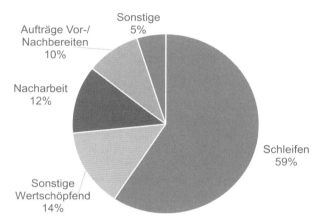

Bild 3.49   Ergebnis der Multimomentaufnahme im Schleifen

Die Hauptaufgabe der Schleifabteilung war das Vorbereiten der Oberflächen für die Lackierung. Für die Mitarbeiter war das Beseitigen von Beschädigungen demnach auch ein Teil ihrer eigentlichen Arbeit. Als herkömmliche Schleifarbeit waren allerdings laut einer internen Beschreibung alle Tätigkeiten definiert, die das Beseitigen von leichten Oberflächenmängeln beinhaltet. Tiefere Beschädigungen oder Kratzer sollten demnach als Nacharbeit deklariert werden. Es gab allerdings keine Hilfsmittel oder klare Anweisungen für die Mitarbeiter, um entscheiden zu können, was eine normale Schleiftätigkeit sei und was nicht. Um also Diskussionen von vornherein zu vermeiden, was nun tatsächlich Nacharbeit sei und was nicht, wurde das Thema komplett ignoriert.

Verbesserungsansatz:

Zur Reduzierung der Nacharbeit wurden zwei Ansätze verwendet, die Erstellung von visuellen Hilfsmittel zur Erkennung von Nacharbeitsgründen und ein verbesserter Informationsfluss mit dem internen Lieferanten Produktion.

Über mehrere Wochen hinweg wurden Fotos von auftretenden Schäden genommen (Bild 3.50). Aus dieser Sammlung an Bildern wurde eine Tafel erstellt, in dem jeder Mangel beschrieben wurde. Diese wurden an den Schleifarbeitsplätzen angebracht, damit Mitarbeiter eine Referenz hatten, was sie für einen Auftrag als normale Bearbeitungszeit und was sie als Nacharbeit rückmelden sollten. Jedes Fehlerbild wurde mit einem Code hinterlegt, nach dem die QS ein Pareto erstellen konnte. Einerseits sollte dadurch bei den Mitarbeitern das Bewusstsein geschaffen werden, was als normale Tätigkeit eingestuft werden sollte und was nicht. Andererseits benötigte die QS Informationen zur Behebung der Mängel.

Bild 3.50   Beispiel einer Aufnahme eines Oberflächenfehlers für die Fehlertafel

Parallel dazu wurde die QS der Produktion kontaktiert, um die Ursachen der häufigsten Fehler zu identifizieren. Für mehrere Wochen kam täglich ein Mitarbeiter der Qualitätsabteilung in die Schleifabteilung, um mangelhafte Teile zu inspizieren. Daraus entstanden Fehlerbeschreibungen und die möglichen Ursachen wurden ermittelt. Am Ende des Tages wurden diese Teile mit sämtliche Aufzeichnungen mit der Produktion und der QS besprochen, um deren Input zu erhalten. Sehr schnell konnten so die zwei wichtigsten Gründe gefunden werden:

- Transportschäden: Die meisten Oberflächenschäden wie Kratzer wurden durch den Transport von der Produktion zur Lackierung verursacht. Besonders betroffen davon waren Produkte, die nicht nur einfache, gerade Platten waren, sondern z.B. im Produktionsprozess bereits Führungen für Schrauben eingearbeitet hatten. Bei einfacheren Platten wurde von da an zwischen jedes einzelne Produkt ein Karton gelegt. Komplizierte Artikel wurden in eigenen Gestellen transportiert, die ein Berühren verhinderten.

- Beschädigte Werkzeuge: Die weitaus gravierendere Ursache waren allerdings beschädigte Werkzeuge in der Produktion. Diese Mängel konnten erst in der Schleiferei gefunden werden, da sie zumeist knapp unter der Oberfläche lagen. Sobald nur eine ganz dünne Schicht abgeschliffen war, konnten die Schäden gesehen werden. Die Produktion hatte demnach selbst bei einer 100%-Kontrolle keine Möglichkeit, diese zu entdecken. Da sie bis zu diesem Zeitpunkt auch keinerlei Rückmeldung zu Beanstandungen aus der Lackiererei hatten, war ihnen dieses Problem nicht bewusst. Zwischen den beiden Bereichen wurde vereinbart, dass, sobald solch ein Fall auftreten sollte, die QS der Produktion umgehend informiert wird, damit das Teil inspiziert werden konnte. Dies löste eine Untersuchung des betroffenen Werkzeuges aus. Durch diesen Informationsfluss wurden innerhalb von zwei Monaten bei ca. 80 verwendeten Werkzeugen 13 Beschädigungen gefunden und behoben.

Durch diese Maßnahmen konnte der Anteil an Nacharbeit drastisch reduziert werden und die so gewonnene Kapazität im Schleifen wurde auch dringend für die anstehenden Volumensteigerungen benötigt. Dieses Fallbeispiel sollte auch noch einmal aufzeigen, dass das Thema Nacharbeit in zu vielen Unternehmen nicht richtig wahrgenommen wird. Zu oft wird sie als Bestandteil des normalen Ablaufes gesehen. Dadurch fehlt auch in den Köpfen von Vorgesetzten und Mitarbeiter das Bewusstsein, dass Nacharbeit genauso wie Ausschuss ein ständiges Ziel zum Reduzieren und Eliminieren ist.

Fallbeispiel 3.16   Organisatorische Ansätze – Reduzierung der Losgrößen/Bestände

Sehr oft entsteht ein Mangel in einem Prozessschritt und wird erst viel später im Prozessfluss entdeckt. Es wurde dann bereits eine gewisse Menge des Produktes mit einem Fehler hergestellt, bis es eventuell erst Stunden oder Tage später bei der weiteren Verwendung entdeckt wird. Im vorherigen Fallbeispiel hätte die Nacharbeit verursacht durch einen Werkzeugschaden vermieden bzw. reduziert werden können, wenn das Schleifen sofort nach der Fertigung durchgeführt worden wäre. Der Mangel hätte relativ zeitnah entdeckt und die Produktion mit dem beschädigten Werkzeug hätte gestoppt werden können. Was kann allerdings nun gemacht werden, dass die Zeit zwischen Entstehen und Entdecken so gering als möglich ist?

Ausgangssituation:

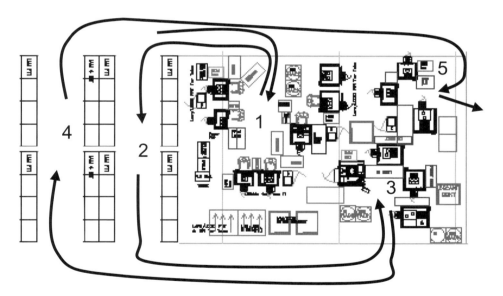

Bild 3.51   Materialfluss von spanabhebender Bearbeitung, Schleifen und Montage

Das vorliegende Beispiel ist von einem Unternehmen des Werkzeugbaus. Komponenten für Werkzeugaufnahmen wurden zuerst in einem Bereich mit einzelnen Schritten wie Drehen, Bohren etc. bearbeitet (1), dann an mehreren verschiedenen Anlagen geschliffen (3) und montiert (5) (Bild 3.51). Zwischen jedem einzelnen Bereich war ein Puffer (2) (4), in dem im Schnitt Aufträge für 48 Stunden lagen. Da die Losgröße nur einige wenige Stück betrug und damit die

Bearbeitungszeit je Auftrag und Prozessschritt zumeist unter einer Stunde lag, war eine recht große Anzahl an Behältern in jedem Puffer (Bild 3.52).

Bild 3.52   Puffer zwischen den einzelnen Prozessschritten

Bei einem Auftrag konnte in der Montage eine Komponente, bei der im Bereich „Spanabhebend" unter anderem ein Gewinde geschnitten worden war, nicht mit einem Zukaufteil verschraubt werden. Es stellt sich heraus, dass ein Werkzeug zum Gewindeschneiden im spanabhebendem Bereich beschädigt war und damit auch das Gewinde selbst. Dies betraf allerdings nicht nur den gerade anstehenden Auftrag, sondern auch alle anderen, die mit diesem Werkzeug bearbeitet worden waren. Von den 58 Aufträgen, die sich zum Zeitpunkt des Entdeckens des Mangels in den Puffern befanden, waren zwei weitere von dem beschädigten Gewindeschneider betroffen. Die Teile von zwei Aufträgen konnten nachgearbeitet werden. Die Artikel, an denen der Mangel ursprünglich entdeckt worden war, waren allerdings Ausschuss.

Verbesserungsansatz:

Im 2. Kapitel wurde bereits das Thema One-piece-flow behandelt und es wurde erwähnt, dass einer der Vorteile von diesem Konzept ist, dass Mängel schneller entdeckt werden können. In Bild 3.53 ist noch einmal das Layout dieser Fallstudie aus dem vorherigen Kapitel dargestellt. In diesem konkreten Beispiel wurde an jedem Arbeitsplatz mit einer Losgröße von 20 Stück gearbeitet. Wurde z.B. am ersten Arbeitsplatz ein Defekt verursacht oder es wurden bereits mangelhaften Teile angeliefert und dies konnte nicht vor dem letzten Arbeitsschritt entdeckt werden, so wurde eine erhebliche Menge an Ausschuss produziert.

Nachdem der erste Arbeitsplatz das Los von 20 Stück abgeschlossen hat, wird es an die nächste Station gereicht. Da der Mitarbeiter des ersten Prozessschrittes nichts von dem Mangel weiß, beginnt er mit einem weiteren Los und produziert wieder 20 Stück Ausschuss. Dies wird so lange fortgesetzt, bis das erste beschädigte Los am letzten Arbeitsplatz gelangt, wo der Ausschuss letztendlich entdeckt wird. In der Zwischenzeit wurden vier Los mit jeweils 20 Stück gefertigt, also insgesamt 80 Stück mit dem Defekt. Im „Layout nachher" hängt die Dauer bis zum Entdecken des Fehlers von der Größe des Puffers auf dem Rollenband ab. Wären dies fünf Stück, so würde er sehr schnell entdeckt werden.

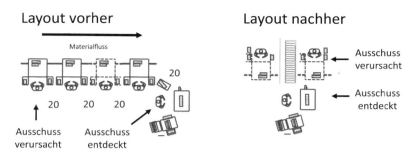

Bild 3.53 Vorteil von One-piece-flow bei Qualitätsmängeln

Wenn das Konzept des One-piece-flow nicht ganz wortwörtlich genommen wird, dann geht es im Prinzip darum, Teile in möglichst kleinen Mengen sofort an den nächsten Arbeitsplatz weiterzureichen. Auch wenn dies nicht möglich sein sollte oder nur mit unverhältnismäßigem Aufwand implementiert werden kann, sollte zumindest danach gestrebt werden, Stopps und Puffer in einem Wertstrom so klein als möglich zu halten oder zu eliminieren wo möglich.

In diesem konkreten Beispiel sollte zumindest versucht werden, so weit als möglich einen Fluss zwischen den einzelnen Bereichen zu etablieren. Die ursprüngliche Zielsetzung war die Reduzierung der Bestände/Durchlaufzeit, doch der Fall mit dem Ausschuss gab dem Thema noch einmal eine besondere Brisanz. In der Diskussion dazu kam auf, dass es bereits mehrere ähnliche Fälle gegeben hatte und dies auch negative Auswirkung auf die Liefertreue hatte. Die Qualitätsabteilung hatte demnach auch ein besonderes Interesse an einer schnellen Lösung.

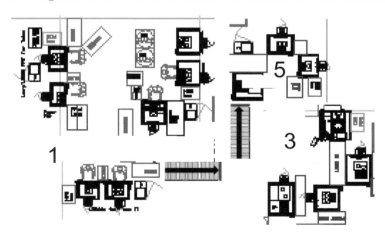

Bild 3.54 Layout nach der Umstellung

Im neuen Layout (Bild 3.54) wurden die einzelnen Bereiche im Materialfluss zueinander gedreht. Die Regale als Puffer verschwanden komplett und wurden durch Rollenbänder als Verbindung zwischen dem spanabhebendem Bereich (1), dem Schleifen (3) und der Montage (5) aufgestellt. Die Puffergröße wurde dabei auf vier Stunden limitiert.

Durch diese Umstellung hätte zwar der Ausschuss des einen Auftrages nicht verhindert werden können, der Fehler wäre allerdings schneller aufgekommen. Die Wahrscheinlichkeit, dass die Nacharbeit an den beiden anderen Aufträgen nicht notwendig gewesen wäre, war allerdings sehr hoch.

Fallbeispiel 3.17   Organisatorische Ansätze – Definition von Qualitätsregelkreisen

Im Fallbeispiel 3.15 wurde das Thema des Informationsflusses behandelt. Einen Schritt weiter geht es, wenn in der gesamten Produktion bereichsübergreifende Prozesse definiert werden, um sich gezielt der Qualitätsthemen anzunehmen. Zu oft wird es den einzelnen Bereichen überlassen, Ausschuss und Nacharbeit zu reduzieren oder die Qualitätsabteilung arbeitet zu isoliert vom Geschehen in der Produktion. Es werden also Insellösungen entwickelt, die weit von einem einheitlichen Standard im Unternehmen entfernt sind.

Ausgangssituation:

Bei diesem Unternehmen wurden aus Pulver über mehrere Prozessschritte Kunststoffteile produziert, wobei die zwei wichtigsten Bereiche die Polymerisation und das Schleifen waren. In beiden Abteilungen herrschten besondere Anforderungen bzgl. der Sauberkeit und trotzdem waren Verunreinigungen mit über 60 % der Hauptverursacher der 17 % Ausschuss. Es gab allerdings keine standardisierte Methode der Aufzeichnungen des Ausschusses, wodurch sich über die Jahre jeder Vorgesetzte seine eigene Art und Weise entwickelt hatte. Ergebnis war, dass es insgesamt zehn verschiede Dokumentationsformen gab (Bild 3.55).

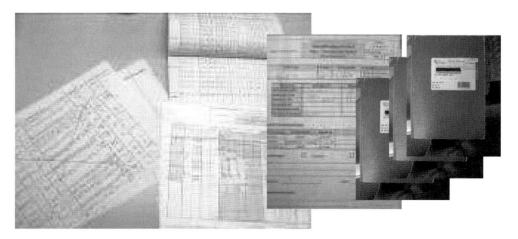

Bild 3.55   Beispiele für die verschiedenen Dokumentationsformen

Mit dieser Vielzahl an Dokumenten war es natürlich schwierig eine klare Transparenz zu schaffen, was die Hauptursachen waren und diese auch gezielt abzustellen. Jeder einzelne Bereich berichtete letztendlich nur die Höhe des Ausschusses und war ansonsten auf sich alleine gestellt, Maßnahmen zu definieren. Besonders problematisch dabei war, dass die Verursacher zumeist in vorgelagerten Bereichen waren und sich damit die Aktivitäten auf das Berichten beschränkten. Deshalb wurde auch die Entscheidung getroffen, den kompletten Ansatzes des Qualitätsmanagement zu überdenken.

Verbesserungsansatz:

Qualitätszirkel und Qualitätsregelkreise:

Qualitätszirkel haben wie so viele andere Konzepte im Kontext der schlanken Produktion ihren Ursprung in Japan. Mitarbeiter aus einem Arbeitsbereich treffen sich in regelmäßigen Abständen (normalerweise alle zwei bis drei Wochen), um Herausforderungen der täglichen Arbeit zu diskutieren. Mithilfe eines Moderators werden Themen der kontinuierlichen Verbesserung aus dem eigenen Arbeitsumfeld aufgegriffen, um Lösungen zu definieren und deren Umsetzung anzustoßen. Das Besondere an Qualitätszirkeln ist, dass die Teilnahme auf freiwilliger Basis ist, daher zumeist auch die erfahrensten und/oder engagiertesten Mitarbeiter vertreten sind (Benes und Groh 2012).

Wesentlich weiter gehen Qualitätsregelkreise, die strukturierter sind, sich auf Qualitätsthemen konzentrieren und die Teilnehmer entsendet werden. Es werden dabei je nach Umfang und Bedeutung eines Qualitätsthemas Regelkreise in verschiedenen Hierarchieebenen definiert, die miteinander verbunden sind. Jeder Regelkreis besteht aus einer bestimmten Gruppe an Betroffenen und Spezialisten, die sich in regelmäßigen Zeiträumen gewisser qualitätsrelevanter Themen annehmen, um Lösungen zu definieren. Kann für ein Thema durch die Bearbeitung der ersten Ebene keine adäquate Lösung gefunden bzw. umgesetzt werden, so wird diese an die nächsthöhere Ebene weitergeleitet (Mukherjee 2010).

Zahlreiche Unternehmen haben diesen Gedanken für sich übernommen und ausgebaut, wodurch unterschiedlichste Ausprägungen an Qualitätsregelkreisen entstanden sind. Beispielhaft für diese Weiterentwicklung sei das QRQC (Quick Response Quality Control), wie es aus einem Nissan-Prozess durch den französischen Automobilzulieferer Valeo definiert worden war, genannt. Der grundsätzliche Ansatz dabei ist, dass auf Abweichungen sofort reagiert wird, indem in der Produktion, mit Produktionsmitarbeitern und mit den betroffenen Teilen unmittelbar Maßnahmen definiert und ergriffen werden.

Als Struktur für eine Verbesserung der abteilungsübergreifenden Zusammenarbeit und Kommunikation bzw. auch einer schnelleren und wirksamen Problemlösung sollten durchgängige Qualitätsregelkreise definiert werden. Insgesamt wurden drei verschiedene Ebenen dafür erarbeitet:

- Ebene 1 – Taktisch:
  - Eine sofortige Reaktion ist erforderlich; je nach Bereich wird definiert nach wie vielen Teilen Ausschuss aus demselben Grund innerhalb einer bestimmten Zeit reagiert werden muss (z.B. wenn innerhalb von einer Stunde fünf Stück Ausschuss durch eine Ursache entstanden sind)
  - beteiligte Mitarbeiter und der Meister/Vorarbeiter kommen zusammen, um das Qualitätsproblem zu diskutieren; bei Bedarf wird ein Mitarbeiter der QS hinzu gerufen
  - verantwortlich ist der jeweilige Meister oder Vorarbeiter
  - ist eine interne Lösung möglich und innerhalb eines Tages umsetzbar, bleibt es auf dieser Ebene, ansonsten wird es auf die nächste Stufe weitergeleitet

- alle Beteiligten müssen in der Anwendung der 5-Warum-Fragetechnik unterrichtet sein
- zur Dokumentation wird das Formblatt aus Bild 3.56 verwendet.

Verantwortlicher:		Datum:	Uhrzeit:		
Aussschussgrund:	(Schlagwort)	Stückzahl:			
Arbeitsplatz:		Produkt (e):			
Beschreibung: (Detailbeschreibung)		Sofortmaßnahmen:		WER	WANN
5 Warum:		Abstellmaßnahmen:		WER	WANN
Warum					
Warum					
Warum					
Warum					
Warum					
erledigt am:					
auditiert am:					

Bild 3.56   Dokumentation Ebene 1

- Ebene 2 – Operativ:
    - Aus dem Pareto der Ausschussgründe werden vom Abteilungsleiter die wichtigsten zwei bis drei Themen zur Diskussion gestellt
    - Teilnehmer sind Meister/Vorarbeiter, Abteilungsleiter, Qualitätssicherung, Arbeitsvorbereitung und Projektmanagement
    - Termine sind täglich und für jeden Bereich ist eine Zeit fixiert; Dauer soll mit max. 20 min beschränkt sein
    - verantwortlich ist der Abteilungsleiter
    - Lösungen müssen innerhalb von zwei Wochen definiert und umgesetzt sein, ansonsten wird es auf die nächste Stufe weitergeleitet
    - zusätzlich zur 5-Warum-Fragtechnik müssen alle Teilnehmer in der Anwendung des Ishikawa-Diagramms unterrichtet sein (Bild 3.57).
- Ebene 3 – Strategisch:
    - Alle zwei Wochen kommen die Abteilungsleiter und die Geschäftsleitung zusammen. Die Dauer soll auf 30 min beschränkt sein.
    - Falls es zu dringenden Fällen kommt, die von den ersten beiden Ebenen nicht unmittelbar gelöst werden können und Lieferungen an den Kunden gefährdt sind, können außerplanmäßige Termine einberufen werden.
    - Inhalte sind Themen, die in Ebene 2 bearbeitet werden, allerdings die Unterstützung von Ebene 3 benötigen.

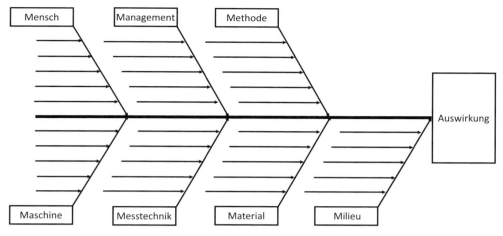

Bild 3.57   Ishikawa-Diagramm für Ebene 2 des Qualitätsregelkreises

3. Ebene:
• Strategisch
• 14-tägig
• Themen aus Ebene 2, die Unterstützung benötigen
2. Ebene:
• Operativ
• Täglich
• Themen, die nicht in Ebene 1 geklärt werden können
1. Ebene:
• Taktisch
• Kontinuierlich
• Unmittelbar lösbare Themen

Bild 3.58   Zusammenfassung der drei Ebenen

Die Themen aus der taktischen Ebene sollten von den Mitarbeitern direkt vor Ort, also an den Anlagen, wo das Qualitätsthema auftrat, besprochen werden. Für alle anderen wurde ein eigener Bereich eingerichtet, dessen Kernpunkt ein sogenannter Pareto-Tisch (Bild 3.59) war. Dieser Tisch wurde an einem zentralen Punkt in der Produktion angebracht und bestand aus folgenden Teilen:

▪ Tisch: Der Tisch war für maximal zehn Qualitätsthemen ausgelegt. Jeder dieser Abschnitte bestand aus zwei Flächen, einer für ein Beispiel eines einwandfreien Teils und einer für das mit dem entsprechenden Mangel. Dadurch sollte anhand der tatsächlichen Produkte jedem erklärt werden können, was das Thema ist. Durch die Limitierung der Ablageflächen sollte auch verhindert werden, dass zu viele Themen auf einmal bearbeitet würden.

▪ Wand: An der Wand über dem Tisch war für jedes Qualitätsthema eine Hülle als Ablage angebracht. Dort wurden sämtliche verfügbaren Dokumente und Unterlagen hineingesteckt, damit sie jederzeit für Diskussionen zur Hand waren. Diese Unterlagen wurden anschließend von der QS archiviert, um bei ähnlichen Themen auf diese zugreifen zu können.

Bild 3.59   Pareto-Tisch in der Produktion

Durch klassische Kaizen-Projekte konnten die gravierendsten Qualitätsthemen beseitigt werden. Nachdem alle beteiligten Mitarbeiter in den notwendigen Techniken (z. B. Anwendung des Ishikawa-Diagrammes) geschult waren, wurden schrittweise die einzelnen Regelkreise implementiert. Zuerst wurde der Bereich mit den höchsten Ausschussraten als Pilotprojekt ausgewählt, um Regelkreis 1 und 2 zu testen. Schrittweise wurde anschließend in allen Abteilungen ein eigener Pareto-Tisch eingeführt und der Regelkreis 3 etabliert. Innerhalb von ca. zwei Monaten konnte damit der Ausschuss auf unter 5 % reduziert werden.

4 Nachhaltigkeit

In den Kapiteln 1 bis 3 wurden im Detail die Schritte von der Analyse bis zur Umsetzung aus Bild 4.1 beschrieben. Im 4. Kapitel geht es um die Aktivitäten, die danach folgen.

Bild 4.1   Schritte zur nachhaltigen Umsetzung

Nachdem eine Lösung zur Reduzierung einer der Verschwendungsarten aus den vorangegangen Kapitel definiert und implementiert worden war, ist die Arbeit noch lange nicht erledigt. Bei sehr vielen Verbesserungen besteht auch nach der Umsetzung die Notwendigkeit von Anpassungen und Verfeinerungen, um zum gewünschten Ergebnis zu kommen. Die große Herausforderung, die dann folgt, ist die Nachhaltigkeit der Lösungen und damit auch der Ergebnisse zu gewährleisten. Zu oft passiert es nach der anfänglichen Euphorie, dass Mitarbeiter in ihre alten Gewohnheiten zurückfallen und Veränderungen allmählich wieder rückgängig gemacht werden. Dies hat weniger etwas damit zu tun, dass die Lösungen nicht richtig waren, sondern dass Disziplin und damit das Einhalten von vorgegeben Standards notwendig sind. Und dies muss kontinuierlich eingefordert und kontrolliert werden. In diesem Kapitel geht es hauptsächlich um die Werkzeuge, die verwendet werden können, um dies zu unterstützen. Wie schon bei anderen Werkzeugen, die in diesem Buch vorgestellt wurden, können sie nur funktionieren, wenn auch das Management die notwendige Disziplin zeigt.

■ 4.1   Dokumentation

Unabhängig davon, was der Auslöser oder die Zielsetzung der Veränderung war, sollte der Ablauf in Bild 4.1 in all seinen Schritten dokumentiert werden. Spätestens wenn es zu Anpassungen kommen sollte, wird es notwendig sein, noch einmal die einzelnen Schritte nachzuverfolgen. In der Praxis haben sich zwei einfache Darstellungsformen bewährt, um einen Projektverlauf und damit auch die Ergebnisnachverfolgung zu dokumentieren, dem „A3-Report" und dem „4-Windows-Report".

A3-Report

Der A3-Report stammt wie viele der beschriebenen Werkzeuge in diesem Buch aus dem Umfeld von Toyota. Der A3-Report stellt ein zweiseitiges Dokument dar, in dem standardmäßig der Projektverlauf dokumentiert werden soll (Bild 4.2). Die Limitierung auf zwei Seiten bedingt, dass so kurz als möglich jeder einzelne Punkt beschrieben wird. In jeder einzelnen Phase eines Projektes wird der entsprechende Inhalt ergänzt, womit es zu einem lebenden Dokument und damit zur Kommunikation für alle Beteiligten wird. Zumeist werden die zwei Seiten wie folgendermaßen strukturiert:

- Hintergrundinformation
- Aktuelle Information
- Problemanalyse
- Verbesserungsziel
- Implementierungsplan
- Nachverfolgung.

A3-Report	4. Verbesserungsziel
1. Hintergrundinformation	Quantitatives Ziel für die Verbesserung; es soll auch nachvollziehbar sein, wie dieses Ziel definiert wurde. Eventuell eine Beschreibung der gewünschten Situation.
Kurze Beschreibung der Situation, um die Sachlage besser zu verstehen	
2. Aktuelle Information	**5. Implementierungsplan**
Möglichst visuelle Darstellung der aktuellen Situation; z.B. mit einem Wertstrom, Layout etc.	Klassischer Maßnahmenplan mit Aufgaben, Verantwortlichkeiten, Zielen, Terminen etc.
3. Problemanalyse	**6. Nachverfolgung**
Die wichtigsten Analysedaten und -zahlen, die ebenfalls wenn möglich visuell dargestellt werden sollten (z.B. Pareto-Diagramm)	Nachverfolgung der Ergebnisse, wie sie in den weiteren Abschnitten dieses Kapitels dargestellt werden.

Bild 4.2   Prinzipieller Aufbau des A3-Reports

4-Windows-Report

Mit dem 4-Windows-Report soll der aktuelle Projektstatus anhand von vier Blättern, die zumeist für alle sichtbar an einem speziellen Punkt in der Produktion aufgehängt werden, kommuniziert werden.

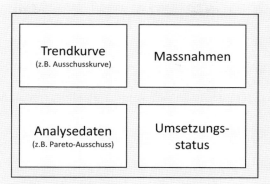

Bild 4.3 Struktur des 4-Windows-Reports

Wie in Bild 4.3 dargestellt ist, besteht die grundsätzliche Struktur zumeist aus jeweils einem Blatt für

- eine Trendkurve, um die Auswirkungen der Veränderung zu zeigen
- den zugrundeliegenden Analysedaten wie ein Pareto, Zykluszeitaufnahmen etc.
- dem Maßnahmenplan, um alle Verbesserungsschritte aufzuzeigen
- dem Umsetzungsstatus, in dem anhand eines Zeitplans der Status jeder einzelnen Maßnahme gezeigt wird.

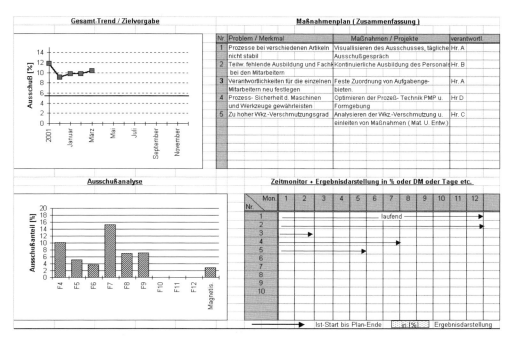

Bild 4.4 Beispiel eines 4-Windows-Reports

■ 4.2 Auswirkungen der Umsetzung

Sinn und Zweck der Analyse war es, Verbesserungspotenzial zu identifizieren und es zu quantifizieren. Daraus abgeleitet wurden Ziele definiert, was erreicht werden kann bzw. soll. Über die Ideenfindung wurden entsprechende Lösungen generiert, die anschließend umgesetzt wurden. So gut eine Lösung auch sein mag, kann es allerdings Umstände geben, die der eigentlichen Zielerreichung im Wege stehen können. Diese Umstände können völlig losgelöst sein von der Lösung, können allerdings zum Scheitern eines erfolgreichen Abschlusses beitragen und sollten eventuell so früh als möglich in der Projektarbeit geklärt werden.

Produktivitätssteigerungen

Bei Produktivitätsprojekten kann die Zielsetzung sein, den Output zu erhöhen oder den Input zu reduzieren. Speziell der zweite Punkte stellt die größere Herausforderung dar, da es sich zumeist um eine Verringerung der Stunden oder der Anzahl der Mitarbeiter handelt. Die wichtigsten Möglichkeiten dabei sind:

▪ Reduzierung oder Eliminierung von Überstunden und Sonderschichten: Dies ist zumeist der einfachste Fall, da für den Abbau von Überstunden in den meisten Fällen mit wenig Widerstand zu rechnen ist. Es kommt allerdings immer wieder in Unternehmen vor, dass diese als willkommener Zuverdienst angesehen wird.

▪ Reduzierung der notwendigen Stunden: Das Ergebnis könnte z.B. sein wie in Bild 4.5. An sechs Arbeitsplätzen wird die Gesamtgeschwindigkeit durch Arbeitsplatz 4 bestimmt. Vor der Verbesserung war die Zykluszeit bei 34 s, nachher bei 26 s. Bei 1.000 Stück hätte man zuvor also rein rechnerisch 9,4 h benötigt, danach 7,2 h. Zu oft kommt es vor, dass Abläufe verbessert werden und damit auch die tatsächlich benötigten Zeiten, doch diese Produktivitätssteigerung wird nicht wirklich umgesetzt. Es muss also noch vor der Umsetzung klar sein, wie überprüft wird, dass diese 2,2 h auch als Ergebnis realisiert werden.

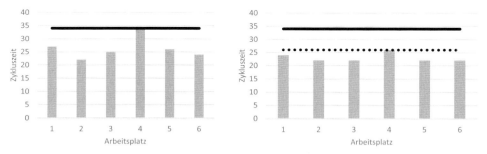

Bild 4.5   Zykluszeiten je Arbeitsplatz vor (linkes Bild) und nach (rechtes Bild) der Umsetzung

In einem Montagebereich, wo Baugruppen mit mehreren Stunden Montagezeiten und kleinen Losgrößen von zumeist unter zehn Stück verbaut wurden, wurde ein Produktivitätsprojekt durchgeführt. Das Ergebnis war eine Produktivitätssteigerung von 18 %. Nach mehreren Monaten wurden die rückgemeldeten Zeiten von Aufträgen vor dem Projekt denen von vergleichbaren Arbeiten nachher gegenübergestellt. Zur Überraschung des Managements konnte keine Verbesserung festgestellt werden. Bei einem Audit wurde festgestellt, dass alle Maßnahmen umgesetzt worden waren und auch die gewünschten Erfolge zeigten. Was jedoch verabsäumt wurde, war die entsprechende Anpassung der Vorgaben für die Bearbeitungszeit eines Auftrages und deren Kontrolle. Wenn ein Auftrag vor dem Projekt 10 h als Vorgabe gehabt hatte, so hätte dies auf 9,2 h angepasst und das Erreichen auch kontrolliert werden müssen. Da dies nicht getan wurde, fanden die Mitarbeiter „sonstige" Tätigkeiten, um im Rahmen der zehn Stunden zu bleiben.

- Reduzierung der Anzahl der Mitarbeiter: Dies ist wohl auch der sensibelste Bereich, wenn es um eine Produktivitätssteigerung geht. Am einfachsten ist es noch für Unternehmen, die ein starkes Wachstum haben und die dringend Mitarbeiter in anderen Bereichen benötigen. In anderen Fällen kann es allerdings notwendig sein, dass Mitarbeiter abgebaut werden. Egal unter welchen Umständen eine Produktivitätssteigerung in einem Bereich zu einer Reduzierung führen soll, drei Punkte sollten auf jeden Fall beachtet werden. Erstens, es sollten sich bereits vor dem Projekt Gedanken gemacht werden, was mit den Mitarbeitern geschieht. Zweitens, reduzieren sie die Anzahl der Mitarbeiter in dem betroffenem Prozess sofort nach der Umsetzung der Maßnahmen. Drittens, es muss nachverfolgt werden, ob die aus dem ersten Punkt definierten Maßnahmen auch eingehalten werden.

Speziell wenn der Druck für Kosteneinsparungen nicht zu groß ist bzw. die Anzahl der Mitarbeiter vom Controlling nicht genau nachverfolgt wird, können sich erforderliche Reduzierungen sehr schnell auflösen. Am Ende wird vom Management beklagt, dass die Projekte Nichts gebracht haben. In einem Bereich war der Fall, dass der Vorgesetzte erst sicher gehen wollte, dass alle Maßnahmen greifen und erst dann würde er die betroffenen Mitarbeiter aus dem Prozess nehmen. Allerdings behielt er sie letztendlich in seiner Abteilung, um für eventuelle Spitzen einen Puffer zu haben. In einem anderen Werk wurden alle betroffenen Mitarbeiter in einen „Springer-Pool" versetzt; also eine Gruppe an Mitarbeiter, die bei allen „möglichen" Tätigkeiten aushelfen konnten. Die Gesamtzahl der Belegschaft in dieser Fabrik änderte sich letztendlich durch die durchgeführten Workshops überhaupt nicht.

Bestandsreduzierung

Eigentlich sollten Bestandsreduzierungen ein relativ neutrales Thema sein, welches auch einfach umzusetzen ist. Doch auch hier kann es zu einigen Herausforderungen kommen. Dabei geht es hauptsächlich darum, wie mit den bereits existierenden Beständen umgegangen wird und welche Auswirkungen deren Abbau hat.

- Obsolete Bestände: Bereits im Kapitel 2 wurde erwähnt, dass der Abbau von obsoleten Beständen immer wieder am Thema der Abschreibung scheitert. Bei obsoleten Beständen handelt es sich um Material, dass nicht mehr benötigt wird. Trotzdem steht es in den meisten Unternehmen noch mit einem gewissen Wert in den Büchern. Ein Verschrotten würde demnach eine unmittelbar negative Auswirkung auf das finanzielle Ergebnis haben. Und dagegen kann es relativ schnell Widerstand geben.

In Bild 4.6 wurden die Bestände auch danach unterteilt, ob sie noch verwendet werden, also aktiv sind, oder ob sie obsolete sind. Bei den obsoleten Materialien wurde zusätzlich unterschieden, ob sie noch anders verwendet werden können oder nicht. Unter die Rubrik „verwendbar" fielen Punkte wie:

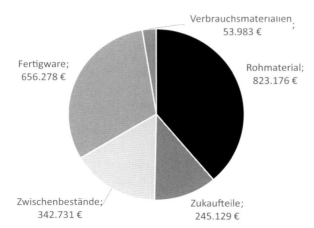

Verbrauchsmaterialien;
53.983 €

Fertigware;
656.278 €

Rohmaterial;
823.176 €

Zwischenbestände;
342.731 €

Zukaufteile;
245.129 €

Rohmaterial	
aktiv	749.090 €
obsolete - verwendbar	34.271 €
obsolete - nicht verwendbar	39.815 €

Fertigware	
aktiv	572.718 €
obsolete - verwendbar	12.452 €
obsolete - nicht verwendbar	71.108 €

Bild 4.6   Bestandsanalyse nach aktive und obsolet

- Fertigware: kann zu einem anderen Produkt umgebaut werden
- Fertigware: kann durch Sondermaßnahmen verkauft werden (z. B. mit Rabattaktionen in „exotischen" Märkten verkaufen)
- Rohmaterial: kann an den Lieferanten verkauft werden
- Rohmaterial: kann in anderen Werken verwendet werden.

Nachdem alle Möglichkeiten ausgeschöpft waren, blieben immer noch ca. € 130.000 für alle Materialgruppen, die als nicht mehr verwendbar eingestuft wurden. Für diese wurde beschlossen, sie erst im folgenden Jahr, in dem ein besseres, finanzielles Ergebnis erwartet wurde, abzuschreiben. Bis dahin belegten sie weiter Platz in den verschiedenen Lagerorten.

- Aktive Bestände: Für Material oder Produkte, für die nach wie vor Bedarf besteht, ergibt sich die Frage, wie lange es dauert, bis die angestrebte Bestandsreduzierung erzielt wird. Durch die umgesetzten Maßnahmen soll erreicht werden, dass der Abfluss an z. B. Fertigware (Bild 4.7), also der abgesetzten Menge, annähernd identisch mit dem Zufluss, also der produzierten Menge, ist. Bei Rohmaterial wäre dies natürlich entsprechend umgekehrt. Um aber die vorhandenen Bestände zu reduzieren, kann entweder die Produktion gedrosselt oder gestoppt werden (Ansatz 1), oder es wird mehr verkauft (Ansatz 2), bis das gewünschte Niveau an Beständen erreicht wird. Der zweite Ansatz wird wohl für die meisten Unternehmen eher eine Wunschvorstellung bleiben. Realistischer ist, dass die Produktion temporär den Zufluss reduzieren muss. Auch dies ist leider nicht immer so einfach, wie es sich anhört.

  Eine Fabrik hat Kennzahlen nach denen dieses und das Management bewertet werden. Stückzahlen und Produktivität sind nur zwei davon. Wenn nun die Produktion gedrosselt wird, damit die Bestände abgebaut werden können, reduziert sich entsprechend der Output in der Produktivitätsformel, die schon in Kapitel 1 verwendet wurde:

PRODUKTIVITÄT = OUTPUT/INPUT ODER
AUSBRINGUNGSMENGE/EINSATZFAKTOREN

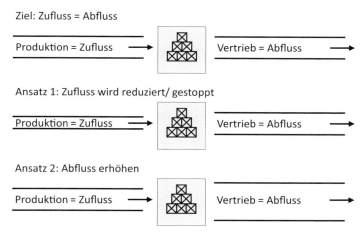

Bild 4.7 Ansätze zum Reduzieren der Bestände an Fertigware

Was geschieht allerdings mit dem Input? Eventuell gibt es Möglichkeiten, dass Überstunden abgebaut werden oder dass dieser Abbau während der Urlaubszeit stattfindet. Je länger der Bestandsabbau dauert, umso wahrscheinlicher wird es, dass wichtige Kennzahlen dadurch negative beeinflusst werden. Es wird also das Richtige gemacht und trotzdem steht man in einem schlechten Licht. Auf der anderen Seite kann natürlich auch gegengehalten werden, dass in der Vergangenheit die Produktivität künstlich hochgehalten wurde. Es wurden ja Produkte hergestellt, also Output geschaffen, für die anscheinend kein Bedarf vorhanden war. Daher muss es mit dem Top-Management genau geklärt werden, wie mit solch einer Situation umgegangen wird. Allerdings bleibt immer noch die Frage, wie die Zeit eines reduzierten Outputs wirklich genutzt werden kann, unabhängig von den Kennzahlen. Dazu ein Fallbeispiel, wie ein Unternehmen die Zeit des Bestandsabbaues genutzt hat.

Fallbeispiel 4.1 Vorgehensweise beim Bestandsabbau nach der Einführung von Kanban

In einer Fabrik, in der Bohrer produziert wurden, sollte ein Konzept erarbeitet werden, um Kontrolle über die ausufernden Bestände zu bekommen. Einer der Ansätze war, zwischen den Schleifzellen, die aus gehärteten Eisenstäben Bohrer schliffen, und dem Fertigwarenlager einen Kanbankreislauf aufzubauen. Insgesamt gab es 11 Zellen, die jeweils aus fünf Schleifmaschinen bestanden und unterschiedliche Durchmesser bearbeiteten. Die Analyse hatte ergeben, dass je nach Produktgruppe zwischen vier Wochen und sechs Monaten an Beständen im Lager waren. Die Zielwerte waren zwischen zwei und vier Wochen. Für jeden einzelnen Kanban-Artikel wurde ermittelt, wie lange es dauern würde, bis der Zielwert erreicht würde (Bild 4.8).

Es wurden dabei zwei Szenarien zugrunde gelegt. Das erste war ein kompletter Stopp einer Zelle, das zweite eine Reduzierung des Outputs um 50 %. In diesem konkreten Fall mussten die Bestände auf ca. 1/3 des Ausgangswertes reduziert werden. Unter der Verwendung eines durchschnittlichen Verbrauchs der letzten sechs Monate und von Sondermaßnahmen des Vertriebs am Monatsende (die leichten Knicke in den Kurven) wäre bei einem kompletten Stopp der Fertigung dieses Produktes der Zielwert nach 11 Wochen erreicht. Bei einer Reduzierung um 50 % hätte es 15 Wochen gedauert.

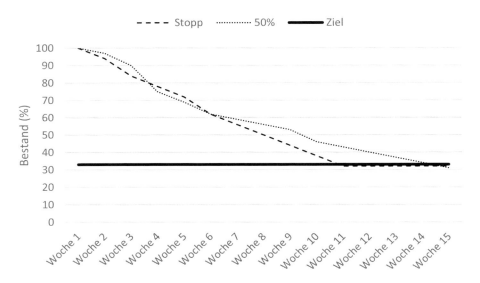

Bild 4.8   Zeitlicher Verlauf des Bestandsabbaues für einen Artikel

Da ein weiterer Schwerpunkt bei den Aktivitäten ein komplettes 5-S-Programm und die Einführung von TPM jeder einzelnen Zelle war, konnte eine sehr gute Vorgehensweise für beide Projekte gefunden werden. Es wurde für jede Zelle ein Zeitraum bestimmt (Tab. 4.1), in dem diese komplett gestoppt wurde, um die Anlagen zu reinigen, zu warten etc. Danach wurde mit gedrosseltem Volumen produziert, bis die Zielwerte für alle Artikel erreicht wurden. Während der „Stopp-Phasen" beteiligten sich die jeweiligen Mitarbeiter an der Umsetzung der 5-S- und TPM-Maßnahmen. Als Ausgleich dafür wurde mit der Belegschaft vereinbart, dass die zweite Phase der reduzierten Produktion mit Überstundenabbau bzw. verringerten Wochenstunden ausgeglichen wurde.

Tabelle 4.1   Ausschnitt aus dem „Bestandsabbauplan" der Produktion

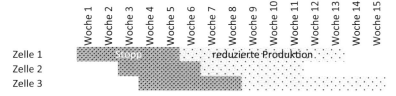

Eine Reduzierung an Beständen kann demnach eine wesentlich weitere Tragweite haben, als oft angenommen wird. Was es im Einzelnen für Konsequenzen hat, sollte im Vorfeld geklärt werden, da zu viele gute Umsetzungen in einem schlechten Licht standen, da die „Altbestände" nicht entsprechend abgebaut werden konnten.

■ 4.3   Anpassung

Während der Ideenfindung kann noch so viel Input von den Beteiligten aus dem betroffenen Bereich berücksichtigt werden, Anpassungen der ursprünglichen Ideen sind zumeist Bestandteil einer Veränderung – Werkzeuge werden anders angeordnet, Behälter in einem anderen Winkel aufgestellt, die Reihenfolge von Schritten beim Rüsten leicht angepasst. Diese Adaptierung der ursprünglichen Lösung sollte allerdings genauso geordnet ablaufen, wie die Schritte 1 bis 3 aus Bild 4.1. Es sollte also vermieden werden, dass Mitarbeiter oder Vorgesetzte willkürliche Veränderungen durchführen. Die zwei wichtigsten Auslöser für eine Anpassung sind:

- Feedback von Mitarbeitern
- Auditing der implementierten Lösung.

Feedback von Mitarbeitern

Selbst wenn für die Erarbeitung der Lösung ein klassischer Kaizen-Ansatz mit der Beteiligung von Mitarbeitern aus dem Bereich gewählt worden war, so konnte oder wollte man während des Projektes nicht alle Mitarbeiter zu Wort kommen lassen. Speziell wenn es um Veränderungen geht, die unmittelbare Auswirkungen auf einzelne Arbeitsplätze haben, kann es sinnvoll sein, das Feedback der Mitarbeiter einzuholen. Einerseits bekommt man dadurch Informationen, wo eventuell tatsächlich Anpassungen notwendig sind, anderseits erhöht es natürlich auch die Akzeptanz.

In den meisten Fällen reicht es, ein Flipchart für einen bestimmten Zeitraum in den betroffenen Bereich zu stellen, auf das Mitarbeiter Eindrücke und Ideen schreiben können. Es sollten allerdings auch klare Regeln herrschen, was und wie etwas geschrieben werden sollte. Dieses Flipchart soll keine „Jammerbox" sein, sondern es sollen konkrete Verbesserungspotenziale aufgezeigt werden.

Ein Unternehmen hatte ein vorgedrucktes Flipchart (Bild 4.9), in dem die Mitarbeiter eine Woche lange nach der Umsetzung die Möglichkeit hatten, Anpassungen anzuregen. Der Teamleiter hatte die Aufgabe, die Disziplin beim Ausfüllen zu gewährleisten. Bei der täglichen Bereichsbesprechung wurden Verantwortliche für die Nachverfolgung bestimmt. So sollte auch gewährleistet werden, dass alle drei Schichten gleichermaßen ihren Input geben konnten.

Datum	Betroffene Station	Thema	Verbesserungsvorschlag	Verant- wortlich
13.05.XX	12	Zugang für Montage von Teil YY an der linken Seite durch Schrauber blockiert	Schrauber sollte an der rechten Seite hängen	XXXX

Bild 4.9   Flipchart für Vorschläge zu Anpassungen

Auditing der implementierten Lösung

Bereits im ersten Kapitel wurde das System mit Produktions- und Bereichstafeln erklärt, welches zum gezielten Beseitigen von Verschwendung genutzt wird. Teil davon ist auch die Nachverfolgung der Ergebnisse von umgesetzten Maßnahmen durch Trendkurven.

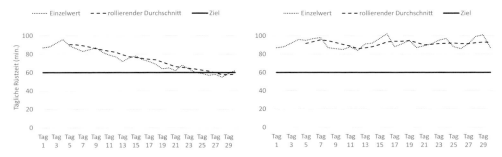

Bild 4.10   Trendkurven für ein Rüstprojekt

Die linke Kurve in Bild 4.10 zeigt den gewünschten Verlauf nach der Umsetzung von Maßnahmen zum Reduzieren von Rüstzeiten. Zwei Punkte sollen besonders hervorgehoben werden. Erstens, neben den Einzelwerten (gesamte Rüstzeit/Tag) wurde auch ein rollierender Durchschnitt verwendet. In diesem Fall wird jeweils der Mittelwert aus den fünf vorhergehenden Tagen verwendet. Ziel dieser Kurve ist es, Tagesschwankungen zu glätten, um den Trend klarer hervorzuheben. Zweitens, kurz nach der Umsetzung gab es einen Anstieg der Rüstzeit, was ein ganz normales Phänomen ist. Dies soll an einer kurzen Übung gezeigt werden:

Schreiben Sie auf Karten zehnmal das Wort „Schlanke Produktion", wobei Sie es immer nur einmal auf eine Karte schreiben und diese dann umdrehen, damit Sie nicht abschreiben können. Parallel dazu soll jemand die Zykluszeiten dazu aufnehmen.

Schlanke Produktion

Es sollte sich aus den Aufnahmen eine Kurve ähnlich der in Bild 4.11 ergeben:

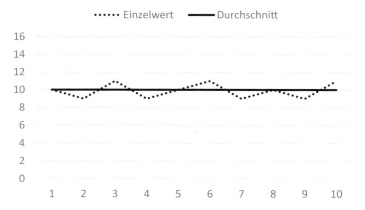

Bild 4.11   Zykluszeiten „Schlanke Produktion" schreiben

Nun soll der Aufwand reduziert werden indem Arbeitsschritte eliminiert werden. Streichen Sie nun jeden zweiten Buchstaben aus, sodass folgende „Wörter" verbleiben:

Shak Pouto

Wiederholen Sie das Schreiben mit dem neuen Text und stellen Sie sicher, dass nicht abgeschrieben werden kann. Theoretisch sollte die neue Zykluszeit bei ca. der Hälfte vom ersten Durchgang liegen, da nur 50 % der Buchstaben zu schreiben sind. Allerdings sollte sich eine Kurve wie in Bild 4.12 zeigen:

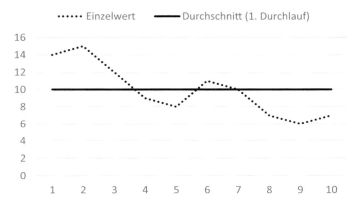

Bild 4.12   Zykluszeiten „Shak Pouto" schreiben

Da das Erlernen eines neuen Ablaufes notwendig ist, werden einige Zyklen gebraucht, um es zur Routine zu machen. Nachdem der neue Prozess verinnerlicht wurde, wird die Arbeit unbewusst noch ein paar Mal kontrolliert, um sicher zu gehen, dass man es auch richtig gemacht hat. Dadurch kommt es wiederum einmal zu einem kurzen Anstieg. Ab diesem Zeitpunkt sollte sich der Wert nachhaltig reduzieren.

Diese kürze Übung soll zeigen, dass Ergebnisse nicht sofort nach der Umsetzung zu erwarten sind. Je umfangreicher die Änderungen und je komplexer die neuen Abläufe, umso länger werden die Mitarbeiter brauchen, bis sie die nötige Routine haben. Dies verlangt auch häufig eine besondere Geduld vom Management, bis die angestrebten Einsparungen wirksam werden. Wurde z. B. die Anzahl der Mitarbeiter reduziert, so ist damit zu rechnen, dass der relative Output der verbliebenen Personen vorerst nach unten geht. Trotzdem sollte, wie schon weiter oben erwähnt, die Anzahl der Mitarbeiter sofort nach der Umsetzung reduziert werden. Die Gefahr ist einfach zu groß, dass dies verschleppt wird und im Endeffekt die Einsparung nie realisiert wird.

Sollten sich die Ergebnisse nach der erste Phase der Einarbeitung nicht einstellen, sich also die rechte Kurve aus Bild 4.10 zeigen, so muss geklärt werden, was die Ursache sein könnte und ob Anpassungen notwendig sind. Prinzipiell gibt es zwei Möglichkeiten:

▪ Definierte Maßnahmen wurden nicht umgesetzt.

▪ Die implementierten Maßnahmen bringen nicht das gewünschte Ergebnis.

Im ersten Schritt kann über Aufzeichnungen zu den definierten Maßnahmen geklärt werden, ob alles so umgesetzt wurde, wie es ursprünglich angedacht worden war. Falls nicht, muss eruiert werden, warum sie nicht implementiert wurden und wie weiter vorgegangen wird.

Allerdings kommt es natürlich auch immer wieder vor, dass eine Idee nicht das erhoffte Resultat bringt. Durch neuerliche Beobachtungen und Gespräche mit den Mitarbeitern muss bestimmt werden, was die Ursache ist und welche Anpassungen ergriffen werden müssen. Empfehlenswert ist es dabei, die Person oder Personen mit einzubinden, die bei der ursprünglichen Lösungsfindung beteiligt waren.

■ 4.4 Standardisierung

Mit Standards werden Prozesse, Zykluszeiten, Testabläufe und vieles mehr in der Produktion beschrieben und festgehalten. Mit einem Standard soll die Basis dafür gelegt werden, dass sich wiederholende Abläufe auch wirklich in derselben Art und Weise wiederholen, wie es ursprünglich definiert wurde, egal von wem diese durchgeführt werden. In Branchen, in denen mit hohen Stückzahlen gearbeitet wird, ist die Verwendung von Standards nicht mehr wegzudenken und es gibt natürlich auch Standards für die Erstellung von Standards. Je mehr man sich allerdings in Richtung eines reinen Projektgeschäftes oder Unternehmens mit Losgrößen im einstelligen Bereich bewegt, umso seltener sind klar definierte Standards zu finden. Zu oft wird noch die Meinung vertreten, dass die Variantenvielfalt zu groß ist, Abläufe zu unterschiedlich oder Prozessflüsse zu komplex sind. Wieder verliert man sich in den Abweichungen anstatt zu bestimmen, wo Gemeinsamkeiten liegen.

Wenn Abläufe verbessert werden sollen und es gibt keinen einheitlichen Ablauf, der als Grundlage oder Ausgangspunkt dient, was verbessert man dann? Die Art und Weise wie der Mitarbeiter X in Schicht 1 es macht oder wie es Mitarbeiter Y in Schicht 3 macht? Falls es also noch keinen standardisierten Ablauf gibt, sollte der erste Schritt sein, sich auf eine gemeinsame Vorgehensweise zu einigen und diese als Standard definieren. Es ist dann natürlich schwierig zu bestimmen, um wie viel sich z. B. bei einem Produktivitätsprojekt die Rüstzeit reduziert hat, wenn eine Person im Schnitt 20 min braucht und eine andere durch seinen „Standard" 15 min.

Zurück aber zu den Unternehmen, für die es eine größere Herausforderung ist, Standards zu definieren. Neben den weiter oben beschriebenen, vermeintlichen Schwierigkeiten der „Komplexität" kommt sehr oft noch die Einstellung der Mitarbeiter dazu. Speziell wenn es sich um manuelle Tätigkeiten handelt, die ein gewisses Maß an Training und Erfahrung benötigen, gibt es einen nicht zu unterschätzenden Widerstand der betroffenen Personen gegen die Definition von Standards. Ihnen würde damit die „Freiheit" genommen, zu bestimmen, wie, speziell in welcher Reihenfolge, Arbeitsschritte durchgeführt werden sollen. Aber genau diese Freiheit ist oft die Quelle für Verschwendung und Fehler. Dazu ein paar kurze Beispiele.

In dem Schleifbereich aus Fallbeispiel 2.8 wurden die Produkte zum größten Teil manuell geschliffen und es unterlag der Erfahrung des Mitarbeiters zu entscheiden, wie lange jedes Teil bearbeitet werden sollte. Die Auswirkung des Fehlens von Standards ist in Bild 4.13 dargestellt. Für ein Projekt, welches über mehrere Monate lief und in dem immer wieder Losgrößen von bis 50 Stück in Abständen von einigen Wochen gefertigt wurden, waren mehrere Mitarbeiter mit dem Schleifen beschäftigt. Für das beobachtete Los führten drei Mitarbeiter denselben Schleifvorgang durch und die Bearbeitungszeiten von jeweils fünf Teilen wurden aufgenommen. Die Zeiten schwankten zwischen 590 und 1080 s, wobei Mitarbeiter 1 kontinuierlich die kürzesten und Mitarbeiter 3 die längsten Zeiten hatten. Im Vergleich dazu wurden die tatsächlichen Bearbeitungszeiten dem Wert aus der Kalkulation gegenübergestellt, der bei 600 s lag. Bis auf eine einzige Aufnahme lagen alle Zeiten über dem Sollwert. Die Aussage des erfahrensten Mitarbeiters, natürlich MA 1, zu dieser Auswertung war recht einfach. „Wer nicht genug Erfahrung hat, schleift so lange, bis ihm gesagt wird, aufzuhören!"

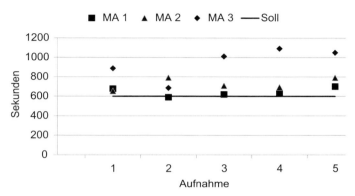

Bild 4.13 Zykluszeiten von drei verschiedenen Mitarbeitern

Daraufhin wurden von der Technik mehrere Aufnahmen des Schleifens durchgeführt. Dabei zeigte sich, dass MA 3 eigentlich auch bereits nach 600 s die Oberfläche so behandelt hatte, dass weiteres Schleifen nicht notwendig war. Als Konsequenz wurden für die meisten Produktgruppen Standard-Schleifzeiten bestimmt und jeder Arbeitsplatz erhielt eine Stoppuhr, sodass die Mitarbeiter wussten, wann z. B. die 600 s vorbei waren. Nach Ablauf der Standardzeit musste jeder Mitarbeiter das Teil kontrollieren, ob die Anforderungen bzgl. der Oberflächenqualität erreicht waren oder ob noch zusätzliches Schleifen notwendig war. Voraussetzung dafür war allerdings auch, dass alle Mitarbeiter darin geschult wurden, wie eine Oberfläche auszusehen hatte. In den ersten Diskussionen hatte jeder Mitarbeiter und Techniker bestritten, dass Standards bestimmt werden könnten.

In einem anderen Fall ging es um Montagearbeitsplätze, an denen Vorrichtungen montiert wurden. Es handelte sich zumeist um Sonderanfertigungen oder Aufträgen mit Stückzahlen von unter zehn Stück. An jedem einzelnen Arbeitsplatz wurde ein Auftrag von einem Mitarbeiter komplett bearbeitet. Die Komponenten, die von internen Lieferanten wie z. B. dem Fräsen kamen, und spezielle Zukaufteile aus dem Lager wurden von der Logistik direkt an den Arbeitsplatz gebracht. Standardkomponenten musste sich der Mitarbeiter aus einem kleinen, dezentralen Lager in der Montageabteilung je nach Auftrag zusammenstellen. Allerdings entsprach der Aufbau der Stückliste, die die Mitarbeiter erhielten, nicht der Struktur des Lagers.

Jeder Mitarbeiter des Bereiches hatte seine eigene Vorgehensweise beim Zusammenstellen der benötigten Teile. Das Resultat davon waren unterschiedlich lange Laufwege für diesen Prozess (siehe Bild 4.14). Mitarbeiter 1 markierte sich zuerst alle Schläuche in der Stückliste, da diese in einem Regalbereich lagen, und entnahm sie dann aus den entsprechenden Kisten. So arbeitete er sich durch das gesamte Lager. Der gesamte Prozess dauerte ca. 20 min. Mitarbeiter 2 hielt sich dagegen genau an die Reihenfolge der Stücklisten, wodurch er zwischen den einzelnen Abschnitten im Lager hin- und hergehen musste. Für einen Auftrag mit einer ähnlichen Struktur der Stücklisten benötigte er 45 min, bis er alles Material hatte.

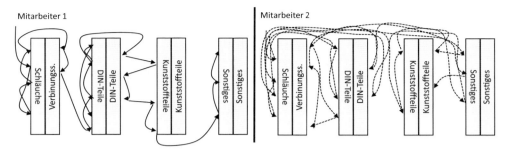

Bild 4.14   Spaghetti-Diagramm von zwei Mitarbeitern

Daraufhin wurde ein Standard für eine „Pickliste" definiert, der die Struktur des Lagers und auch der einzelnen Regale widerspiegelte. Als Standard für die Mitarbeiter wurde auch bestimmt, dass der Pickvorgang genau nach dieser Liste durchzuführen sei.

Dies sind zwar zwei sehr einfache Beispiele, sie sollen allerdings den Punkt verdeutlichen, dass auch kleine Standards einen Unterschied machen können. Es gibt kein Produktionsumfeld, in dem sich keine Abläufe identifizieren lassen, die besser strukturiert und standardisiert werden können. Der erste Schritt und die große Kunst ist es, diese zu finden. Der zweite Schritt ist, bei den Mitarbeitern ein Verständnis zu entwickeln, weswegen diese Standards Vorteile bringen.

Genauso bedeutend ist es, diese Standards auch zu dokumentieren und visuell für die betroffenen Mitarbeiter darzustellen. In zertifizierten Unternehmen ist dies natürlich Teil der Qualitätsprozesse. Doch wie schon weiter oben beschrieben, gibt es zahlreiche Firmen, die damit nicht so viel Erfahrung haben. Nach jeder Veränderung sollten die neuen Abläufe so detailliert wie nötig und so einfach und mit Bildern unterstützt wie möglich dargestellt werden. Diese Unterlagen sind auch die Basis, um alle Mitarbeiter im Anschluss bzgl. der veränderten Prozesse zu schulen. Neben dem Zweck der einheitlichen Vorgaben und Anweisungen für alle Mitarbeiter über alle Schichten und der Grundlage für Schulungen, sollen diese Dokumente allerdings auch zur Kontrolle für den Vorgesetzten dienen.

4.5 Kontrolle

Ausgangspunkt für die Kontrolle durch das Management sind die Ziele, die durch die Verbesserung erreicht werden sollen. Die Ergebnisse der Analysen der Daten in den Kapiteln 1 bis 3 ergeben die Grundlage für die Definition dieser quantitativen Ziele für die Umsetzung. Dabei sollte die Zielsetzung allerdings nicht zu leicht genommen werden. Besonders zwei Faktoren haben sich als Herausforderung im Zusammenhang mit der Zielsetzung für die betroffenen Mitarbeiter eines Bereiches erwiesen:

- Ergeben sich durch die Verbesserungen unmittelbar drastische Veränderungen in den Kennzahlen, so kann dies eine nicht zu unterschätzende mentale Belastung bedeuten. In einem Projekt wurde innerhalb einer Woche die Produktivität um 25 % erhöht bzw. die Durchlaufzeit um 75 % reduziert. Während der Analyse der Ist-Situation, in der der Meister und seine Vorarbeiter die Möglichkeit hatten, die Prozesse in Ruhe zu betrachten, hatten sie bereits realisiert, dass die Verschwendung real war. Allerdings sahen sie zu diesem Zeitpunkt keine Möglichkeit, wie es anders gemacht werden sollte. Als sie dann jedoch während der Umsetzung erkannten, dass es wirklich anders gehen könnte, war dies eine extreme Belastung für ihre Motivation. Sie stellten sich selber die Frage, was sie eigentlich in den vergangenen Jahren gemacht hatten, dass solch ein Potenzial möglich war. In solch einer Situation ist es wichtig, ein gemeinsames Verständnis zu erlangen, wie es zu so einer Situation kommen konnte und dass es nun die Chance ist, die Abläufe zu verbessern. Besondere Vorsicht ist jedoch darauf zu legen, dass es nicht zu Schuldzuweisungen kommt. Gerade in solchen Extremsituationen kommt es oft dazu, dass alle anderen für die Verschwendung verantwortlich gemacht werden. Daher ist es auch so wichtig, mit dem viel-verwendetem ZDF zu arbeiten – Zahlen, Daten, Fakten

- Die zweite große Herausforderung kann sich dadurch ergeben, dass Ziele zwar realistisch sind, allerdings nur über einen gewissen Zeitraum bzw. mit einer außerordentlichen Anstrengung erreichbar sind. In solch einem Fall kann es durchaus sinnvoll sein, das Ziel schrittweise zu erhöhen. In Bild 4.15 war das Ziel ein OEE von 85 % und der Ausgangswert lag bei 63 %. Wäre dieses Ziel realistisch erst nach Monaten zu erreichen, so könnte es sinnvoll sein, als Zwischenziele z. B. 70 % und 75 % zu definieren. Es könnte für die Mitarbeiter äußerst demotivierend wirken, wenn sie trotz aller Anstrengungen auch nach Monaten die 85 % immer noch nicht erreicht haben.

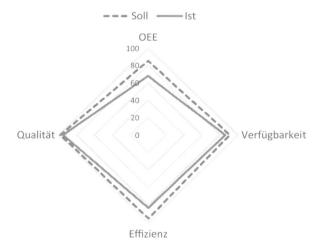

Bild 4.15 Netzdiagramm zur Kontrolle der Ergebnisse

Es sollte nicht unterschätzt werden, wie motivierend bzw. auch demotivierend solche Ziele auf die Mitarbeiter wirken können. Zur Kontrolle von einigen Verbesserungsmaßnahmen wurde an einer Montagelinie eine Produktionstafel mit stündlichen Aufschrieben angebracht. Die 17 Mitarbeiter an der Linie beobachteten ganz genau, welchen Wert der Vorarbeiter jede Stunde in die Tafel am Ende der Linie eingetragen hat. Da diese Tafel sehr visuell war und die Werte mit unterschiedlichen Farben geschrieben wurden, konnte auch der Mitarbeiter an der ersten Station zumindest sehen, ob sie das Ziel erreicht hatten (grün Zahl) oder nicht (rote Zahl). Es war für jeden ein Erfolgserlebnis, wenn auch am Ende der Schicht der kumulierte

Wert grün war. Wenn allerdings über Wochen die Ziele verfehlt werden, so kann dies genauso schnell demotivierend wirken.

Die Werksleitung bzw. die Managementebene darunter wird hauptsächlich kontrollieren, wie sich die übergeordneten Zahlen im Vergleich zu diesen Zielen entwickeln. Die klassische Methode, die Ergebnisse bzw. Zahlen nachzuverfolgen, ist sicherlich die Trendkurve in Bild 4.16. Falls sich z. B. ein OEE nach einiger Zeit wieder verschlechtern sollte, liegt es in der Verantwortung des Managements, die Ergebnisse einzufordern.

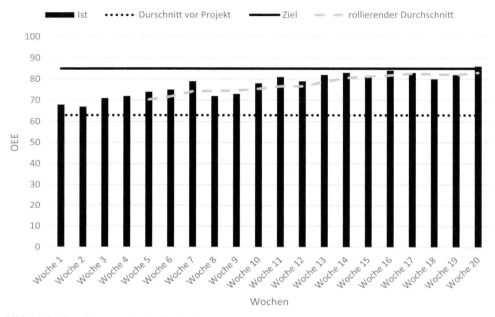

Bild 4.16   Trendkurve zur Kontrolle der Ergebnisse

Zu den Kernaufgaben eines Vorgesetzten in der Produktion gehört es, das Einhalten von Standards sicher zu stellen. Je visueller diese Standards dargestellt sind, umso einfacher ist es für den Vorgesetzten auch, deren Einhaltung zu kontrollieren. Das Ergebnis einer Verbesserung kann nur erreicht werden, wenn sich alle Mitarbeiter an die neuen Vorgaben halten. Der Bereichsleiter, Meister etc. muss dann anhand der Standards feststellen können, ob die Abweichung dadurch entstanden ist, weil die Mitarbeiter nicht gemäß der definierten Prozesse arbeiten oder ob dies andere Gründe hat.

Besteht ein Ziel einer Verbesserungsmaßnahme aus mehreren zusammenhängenden Zahlen, so wird häufig ein Netzdiagramm zur Darstellung verwendet (Bild 4.15). Der OEE besteht aus den Einzelkomponenten Verfügbarkeit, Effizienz und Qualität, die für sich alleine auch als Ziele definiert werden können. 5-S kann in die einzelnen Stufen wie Seiri oder Seiton unterteilt werden. Cost Of Poor Quality wird durch Faktoren wie Kosten für Ausschuss, Nacharbeit, Reklamationen etc. bestimmt. Mit dem Netzdiagramm können die übergeordneten Werte und die einzelnen Komponenten übersichtlich den Zielwerten gegenübergestellt werden.

Wie die Verbesserungen und Ziele auch immer zustande gekommen sind und was deren Inhalt ist, egal welche Art der Kontrolle verwendet wird, das ausschlaggebende Kriterium für eine erfolgreiche und nachhaltige Umsetzung aller Punkte, die in diesem Buch behandelt worden sind, ist die Führung der Mitarbeiter durch das Management. Eine schlanke Produktion kann nicht durch Konzepte wie einer ziehenden Fertigung oder 5-S erreicht werden, dies sind nur Werkzeuge, die verstanden werden müssen. Es ist nicht genug, zu verstehen, was Verschwendung ist, wie sie erkannt und beseitigt wird. Letztendlich hängt der Erfolg aller Maßnahmen davon ab, wie das Management den Prozess versteht, führt und vor allem auch vorlebt. Ohne dem klaren Bekenntnis zur Einführung von schlanken Strukturen und der vollen Unterstützung aller Beteiligten durch das Management, werden auch die besten Ideen keine Früchte tragen.

Die Maßnahmen sollten sich auch nicht nur auf die Produktion konzentrieren. Sehr viele Verschwendungen in der Fertigung werden in den sogenannten „indirekten" Bereichen verursacht, also z. B. in der Produktionsplanung, dem Vertrieb oder der Technik. In der Produktion sind demnach nur die Auswirkungen von Mängeln in Prozessen, wie der Auftragsbearbeitung oder der Produktentwicklung, zu erkennen. Neben dem Führungsthema ist es also auch wichtig für die Nachhaltigkeit in der Produktion, sich dieser Herausforderungen anzunehmen, ansonsten treten dieselben Probleme bei neuen Produkten oder Anlagen wieder auf.

Der grundsätzliche Ansatz, Verschwendung in Prozessen zu erkennen und zu beseitigen ist in einem Umfeld der Büros nicht anders als in der Produktion. Der größte Unterschied ist, dass in diesen Prozessen Material durch Informationen ersetzt wird. Diese werden genauso verändert (vs. z. B. mechanisch bearbeitet), ergänzt (vs. z. B. montieren von Teilen) oder anderweitig bearbeitet. Die verwendeten Werkzeuge sind entsprechend völlig anderer Natur und sind ein umfangreiches Thema für sich. Die Produktion kann daher nur der Startpunkt für Verbesserungen sein, da dort die Auswirkungen der Maßnahmen transparenter sind und dadurch eher die Vorteile der „Schlanken Prozesse" aufgezeigt werden können. Es wird aber mit ziemlicher Sicherheit zuerst die Aussage aus den indirekten Bereichen kommen: „Bei uns ist alles ja ganz anders!"

Literaturverzeichnis

Baudin, M. (2004): Lean Logistics – The Nuts and Bolts of Delivering Materials and Goods, Productivity Press 2004

Benes, G. M. E. und Groh P. E. (2012): Grundlagen des Qualitätsmanagements, Carl Hanser 2012

Brüggemann, H (2012): Grundlagen Qualitätsmanagement: Von den Werkzeugen über Methoden zum TQM, Vieweg+Teubner 2012

Coletta, A. R. (2012): The Lean 3P Advantage: A Practitioner's Guide to the Production Preparation Process, Productivity Press 2012

Dettmer, H.W. (1998): Breaking the Constraints to World-Class Performance, ASQ Quality Press 1998

Dickmann, P. (2008): Schlanker Materialfluss: mit Lean Production, Kanban und Innovationen; Springer 2008

George, M.L. (2002): Lean Six Sigma, McGraw-Hill 2002

Goldratt, E. (1990): What Is This Thing Called Theory of Constraints, North River Pr Inc 1990

Haller-Wedel, E. (1985): Das Multimoment - Verfahren in Theorie und Praxis, Hanser 1985

Henderson, B.A. und Larco, L.L (2000): Lean Transformation, The Oaklea Press 2000

Hoshin, K. (2013): Unternehmensweite Strategieumsetzung mit Lean-Management-Tools, Schäffer-Poeschel 2013

Imai, M. (1997): Gemba Kaizen: a commonsense, low-cost approach to management, McGraw-Hill 1997

Koch, A. (2008): OEE für das Produktionsteam, CETPM Publishing 2008

Koch, R. (1998): Das 80–20-Prinzip. Mehr Erfolg mit weniger Aufwand. Campus Verlag 1998

Koenigsaecker, G. (2012): Leading the Lean Enterprise Transformation, Taylor & Francis Ltd. 2012

Liker, J. (2004): The Toyota Way, New York: McGraw Hill 2004

Mather, H. (1988): Competitive Manufacturing, Prentice Hall 1988

Matyas, K. (2013): Instandhaltungslogistik; Qualität und Produktivität steigern; Hanser 2013

Mukherjee, P.N. (2010): Total Quality Management; PHI Private Learning 2010

Ohno, T. (1988): Just-In-Time for Today and Tomorrow, Productivity Press 1988

Ohno, T. (1988): Toyota Production System: Beyond Large-Scale Production, Productivity Press 1988

Pande, P.S.; Neuman, R.P.; Cavanagh, R.R. (2000): The Six Sigma Way; McGraw Hill 2000

Reitz, Andreas (2008): Lean TPM: In 12 Schritten zum schlanken Managementsystem, Moderne Industrie 2008

Rother, M. (2009): Die Kata des Weltarktführers: Toyotas Erfolgsmethoden, Campus Verlag 2009

Schmidt, G. (2009): Organisation und Business Analysis - Methoden und Techniken, Verlag Dr. Götz Schmidt 2009

Schonberger, R.J. (1982): Japanese Manufacturing Techniques, The Free Press 1982

Shingo, S. (1985): A Revolution in Manufacturing: The Smed System: Single-minute Exchange of Die System, Productivity Press 1985

Shingo, S. (1986): Zero Quality Control: Source Inspection and the Poka-yoke System. Productivity Press, 1986

Shingo, S. (1990): Modern Approaches to Manufacturing Improvement, Productivity Press 1990

Suzaki, K. (1987): The New Manufatcuring Challenge, The Free Press 1987

Womack, J.; Jones, D. (2004): Sehen Lernen: Mit Wertstromdesign die Wertschöpfung erhöhen und Verschwendung beseitigen, Lean Management Institut 2004

Stichwortverzeichnis